Knocke · Thielen

Hannover
Kunst- und Kultur-Lexikon

Helmut Knocke
Hugo Thielen

Hannover Kunst- und Kultur-Lexikon

Handbuch
und Stadtführer

Verlag Th. Schäfer
Hannover

Herausgegeben von
Dirk Böttcher
Herwig Guratzsch
Klaus Mlynek

Mit Einzelbeiträgen von
Dirk Böttcher
Axel von Campenhausen
Rebecca Grotjahn
Eva Lachner
Rudolf Lange
Klaus Mlynek
Klaus Eberhard Sander

Finanziell gefördert durch
Kreissparkasse Hannover
Niedersächsische Sparkassenstiftung
NORD/LB Norddeutsche Landesbank Girozentrale
Stadtsparkasse Hannover
Rotary Club Hannover-Leineschloß

Best.-Nr. 8920
ISBN 3-88746-313-7

2., revidierte Auflage 1994

Karten, Zeichnungen
Ole Geißelbrecht, Juliane Herrmann, Ulrich Knocke

Bildrecherche
IKON Büro für Kultur und Geschichte
Monika Sonneck

Gesamtherstellung
Th. Schäfer Druckerei GmbH · Hannover

Vorwort der Herausgeber

Über die Stadt Hannover gibt es gut 100 Bücher. Immer neue kommen hinzu. Sie spiegeln die wachsende Bedeutung der auf der West-Ost-Achse Deutschlands gelegenen, noch immer jungen niedersächsischen Landeshauptstadt. In den vergangenen Jahren hat sich das architektonische Gesicht der Stadt spannend und erfrischend gewandelt. Die Spuren der Zerstörung vor 50 Jahren, die in ostdeutschen Städten aggressiv ins Auge fallen, sind so gut wie beseitigt. Die Erfahrungen neuer Lebens- und Wohnaspekte sind hinzugekommen, die das ästhetische und urbane Wohlgefühl der Bürger – der einheimischen genauso wie der fremden – stimulieren und neue Identifikationsmöglichkeiten schenken.

Dies verdrängt keineswegs das Interesse an Geschichte und Geschichten der historisch wichtigen Straßenzüge, dominanter Gebäude, kulturträchtiger Parks. Es provoziert vielmehr ein solches Interesse, weil persönlicher Halt, Zugehörigkeit und Bodenhaftung erst entstehen, wenn in der aktuellen Wirkung eines Baues seine tiefer liegende Vergangenheit erklärbar wird. Man möchte durch die Stadt gehend diese Zusammenhänge kennenlernen. Man möchte beispielsweise, wenn man vor dem Leibniz-Haus steht, erfahren, wann es entstand, welcher Geist es prägte, welcher Baustil eine Rolle spielte und ob es an diesem Ort eine kulturgeschichtlich relevante Vorgängersituation gab. Aber wie und wo erfährt man das? Vor allem, wie läßt es sich machen, daß man buchstäblich vor Ort, im Moment der Frage die richtige Antwort findet?

Als die Herausgeber – geleitet von einem hervorragenden Beispiel, dem Münchner Kunst- und Kulturlexikon von Biller und Rasp – herangingen, ein solch handliches, gleichwohl eine Fülle von Einzelinformationen lieferndes Buch für Hannover zu konzipieren, gab es weniger inhaltliche Probleme, sondern mehr ökonomische. Weder die Stadt noch das Land Niedersachsen boten Möglichkeiten der Unterstützung an. Das Projekt wäre gescheitert, wenn nicht zunächst der Rotary Club Hannover-Leineschloß im Hinblick auf das 750-jährige Stadtjubiläum 1991 mit einer finanziellen Hilfe beigestanden hätte. Nachdem sich die Wilhelm-Busch-Gesellschaft e. V. bereit erklärt hatte, eine Arbeitsbeschaffungsmaßnahme einzurichten und die wirtschaftliche Abwicklung als Träger zu übernehmen, gelang es, eine Basisfinanzierung mit Hilfe der NORD/LB zu etablieren. Der Vorsitzende des Vorstandes, Manfred Bodin, übernahm es, ein Konsortium zu bilden, das den Plan des Kunst- und Kulturlexikons fortan unterstützte. Zu diesem Konsortium gehören außer der NORD/LB die Niedersächsische Sparkassenstiftung, die Kreissparkasse Hannover sowie die Stadtsparkasse Hannover. Eine weitere Zuwendung erhielten wir von der Sparda-Bank eG Hannover. Den genannten Bank- und Kreditinstituten sowie den Vorständen sei herzlich Dank gesagt.

Unser Dank gilt aber auch vor allem den beiden Autoren Helmut Knocke und Hugo Thielen sowie den im Impressum genannten Damen und Herren für ihre Beiträge zum chronologisch-historischen Teil dieses Lexikons. Letzterer, der dem Straßenverzeichnis vorangeht, soll die Einordnung der dort enthaltenen Detailinformationen in die kunst- und kulturgeschichtlichen, aber auch die allgemein- und wirtschaftsgeschichtlichen Zusammenhänge der hannoverschen Stadtgeschichte ermöglichen. Zu danken haben wir ferner

Bernd Adam, Günther Kokkelink, Kurt Morawietz †, Hans-Georg Preißel, Waldemar R. Röhrbein, Alheidis v. Rohr, Ludwig Zerull und Helmut Zimmermann für die kritische Durchsicht des Manuskriptes und viele wertvolle Hinweise.

Trotz interessanter Verlagsangebote entschieden wir uns für den Verlag Th. Schäfer, der durch sein Hannover-Programm besonders präferiert erschien, dessen Verlagsleiter Werner Geißelbrecht mit unkonventioneller Anteilnahme weit über übliches verlegerisches Engagement hinausgegangen ist. Denn bei aller ehrenamtlicher Aktivität, die die Herausgeber im Sinne der Publikation einbrachten, bei aller finanzieller Unterstützung der Sponsoren, blieb eine über das Normalmaß gehende Belastung übrig, die in Ermangelung weiterer Helfer nur von Verlagsseite aufgefangen werden konnte. Dies sei besonders dankbar zum Ausdruck gebracht.

So hat sich in diesem Buch mit seiner komplizierten Vorgeschichte echter Idealismus verwirklicht. Bürgerengagement erwies sich als notwendig, das nur dann positiv wirkt, wo es von persönlicher Zuneigung zum Gegenstand getragen ist. Wenn es gelungen sein sollte, daß die Stadt an der Leine in ihrer vielfältigen kulturgeschichtlichen Brechung auf ihre Wurzeln hin erkennbarer wird, und wenn viele, die dieses Buch in die Hand nehmen, Hannover gegenüber größere Aufgeschlossenheit und wachsendes Interesse entgegenbringen, dann ist der Wunsch derer in Erfüllung gegangen, die daran mitgewirkt haben.

Dirk Böttcher, Herwig Guratzsch, Klaus Mlynek

Überraschend schnell ist die Startauflage vergriffen. Die Autoren wie auch die Herausgeber freuen sich über die enorme Resonanz, die noch verstärkt wurde durch spontane positive Reaktionen. Trotz des schnellen Nachdruckes ist es geglückt, einige Korrekturen vorzunehmen, so daß jetzt schon eine zweite, verbesserte Auflage vorliegt.

Die Herausgeber

Inhaltsverzeichnis

Benutzerhinweise

Dieses Lexikon zur Kultur und kulturellen Geschichte Hannovers ist dreiteilig aufgebaut. Teil 1 („Stadtgeschichte in Daten", Seite 9–58) zeigt in chronologischen Übersichten die Entwicklung Hannovers, und zwar getrennt nach Bereichen wie Allgemeine Geschichte, Kunst, Musik, Literatur etc. Teil 2 („Lexikon der Bau- und Kunstdenkmäler", Seite 59–194), Kernstück des Buches, bringt in lexikalischer Form die Beschreibung kultureller Denkmäler, Bauten, Anlagen, Institutionen und Kunstobjekte. Teil 3 („Stadtgeschichte in Biographien", Seite 195–220) macht mit wichtigen Personen der über 750jährigen Stadtgeschichte bekannt.

Um Mißverständnisse zu vermeiden: Die Teile 1 und 3 haben gegenüber dem lexikalischen Hauptteil keine eigenständige, sondern lediglich eine ergänzende Funktion. Vollständigkeit war insbesondere im Hinblick auf die Biographien nicht beabsichtigt, wäre im übrigen auch aus Platzgründen nicht zu erreichen gewesen.

Die drei Teile werden über das detaillierte Personen- und Sachregister erschlossen. Verweise (→) gibt es nur innerhalb des lexikalischen Mittelteils.

Die Bau- und Kunstdenkmäler sind alphabetisch nach ihren Standorten, d. h. nach ihrer amtlichen Adresse, aufgeführt. „Altes Rathaus" findet sich somit bei dem Stichwort „Schmiedestraße 1", „Kestner-Museum" unter „Trammplatz 3", „Kestner-Gesellschaft" unter „Warmbüchenstraße 16", „Künstlerhaus" unter „Sophienstraße 2" etc. Die großen Grünanlagen, wie Berggarten, Eilenriede, Herrenhäuser Gärten, Tiergarten etc., sind unter ihrem Namen eingeordnet. Alle behandelten Objekte stehen unter ihrem Namen mit den notwendigen Verweisen auch im Register, das Auffinden ist somit in jedem Fall gewährleistet.

Die im Lexikonteil eingestreuten Pläne (bei Gärten, Kirchen, Museen etc.) sind als Orientierungshilfen gedacht; sie ersetzen nicht die speziellen Publikationen (Führer und Prospekte) der betreffenden Einrichtungen. Der Orientierung dienen auch die beiden Karten in den Umschlagklappen des Buches; vor allem zeigen diese Karten die Verteilung der behandelten (und sehenswerten) Straßen und Einzelobjekte im Stadtgebiet.

Sämtliche im Lexikonteil enthaltenen Stichwörter sind auf diesen Karten durch einen roten Punkt (entfällt bei Straßen-Stichwörtern) und eine Zahl gekennzeichnet. Die Stichwörter des Lexikonteils sind entsprechend fortlaufend numeriert. Die Angabe der Karten-Koordinaten (in der Stichwortzeile hinter der Objektnummer) gibt die Lage des Objekts auf einer der beiden Karten an. Koordinaten mit den Buchstaben A bis M verweisen auf die Karte der vorderen, Koordinaten mit den Buchstaben O bis Z auf die Karte der hinteren Umschlagklappe.

Abkürzungen gibt es in großer Zahl. Wir haben darauf geachtet, daß sie alle aus dem Textzusammenhang verständlich sind, so daß auf ein separates Abkürzungsverzeichnis verzichtet werden konnte.

Redaktionsschluß des Buches war Ende September 1994.

Hinweise zur Ergänzung und Verbesserung des Lexikons in künftigen Auflagen sind den Autoren stets willkommen.

Hannover, im November 1994

Helmut Knocke, Hugo Thielen

Stadtgeschichte in Daten

Stadtgeschichte in Daten

Geographie · Bevölkerung

*Entwicklung des Stadtgebiets und Bevölkerungsentwicklung (siehe Tabelle gegenüber)**

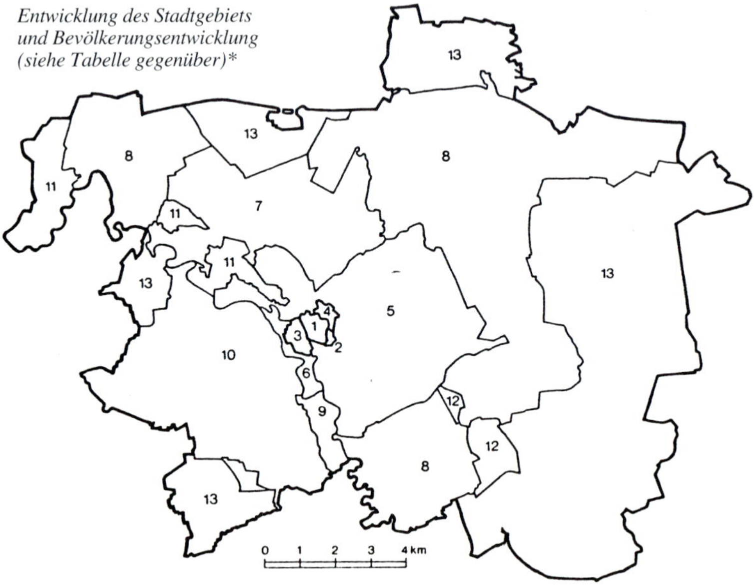

Geographische Lage

52° 22′ nördl. Breite, 9° 44′ östl. Länge (bezogen auf den Stadtmittelpunkt Kröpcke). 55 m über NN. – Höchster Punkt im Stadtgebiet: Kronsberg, 106,1 m.
Entfernung zur Nordsee 160 km, zur Ostsee 200 km, zum Harz 70 km.

Höchste Bauwerke

Fernmeldeturm Telemax	282 m
Fernmeldeturm Telemoritz	141 m
Marktkirche, Turm	97 m
Neues Rathaus	97 m
Ihmezentrum (Stadtwerke)	92 m
Bredero-Raschplatz, Lister Tor	91 m
Allianz-Verwaltungsgebäude	74 m
Stadtsparkasse Raschplatz	73 m
Heizkraftwerk (ohne Schornstein)	65 m
Hotel am Stadtpark	60 m
Conti-Verwaltungsgebäude	60 m
Kröpcke-Center	51 m
Anzeiger-Hochhaus	50 m
Stadthalle	48 m
Waterloosäule	46 m

Stadtgebiet (Stand 1. 1. 1993)

Ausdehnung gesamt	20 408 ha
Bebaute Flächen	6738 ha (33%)
Verkehrsflächen	3070 ha (15 %)
Forste, Holzungen	2274 ha (11,1 %)
Grünanlagen	2810 ha (13,8 %)
Landwirtschaftliche und gärtnerische Flächen	3662 ha (17,8 %)
Gewässer	669 ha (3,3 %)
Sonst. Flächen	1223 ha (6 %)

Einzelanlagen: Eilenriede 642 ha, Bockmerholz/Gaim 288 ha, Misburger Wald 563 ha, Tiergarten 113 ha, Herrenhäuser Anlagen 117 ha, Maschsee 78 ha, Sportpark 47 ha.

Wasserläufe

Leine	Länge (Stadtgebiet)	25,5 km
Ihme	Länge (Stadtgebiet)	10,1 km
Mittellandkanal	Länge (Stadtgeb.)	21,5 km

Einwohner (Stand 1. 1. 1993)

Gesamt	523 627
davon Ausländer	66 655
Türken	22 689
Jugoslawen (ehem.)	8 748
Griechen	5 199
Spanier	4 119

Religionszugehörigkeit
44,1 % evangelisch; 15,4 % katholisch; 31,5 % sonstige Religionsgemeinschaften, Freireligiöse, Freidenker, ohne Angaben

	Gebiets zuwachs (ha)	Stadtgebiet (ha)	Bevölkerungszuwachs	Einwohner
1. **Altstadt**		ca. 80		13 920 (1735)
2. **1747** Anlage der Aegidienneustadt	ca. 10	ca. 90		17 432 (1755)
3. **1824** Vereinigung Altstadt und Calenberger Neustadt	ca. 30	ca. 120	ca. 5 000	22 111 (1826)
4. **1847** Anlage der Ernst-August-Stadt	44	157	0	28 030 (1848)
Eingemeindungen				
5. **1859** Vorstadt Hannover	2 179	2 354	19 622	60 120 (1861)
6. **1869** Glocksee	115	2 469	955	87 626 (1871)
(**1882** Königsworther Platz, Parkstraße, Jägerstraße und Umgebung Welfenschloß)	15	2 484	692	139 731 (1885)
7. **1891** Herrenhausen, Hainholz, Vahrenwald, List	1 476	3 960	11 132	209 535 (1895)
8. **1907** Stöcken, Mecklenheide, Bothfeld, Klein-Buchholz, Groß-Buchholz, Kirchrode, Döhren, Wülfel	6 015	9 975	27 089	302 375 (1910)
(**1911** TU-Bauplatz und Hafengelände)	17	9 992	0	
9. **1913** Wassergewinnungsgelände Ricklingen	164	10 156	7	316 300 (1913)
10. **1920** Stadtkreis Linden mit Badenstedt, Bornum, Davenstedt, Limmer, Ricklingen	2 304	12 460	83 045	422 435 (1920)
11. **1928** Schloß- und Gartenbezirk Herrenhausen, Gutsbezirke Herrenhausen, Leinhausen, Marienwerder	711	13 171	2 529	432 500 (1930)
12. **1937** Teil von Laatzen, Teil von Bemerode	253	13 529	1 094	459 700 (1938)
13. **1974** Vinnhorst, Teil von Langenhagen, Teil von Isernhagen, Misburg, Anderten, Bemerode, Wülferode, Teil von Rethen, Wettbergen, Teil von Laatzen, Ahlem	6 886	20 415	62 000	569 512 (1974)
Bevölkerungsentwicklung				
1977				541 986
1980				534 451
1985				508 298
1987				495 867
1990				513 010
1991				517 476
1992				523 627
1993				524 823

* Tabelle nach „Hannover im 20. Jahrhundert. Aspekte der neueren Stadtgeschichte". Katalog zur Ausstellung des Historischen Museums, Hannover 1978; ergänzt durch Angaben aus: Statistischer Vierteljahrsbericht Hannover, Ausg. 92/IV

Stadtgeschichte in Daten

Politik, Wirtschaft, Verwaltung

200 000 v. Chr. Die ältesten im Stadtgebiet gefundenen Steinwerkzeuge stammen vermutlich von Jägern der Altsteinzeit.

18 000–10 000 v. Chr. Während der sog. Weichseleiszeit bildet sich jenes Gelände heraus, auf dem später die Stadt Hannover entsteht: an einer Nahtstelle zwischen den letzten Ausläufern des mitteldeutschen Berglandes und der norddeutschen Tiefebene, inmitten eines Urstromtals (von dem später die Leine übrigbleibt), dort wo der Sporn eines Geestrückens die sonst 1500–2000 m breite Talaue auf 500 m einengt und damit günstige Voraussetzungen für einen Flußübergang schafft.

4000–2000 v. Chr. Funde in der Altstadt und in der Eilenriede lassen darauf schließen, daß sich im Raum Hannover drei keramische Formgebiete (Michelsberger Keramik, donauländische und mitteldeutsche Bandkeramik) berühren.

Ab 1800 v. Chr. In die Bronzezeit weisen zahlreiche Einzelfunde (u. a. auf dem Kronsberg) sowie Grabhügelgruppen bei Laatzen und auf dem Benther Berg.

800–300 v. Chr. Ausgedehnte Urnenfriedhöfe, auf deren Spuren man vor allem in der Südstadt sowie in Ricklingen und Oberricklingen, aber auch in Laatzen und Garbsen gestoßen ist, stammen aus der späten Bronzezeit bzw. aus der vorrömischen Eisenzeit.

Von Chr. Geburt bis 300 n. Chr. In die römische Kaiserzeit weisen im Bereich der Altstadt gefundene Keramikreste und eine in einem verlandeten Leine-Arm in der Calenberger Neustadt entdeckte Münze mit dem Porträt des Kaisers Alexander Severus (222–231 n. Chr.). Während der ersten Jahrhunderte der römischen Kaiserzeit gehört der heutige Großraum Hannover zum Stammesgebiet der Cherusker, die später vermutlich im Stammesverband der Sachsen aufgegangen sind.

600–750 Aus der Merowingerzeit stammt das große beim Bau der Hindenburgschleuse entdeckte sächsische Reihengräberfeld bei Anderten.

Um 950 Beginn der mittelalterlichen Besiedlung, wobei zwei frühe Siedlungskerne zu unterscheiden sind: Der erste, zwischen Leineschloß und Aegidienkirche gelegen, könnte mit einem in den Hildesheimer Grenzbeschreibungen der Jahre 1007 und 1013 als Grenzort genannten Tigislehe bzw. Tigislege identisch sein, während es sich bei dem zweiten um einen zu einer Lehnshofsiedlung erweiterten Herrenhof handelte, der vermutlich hier den Leineübergang zu sichern hatte.

Um 1100 Ein dritter Siedlungskern entsteht als Marktsiedlung im Bereich der heutigen Marktkirche.

Um 1150 Allmähliches Zusammenwachsen der Siedlungskerne, zu denen sich noch ein vierter – im Bereich der heutigen Osterstraße mit dem romanischen Vorgänger der Aegidienkirche als Zentrum – gesellt. In die gleiche Zeit fällt die erste schriftliche Erwähnung Hannovers: Die von den Wunder-

Neues Rathaus, Relief – Darstellung der ersten schriftlichen Nennung Hannovers (Mädchen „ex vico hanovere") in den „Miracula Bernwardi", um 1150

taten des Hildesheimer Bischofs Bernward berichtenden „Miracula Bernwardi“ erzählen von einem Mädchen „ex vico hanovere“, für das am Grabe des Bischofs Heilung von einem Augenleiden gesucht wurde.

1163 Erste urkundliche Erwähnung Hannovers in einer Urkunde, die Heinrich der Löwe auf einem Hoftag „in . . . Hanovere“ zugunsten des Klosters Flechtorf ausstellte. Während dieses Hoftags war vermutlich die romanische Aegidienkirche geweiht worden.

1189 Der Konflikt zwischen Staufern und Welfen führt zur Zerstörung Hannovers durch König Heinrich VI. In der Stederburger Chronik, die über dieses Ereignis berichtet, wird Hannover erstmals „civitas“ genannt.

1215 Graf Konrad II. stellt erstmals eine Urkunde auf der auf dem westlichen Leineufer errichteten Burg Lauenrode aus. In der Umgebung der Burg entstehen als Wurzel der späteren Neustadt mehrere Burgmannshöfe.

Um 1230 Errichtung des ältesten Rathauses am Markt, bestehend aus einer Kaufhalle („cellarium“) und dem eigentlichen Rats- und Hochzeitshaus („theatrum“).

1235 Otto von Lüneburg (genannt „das Kind“), Enkel Heinrichs des Löwen, trägt Kaiser Friedrich II. die welfischen Stammlande als Reichslehen auf und erhält sie als Herzogtum Braunschweig-Lüneburg zurück, was zugleich die Aufnahme in den Reichsfürstenstand bedeutet.

1241 Herzog Otto das Kind tritt die Stadtherrschaft über Hannover an und erteilt ein erstes Privileg (26. Juni), in welchem die Rechte der Stadt bestätigt und erweitert werden. Erstmals werden der Rat der Stadt („consules“) und die Handwerksmeister („magistri artium manualium“) erwähnt. Die Entwicklung Hannovers zur Stadt im Rechtssinne ist damit abgeschlossen.

1255 Erstmalige Erwähnung des hannoverschen Stadtsiegels.

1256 Hannoversche Bürger stiften das Heilig-Geist-Spital, das ebenso wie das vermutlich schon früher gestiftete Aussätzigen-Spital Sankt Nikolai vor dem Steintor noch heute als Altersheim dient.

1284 Zum ersten Mal wird die vor den Toren der Stadt gelegene Nikolaikapelle erwähnt, wo Leprakranke geistlichen Zuspruch erhielten. Das zugehörige Hospital St. Nikolai wird erstmals 1325 urkundlich genannt.

1303 Die Stadt wird in vier nach den Hauptstraßen (Oster-, Markt-, Köbelinger- und Leinstraße) benannte Bezirke geteilt. Erstmals wird ein Kämmerer erwähnt.

1307 Erste urkundliche Erwähnung des Aegidientors.

1314 Erste urkundliche Erwähnung des Steintors.

1322 Der Landesherr verkauft der Ritterschaft und der Stadt das Münzrecht. – Erste urkundliche Erwähnung des hannoverschen Brauwesens.

1333 In einem Kämmereiregister wird erstmals der hannoversche Stadtwald, die Eilenriede, erwähnt.

1357 Gegenüber der Burg Lauenrode wird der zur Stadtbefestigung gehörende Beginenturm gebaut.

1367 Schriftliche Erwähnung Hannovers als Mitglied der Hanse.

Stammtafel der Welfen

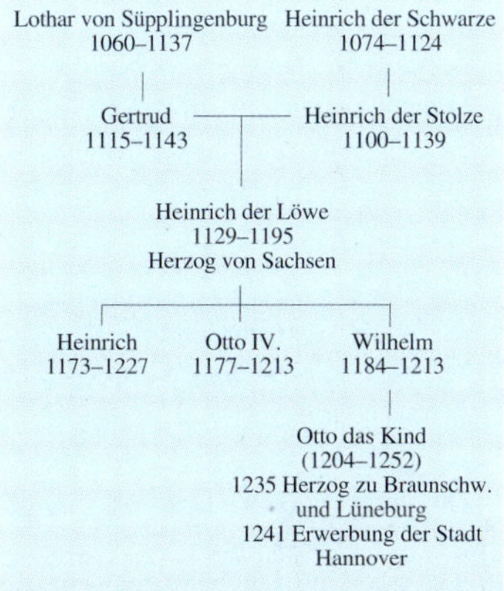

Stammtafel der Grafen von Roden

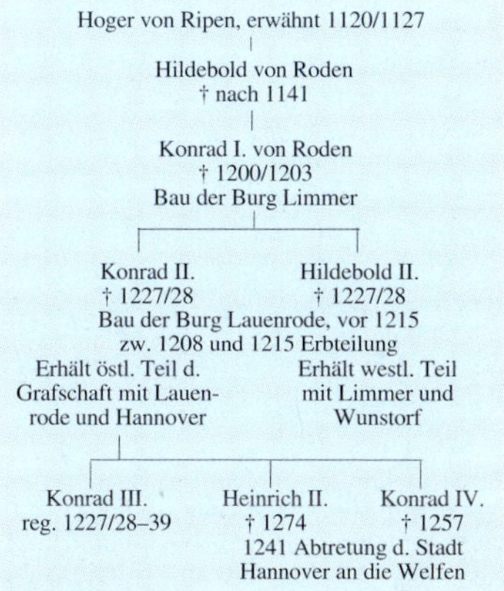

Hannover Residenz/Hauptstadt

Herzöge von Calenberg

1636–1641 Georg (1583–1641)
1641–1648 Christian Ludwig (1622–65)
1648–1665 Georg Wilhelm (1624–1705)
1665–1679 Johann Friedrich (1625–79)
1679–1692 Ernst August (1629–98)

Kurfürsten

1692–1698 Ernst August (1629–98)
1698–1714 Georg Ludwig (1660–1727)

1714 *Personalunion (bis 1837) – Nach dem Tode der engl. Königin Anne (12. 8. 1714) wird Kurfürst Georg Ludwig als Georg I. König von Großbritannien.*

Kurfürsten von Hannover und Könige von Großbritannien

1714–1727 Georg I. (1660–1727)
1727–1760 Georg II. (1683–1760)
1760–1814 Georg III. (1738–1820)

1814 *Nach dem Wiener Kongreß erhält Hannover den Rang eines Königreichs. In Hannover „regiert“ stellvertretend Herzog Adolph Friedrich von Cambridge (*1774, † 1850), Bruder von Georg IV., Wilhelm IV. und Ernst August, und zwar 1813–1816 als Militärgouverneur, 1816–1831 als Generalgouverneur, 1831–1837 als Vizekönig.*

Könige von Hannover und Großbritannien

1825–1820 Georg III. (1738–1820)
1820–1830 Georg IV. (1762–1830)
1830–1837 Wilhelm IV. (1765–1837)

Könige von Hannover

1837–1851 Ernst August (1771–1851)
1851–1866 Georg V. (1819–1878)

1866–1918 Hannover Provinzhauptstadt im Königreich Preußen

1918–1945 Provinzhauptstadt im Lande Preußen

Seit 23. 8. 1946 Hauptstadt des Landes Hannover

Seit 1. 11. 1946 Hauptstadt des Landes Niedersachsen

1371 Als Belohnung für die Unterstützung im Lüneburger Erbfolgekrieg (1371–1388) gewähren die Herzöge Wenzel und Albrecht von Sachsen-Wittenberg der Stadt Hannover das „Große Privileg“. Darin erlauben sie den Abbruch der Burg Lauenrode und anerkennen das uneingeschränkte Eigentumsrecht der Stadt am Stadtwald Eilenriede.

1428 Der Rat beginnt damit, ein Haus- und Verlassungsbuch nach dem „Realfolienprinzip“ (je Grundstück ein Blatt) zu führen. Es gilt als das älteste städtische Grundbuch seiner Art in Deutschland.

1438 Hannover wird alleiniger Besitzer der Münze.

1448 Nach Unruhen in der Stadt wird erstmals die personelle Zusammensetzung des 12köpfigen Rates genau geregelt: 4 Kaufleute, 4 Meinheitsangehörige, je ein Vertreter der 4 „großen Ämter“ (Bäcker, Knochenhauer, Schuhmacher, Schmiede).

1450 Das Recht, Bier zu brauen, wird auf die Inhaber der Stammgrundstücke in der Altstadt beschränkt.

1453–1455 Neubau des repräsentativen Rathaus-Marktflügels.

1468 Älteste Erwähnung des hannoverschen Schützenwesens.

1490 Dank der Wachsamkeit des Bürgers Cord Borgentrick mißlingt ein Überfall Herzog Heinrichs d. Ä. von Braunschweig-Lüneburg auf die Stadt.

1526 Der aus Stöcken stammende Brauknecht Cord Broyhan erfindet ein nach ihm benanntes helles Bier.

1529 Herzog Erich d. Ä. erteilt der Stadt das Privileg, jährlich einen Schützenhof (Schützenfest) zu veranstalten.

1533 Gegen den Widerstand des Rates setzt sich die Reformation „von unten“ durch. Am 26. 6. bekennen sich die auf dem Marktplatz versammelten Bürger durch gemeinsamen Schwur zur evangelischen Lehre. Der Rat flieht in das katholische Hildesheim.

1534 Ratsneuwahl mit Änderung der Ratsverfassung. An die Stelle des Geschworenenkollegiums tritt die „Ehrliche zu Rathaus gehende Gemeinde“. Der Rat setzt sich von jetzt an aus 2 Kaufleuten, 4 Meinheitsangehörigen, je einem Vertreter der großen Ämter und je einem Vertreter der „kleinen“ Ämter (Kramer und Wollenweber) zusammen.

1546 Erstmals wird in der Stadtkündigung, einer Art Ortssatzung, die Brauergilde, der Zusammenschluß der brauberechtigten Bürger der Stadt, erwähnt (vgl. 1450).

1619 Hannover erwirbt die hohe Gerichtsbarkeit.

1636 Hannover wird Residenzstadt. Am 18. 2. wird der sog. „Residenzreceß“ zwischen Georg von Lüneburg und der Stadt unterzeichnet (Bestätigung der Rechte der Stadt, Exemtion der herzoglichen Bediensteten von der städtischen Gerichtsbarkeit). Damit enden Hannovers Bemühungen, die Reichsunmittelbarkeit zu erlangen.

1637 Herzoglicher Sitz wird das ehemalige Franziskanerkloster in der Leinstraße, das heutige „Leineschloß“.

1638 Herzog Georg erwirbt ein Vorwerk in Herrenhausen, das von Herzog Johann Friedrich bis zu dessen Tod 1679 zu einem Landsitz mit Lusthaus und einem Garten ausgebaut wird.

1639 In Badenstedt wird mit dem Bau einer Saline begonnen.

1643 Der Hildesheimer Postmeister Rötger Hinüber erhält das Postprivileg.

1648 Letzte Hinrichtungen von vermeintlichen Hexen an der städtischen Hinrichtungsstelle Vahrenwald.

1657 Abschluß der die Alt- und Neustadt einschließenden Befestigungsanlagen.

1666 Johann Duve, der als Heereslieferant und Betreiber zahlreicher Unternehmen zum reichsten Kaufmann Hannovers aufsteigt, wird Pächter der städtischen Münze.

1676 Gottfried Wilhelm Leibniz kommt, einer Einladung Herzog Johann Friedrichs folgend, als Bibliothekar und Berater des Hofs nach Hannover. Ab 1696 wohnt er in einem später nach ihm benannten Haus in der Schmiedestraße.

1679 Auf Herzog Johann Friedrich folgt der jüngste der „vier welfischen Brüder": Ernst August (seit 1658 mit Sophie, einer Tochter des „Winterkönigs" Friedrich von der Pfalz, verheiratet).

1692 Herzog Ernst August erlangt für sich und sein Haus die Kurwürde.

1694 Wegen seiner amourösen Beziehungen zur Kurprinzessin Sophie Dorothea wird Graf Philipp Christoph von Königsmarck im Leineschloß ermordet.

1699 Einführung eines neuen landesherrlichen Stadtreglements: An die Stelle des von der Bürgerschaft gewählten Rates tritt der Magistrat, dessen Mitglieder auf Vorschlag der Bürgerschaft vom Landesherrn ernannt werden.

1701 Das englische Parlament bestimmt die Kurfürstin Sophie zur Nachfolgerin von Königin Anna („act of settlement").

1705 Nach dem Tod des „Heideherzogs" Georg Wilhelm fällt das Fürstentum Lüneburg an Hannover.

1714 Beginn der hannoversch-englischen Personalunion: Kurfürstin Sophie stirbt wenige Wochen vor Königin Anna. Als Georg I. besteigt Kurfürst Georg Ludwig den englischen Thron.

1725 Christian Ulrich Grupen wird zum Bürgermeister gewählt und amtiert bis 1767.

1737 Einweihung des Stadtlazaretts am Hohen Ufer, des ersten städtischen Krankenhauses.

1746 Als erste Stadterweiterung entsteht in den folgenden Jahren nach Plänen des Baumeisters Georg Friedrich Dinglinger die Aegidienvorstadt. – Gründung der ersten Freimaurerloge („Zum weißen Pferd").

1749 Vor dem Steintor wird eine Wachstuchmacherei (die spätere Firma Benecke) eröffnet (vielleicht schon 1718).

1757 Französische Truppen besetzen während des Siebenjährigen Krieges Hannover. Die Befestigungsanlagen hatten sich als völlig nutzlos erwiesen.

1769 Johann Ludwig von Wallmoden-Gimborn läßt westlich der Herrenhäuser Lindenallee einen Park im englischen Stil (seit 1831 Georgengarten genannt) anlegen.

1780 Beginn der „Demolition", der planmäßigen Niederlegung der Festungswerke. Bis 1790 treten Georgstraße und Friedrichstraße (heute Friedrichswall) an die Stelle der alten Wallanlagen, später folgen Goethestraße und Humboldtstraße.

1782 Gründung einer Artillerieschule, zu deren ersten Lehrern Gerhard Johann David Scharnhorst gehört.

1787 Gründung der hannoverschen Börse.

1790 Private und königliche Stiftungen ermöglichen auf der Esplanade die Errichtung des Leibniz-Tempels (seit 1935 im Georgengarten), der als das erste Denkmal für einen Bürgerlichen in Deutschland gilt.

1798 Erstes hannoversches Adreßbuch.

1801 Die Straßenbeschilderung wird eingeführt.

1803 Hannover wird für 10 Jahre von den Franzosen besetzt. – Der Böttchergeselle Johann Egestorff übernimmt die in Konkurs gegangene Kalkbrennerei auf dem Lindener Berg.

1810 Hannover wird Bestandteil des Königreichs Westphalen und Hauptort des sog. Allerdepartements.

1813 Endgültiger Abzug der Franzosen nach der Völkerschlacht bei Leipzig.

1814 Hannover wird Hauptstadt des auf dem Wiener Kongreß erheblich vergrößerten und in den Rang eines Königreichs erhobenen welfischen Staates.

1816 Herzog Adolph Friedrich von Cambridge wird Generalgouverneur von Hannover.

1821 Eine neue Stadtverfassung für die Altstadt bringt die Trennung von Justiz und Verwaltung. Als Vertretung der Bürgerschaft konstituiert sich ein aus 12 Mitgliedern bestehendes Bürgervorsteher-Kollegium.

Stammtafel zur Personalunion Hannover / Großbritannien

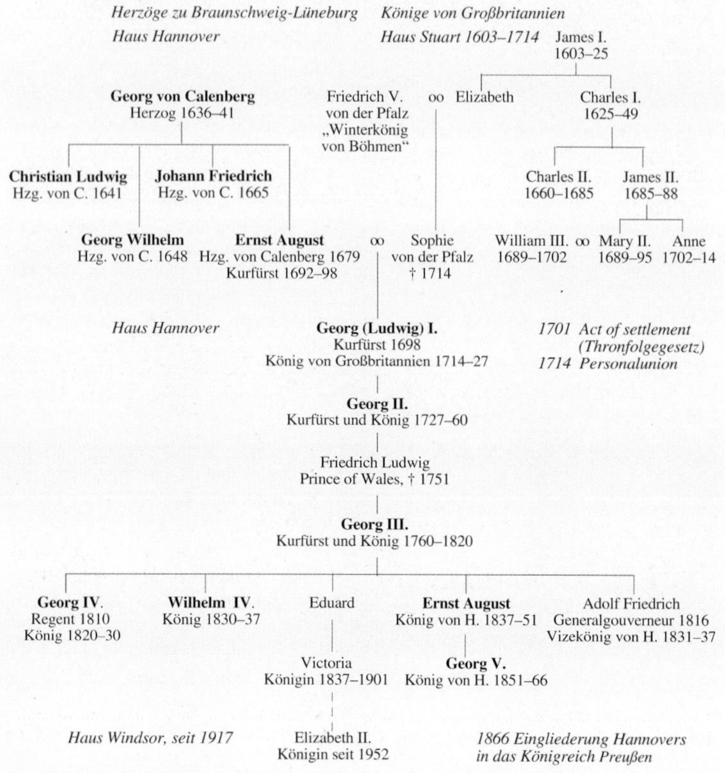

1823 Gründung der „Spar- und Leihcasse" der Stadt Hannover, der heutigen Stadtsparkasse.

1824 Vereinigung von Altstadt und Neustadt durch die Verfassungsurkunde für die Königliche Residenzstadt Hannover.

1825 In der Glocksee legt die Londoner Firma „Imperial Continental Gas Association" eine der ersten Gasanstalten auf dem Kontinent an; die Straßenbeleuchtung in H. wird auf Gas umgestellt.

1831 Herzog Adolph Friedrich wird zum Vizekönig von Hannover ernannt. – In Badenstedt errichtet Georg Egestorff die Saline „Egestorffshall".

1833 Eröffnung des städt. Krankenhauses am Lindener Ihme-Ufer (heute Hautklinik Linden).

1835 Georg Egestorff gründet in Linden eine Eisengießerei und Maschinenfabrik, die Keimzelle der späteren „Hanomag".

1837 Ende der hannoversch-englischen Personalunion. In Hannover besteigt der Herzog von Cumberland als König Ernst August den Thron. – Die Bankiers Adolph Meyer und Alexander Cohen gründen in Linden eine Baumwollweberei (seit 1858 „Mechanische Weberei"). Ihr bekanntestes Produkt wird der „Lindener Samt".

1839 Wegen der Proteste des Magistrats gegen die Aufhebung des Staatsgrundgesetzes durch Ernst August („Göttinger Sieben") wird Stadtdir. Rumann seines Amtes enthoben und gegen den Magistrat eine Kriminaluntersuchung verfügt. Der Konflikt endet mit der Pensionierung Rumanns 1843.

1840 Laves beginnt mit der Anlage der Ernst-August-Stadt.

1842 Die von dem Chemiker Carl Hornemann 1838 in Groß Munzel gegründete Farbenfabrik wird nach Hannover verlegt (Keimzelle der späteren „Pelikan-Werke"). – Gesetz über die rechtliche Gleichstellung jüdischer Einwohner (u. a. Niederlassungs- und Berufsfreiheit, Erwerb des Bürgerrechts).

1843 Mit der Eröffnung der Strecke Hannover–Lehrte beginnt für Hannover das Eisenbahnzeitalter. Dank seiner günstigen Lage im Schnittpunkt der wichtigsten kontinentalen Ost-West- und Nord-Süd-Verbindungen wird Hannover in der Folgezeit ein Eisenbahnknotenpunkt ersten Ranges. – Die sog. Gartengemeinden vor dem Steintor und dem Aegidientor werden zur „Vorstadt" zusammengeschlossen. – Gründung des späteren Friederikenstifts.

1845 Einführung neuer Hausnummern in Hannover (die Häuser einer jeden Straße werden für sich durchnumeriert).

1847 Eingemeindung der Ernst-August-Stadt.

1848 Eine Volksversammlung im Ballhof verabschiedet „Zwölf Forderungen des Volkes an den König".

1851 Die Stadtverfassung von 1824 wird durch die hann. Städteordnung abgelöst.

1853 Die 1851 in Harburg gegründete Schokoladenfabrik Sprengel wird nach Hannover verlegt.

1856 Gründung der Hannoverschen Bank.

1859 Eingemeindung der „Vorstadt". Damit wächst das Stadtgebiet von 157 ha auf 2354 ha.

1865 Eröffnung des Zoologischen Gartens.

1866 Annexion des Königreichs Hannover durch Preußen. Hannover wird Hauptstadt der gleichnamigen preußischen Provinz. – Schließung des im 16. Jh. errichteten ältesten jüdischen Friedhofs.

1867 Erstmals taucht der Allgemeine Deutsche Arbeiterverein im Adreßbuch auf.

1868 Gründung der Wollwäscherei Döhren, die 1872 durch eine Wollkämmerei ergänzt wird. – Der Berliner Industrielle Bethel H. Strousberg kauft die Egestorffsche Maschinenfabrik, die 1871 an ein Bankenkonsortium verkauft und in eine Aktiengesellschaft umgewandelt wird (Hannoversche Maschinenbau AG = „Hanomag").

1870 Eingemeindung von Glocksee und Ohe.

1871 Gründung der Continental-Caoutchouc & Gutta-Percha-Compagnie (abgekürzt „Conti") und der Firma „Gebrüder Körting", die 1890 nach Linden verlegt wird und nicht zuletzt durch die Siedlung bekannt geworden ist, „Körtingsdorf".

1872 Einweihung einer schienengebundenen Pferdebahn vom Döhrener Turm zum Steintor.

1873 Hannover hat nun mehr als 100 000 Einwohner und ist damit Großstadt im statistischen Sinn.

1881 Mit der Vollendung des Durchbruchs der Karmarschstraße durch die Altstadt (Planung Ferdinand Wallbrecht) wird die notwendige Verbindung von Bahnhof und Schloßbereich hergestellt.

1882 Eröffnung des Fernsprechamtes mit zunächst 75 Anschlüssen.

1884 Bei den Reichstagswahlen siegt im Wahlkreis Hannover-Linden erstmals der sozialdemokratische Kandidat (Heinrich Meister).

1885 Wilhelm Kröpcke pachtet das Café Robby zwischen Georgstraße und Theaterplatz und macht es unter seinem Namen zu einer hannoverschen Institution. – Die Nachbarstadt Linden erhält die Stadtrechte.

1887 Gründung des Fabrikanten-Vereins Hannover-Linden; heute: „Industrie-Club Hannover".

1889 Gründung von Hermann Bahlsens Keksfabrik.

1890 Der Kaiser verleiht Hannover die Bezeichnung „Königliche Haupt- und Residenzstadt".

1891 Heinrich Tramm wird Stadtdirektor. – Eingemeindung der Ortschaften Hainholz, Herrenhausen, List und Vahrenwald. – Das Elektrizitätswerk in Herrenhausen wird in Betrieb genommen.

1892 Einweihung der Markthalle.

1893 Die erste elektrische Straßenbahn fährt vom Königsworther Platz nach Herrenhausen.

1895 Eröffnung des Städtischen Krankenhauses I (heute Nordstadt-Krankenhaus).

1898 Hannover garantiert Bau und Betrieb des die Stadt berührenden Abschnitts des Mittellandkanals. – Emil und Josef Berliner eröffnen ihre erste Schallplattenfabrik, aus der später die Deutsche Grammophon-Gesellschaft hervorgeht.

1900 Gründung der Hackethaldraht-Gesellschaft mbH durch Jakob und Josef Berliner.

1902 Vollendung des Maschparks durch Julius Trip.

1907 Eingemeindung der Dörfer Döhren, Wülfel, Kirchrode, Groß- und Klein-Buchholz, Lahe, Bothfeld, Stöcken und des Gutsbezirks Mecklenheide.

1911 General a. D. Paul von Hindenburg nimmt seinen Wohnsitz in Hannover.

1913 Einweihung des Neuen Rathauses durch Wilhelm II. – Bau des Georgspalasts an der Georgstraße. – Das „Siloah" (Keimzelle ist eine 1896 in der Lindener Falkenstraße gegründete Poliklinik) wird Krankenhaus der Stadt Linden.

Spitzen von Rat und Verwaltung

Bürgermeister/Consules

Es gab zwei Bürgermeister (Consules), gewählt auf Lebenszeit, die abwechselnd für ein Jahr das Amt führten.

1390–1401	Johann Türke
1391–1395	Borchert Tetze
1396	Diderik vom Hagen
1398–1424	Volkmer von Anderten
1402–1406	Diderik vom Steinhaus
1408–1422	Rolef von der Nigenstadt
1423–1440	Diderik Türke
1425–1460	Diderik von Anderten
1442–1452	Hermen Mutzel
1454–1456	Dethmer Kock
1457–1462	Hans Blome sen.
1463	Hans Krevet
1464–1476	Diderik von Wintheim
1465–1490	Cord Limburg
1477	Diderik von Anderten
1479–1485	Diderik von Wintheim
1487–1515	Hans Blome jun.
1491–1497	Diderik Schacht
1494–1501	Volkmer von Anderten
1504–1530	Jürgen vom Sode
1518–1524	Gerd Limburg
1526–1528	Hans Meyer
1531–1533	Cord Schacht
1532	Ludolf von Lüde
1534 1550	Anton von Berkhusen
1535–1553	Hinrich Bomhauer
1550–1585	Heiso Grove
1553–1556	Friedrich von Weihe
1557–1563	Bartold Homeister
1565–1579	Nicolaus Freitag
1580–1600	Statius Vasmer
1587–1611	Bernhard Homeister
1601–1622	Erich Reiche
1612–1623	Henricus Müller
1623–1632	Hermann Bartels
1624–1654	Dr. Jacobus Bünting
1633–1663	Dr. Henning Lüdeke
1654–1678	Dr. Georg Türke
1663–1683	Dr. David Amsing
1678–1684	Dr. Conrad Jul. Hagemann
1684–1702	Anton Levin von Wintheim
1685–1689	Gottfried Hertzog
1689–1699	Johann Hermann vom Sode
1700–1717	Dr. Anton Julius Busmann
1702–1713	Johann Christoff Danhauer
1713–1725	Otto Heinrich Volger
1717–1719	Johann Peter Tappen
1719–1761	Anton Julius Busmann
1725–1767	Christian Ulrich Grupen
1761–1798	Dr. Ernst Anton Heiliger
1761–1784	Wilhelm Aug. von Alemann
1784–1809	Ernst Friedrich Hector Falke
1792–1820	Christian Philipp Iffland
1810–1820	Ludewig Chr. Wilh. Zwicker

Stadtdirektoren

1822–1824	Georg Ernst Fr. Hoppenstedt
1824–1843	Wilhelm Rumann
1843–1853	Karl Friedrich Wilh. Evers
1854–1882	Hermann Rasch
1883–1893	Ferdinand Haltenhoff
1891–1918	Heinrich Tramm

Oberbürgermeister

1918–1924	Robert Leinert
1925–1937	Dr. Arthur Menge
1937–1942	Dr. Henricus Haltenhoff
1942–1945	unbesetzt

Oberstadtdirektoren

1946–1949	Gustav Bratke
1949–1963	Karl Wiechert
1963–1974	Martin Neuffer
1974–1979	Rudolf Koldewey
1979–1989	Hinrich Lehmann-Grube
seit 1989	Jobst Fiedler

Oberbürgermeister

(seit 1946 nur repräsentative Funktion)

1945–1946	Gustav Bratke
1946	Franz Henkel
1946–1956	Wilhelm Weber
1956–1972	August Holweg
seit 1972	Herbert Schmalstieg

1914 Kriegsausbruch: Reaktivierung Hindenburgs, der 1915 zum Ehrenbürger ernannt wird. – Einweihung der Stadthalle.

1917 Der Lindener Hafen wird in Betrieb genommen; ihm folgt 1918 der Nordhafen.

1918 Kriegsende und Novemberrevolution: Nach dem Rücktritt von Stadtdirektor Heinrich Tramm wird der Sozialdemokrat Robert Leinert mit dem Titel „Oberbürgermeister" zum neuen Stadtoberhaupt gewählt.

1919 Hindenburg kehrt nach Hannover zurück.

1920 Eingemeindung der Stadt Linden. Die Einwohnerzahl Hannovers steigt damit um 82 000 auf 411 000, das Stadtgebiet um 2 300 auf 12 800 ha.

1921 Gründung der NSDAP-Ortsgruppe Hannover.

1924 Rücktritt Leinerts. – Der Rundfunksender Hannover nimmt seinen Betrieb auf. – Der Trödelhändler und Polizeispitzel Fritz Haarmann wird wegen 24fachen Mordes zum Tode verurteilt und 1925 hingerichtet.

1925 Wahl Hindenburgs zum Reichspräsidenten. – Arthur Menge (Deutsch-Hannoversche Partei) wird neuer Oberbürgermeister.

1926 Der Philosophieprofessor Theodor Lessing muß – nach Studententumulten wegen seiner Kritik an der Wahl Hindenburgs zum Reichspräsidenten – sein Amt an der Technischen Hochschule niederlegen.

1927 Der Militärflughafen in Vahrenheide geht in städtischen Besitz über.

1928 Eingemeindung der Gutsbezirke Leinhausen, Herrenhausen und Marienwerder sowie des Schloß- und Gartenbezirks Herrenhausen. – Einweihung der Hindenburgschleuse in Anderten.

1932 Auf dem Höhepunkt der Weltwirtschaftskrise ist jeder dritte arbeitslos.

1933 Ungeachtet der nationalsozialistischen Machtübernahme bleibt Menge bis 1937 Oberbürgermeister. – Theodor Lessing wird in seinem Marienbader Exil von Nationalsozialisten ermordet.

1934 In der Laher Feldmark beginnt der Autobahnbau Berlin–Köln. – Erster Spatenstich für den Maschsee.

1936 Einweihung des Maschsees. – Die Stadt erwirbt den Großen Garten und den Berggarten. Entstehung des Hermann-Löns-Parks (Grünverbindung zwischen Tiergarten und Eilenriede). – Beginn der Altstadt-Sanierung. – Zerschlagung der sozialdemokratischen Widerstandsgruppe „Sozialistische Front", die mit etwa 1000 Mitgliedern die größte Widerstandsorganisation in Deutschland gewesen ist.

1937 Wiedereröffnung der erneuerten Herrenhäuser Gärten. – Der KPD-Vorsitzende Ernst Thälmann wird in das Gerichtsgefängnis Hannover überführt und bleibt hier inhaftiert bis 1943.

1938 In der sog. „Reichskristallnacht" (9./10. Nov.) wird – gesteuert von der SS – u. a. die Neue Synagoge an der Bergstraße zerstört (Herschel Grünspan, der den Pogrom durch ein Attentat auf den deutschen Diplomaten Ernst vom Rath in Paris auslöste, stammte aus Hannover).

1939 Kriegsausbruch. – Laut Volkszählung im Mai hat die Stadt 472 527 Einwohner.

1940 Produktionsbeginn der Akkumulatorenfabrik („AFA") am Nordhafen. – Erste Bombenangriffe auf Misburg.

1941 „Aktion Lauterbacher": Ghettoisierung der hannoverschen Juden in 14 „Judenhäusern". Im Dezember werden die ersten 1000 hannoverschen Juden in die Vernichtungslager des Ostens deportiert.

1943 Fünf schwere Bombenangriffe – der schwerste am 8./9. 10. – zerstören Hannovers Innenstadt zu 90 %. – Errichtung von mehreren Außenlagern des KZ Neuengamme im Stadtgebiet.

1944 Nach dem Attentat vom 20. 7. auf Hitler wird Oberbürgermeister Menge verhaftet und im Februar 1945 vom Volksgerichtshof zu drei Jahren Zuchthaus verurteilt.

1945 Die Amerikaner besetzen Hannover (10. 4.), werden nach wenigen Tagen von den Engländern abgelöst. – Der Sozialdemokrat Gustav Bratke wird Oberbürgermeister. Von Hannover aus betreibt Kurt Schumacher den Wiederaufbau der SPD in den Westzonen.

1946 Hannover wird Hauptstadt des Landes Hannover (23. 8.) und des Landes Niedersachsen (1. 11.). – Erster SPD-Nachkriegsparteitag in Hannover.

1947 Auf dem Gelände der Leichtmetallwerke in Laatzen findet die erste Export-Messe („Fischbrötchenmesse") statt. – „Good-Will-Mission" aus Bristol begründet die erste Städtepartnerschaft nach dem Kriege.

1949 125 hannoversche Bürger gründen eine „Aufbaugemeinschaft". Der Rat erklärt das gesamte Stadtgebiet zum Wiederaufbaugebiet. Vorbildlich wird in den folgenden Jahren die Verkehrsplanung und -führung (Kreisel, Tangenten). „Vater" des

Hannovers Partnerstädte

1947	**Bristol,** England
1960	**Perpignan,** Frankreich
1966	**Rouen,** Frankreich
1968	**Blantyre,** Malawi (Südostafrika)
1971	**Utrecht,** Niederlande (1976 ausgesetzt
1979	**Posen,** Polen
1983	**Hiroshima,** Japan
1987	**Leipzig**

Wiederaufbaus wird Stadtbaurat (seit 1948) Rudolf Hillebrecht.

1952 Eröffnung des neuen Flughafens Hannover-Langenhagen. – Offizielle Einweihung des Funkhauses am Maschsee. – Während der Wiederaufbau der Marktkirche abgeschlossen ist, dient die Ruine der St. Aegidienkirche fortan als Gedenkstätte für die Opfer von Krieg und Gewalt.

1954 Hannover hat erstmals mehr als 500 000 Einwohner.

1955 Hannover entwickelt sich zur Stadt der Film-Uraufführungen. Allein in diesem Jahr werden 19 deutsche Spielfilme uraufgeführt. – Die „Deurag" (gegr. 1931) und „Nerag" (gegr. 1935) fusionieren zur Deutschen Erdölraffinerie in Misburg.

1956 August Holweg (SPD) wird Oberbürgermeister. – In Stöcken wird nach nur 13-monatiger Bauzeit ein großes VW-Werk in Betrieb genommen.

1961 Einweihung des Freizeitheims Linden, das als das erste seiner Art in Deutschland gilt.

1962 In das wieder aufgebaute Leineschloß zieht der Niedersächsische Landtag ein. – Die Stadt erwirbt den Schloßbezirk Herrenhausen.

1963 „Gesetz zur Neuordnung des Großraums Hannover". – Martin Neuffer wird Oberstadtdirektor.

1965 Startschuß zum U-Bahn-Bau in Hannover. – Königin Elisabeth II. und Prinz Philipp besuchen erstmals Hannover.

1969 „Rote-Punkt-Aktion": Massenhafte Proteste gegen die Erhöhung der Fahrpreise bei der hannoverschen Straßenbahn.

1970 Die Hannoverschen Verkehrsbetriebe (ÜSTRA) werden vom Verband Großraum Hannover erworben. – Durchführung des l. Altstadtfestes.

1971 Nach Kündigung des Pachtverhältnisses mit der Firma Ruhe geht der Zoo wieder in städtische Verwaltung über.

1972 Mit 28 Jahren wird Herbert Schmalstieg (SPD) jüngster deutscher Oberbürgermeister.

1973 Die „Döhrener Wolle" stellt ihren Betrieb ein.

1974 Gebietsreform: Eingemeindung der Stadt Misburg und der Gemeinden Anderten, Bemerode, Wülferode, Wettbergen, Ahlem und Vinnhorst; Vereinigung der Landkreise Burgdorf, Hannover, Neustadt a. Rbg. und Springe zu einem die Stadt Hannover umschließenden Landkreis Hannover.

1975 Inbetriebnahme der ersten U-Bahn-Linie.

1977 Der jährliche Schützenausmarsch am 1.-Juli-Sonntag bricht alle Rekorde: 14 000 Teilnehmer, 300 000 Zuschauer.

1980 „Zweckverband Großraum Hannover" (primäre Aufgabe: Förderung des öffentlichen Personennahverkehrs) tritt an die Stelle des Großraums Hannover.

1981 Inkrafttreten der Stadtbezirksverfassung, durch die Hannover in 13 Bezirke mit eigenen Bezirksräten eingeteilt wird. – Erstmals „Schorsenbummel" auf der neugestalteten Georgstraße.

1984 Konkurs der Mainzer IBH Holding AG (Horst Esch), zu der auch die „Hanomag" gehört. Neuer Eigentümer der Hanomag wird eine mittelständische Unternehmensgruppe.

1985 Rekordbesuch auf der Hannover-Messe: 850 000 Besucher aus 120 Ländern. – Schließung der DEURAG-NERAG in Misburg.

1986 „Zellteilung" der Hannover-Messe in eine „Hannover-Messe CeBIT" (weltgrößte Messe auf dem Gebiet der Kommunikationstechnik) und eine „Hannover-Messe Industrie".

1987 Volkszählung: Hannover hat nur noch 495 000 Einwohner. – Vereinbarung einer Städtepartnerschaft Hannover-Leipzig.

1988 Gipfeltreffen der Regierungschefs der 12 EG-Staaten auf dem Messegelände.

1989 Am 2. Wochenende nach dem Fall der „Mauer" besuchen 50 000 DDR-Bürger Hannover.

1990 Das Pariser „Bureau International des Expositions" betraut die Bundesrepublik Deutschland mit der Aufgabe, im Jahre 2000 in Hannover eine Weltausstellung zum Thema „Mensch-Natur-Technik" (EXPO 2000) durchzuführen. – Inbetriebnahme der um 1100 Meter verlängerten Nord-Startbahn des Flughafens Hannover-Langenhagen. – Hannovers Oberstadtdirektor Dr. Lehmann-Grube wird Oberbürgermeister in Leipzig.

1991 Mit vielen großen und kleinen Veranstaltungen feiert Hannover sein 750jähriges Stadtjubiläum.

Stadtgeschichte in Daten

Religion · Kirche

Um 1140 Stiftung einer dann im romanischen Stil erbauten St. Georgskirche beim Herrenhof „Hanovere" und Übertragung des südwestlichen Teils der Parochie Engelbostel als selbständiges Kirchspiel an diese Kirche.

Vermutl. um 1156 Mit Anlage der ersten Stadtbefestigung Gründung einer zweiten Parochie nach Stiftung der dann im romanischen Stil erbauten St. Ägidienkirche. Weihe der Kirche am 1. 5. 1163 durch den Bischof von Minden.

1196 Graf Konrad I. von Roden gründet das Kloster Marienwerder.

1238 Die romanische Marktkirche wird erstmals urkundlich erwähnt.

1280–1370 Planung und Bau der gotischen Backsteinkirche St. Jakob anstelle der Georgskirche (heute Marktkirche) und der gotischen Ägidienkirche anstelle der romanischen.

1284 Erste urkundliche Erwähnung der Nikolaikapelle. – Der Pfarrbezirk der späteren Kreuzkirche wird von dem der Marktkirche abgetrennt.

1291 Gründung eines Franziskanerklosters an der Leinstraße.

1292 Erste urkundl. Erwähnung eines jüdischen Einwohners.

April 1333 Nach Errichtung einer dritten Parochie 1284 Weihe der dritten Pfarrkirche „Zum hl. Geist und zum hl. Kreuz" (gotischer Neubau).

1371 Verbannung der Juden aus der Stadt durch die Herzöge Wenzel von Sachsen-Wittenberg und Albrecht von Sachsen-Lüneburg.

1389 Die 1349 gestiftete Kapelle „Unserer lieben Frauen" wird zur Pfarrkirche der Neustadt erklärt.

1532 Nach Bekenntnis des Rates der Stadt zur alten katholischen Lehre Bürgeropposition mit religiösen, wirtschaftlichen und politischen Forderungen.

1533 Am 26. 6. Schwur auf dem Marktplatz durch die versammelten Bürger, zur evangelischen Lehre zu stehen. Am 14. 9. Flucht des Rates in das katholische Hildesheim.

1534 Am 26. 4. Wahl eines neuen, evangelischen Rates. Am 31. 7. Vertrag der Stadt mit dem Landesherrn, der sich für eine Zahlung von 4000 Gulden verpflichtet, die evangelische Lehre in der Stadt nicht mehr zu behindern.

Neues Rathaus, Hodlersaal mit Wandgemälde „Einmütigkeit" von Ferdinand Hodler, 1913 – Einführung der evangelischen Lehre in Hannover 1533

Um 1550 Erste Beisetzungen auf dem Alten jüdischen Friedhof an der Oberstraße (geschlossen 1864).

1574 Übertragung des Patronats über die Jakobs- und die Ägidienkirche vom Landesherrn auf den Rat der Stadt (bei der Kreuzkirche bereits seit 1296).

Vor 1600 Mit der Ansiedlung von mehreren jüdischen Familien in der Neustadt von Hannover hier Beginn eines kontinuierlichen Gemeindelebens.

1637 Umbau des ehemaligen Franziskanerklosters zur herzoglichen Residenz.

1639/40 Heinrich Schütz (1585–1672), Komponist geistlicher Musik, als Hofmusiker in Hannover.

1642 Am 10. 7. Weihe der Schloßkirche für den evangelischen Gottesdienst.

1648 Letzte Hinrichtungen zweier vermeintlicher Hexen in Hannover.

1663 Stiftung eines barocken Altaraufbaus für die Marktkirche durch Johann Duve, Übergabe des bisherigen spätgotischen Schnitzaltars an die Ägidienkirche.

1664–84 Renovierung der Marktkirche im Geist des Barock.

1665–79 Durch den zum Katholizismus konvertierten Herzog Johann Friedrich Widmung der Schloßkirche für den katholischen Gottesdienst, Übertragung der Hl.-Blut-Reliquie und ihres Cranach Retabels aus der Münsterkirche in Einbeck sowie des welfischen Reliquienschatzes aus Braunschweig in die hannoversche Schloßkirche, Gründung des „Apostolischen Vikariats des Nordens“ mit Bischof und Priesterkonvent.

1666–1670 Bau der ev. Neustädter Hof- und Stadtkirche St. Johannis.

1676 Übernahme der Leitung der Hofbibliothek durch Gottfried Wilhelm Leibniz, der als Universalgelehrter mechanistische Naturerklärung mit dem religiösen Glauben zu verbinden suchte und umfassenden Einfluß auf die europäische Geistesgeschichte ausübte (gest. 14. 11. 1716, beigesetzt in der Neustädter Johanniskirche).

1680–1718 Jacobus Sackmann (*1643), bekannt durch seine mutigen, obrigkeitskritischen Predigten, als Pastor in Limmer.

1687 Aufgrund eines herzoglichen Edikts wird das hann. Landrabbinat errichtet.

1689 Mit Erlaubnis Herzog Ernst Augusts Ansiedlung von Hugenottenfamilien in der Calenberger Neustadt.

1692 Mit Erlangen der Kurwürde Verpflichtung des Herzogs, Katholiken Religionsfreiheit und den Bau einer eigenen Kirche zu garantieren.

1703 Errichtung (Weihe 1704) der ersten, von Leffmann Behrens Cohen gestifteten hann. Synagoge im Hinterhof eines Gebäudes an der Bergstraße (1827 an gleicher Stelle erneuert).

1705 Am 20. 11. Weihe der ersten reformierten Kirche (Neustadt).

1710 Berufung Georg Friedrich Händels zum Hofkapellmeister als Nachfolger von Agostino Steffani, der sich als Apostolischer Vikar für die katholische Gemeinde einsetzt.

1711 Baubeginn der katholischen St. Clemenskirche nach Entwürfen von Tommaso Giusti (Weihe 4. 11. 1718 durch Bischof Steffani).

1746 Errichtung einer eigenen Kirchengemeinde für die Gartenleute vor dem Ägidientor und Planung eines Gotteshauses beim bestehenden Friedhof am Wolfsgraben (Weihe 30. 11. 1749).

1759 Johann Adolf Schlegel Pastor an der Marktkirche, später Generalsuperintendent, Vater von August Wilhelm und Friedrich Schlegel.

1801 Karl Johann Philipp Spitta, der spätere Dichter vieler geistl. Lieder (Slg. „Psalter und Harfe“), in H. geboren.

1823 Ab 27. 11. Hermann Wilhelm Bödeker einflußreicher Pastor an der Marktkirche (gest. 5. 1. 1875).

1830 Durch Landrabbiner Nathan Marcus Adler Neuordnung der jüdischen Gemeinde, des Synagogengottesdienstes und Errichtung einer Religionsschule.

1838 Tod des Hof- und Schloßpredigers Philipp Sextro, Begründer des Pastoralinstituts in Göttingen und des ersten hann. Predigerseminars.

1842 Gesetz über die rechtliche Gleichstellung jüdischer Einwohner (u. a. Niederlassungs- und Berufsfreiheit, Erwerb des Bürgerrechts).

1843 Eröffnung eines Pflegeheims, Vorläufer des Friederikenstifts.

1855 Am 29. 11. nach umfangreicher Restaurierung Weihe der Marktkirche.

1859 Am 1. 7. Gründung der Henriettenstiftung durch Königin Marie.

1862 Offene Opposition der Bevölkerung gegen Einführung eines konservativen Katechismus. – An der Andertenschen Wiese wird eine Krankenstation, die Vorläuferin des heutigen Vinzenzkrankenhauses, eröffnet.

1864 Am 21. 9. Weihe der Christuskirche (unter Patronat des Welfenhauses). Mit dem Ausbau der Stadt und der Eingemeindung umliegender Orte bis 1914 Errichtung von weiteren 20 Kirchen. – Nach Schließung des jüdischen Friedhofs an der Oberstraße Anlage des zweiten jüdischen Friedhofs An der Strangriede.

1869 Gründung des Stephansstifts (Diakonenausbildung).

1870 Einweihung der neuen, von Edwin Oppler erbauten (1938 zerstörten) freistehenden Synagoge Bergstraße 16.

1883 Eröffnung der Bödeker-Krippe zur Pflege kleiner Kinder aus unbemittelten Familien.

1886 Einweihung der Pauluskirche (Meterstraße), Abbruch der alten Gartenkirche (Neubau wird 1891 fertiggestellt).

1892 Stiftung des Annastifts für körperbehinderte Kinder.

1896 Einweihung der Garnisonkirche.

1901 Einweihung des Israelitischen Krankenhauses an der Vereinsstraße.

1903 Eröffnung des Mütter- und Säuglingsheims des Ev. Frauenbunds.

1919 Nach Ende des 1. Weltkriegs Austritt von 4500 Menschen aus der Kirche.

1924 Deutscher Katholikentag in Hannover, ein weiteres Mal 1962. – In Bothfeld wird ein jüdischer Friedhof angelegt.

1925 Einführung des ersten ev.-luth. Landesbischofs August Marahrens.

1930 Errichtung des Altersheims der Minna-James-Heineman-Stiftung in Kirchrode.

1934 Am 23. 5. Versammlung ev.-luth. bekenntnistreuer Pastoren und Gemeindevertreter zum Protest gegen faschistische Unterwanderung der Kirche.

1938 Beim Pogrom am 9./10. November Zerstörung der Synagoge (Bergstraße) und der Friedhofshalle, Verhaftung und Verschleppung jüdischer Einwohner, Plünderungen von Geschäften und Wohnungen.

1943 Schwere Zerstörungen an fast allen Kirchengebäuden infolge andauernder Luftangriffe auf Hannover.

1945 Nach Ende des zweiten Weltkriegs Eröffnung einer Notunterkunft im Bahnhofsbunker durch die Innere Mission.

1946 Gründung des Ev. Hilfswerks. Streit um die „Bekenntnisschule".

1947 Einführung des neuen ev.-luth. Landesbischofs Hanns Lilje.

1949 Deutscher Ev. Kirchentag in Hannover, ebenfalls 1967 und 1983. – Hannover wird Sitz der Evangelischen Kirche (in) Deutschland (EKD, später auch der Vereinigten Evangelisch-Lutherischen Kirche Deutschlands (VELKD) und gilt fortan als die „heimliche Hauptstadt des deutschen Protestantismus".

1963 Einweihung der neuen Synagoge, Haeckelstraße 10.

1969 Erstmals ökumen. Kirchencenter auf der Industriemesse.

1971 Amtseinführung des neuen ev.-luth. Landesbischofs Eduard Lohse.

1979 Gründung des ev. Arbeitslosenzentrums.

1982 Zusammenlegung der altstädtischen Gemeinden der Markt-, Ägidien-, Kreuz- und Schloßkirche.

1988 Amtseinführung des neuen ev.-luth. Landesbischofs Horst Hirschler. – 750-Jahr-Feier der Marktkirche SS. Georgii et Jacobi.

1994 Einweihung des Mahnmals für die aus Hannover deportierten und ermordeten Juden (Entw.: Michelangelo Pistoletto) auf dem Opernplatz.

Stadtgeschichte in Daten

Architektur

Zw. 1124 und 1141 entsteht wahrscheinlich der romanische Vorgängerbau der Marktkirche.

1163 (?) Weihe der ersten, romanischen Aegidienkirche.

Um 1200 Bau der Klosterkirche in Marienwerder als dreischiffige romanische Basilika.

Um 1230 Erster Rathausbau auf dem Markt, Reste im Alten Rathaus erhalten.

Zw. 1250 und 1284 Vor dem Steintor entsteht die Nikolaikapelle, der erste gotische Kirchenbau; der Chor von 1325 bis heute erhalten.

Um 1319 Neubau der Marktkirche (bis ca. 1388) als dreischiffige Hallenkirche; sie ist der südlichste Bau der norddt. Backsteingotik und die einzige mittelalterl. Backsteinkirche in H.

1333 Weihe der Kreuzkirche, schlichter einschiffiger Bau für das 3. Kirchspiel der Altstadt.

1347 Beginn des Neubaus der Aegidienkirche als dreischiffige Hallenkirche mit Quergiebelreihung.

Um 1350 Das Alte Rathaus wird als gotischer Backsteinbau erneuert (bis 1504). Beginn des bürgerlichen Backsteinbaus in H., Besonderheit: Übereckfialen-Giebel.

Um 1420 entsteht das älteste dokumentierte Bürgerhaus, ein Backsteinbau (nicht erh.).

1565 bis 1567 Bau der Rathsapotheke (Mischbau aus Werkstein mit Fachwerkobergeschossen) von J. Gering und H. Holste, bedeutendster Fachwerkbau der Renaissance in H. (Abbruch 1844).

1566 Haus Burgstraße 12, von H. Holste, ältester erhaltener Fachwerkbau.

1576 Bau der ersten von drei Utluchten (Erkern) am Alten Rathaus, Beginn seiner Renaissance-Überformung.

1588 Bau der ältesten Renaissance-Steinfassade an einem Bürgerhaus; Reste an der Hahnschen Buchhandlung.

1605 Neue Fenstergewände am Alten Rathaus, von Hans Nottelmann; seit 1884/85 am Haus Hinüberstraße 20.

1638 – ca. 1648 An Stelle des Franziskanerklosters erste Bauten des Residenzschlosses (Leineschloß), unter Ltg. von Kunst Harm.

1640 Plan einer Stadterweiterung („Georgenstadt") zw. Steintor und Ihme, durch den Tod Herzog Georgs († 1641) nicht ausgeführt.

1648 Unter Leitung des Obristen Staats beginnt der planmäßige Ausbau der Calenberger Neustadt (geringe Reste erhalten).

1648–1652 Das Haus des C. von Lüde erhält eine prunkvolle Werksteinfassade, u. a. mit Reliefs von Peter Köster. 1698–1716 wohnt Leibniz hier. Unter dem Namen Leibnizhaus wird es im 19./20. Jh. zum Inbegriff des hann. Bürgerhauses.

1649 Baubeginn des Zeughauses am Hohen Ufer, Ltg. Brigadier Welling, Anfang der Residenz-Nebenbauten am Hohen Ufer.

1652/53 Johann Duve läßt den Turmhelm der Kreuzkirche erneuern (Spätrenaissance), 1655 für sich eine Grabkapelle errichten (Ohrmuschelstil).

Seit 1660 Erste Gartenanlage in Herrenhausen. – Auftrag an Johann Duve zum planmäßigen Ausbau der Calenberger Neustadt: Marktplatz mit luth. Kirche, Wohnbauten nach Typenentwürfen.

1663 Overlachsches Haus am Markt, von Adrian Siemerding, letzter Bau in der Tradition hann. Steinhauerkunst der Renaissance; Fassade jetzt Lavesstr. 82.

1665–75 Ausbau des Vorwerks Haringehusen zum Schloß Herrenhausen (Stoers, Bedogni, Cadart; nicht erhalten).

1666–70 Bau der Neustädter Kirche (Westermann, Sartorio ?), erste protestant. Saalkirche in Niedersachsen.

1675–78 Ausbau des Herrenhäuser Gartens (H. Perronet), 1676–80 Bau der ältesten erhaltenen Gartenarchitekturen (Kaskade und Grotte, von Cadart und Westermann).

1681 Beginn der Anlage von Langer und Neuer Straße an Stelle der aufgegebenen Festung zwischen Alt- und Neustadt.

1682–89 Umfangreicher Umbau am Leineschloß durch Hieronimus und Wachter, u. a. Schloßopernhaus.

1688 Beginn von Schloß und Garten v. Platen (Alten) in Linden, bedeutendster der im Gefolge der herzogl. Bauten entstandenen Adelssitze (nicht erhalten).

Seit 1689 Großzügiger Ausbau der Sommerresidenz Herrenhausen: Neugestaltung des Großen Gartens im niederländischen Stil durch M. Charbonnier, 1689–93 Gartentheater (Cadart, Wachter), 1694–98 Galeriegebäude als Teil eines geplanten Schloßneubaus, 1695–1702 Erweiterung des Gartens nach Süden..

1703 Beginn der Westturm-Fassade der Aegidienkirche (S. Vick), vollendet nach 1717, damit Barockisierung der hann. Kirchen abgeschlossen.

1706–14 Louis Remy de la Fosse (eigentl. de Rouge, 1659?–1726) Hofarchitekt: 1710 Eckpavillons im Herrenhäuser Garten, 1710–12 Ständehaus (nicht erhalten), 1711 / 12 Pagenhaus in Herrenhausen, 1712/13 Reithaus und Neuer Marstall (nicht erhalten).

1711–18 Kath. Clemenskirche, nach dem Vorbild venezian. Kreuzkuppelkirchen, von Giusti.

1713–35 Johann Christian Böhm Hofarchitekt.

1713–21 Staatsarchiv, Arch. J. C. Borchmann, letzter vor der Übersiedlung Georgs I. nach London begonnener Staatsbau.

1720 bis 1723 Bau der Orangerie in Herrenhausen, von J. Chr. Böhm.

1736 Johann Paul Heumann Hofarchitekt (1703–1759 als Oberhofbaumeister): 1736/37 Marstallbrücke; 1742–46 Kammerflügel des Leineschlosses in franz. Barock erneuert (J. F. Blondel beteiligt); 1746–50 Neue Schenke (nicht erh.); 1747–50 Gartendirektor-Haus in Herrenhausen.

Seit 1748 Unter Bgm. Grupen kleine Erweiterung der Altstadt (Aegidienneustadt) durch Stadtbaumeister Braun und Festungsbaumeister Dinglinger, in der südöstlichen Eckbastion, d. h. innerhalb der Festung (nicht erhalten).

Altes Rathaus, Restaurierung des Marktflügels – Farbige Zeichnung von C. W. Hase, 1877

1759 Johann Dietrich Heumann (1727 bis 1774) Nachfolger seines Vaters als Hofarchitekt.

1760 Jobst Anton v. Hinüber legt in Marienwerder einen Landschaftspark im englischen Stil an; danach beginnt die Umgestaltung von Barockgärten in Landschaftsparks: 1770 Wallmodengarten, nach 1770 Fürstenhausgarten, 1774 Berggarten, 1779 Monbrillant, 1782 Wangenheims Garten.

Seit 1763 Abbau der Festung; Umwandlung der Wälle in Promenaden mit Baumalleen: 1767 Esplanade, Parade- und Exerzierplatz (heute Waterlooplatz), 1784 Friedrichstraße (Friedrichswall), 1787 Georgstraße.

Um 1790 Anfänge des Klassizismus in H., u. a. 1791 Gefängnis am Clevertor und 1792–96 Roß- und Vieh-Arzney-Schule (beide nicht erhalten), von Hofbaumeister Benjamin Hase (1720–1803).

1800–03 vergebliche Versuche der Kammer, einen Hofbaumeister anzustellen; deswegen 1800 Friedrich Weinbrenner, 1801/02 Georg Moller, 1803 Peter Joseph Krahe in Hannover.

1803 Diedrich Christian Ludwig Witting (1760–1837) wird Hofbaumeister.

1814 Georg Ludwig Friedrich Laves (1788–1864) als Hofbauverwalter angestellt, gest. 1864 als Oberhofbaudirektor. Durch ihn klassizistischer Ausbau Hannovers zur königlichen Residenzstadt.

1816 Anfang des Stadtbauamts als Behörde, erster Stadtbaumeister wird Ingenieur-Hauptmann a. D. Justus Gerhard Kahle. – Beginn der klassizistischen Erneuerung des Leineschlosses durch Laves.

1817–20 Bibliothekspavillon vor dem Berggarten, von Laves.

1822 Erste Baugenehmigungsbehörde („Königliche Baucommission“).

1824 Ludwig Hellner (1790–1862) wird Konsistorialbaumeister: über 200 Schulen, Pfarrhäuser und Kirchen im Königreich H., Wohnhäuser und Synagoge (1827) in H.

1826–28 Durch Laves Neubau der Aegidienkirche innerhalb der got. Außenmauern: Saalkirche mit got. Dekoration, gußeiserne Säulen offen sichtbar (erstmals auf dem eur. Kontinent). – Um 1830 Purifizierung der Markt- und der Kreuzkirche (weitgehende Beseitigung der barocken Ausstattung).

1828 Justus Molthan (1805–85) wird Mitarbeiter der Hofbauverwaltung, hauptsächlich für die historistische Ausstattung des Leineschlosses (ab 1830), des Opernhauses (ab 1847) und des Welfenschlosses (nicht mehr ausgeführt).

1829 August Andreae (1804–1846, Schüler von Witting, Weinbrenner und Moller) wird Stadtbaumeister.

1831 Ernst Ebeling (1804–51, Schüler von Witting und Weinbrenner), seit 1829 Architekt im Kriegsministerium, wird erster Lehrer für Baukunst an der 1831 gegr. Höheren Gewerbeschule (Vorläufer der Universität).

1832 Einweihung von Waterlooplatz und -säule (Laves), erster Schwerpunkt hann. Militärbauten.

1832/33 Städtisches Krankenhaus (Andreae), aus Platznot im benachbarten Linden errichtet (nicht erhalten).

1833 Der Rundbogenstil (auch „Ernst-August-Stil“) wird in Hannover eingeführt: 1833–35 Wohnhaus Dr. Stromeyer (Ebeling, Molthan), 1834–37 Polytechnikum an der Georgstraße (Ebeling), beide nicht erhalten; 1837–45 Südflügel des Regierungsgebäudes in der Archivstraße (Hermann Hunaeus, Schüler von Gärtner in München).

1830 Beginn der Stadterweiterung im Steintorfeld jenseits der Georgstraße (Laves, erste Pläne 1819, endgültig 1843).

1835 Stadtgrabenbrücke, erster Bau in Laves' Linsenträger-Konstruktion, zur Anbindung des neuen Stadtteils (nicht erhalten).

1839 Gefangenenhausflügel von Andreae als Teil eines geplanten Rathausneubaus, erster unverputzter Ziegelbau („Rohbau“), somit Anfang der hann. Neugotik.

1843 Festlegung von Bahnhof und Stadterweiterung „Ernst-August-Stadt“ nach Plan von Laves, bis heute nachhaltigste Prägung des inneren Stadtgebiets.

1844 „Dogenpalast“, von Andreae, in der Art ital. Renaissance-Palazzi, zweiter und letzter ausgeführter Teil des gepl. Rathausneubaus.

1845–47 Klassizistisches Empfangsgebäude des ersten Bahnhofs, von Ferdinand Schwarz (Berlin).

1845–51 Opernhaus, letzter Großbau des Klassizismus in H., von Laves, Ausstattung von Molthan.

1846–49 Landschaftsgebäude in der Rathenaustraße, einziger hann. Bau in engl. „castellated“-Neugotik, von Ebeling.

1846 Nach Andreaes Tod Anstellung von August Rasch (Hochbau, tätig bis 1848) und Ludwig Spies (Tief- und Wasserbau): Spezialisierung des städtischen Bauwesens, starke Zunahme kommunaler Bauaufgaben.

1849 Conrad Wilhelm Hase wird Lehrer für Baukunst am Polytechnikum (bis 1894), durch seine zahlreichen Studenten Verbreitung der hann. Neugotik in aller Welt. – Ludwig Droste (1814–75, Schüler Hellners und Gärtners) wird Stadtbaumeister, besonders für Schulbauten tätig (1850–54 Höhere Schule am Georgsplatz, nicht erhalten).

Um 1850 Beginn des Arbeiterwohnhausbaus in Linden.

1851 Unter Georg V. lösen Rundbogenstil und Neugotik den Klassizismus als Hofstil ab. – Gründung der ersten hann. Fachzeitschrift für Bauwesen, „Notizblatt des Architecten- und Ingenieurvereins für das Königreich Hannover" (unter wechselnden Namen bis 1921).

1852–55 Restaurierung und neugot. Ausstattung der Marktkirche durch Droste und Frühling.

1853–56 Museum für Kunst und Wissenschaft, ein Hauptwerk des hann. Rundbogenstils (Hase).

1854 Arbeiterkolonie Fannystraße/Linden (Ludwig Debo; nicht erhalten).

1857/58 Mechanische Weberei in Linden (Debo; nicht erhalten).

1857–66 Welfenschloß von Heinrich Christian Tramm (1819–61), letzter hann. Residenzbau (Rundbogenstil).

1859–64 Hase baut die Christuskirche (Hase), erster sakraler Großbau der Neugotik in H.; 1863 wird Hase Konsistorialbaumeister, starker Einfluß auf den ev. Kirchenbau.

1860/61 C. W. Hase baut sein eigenes Wohnhaus, das erste funktional entworfene in Deutschland, etwa gleichzeitig mit Philipp Webbs Haus für William Morris (1859–61); Anfang neugotischer Backsteinarchitektur im hann. Wohnhausbau (nicht erhalten).

Seit 1861 Edwin Oppler als erster selbständiger Architekt tätig; von ihm 1864–70 Synagoge als erster freistehender Großbau dieser Art, überkuppelter Ziegelbau in kirchlichen, romanisch-gotischen Formen (nicht erhalten).

1863 Heinrich Köhler wird Lehrer am Polytechnikum, etabliert die Neorenaissance in Hannover: 1865/66 Haus Bahlsen (nicht erhalten), 1872–75 Villen am Schiffgraben.

1871 Hector Wilh. Heinr. Mithoff veröffentlicht das erste Denkmalinventar Hannovers: „Kunstdenkmale und Alterthümer im Hannoverschen", Band I.

1872 Mit dem Bau der Eisenbahndirektion (Hitzig) tritt die Neorenaissance in H. auch im Monumentalbau neben die Neugotik.

1875 Preußisches Fluchtliniengesetz (dazu Ortsstatut 1876). Neuorganisation der städt. Bauverwaltung. Rudolph Theodor Berg (1823–1883), ein Eisenbahn- und Wasserbaufachmann, wird Stadtbaurat (der erste mit Sitz und Stimme im Magistrat).

1875–80 Neubau des Hauptbahnhofs (Hochlegung). Techn. Anlage von Grüttefien international vorbildlich; Empfangsgebäude von Stier als Synthese aus Hann. und Berliner Architektur.

1879–98 Anlage der Karmarschstraße (geplant seit 1868), erste Hauptstraße in Querrichtung durch die Altstadt, bedeutendstes Straßendurchbruch-Unternehmen von Ferdinand Wallbrecht mit historistischen Geschäftshaus-Bauten der wichtigsten hann. Architekten, u. a. Hägemann, Hase, Hehl, Rowald, Stier, Unger.

1880 Neugründung der seit 1860 bestehenden Niedersächsischen Bauhütte Hannover als „Bauhütte zum weißen Blatt" durch C. W. Hase.

1880–84 Apostelkirche von Hase, beispielhaft für die dogmatische Neugotik.

1882 Theodor Unger verfaßt den ersten Architekturführer für H.

1883/84 Erstes Lindener Rathaus, von Hehl, nach dem Vorbild mittelalterlicher hann. Backsteinarchitektur, ebenso später die Erweiterung des hann. Rathauses 1890/91 von Hase und das zweite Lindener Rathaus 1897–99 von Seydel.

1884 Georg Bokelberg (1842–1902), ein Verwaltungsfachmann, wird Stadtbaurat.

1885 Spar- und Bauverein gegr., älteste hann. Baugenossenschaft.

1887 Paul Rowald (1850–1920, ausgebildet in Berlin) wird Leiter der Hochbauabteilung im Stadtbauamt. Unter seiner Ltg. insbes. zahlreiche Schulbauten, bis um 1893 neugotisch, danach in Neorenaissance und Neoromanik.

1890 Beginn der Kanalisation.

1898 Gründung der Zeitschrift „Deutsche Bauhütte" (bis 1942).

1900 Hannoversche Bank (Deutsche Bank), von Börgemann, Anfänge des Jugendstils in H.

1894 Karl Mohrmann (1857–1927) Nachfolger von Hase als Prof. für mittelalterl. Baukunst und Entwerfen, 1898 auch als Konsistorialbaumeister.

1901–13 Rathausneubau, späthistoristischer Außenbau von Eggert, Innenausbau von Halmhuber im Jugendstil beendet.

1902 mit Carl Wolff (1860–1929) wird wieder ein entwerfender Architekt zum Stadtbaurat gewählt.

1903 Gründung des Bundes Deutscher Architekten unter maßgebl. Beteiligung aus H. (Albrecht Haupt).

1912–14 Verwaltungsgebäude der Continental, von Peter Behrens (fertig 1919/20).

1914 Mit dem Ausscheiden Carl Wolffs wird das Stadtbauamt geteilt. Paul Wolf (1879–1957) wird Stadtbaurat für Hochbau (bis 1922). Schwerpunkt seiner Arbeit ist der Wohnungsbau, darunter die ersten in städtischer Regie geplanten Kleinwohnungssiedlungen, auch in der Nachbargemeinde Laatzen.

1916–19 Planung einer monumental-expressionistischen Fabrik- und Wohnanlage „TET-Stadt“ durch Bernhard Hoetger für Hermann Bahlsen.

1918/19 Gründung des Niedersächsischen Baumuseumsvereins; Sammlungen heute im Stadtarchiv und im Hist. Museum.

1919 Paul Wolf entwickelt Vorstellungen zur funktional gegliederten Stadtentwicklung (Forum-Planungen). – Gründung der Zeitschrift „Bauamt und Gemeindebau“ (seit 1971: „Bauverwaltung“).

1921/22 Lagerhaus Meyer (Hans Poelzig), expressionistische Industriearchitektur.

1925 Karl Elkart (1880–1959) wird Stadtbaurat (bis 1945). Besonders bis um 1935 umfangreicher Wohnungsbau meist in traditionelleren Formen, z. T. nach detaillierten Gestaltungsvorgaben der Bauverwaltung, dabei Wiederbelebung des hann. Backsteinbaus. – Friedrich Fischer (1879–1944) wird Prof. für mittelalterl. Baukunst und Entwerfen, 1929 auch Konsistorialbaumeister, mit seinem Tod Ende dieser seit 1863 bestehenden Ämterverbindung.

1928 Anzeigerhochhaus, ein Hauptwerk des norddt. „Klinkerexpressionismus“, Wohnhaus Madsack und Hochhaus Stephansplatz, sämtlich von Fritz Höger, Demonstrativbauten zur Verdeutlichung von Elkarts Absichten. – Gründung des „akademischen architektenvereins“ (aav) an der Techn. Hochschule.

1929/30 Mensa der Tierärztlichen Hochschule, von Kassbaum und Grabenhorst, eines der wenigen Beispiele des Neuen Bauens in H.

1930/31 Altersheim „Heinemanhof“, eines der Hauptwerke von Henry van de Velde.

1931 Neubau der Stadtbibliothek durch Elkart und Bettex. – „Hundert Jahre Bauen in Hannover“ von Alexander Dorner erscheint.

1932 „Die Bau- und Kunstdenkmäler der Stadt Hannover“ (Denkmalinventar) von Arnold Nöldeke erscheint.

1936 Freilegung des Ballhofs als Mittelpunkt und Beginn der Altstadtsanierung.

1937 bis 1942 Planungen zur Neugestaltung Hannovers als nationalsozialistische Gauhauptstadt.

1943/44 Nach starken Kriegszerstörungen Pläne von Gerhard Graubner zum Neubau der Stadt an anderer Stelle.

1944/45 Wiederaufbauplanungen als aufgelockerte Stadt mit luftschutzgerechten Grünzügen.

1945 Otto Meffert (1878–1970), langjähriger Mitarbeiter Elkarts, wird Stadtbaurat.

1946–52 Modernisierende Wiederherstellung der Marktkirche durch Dieter Oesterlen, eines der Symbole für den Nachkriegsaufbau.

1947–1950 Aufbauplanung: 1947 erster Plan der Bauverwaltung. 1948 Wiederaufbauplan der Hochschul-Arbeitsgemeinschaft; nach der Wahl Rudolf Hillebrechts (geb. 1910) zum Stadtbaurat (bis 1975) Betonung des Neuaufbaus; Gründung der Aufbaugemeinschaft. 1948/49 Innenstadtwettbewerb, 1. Preis Dierschke/Schmedes. 1949 Synthese eines „Kollegialplans“; der Rat erklärt die Innenstadt zum Aufbaugebiet. 1950 unter Leitung von Wortmann Erarbeitung des ersten Flächennutzungsplans, sein Beschluß durch den Rat legt die Richtlinien des Aufbaus fest. Prinzip der gegliederten und aufgelockerten, im Wachstum beschränkten Stadt; Hauptstraßennetz als gliederndes Element, mit Innenstadtring und äußeren Tangenten.

1949 Das Funkhaus wird als erster Neubau eines öffentlichen Gebäudes nach dem Krieg begonnen (Kraemer/Lichtenhahn/Oesterlen). – Die Lister Kirche und die Petrikirche in Döhren werden als „Bartningsche Notkirchen“ wiederaufgebaut.

1949/50 Aufbau des Opernhauses durch Kallmorgen und Hoffmann, als demonstrativ frühe Wiederherstellung eines Kulturbaus und Baudenkmals.

1951 Erste Constructa (Baumesse), mit drei Wohnvierteln als Beispiele für den Wiederaufbau: Constructa-Block Hildesheimer Str., Kreuzkirchenviertel, Pläne für ECA-Siedlung Mittelfeld.

1952/53 Continental-Hochhaus von Dierschke und Zinsser, am Königsworther Platz, erste „Markierung“ eines Innenstadt-

Eingangs an einem Knotenpunkt des neuen Tangenten-Fünfecks. – Wiederaufbau der Clemenskirche durch Fiederling.

1954 Wiederaufbau des Alten Rathauses abgeschlossen (westl. Fialengiebel erst 1964 rekonstruiert).

1957–62 Ausbau der Leineschloßruine zum Nds. Landtag mit neuem Plenarsaal (Oesterlen).

1960 Das größte Notunterkunftslager (Mühlenberg) wird aufgelöst, ein erster Abschluß des Aufbaus, der inzwischen als beispielhaft gilt. – Erster Abschluß des Regierungsviertels Waterlooplatz durch zwei Hochhäuser am Rand: Landesverwaltungsamt, Auestraße (Fesel); Hastra-Verwaltung, Humboldtstraße (Dellemann/Seewald/Wulff).

1962–66 Historisches Museum von Oesterlen, Mittelpunkt der „Traditionsinsel" erhaltener Fachwerkhäuser der Altstadt.

1963 Einweihung der Synagoge an der Haeckelstraße (Hermann Guttmann, Frankfurt), Ersatz für den ab 1938 zerstörten Bau in der Cal. Neustadt. – Der Abbruch der Flußwasserkunst und (1966) auch des Friederikenschlößchens weckt ein neues Denkmalbewußtsein in Hannover. – Baubeginn des neuen Stadtteils Mühlenberg.

1965–75 Mit dem U-Bahn-Bau beginnt eine kurze Phase verdichtenden Stadtumbaus („urbane Stadt"): 1971–75 Ihmezentrum, erste Komplexbebauung in H. (auf ehem. Industriegelände an der Ihme), zur Verbindung von Linden-Nord und -Süd. Attraktivierung des Innenstadt, Passerelle zur Unterquerung der Innenstadt und des Bahnhofs, zwischen zwei Hochhauskomplexen Kröpcke-Center und Lister Tor.

1968 Baubeginn des neuen, der Medizinischen Hochschule zugeordneten Stadtteils Roderbruch.

1971–73 Neubau des Flughafengebäudes in Langenhagen (Wilke).

1972–74 Neubau der Bahlsen-Verwaltung (Bahlo/Köhnke/Stosberg).

1973 Das alte Arbeiterwohnviertel Linden-Süd wird H.s erstes Sanierungsgebiet (erstes Gutachten bereits 1955), ein Flächenabriß wird verhindert. 1976 beginnt die Sanierung in Linden-Nord.

1975 Hanns Adrian (geb. 1931) wird Stadtbaurat (bis 1993). Neue Schwerpunkte Revitalisierung und Sanierung der citynahen Stadtteile. – Seit Mitte der 1970er Jahre Rückgang der öffentlichen Wohnbauförderung, Zunahme des Bürohausbaus.

Seit 1978 Siedlung Davenstedt-West, nach Wettbewerb mit „Architektenmesse".

1981 Die Architektenkammer Niedersachsen gibt den Führer „Architektur in Hannover seit 1900" heraus.

1981/82 Verwaltung der Evangelischen Kirche in Deutschland (Bangert, Jansen, Scholz, Schultes).

1982 Urwaldhaus im Zoo (Leonhardt/Schirmer/Meyer).

1983–85 Erweiterungen Landgericht (Storch & Ehlers) und Amtsgericht (Baesler + Schmidt).

1984/85 Grasdach-Siedlung Lahe (Boockhoff und Rentrop).

1984/86 Norcon-Haus (Hängehaus) und MAZ-Gebäude/Glaspyramide (Schuwirth und Erman) im Roderbruch, einem der neuen Bürohausschwerpunkte.

1985–87 Galerie Luise (Schuwirth und Erman), bisher größte hann. Ladenpassage.

1987–89 Neues Steintor (Gottfried Böhm), 1988–90 DG-Bank (Lindner/Lindner-Böge), Pilotprojekte zur Neubestimmung der unvollendeten Cityrandplätze Steintor und Raschplatz.

1989 TCM (Storch & Ehlers), Tagungszentrum als Markierung des Messe-Mittelpunkts.

1989–92 Neuer Fernmeldeturm „Telemax", höchster Bau H.s (Holtkamp/OPD, Dissing & Weitling).

Seit 1990 Zur Weltausstellung Expo 2000 wird auf dem Kronsberg am Messegelände ein neuer Stadtteil geplant (erstmals seit 1968).

1990–1992 Neues Schauspielhaus an der Prinzenstr. (Paillard, Leemann u. Partner).

1992 Messehalle 2 (Bertram und Bünemann) in ca. 7 Monaten gebaut, größte freitragende Messehalle Europas.

1992–94 Neue Bürohäuser am Schiffgraben: 1992 Tritower (Schweger), 1994 Sparkassenakademie (Schweger), 1993 Ärzteversorgung (Despang, Schefczik), 1994 VGH (Leonhardt/Schirmer/Meyer).

1993 Uta Boockhoff-Gries wird Stadtbaurätin. – Büropark Welfenplatz (Schultes). – U-Bahn-Station Christuskirche (Kellner, Schleich, Wunderling).

Stadtgeschichte in Daten

Kunst

Bis 1500 Sakrale Kunst des Mittelalters in den Kirchen der frühen Gemeinden (Markt-, Kreuz-, Aegidien- und Neustädter Kirche) und im Minoritenkloster, Schnitzaltäre vermutl. aus Braunschweiger oder Hildesheimer Werkstätten. Künstler als Handwerker (Steinmetze, Holzschnitzer) anonym. Vieles der kunstvollen Ausstattung, insbes. der Kirchen, verlorengegangen. – Erhalten: Grabsteine (ältester von 1321) in der Kreuzkirche; „Siebenmännerstein" (1480), Kopie in der Ruine der Aegidienkirche, Orig. im Historischen Museum am Hohen Ufer; Marktkirche (Hauptchor): Fenster des 14. und 15. Jh., Passionsaltar um 1480; Altes Rathaus: Tonfries über dem Erdgeschoß vermutl. von Hans Henselin (1453), „Neidkopf" (1455); Marienwerder: Triumphkreuzgruppe (Mitte 13. Jh.) über dem Chor der Klosterkirche.

16. Jh. Zwei Bronzetaufen (um 1500) in der Marktkirche; Wappensteine von Hans Nottelmann († 1614).

1605 Hans Nottelmann fertigt Reliefs für das Alte Rathaus, 1610 ein von zwei Löwen gehaltenes Stadtwappen (beides heute Hinüberstr. 20).

1631 Ermordung des Bildhauers Jeremias Sutel (* um 1587), von ihm mehrere Grabsteine des Nikolaifriedhofs und das Vasmer-Epitaph der Nikolaikapelle (heute in der Marktkirche). Grab auf dem Nikolaifriedhof mit Stein von Ludolf Witte († 1650/51).

1641 Stadtansicht Hannovers von Matthäus Merian d. Ä. gedruckt.

1650 Ludolf Siegfried gießt den „großen David", die größte Glocke der Kreuzkirche.

1652 Fertigstellung des Leibnizhauses (Schmiedestr. 10), das u. a. von Peter Köster († 1669) mit reichem bildhauerischen Schmuck (Bibelszenen) ausgestattet wurde. Von ihm auch Wappenstein (1658) am Alten Rathaus und das Grabmal „Cord Hölling" (nach 1656) an der Neustädter Kirche.

1654 Matthäus Merian d. J. druckt eine große Stadtansicht von Hannover nach einer Zeichnung des Wolfenbütteler Kupferstechers Conrad Buno.

1663 Die Marktkirche erhält einen neuen Hochaltar, angefertigt von dem Bildschnitzer Heinrich Friedrich Busch und dem Maler Heinrich Buchholz. Stifter ist Johann Duve, der sich selbst als bußfertigen Zöllner darstellen läßt.

1669 In den neuen Altar der Schloßkirche wird ein aus der Einbecker Alexanderkirche stammendes Gemälde (ca. 1510/15) von Lucas Cranach d. Ä eingesetzt; heute in der Kreuzkirche.

1671 Herzog Johann Friedrich erwirbt den Reliquienschatz des Hauses Braunschweig-Lüneburg, später „Welfenschatz" genannt, für die hann. Schloßkirche.

1673 Ratsmaurermeister Adrian Siemerding stirbt.

1681/82 Die 1678 bei dem niederländischen Bildhauer Pieter van Empthusen in Auftrag gegebenen Figurenplastiken werden im Großen Garten (Nischen der Großen Kaskade) in Herrenhausen aufgestellt.

1685 Im Rahmen des Neubaus des sog. Klosterflügels am Leineschloß übernehmen die ital. Maler und Stukkateure Dossa Grana und Perinetti die Ausschmückung des Rittersaals (bis 1689).

1693 Der Venezianer Tommaso Giusti, seit 1688 in Hannover, wird Architekt und Maler am hann. Hof.

1692/93 Im „Königsbusch" des Großen Gartens in Herrenhausen werden die lebensgroßen Standbilder der herzogl. Familie (Herzog Georg, Kurfürst Ernst August, Kurfürstin Sophie, Kurprinz Georg Ludwig) von Arnold Roßfeld errichtet.

1694–1698 Tommaso Giusti malt die Aeneas-Fresken im Festsaal der Galerie in Herrenhausen (Stuckdecke von Dossa Grana und Pietro Rosso).

1702 Tod des Bildhauers Hans Jakob Uhle (*1653); von ihm zahlreiche Grabsteine auf den alten hann. Friedhöfen und vermutl. das Epitaph der Priorin Clara Eleonora von Ilten in Marienwerder.

1707/08 Im Großen Garten bei der Glockenfontäne werden die vier Sandsteinplastiken (Entführungsszenen) des Italieners Antonio Laghi aufgestellt.

1710/11 Es folgen die acht großen Prunkvasen (vier Jahreszeiten, vier Elemente) des hann. Architekten und Bildhauers Christian Georg Vick (1668–1739).

1715 Die Glocken der Marktkirche werden durch den Glockengießer Thomas Riedeweg erneuert.

1729 Tommaso Giusti, u. a. Architekt des Schloßopernhauses und der Clemenskirche, stirbt; Grab in der Clemenskirche.

1743 Johann Heinrich Christian Weidemann gießt eine Glocke für die Clemenskirche.

1745 Der Augsburger Kartograph Matthäus Seutter druckt den ersten Plan der hann. Alt- und Neustadt.

1758 Die Kreuzkirche erhält eine von dem Architekten Johann Paul Heumann und dem Hofbildhauer Johann Friedrich Blasius Ziesenis gestaltete neue Kanzel.

1759 Der von J. F. B. Ziesenis geschaffene Altar der Neustädter St.-Johannis-Kirche (heute dort noch Relieftafeln, Holzfiguren von Christus, Johannes dem Täufer und Moses) wird geweiht.

1776 Johann Georg Ziesenis, seit 1760 „Hofmaler und -dekorateur" in Hannover, berühmter Porträtmaler, stirbt.

1777 August Kestner, Diplomat und Kunstforscher, Sohn von Charlotte K., geb. Buff (Goethes „Lotte"), wird geboren.

1779 In seinem Park (später Georgengarten) läßt der Graf Wallmoden-Gimborn durch den Hofmaurermeister Johann Christoph Täntzel ein Schlößchen (das spätere Georgenpalais, heute Wilhelm-Busch-Museum) errichten; Fertigstellung 1782.

1780 Georg Harrys, u. a. durch das ab 1831 von ihm gegründete und herausgegebene Wochenblatt „Die Posaune" bekannt, wird in der Neustadt geboren.

1787–90 Auf der Esplanade, dem späteren Waterlooplatz, entsteht der Leibniztempel (Entw. Johann Daniel Ramberg) mit Leibniz-Büste in Marmor von Christopher Hewetson; Tempel seit 1935 im Georgengarten, Büste im Technologie Centrum Hannover (TCH), Kopie im Bahlsen-Museum.

1789 Der Theatervorhang des 1763 geborenen Malers Johann Heinrich Ramberg wird erstmals gezeigt; vernichtet beim Brand des Opernhauses 1943, Vorstudien Rambergs im Hist. Museum.

1791 Handwerkerschule gegründet.

1796 Wilhelm Ahlborn, Landschaftsmaler der Romantik, wird in der Neustadt geboren.

1818 Die Wallmodensche Gemäldesammlung wird versteigert; der Textilfabrikant und Kunstsammler Bernhard Hausmann erwirbt einen Teil der Bilder.

1832 Die Waterloosäule wird am 17. Jahrestag der Schlacht (18. 6.) auf dem Paradeplatz (Waterlooplatz) enthüllt; Entwurf von Laves, Standbild der Viktoria nach Entwurf von August Hengst. – Auf Initiative Bernhard Hausmanns wird ein Kunstverein für das Königreich Hannover gegründet, mit dem Ziel „die bildende Kunst, vor allem die zeitgenössische, bekanntzumachen und das Verständnis für sie Arbeiten und Probleme der Künstler in der Öffentlichkeit auf breiter Basis zu fördern". Unter den Gründern neben Hausmann der Hof-Kunsthändler Schrader und der Jurist und Schriftsteller Johann Hermann Detmold. Im Jahr darauf erste Ausstellung im Palais von der Schulenburg an der Köbelingerstraße.

1834 Als Reaktion auf die Gründung des Kunstvereins erscheint Johann Hermann Detmolds satirische Schrift „Anleitung zur Kunstkennerschaft oder die Kunst, in drei Stunden ein Kenner zu werden".

1835/36 Johann Hermann Detmold und Georg Osterwald geben die „Hannoverschen Kunstblätter" heraus.

1842 Von August Hengst, Heinrich Kümmel, Wilhelm Kretschmer, Justus Molthan u. a. wird der Hannoversche Künstlerverein gegründet; mit Andreae, Hunaeus, Laves, Tramm, Oesterley, Koken, Marschner, Detmold u. a. sind alle Kunstgattungen unter den 67 Gründungsmitgliedern vertreten.

1844 Friedrich Karl Wunder eröffnet das erste photographische Atelier in Hannover.

1845 „Gesellschaft (ab 1848 Verein) für die Öffentliche Kunstsammlung" von Mitgliedern des Hannoverschen Künstlervereins, u. a. Hermann Kestner und den Malern Carl Oesterley und C. F. Reichmann, gegründet (bis 1967); die Sammlung des Vereins mit Arbeiten von Waldmüller, Spitzweg, Liebermann, Slevogt und Corinth, heute im Nds. Landesmuseum und im Sprengel Museum.

1847 Wilhelm Busch beginnt an der Polytechnischen Schule ein Maschinenbaustudium; er bricht es 1851 ab.

1849 Denkmäler werden aufgestellt von Heinrich Kümmel (Graf Carl von Alten) am Waterlooplatz und Johann Karl Hartmann (Bademeister Dietrich Heinrich Schrader) an der Waterloostraße.

1851 Komitee für den Bau des Museums für Wissenschaft und Kunst.

1852 König Georg V. stiftet für die dem Welfenhaus gehörenden Sammlungen das Familienmuseum, das zunächst in der Orangerie und im Galeriegebäude Herrenhausen untergebracht wird, später im Altenburg-Palais, Adolfstraße. – Mehrere hann. Vereine gründen ein Museum für Wissenschaft und Kunst; erstes Domizil ist ein Privathaus in der Calenberger Straße. – Auf dem Vorbau des neuen Hoftheaters (Opernhaus) Steinskulpturen berühmter Dichter und Komponisten von Bandel, Dopmeyer, Hengst, Hesemann, Hurtzig, Täger, Wessel.

1853 August Kestner stirbt in Rom; seine Sammlung insbes. antiker Kunst bestimmt er testamentarisch für ein in Hannover zu gründendes Museum (Kestner-Museum).

1855 Eröffnung des von Conrad Wilhelm Hase erbauten „Museums für Wissenschaft und Kunst" (heute „Künstlerhaus") in der Sophienstraße.

1857 Bernhard Hausmann verkauft seine Gemäldesammlung an König Georg V.

1860 Ständige Ausstellung des „Vereins für die Öffentliche Kunstsammlung" im Museum für Wissenschaft und Kunst.

1861 Das Denkmal für König Ernst August († 1851) auf dem Bahnhofsvorplatz, geschaffen von dem Berliner Albert Wolff, wird enthüllt. – Im Auftrag Georgs V. erwirbt Friedrich Culemann für den Welfenschatz das von Pertz in Prag entdeckte Evangeliar Heinrichs des Löwen.

1863 Schillerdenkmal von Wilhelm Engelhard vor dem Ratsgymnasium am Georgsplatz aufgestellt.

1868 Der Gewerbeverein eröffnet eine Kunstgewerbeschule. – Auf dem angrenzenden Grundstück des Museums an der Sophienstraße wird zur Prinzenstraße hin ein für die Aufnahme der Cumberland-Galerie bestimmter Erweiterungsbau errichtet.

1869 Die Provinzialverwaltung, der Historische Verein für Niedersachsen (1835), die Naturhistorische Gesellschaft (1797) und der Verein für die Öffentliche Kunstsammlung (1845/48) gründen für ihre Sammlungen das Provinzialmuseum (heute Nds. Landesmuseum).

1872 Tod des Porträt- und Landschaftsmalers Edmund Koken; Grab auf dem Stadtfriedhof Engesohde. Von ihm zweibändige Porträt-Sammlung der Mitglieder des Hann. Künstlervereins (um 1850).

1876 Vor dem Welfenschloß wird das 1865 von Albert Wolff geschaffene „Sachsenroß" aufgestellt. – Tod des Bildhauers Ernst von Bandel, der in jahrzehntelanger Arbeit das Hermannsdenkmal schuf.

1877 Ferdinand Hartzers Denkmal für Heinrich Marschner (Georgstraße), 1878 Wilhelm Engelhards Statue der Kurfürstin Sophie im Großen Garten, Herrenhausen, 1879 Carl Dopmeyers Denkmal für Hermann Wilhelm Bödeker an der Marktkirche.

1881 Neuer Marktbrunnen als Stiftung hann. Bürger, Entwurf C. W. Hase, Figurenschmuck von W. Engelhard.

1882 Große Kunstausstellung des Kunstvereins zum 50jährigen Bestehen.

1883 Denkmal für Karl Karmarsch von Oskar Rassau (Georgstraße).

1884 Hermann Kestner tritt die von seinem Onkel August angelegte, seinem Vater Georg und ihm selbst fortgeführte Kunstsammlung an die Stadt ab, die sich zur Errichtung eines Museums verpflichtet. – Denkmäler von Volz für die im Krieg 1870/71 Gefallenen am Neuen Haus und von Oskar Rassau für den Generalstabsarzt Georg Friedrich Louis Stromeyer an der Georgstraße.

1885 Gründung des Kunstgewerbevereins.

1887 Für 600 000 Reichsmark erwirbt die Stadt die Kunstsammlung des 1886 verstorben Buchdruckereibesitzers und Senators Friedrich Culemann: Inkunabeln, über 2 000 Autographen (heute im Stadtarchiv), Gemälde und graphische Blätter (heute im Nds. Landesmuseum) und Kunsthandwerk des Mittelalters sowie Münzen und Medaillen (heute im Kestner-Museum) zusammen. Der preußische Staat gewährt eine Beihilfe von 300 000 Reichsmark.

1888 Der Bildhauer Eduard Täger fertigt für die Aegidienkirche die Steinskulpturen „Luther" und „Melanchton".

1889 Der erste Direktor, der 1856 in Hannover geborene Archäologe Carl Schuchhardt, eröffnet das Kestner-Museum. – Tod des Medailleurs Heinrich Friedrich Brehmer (Grabmal von Engelhard aus dem Stadtfriedhof Engesohde); von ihm die schönsten hann. Münzen. Das sog. „Feuchte Gedeck" am alljährl. Brehmer-Abend (25. 11.) des Künstlervereins geht auf ihn zurück.

1890 Der von Heinrich Ebhardt gestiftete Gutenberg-Brunnen nach Entwurf von Carl Dopmeyer an der Friedrichstraße.

1891 Die Handwerker- und Kunstgewerbeschule (1868 gegründet, 1952 in „Kunstgewerbeschule" umbenannt) bezieht einen Neubau am Neuen Weg. – Tod des Hofmalers Carl Wilhelm Oesterley.

1892 Der Kunstgewerbeverein eröffnet im Leibnizhaus ein Kunstgewerbemuseum.

1893 Das Welfenmuseum, zuletzt in der Gartendirektorwohnung beim Berggarten, wird vom Herzog von Cumberland dem Provinzialverband zur Betreuung übergeben und in das Museum an der Sophienstraße überführt. – Die Marktkirche wird nach Entwürfen von Hermann Schaper ausgemalt.

1895 Carl Dopmeyers Marmorbüste des Stadtdirektors Rasch für das Rathaus.

1896 Errichtung des von der Firma Oskar Winter gestifteten Brunnens auf dem Holzmarkt von Otto Lüer und Karl Gundelach.

1897 Tod des Malers Wilhelm Kretschmer; von ihm viele Lithographien mit Schloß-, Stadt- und Innenraumansichten Hannovers um 1850. – Der Gänselieselbrunnen von Carl Dopmeyer wird an der Goseriede errichtet.

1898 Lindener Bürger stiften den Nachtwächter-Brunnen auf dem Lindener Marktplatz, Entwurf von Hans Dammann.

1900 Enthüllung des Luther-Denkmals an der Marktkirche von Carl Dopmeyer († 1899) und Ferdinand Hartzer.

1901 Einweihung des Hölty-Denkmals von Otto Lüer und Karl Gundelach auf dem Nikolaifriedhof.

1902 Eröffnung des Provinzialmuseums (heute Nds. Landesmuseum), erbaut 1897 bis 1901 von Hubert Stier.

1903 In den Räumen der Cumberland-Galerie, die in das Provinzialmuseum eingeht, wird das „Vaterländische Museum" (Vorgänger des Historischen Museums) eröffnet.

1904 Hann. Studenten errichten in der Aegidien-Masch eine Bismarck-Säule; der Entwurf stammt von Alfred Sasse.

1905 Der Ziegeleibesitzer Heinrich Stamme in Ricklingen hinterläßt der Stadt seine Kunstsammlung und ein Legat von 125 000 Reichsmark zur Errichtung eines Brunnens.

1907 Die Nationalliberale Partei errichtet am Maschpark, gegenüber dem Provinzialmuseum, ein Denkmal für Rudolf von Bennigsen, gestaltet von Otto Lüer und Karl Gundelach.

1908 In der Herbstausstellung des Kunstvereins werden erstmals 300 Werke aus dem Nachlaß von Wilhelm Busch gezeigt.

1909 Nach Differenzen mit Hermann Eggert übernimmt Gustav Halmhuber die Leitung des Innenausbaus des neuen Rathauses. Die Innengestaltung übernimmt Ludwig Vierthaler, der dazu 1910 von München nach Hannover übersiedelt – Fritz Burger-Mühlfeld, in den 20er Jahren Lehrer insbes. der hann. Maler der Neuen Sachlichkeit (Busack, Jürgens, Mertens, Overbeck, Thoms, Wegner), wird Leiter der Graphik-Klasse an der Kunstgewerbeschule Hannover (bis 1947).

1910 Am 100. Todestag der Königin Luise von Preußen wird an der Hohenzollernstraße als Geschenk Kaiser Wilhelms II. das Denkmal der Prinzessinnen Luise und Friederike von Mecklenburg-Strelitz enthüllt (von Valentino Casal dem Schadowschen Denkmal in Berlin nachgebildet).

1911 Hermann Bahlsen läßt das an der

Kurt Schwitters, Merzbild 29A · Bild mit Drehrad, 1920

Podbielskistraße errichtete Verwaltungsgebäude seiner Keksfabrik von zeitgenössischen Künstlern ausschmücken (bedeutend insbes. die Glasfenster von Adolf Hölzel).

1913 Karl Gundelachs Denkmal für den Prediger Jacobus Sackmann wird aufgestellt (vor der Nikolaikirche in Limmer). – Ferdinand Hodler vollendet das Monumentalgemälde „Einmütigkeit" für den Ratssaal (fortan „Hodlersaal") des Neuen Rathauses.

1914 Aufstellung des Duve-Brunnens von Georg Herting auf dem Neustädter Markt (seit 1953 am Leibnizufer), Bernhard Hoetgers Denkmal für den Generalfeldmarschall von Waldersee erhält im Jahr darauf an der Walderseestraße seinen Platz.

1916 Die Kestner-Gesellschaft zur Pflege zeitgenössischer Kunst wird von Paul Erich Küppers (dem ersten Leiter), Wilhelm v. Debschitz (Direktor der Kunstgewerbeschule) u. a. gegründet; 1. Ausstellung „Max Liebermann, Gemälde und Handzeichnungen".

1917 Die Maler Fritz Burger-Mühlfeld, August Heitmüller und Richard Seiffert-Wattenberg gründen die expressionistisch ausgerichtete „Hannoversche Sezession", der bald auch Kurt Schwitters, Otto Gleichmann u. a. angehören.

1920 Herbert v. Garvens eröffnet seine Galerie, die durch ihre avantgardistischen Ausstellungen hervortritt.

1921 Ausstellung russ. Ikonen, russ. Volkskunst und Werke zeitgenössischer russ. Künstler in der Galerie von Garvens.

1922 Dem 29jährigen Alexander Dorner wird die Leitung der Kunstabteilung (Landesgalerie) des Provinzialmuseums übertragen. – Ludwig Vierthaler wird Honorarprofessor an der TH Hannover.

1923 Erstes Heft der von Kurt Schwitters herausgegebenen Zeitschrift „Merz", am Jahresende seine erste „Merz-Matinee" im „Tivoli". – Im gleichen Jahr beginnt er seinen ersten MERZbau in der Waldhausenstr. 5 (1943 zerstört, Nachbau im Sprengel Museum). – Die Galerie von Garvens schließt.

1924 Auf Wilhelm Behncke folgt als Direktor des Provinzialmuseums Karl Hermann Jacob-Friesen. – Alexander Dorner übernimmt den Vorsitz der Kestner-Gesellschaft, Hanns Krenz die künstlerische Leitung.

1925 Der Herzog von Cumberland verkauft die im Provinzialmuseum untergebrachte „Cumberland-Galerie" an die Provinzialverwaltung.

1927 Im Provinzial-Museum richtet Alexander Dorner mit dem russ. Konstruktivisten El Lissitzky das „Kabinett der Abstrakten" ein (1937 zerstört, Nachbau im Sprengel Museum) – Gründung der „abstrakten Hannover" als Ortsgruppe der „Internationalen Vereinigung der Expressisonisten, Kubisten und Konstruktivisten e. V."; Initiator Schwitters, daneben Hans Nitzschke, Friedel Vordemberge-Gildewart, Karl Buchheister und Rudolf Jahns. 1930 löst sich der Künstlerkreis auf. – Ebenfalls auf Anregung von Schwitters bildet sich der „ring neue werbegestalter", zu dem insbes. Baumeister, Dexel und Tschichold gehören.

1928 Mit Mitteln der Fritz-Behrens-Stiftung Bronze-Statue „Bogenspannerin" des Berliner Bildhauers Bernhard Lepke für die Anlagen des Prinzenwalls erworben.

1929 Kaufangebot des Welfenhauses für den Welfenschatz und die Herrenhäuser Gärten wird vom hann. Bürgervorsteherkollegium abgelehnt. – Der „Rese-Brunnen", Geschenk des Goslarer Kaufmanns Hermann Rese, 1925 von Hans und Martha Poelzig aus Majolika hergestellt, wird auf dem Emmichplatz errichtet.

1930 Dr. Justus Bier wird neuer künstlerischer Leiter der Kestner-Gesellschaft. – Gründung der Wilhelm-Busch-Gesellschaft. – Das Kestner-Museum erwirbt die Knyphausensche Münzsammlung, das Provinzialmuseum den Passionsaltar des Meisters Bertram. – Bemühungen, den Welfenschatz doch noch für Hannover zu sichern, schlagen fehl.

1931 Der Geschäftsführer der Kestner-Gesellschaft, Dr. Justus Bier, übernimmt den Vorsitz der „Hannoverschen Sezession". – Als Zeitschrift der hann. Maler der Neuen Sachlichkeit erscheint „Der Wachsbogen", herausgegeben u. a. von Grethe Jürgens und dem Schriftsteller Gustav Schenk. – Aufstellung des „Fabeltiers" von Ludwig Vierthaler westlich der heutigen Bernadotte-Allee.

1932 Umfangreiche Wilhelm-Busch-Ausstellung mit 282 Gemälden anläßl. des 100. Geburtstags.

1933 Die im „Kulturring" zusammengeschlossenen Vereine schließen sich dem „Kampfbund für deutsche Kultur" an.

1935 Öffentliche Diskussion über Zustand und Zukunft der Herrenhäuser Gärten (Broschüre „Rettet die Herrenhäuser Gärten" des Heimatbundes Niedersachsen). – Weitere Skulpturen: „Wisent" (August Waterbeck) von der Fritz-Behrens-Stiftung an der Waldchaussee (heute Bernadotte-Allee), „Fischreiher" (Ruth Meissner) an der Maschseequelle. – Umsetzung des Leibniz-Tempels vom Waterlooplatz in den Georgengarten und des Merkurbrunnens (von Gustav Halmhuber und Erich Schmidt-Kestner) von der südlichen Vorhalle des Rathauses an die Walderseestraße.

1936 Auf Beschluß der Reichskammer der bildenden Künste muß die Kestner-Gesellschaft im November ihre Tätigkeit einstellen. Justus Bier als Jude wird zum Rücktritt gezwungen.

1937 Das nationalsozialistische Vorgehen gegen „Entartete Kunst" trifft auch Hannover: 240 Gemälde, Skulpturen, Zeichnungen und Aquarelle sowie zahlreiche druckgraphische Blätter in den Museen von Provinz und Stadt werden beschlagnahmt; das von Alexander Dorner errichtete „Kabinett der Abstrakten" im Provinzialmuseum wird zerstört. – Kurt Schwitters emigriert nach Norwegen, Alexander Dorner in die USA. – Eröffnung des Wilhelm-Busch-Museums im früheren Stadtdirektorhaus am Georgsplatz. – Wiedereröffnung des Vaterländischen Museums als „Volkstumsmuseum", Neuaufstellung der landesgeschichtlichen Abteilung im „Georgspalais" im Georgengarten (Kernstück Diorama der Schlacht von Waterloo mit 20 000 Zinnsoldaten). – Am Nordufer des Maschsees (ein Jahr nach der Einweihung) wird die Säule „Fackelträger" von Hermann Scheuernstuhl aufgestellt, am Ostufer Georg Kolbes „Menschenpaar". – Das Bild „Mädchen mit den roten Ärmeln" des hann. Malers Bernhard Dörries erhält bei der Pariser Weltausstellung den „Grand Prix".

1938 Handwerker- und Kunstgewerbeschule wird „Meisterschule des deutschen Handwerks" (nach 1949 Werkkunstschule). – Ausstellung „Volk, Kultur, Propaganda" im Künstlerhaus mit der Sonderschau „Das wahre Gesicht des Bolschewismus". – Die Stadt stellt das Gebäude Waldstraße 47 der NSDAP mietfrei zur Errichtung eines Parteimuseums zur Verfügung; Eröffnung 1939. – Dr. Ferdinand Stuttmann, Leiter der Kunstabteilung des Landesmuseums, übernimmt in Personalunion die Leitung des Kestner-Museums und des Leibnizhauses. – Aufstellung der Bronze-Löwen Arno Brekers am Maschsee.

1940 Künstlerhaus: Ausstellung zeitgenössischer italienischer Maler aus dem Wettbewerb „Il Premio Cremona". – Die Wilhelm-Busch-Gesellschaft feiert ihr 10jähriges Bestehen.

1941 Vor den „Trägern des kulturellen Lebens des Gaues Südhannover-Braunschweig" entwickelt Gauleiter Hartmann Lauterbacher seine Vorstellungen der Kulturpflege für die Zeit nach dem Kriege: Dabei wird der Stadt Hannover die „eigentliche Führung und polit. Leitung der Kulturarbeit" zugewiesen, während Braunschweig vor allem Veranstaltungsort werden soll. – Aufstellung des Arbeiterstandbildes von Georg Herting vor dem neuen Werkseingang der „Hanomag" an der Göttinger Str. 14–20.

1943 Bei der Stadtverwaltung wird ein Kultur- und Werbeamt errichtet. – Die Sammlungen des Parteimuseums der NSDAP werden in Form einer Stiftung auf die vom Gau errichtete „Germanische zeitgeschichtliche Sammlung" übertragen. – Auslagerung von Kunstschätzen der hann. Museen und der Bestände des Stadtarchivs.

1945 Von der britischen Militärregierung geförderte, von Stuttmann arrangierte Ausstellung „Kunst und Leben im 18. Jahrhundert" in der Orangerie. – Im Beethovensaal der Stadthalle gründet sich der „Bund Bildender Künstler" (BBK), erster Vorsitzender Ludwig Vierthaler.

1946 Erste Ausstellung des BBK „Gekonnte Kunst" in der Orangerie. – „Kulturring", Arbeitsgemeinschaft von Vereinen für Wissenschaft und Kultur, wieder ins Leben gerufen.

1947 Stadt beruft „Kulturbeirat" aus maßgebenden Leitern kultureller Einrichtungen und Organisationen zur Beratung des Ratsausschusses für Kunst und Wissenschaft. – Große Wilhelm-Busch-Ausstellung im Kestner-Museum, zugleich Begleitprogramm zur ersten Hannover-Messe. – Ausstellung in der Landesgalerie „Max Liebermann und der deutsche Impressionismus" zu dessen 100. Geburtstag. – Der Rittmeister a. D. Konrad Wrede stirbt 82jährig; seine Kunst- und Antiquitätensammlung wird von der Stadt gekauft.

1948 Die Kestner-Gesellschaft nimmt mit einer Emil-Nolde-Ausstellung in einem umgebauten Wohnhaus der Warmbüchenstraße ihre Arbeit wieder auf.

1949 Der Bildhauer Kurt Lehmann erhält eine Professur an der TH; seine Arbeiten prägen seit den 50er Jahren das Stadtbild.

1950 Das Wilhelm-Busch-Museum nimmt seine Arbeit im Wallmoden-Palais im Georgengarten auf.

1951 Der Kunstverein bezieht das provisorisch wiederhergestellte Künstlerhaus (Wiederaufbau beendet 1960); erste Ausstellung „Blumen und Gärten in der Malerei" (aus Anlaß der Bundesgartenschau). – Die Ausstellung „Europäische Kunst von 1400 bis 1800" des Nds. Landesmuseums zählt 42 000 Besucher. – Als erste Plastik nach dem Krieg wird die Bronzefigur „Maja" von Gerhard Marcks vor dem Verwaltungsneubau der damaligen Kali-Chemie, Hans-Böckler-Allee, aufgestellt.

1953 Ausstellung zum 80. Geburtstag von Olaf Gulbransson im Wilhelm-Busch-Museum.

1954 Rübezahlbrunnen von Kurt Lehmann in Mittelfelde auf dem Rübezahlplatz.

1955 Irmgard Woldering tritt die Nachfolge von Alfred Hentzen als Direktorin des Kestner-Museums an. – Werner Schmalenbach Leiter der Kestner-Gesellschaft (bis 1962).

1956 Erste Schwitters-Ausstellung nach dem Kriege mit Assemblagen, Collagen und kleinen Plastiken in der Kestner-Gesellschaft. – Das Wilhelm-Busch-Museum gedenkt des 90. Geburtstags des Dichters Hermann Löns. – Der im Kestner-Museum ausgestellte „Welfenschatz" hat rd. 32 000 Besucher in 15 Wochen.

1957 Zum 125jährigen Bestehen des Kunstvereins: „Kunstschätze in Hannover. Aus den Ausstellungen des Kunstvereins der letzten 125 Jahre". – Mit Alexander Dorner, Museumsdirektor in Providence/USA, stirbt einer der maßgeblichen Förderer moderner Kunst.

1958 Das 1955 vom Georgsplatz demontierte Schiller-Denkmal wird hinter dem Opernhaus aufgestellt.

1959 Als Geschenk der Stadt erhält die Marktkirche zu ihrer 600-Jahr-Feier das von Gerhard Marcks geschaffene Bronzeportal. – Aufgestellt werden: „Läufergruppe" von Marcks vor dem Nordeingang des Niedersachsenstadions; „Große Kugelform", abstrakte Steinplastik von Karl Hartung, Symbol des geteilten Deutschland, auf dem Aegidientorplatz (seit 1975 an der Ecke Georgswall/Friedrichswall); „Demut", Plastik von Kurt Lehmann, in der zum Mahnmal umgestalteten Ruine der Aegidienkirche; der Butjer-Brunnen von Jürgen Klein auf dem Marktplatz in Oberricklingen. – Frühjahrsausstellung des Kunstvereins: „Die neue Generation".

1960 Im Maschpark wird das „Glenkiln Cross" (Schottisches Kreuz) von Henry Moore, ein Geschenk Bernhard Sprengels, aufgestellt. – Abschluß der Wiederaufbauarbeiten am Künstlerhaus.

1961 Wiedereröffnung des mit einer Beton- und Glasrasterkonstruktion des Architekten Werner Dierschke umbauten Kestner-Museums. – Die von der Niedersächsischen Landesbank gestiftete, 1938 geschaffene Plastik „L'Air" von Henri Maillol erhält ihren Standort auf dem Georgsplatz, Ludwig Vierthalers Pelikan-Brunnen wird am Ende der Fritz-Beindorff-Allee aufgestellt.

1962 Ausstellung „Die Zwanziger Jahre in Hannover" von Henning Rischbieter im Kunstverein.

1965 „Sammlung Sprengel" im Kunstverein ausgestellt. – Der „Arthur-Menge-Brunnen" von Ludwig Vierthaler im Auftrag der Fritz-Behrens-Stiftung wird auf der Bastion am Döhrener Turm errichtet.

1966 Zum 300jährigen Bestehen des Großen Gartens Ausstellung „Europäische Gärten bis 1700" in der Orangerie. – Das „Historische Museum am Hohen Ufer" (Arch. Dieter Oesterlen) mit den Abteilungen Stadtgeschichte, Landesgeschichte, Volkskunde wird eröffnet. – Aufstellung der Bronzegruppe „Speerwerfer" (1964) von Kurt Lehmann vor dem Eingang zum Niedersachsenstadion.

1967 Im Alter von 92 Jahren stirbt der Bildhauer Ludwig Vierthaler.

1968 Die Rekonstruktion des „Kabinetts der Abstrakten" (1925 von Lissitzky auf Anregung von Dorner, 1937 zerstört) wird in der Nds. Landesgalerie errichtet (heute im Sprengel Museum). – Siebzigjährig stirbt Dr. Ferdinand Stuttmann, seit 1938 Direktor der Landesgalerie, 1953–62 des Landesmuseums.

1969 1. Kunst- und Antiquitätenmesse in Herrenhausen. – Das von Hella und Hans-Ulrich Buchwald entwickelte „Scharniertheater", ein artifizielles Masken- und Figurentheater, nimmt den Spielbetrieb auf. – An seinem 70. Geburtstag (17. 4.) schenkt Dr. Bernhard Sprengel der Stadt seine Kunstsammlung, „eine der umfangreichsten und qualitätsvollsten deutschen Sammlungen der Gegenwartskunst", dazu 2,5 Mio. DM zum Bau eines Kunstmuseums; die Stadt ernennt den Mäzen zum Ehrenbürger. – Im Kunstverein werden Werke von Niki de Saint Phalle gezeigt. – Die Plastik „Ile de France" des Franzosen Berto Lardera wird gegenüber dem Landesmuseum aufgestellt (heute im Sprengel Museum).

1970 Das auf 3 Jahre angelegte „Experiment Straßenkunst", initiiert von Oberstadtdirektor Martin Neuffer, künstlerisch geleitet von Dieter de la Motte, Direktor des Kunstvereins, wird beschlossen; als erste bundesdeutsche Stadt macht Hannover Straßenkunst zur kommunalpolitischen Aufgabe, die zusätzliche „Erlebnisdimensionen" verspricht. Es werden für 1,4 Mio. DM 27 Kunstwerke erworben und aufgestellt (s. Übersicht).

1971 Umwandlung der Werkkunstschule (vgl. 1938) in Fachbereich Kunst und Design der neu gegründeten Fachhochschule Hannover. – „Die große Familie", Steinplastiken von Eugène Dodeigne, wird im

Rahmen des Straßenkunstprojekts auf dem Trammplatz aufgestellt.

1974 Die Aufstellung der drei „Nanas" von Niki de Saint Phalle am Leibnizufer, begleitet von Debatten und Protesten der hann. Bevölkerung, führt zum Ende des hann. Straßenkunstexperiments.

1975 Die Kunstvereinsausstellung „Verschollener Ruhm" zeigt Bilder aus dem Depot der Landesgalerie und trägt zur Neubesinnung auf die Kunst des 19. Jahrhunderts bei.

1976 „Ständehausbrunnen" von Emil Cimiotti.

1977 Auf Initiative des aus Ungarn stammenden Malers Janos Nadasdy erhält die Straßenkreuzung vor dem Sprengel Museum den Namen „Kurt-Schwitters-Platz".

1978 Die Stahlplastik „Hellebardier" von Alexander Calder, gestiftet von Bernhard Sprengel, 1972 im Rahmen des Straßenkunstprojekts zunächst vor dem Opernhaus plaziert, wird zum Nordufer des Maschsees umgesetzt.

1979 Eröffnung des „Kunstmuseum Hannover mit Sammlung Sprengel" (Arch.: P. und U. Trint, Köln; D. Quast, Heidelberg); 1984 umbenannt in „Sprengel Museum Hannover". – Der jüdische Rechtsanwalt Horst Egon Berkowitz schenkt seine mehr als 30 000 Stücke umfassende Münzsammlung der Stadtsparkasse.

1980 Der Deutsche Künstlerbund veranstaltet seine 28. Jahresausstellung „Auf Papier, mit Papier" und „Material elementar" in den Räumen des Kunstvereins. – Mit seiner Aktion „Leine-Entrümpelung" (fortgeführt 1987 und 1991) erinnert Janos Nadasdy an „vergessene" Hannoveraner (Theodor Lessing, Kurt Schwitters, Karl Jakob Hirsch).

1981 Zur Tutenchamun-Ausstellung im Kestner-Museum kommen über 400.000 Besucher. – Das Wilhelm-Busch-Museum zeigt „Tomi Ungerer-Cartoons", die Kestner-Gesellschaft eine „Andy-Warhol-Retrospektive".

1982 Zum Preis von 280 000 DM erwirbt das Land für das Sprengel Museum die Bronzeskulptur „Die Badende" von Henri Laurens. – Ausstellung „Russische Malerei der 1. Hälfte des 19. Jahrhunderts" im Nds. Landesmuseum mit Werken aus Leningrader und Moskauer Museen. – Der Kunstverein feiert sein 150jähriges Bestehen; der Villa Minimo-Preis wird gestiftet, Träger u. a. Kunstverein und die Firmengruppe Gundlach. – In der ehem. Eisfabrik (Seilerstraße) entwickelt sich ein alternatives Kunst-Zentrum. – Dreiteilige Landesausstellung im Wilhelm-Busch-Museum, in der Landesgalerie und der Orangerie in Herrenhausen zum 150. Geburtstag Wilhelm Buschs (rd. 70 000 Besucher). – Die „Kopfplastiken" von Horst Antes, „Der Kopf mit 12 Augen" und „Der Kopf in der Hand", werden auf dem Georgsplatz aufgestellt.

1983 Der Alexander-Dorner-Kreis wird gegründet; Förderung junger, bildender Künstler durch jährl. Vergabe eines Reisestipendiums und Jahresausstellung im Kubus. – Die Deutsche Bank am Georgsplatz erwirbt die Münzsammlung des Welfenhauses. – Für 3 Mio. DM werden 33 Werke aus der Pelikan-Kunstsammlung für die Landesgalerie und das Kunstmuseum Hannover angekauft. – Im Auftrag der Nieders. Landesregierung wird bei Sotheby's in London das Evangeliar Heinrichs des Löwen ersteigert. – In den Gebäuden der ehem. Kornbrennerei in der Bertramstraße (Hainholz) richtet der hann. Maler und Professor Siegfried Neuenhausen ein Zentrum für moderne Kunst ein. – Bronzegruppe „Regenfiguren" von Ulrike Enders für die Georgstraße.

1984 Eröffnung des Bahlsen-Museums im Stammhaus der Firma an der Podbielskistraße. – Im Sprengel Museum wird die Rekonstruktion des MERZbaus von Kurt Schwitters (urspr. Waldhausenstraße 5, im Krieg zerstört) erstmals öffentlich gezeigt. – Im Mailänder Palazzo Reale findet die Ausstellung der Expressionisten-Bestände des Sprengel Museums große Beachtung. – Das „Forum des Landesmuseums" zeigt mit „Ludwig Richter – Gemälde, Aquarel-

„Experiment Straßenkunst"

Einige der 1971–74 aufgestellten Objekte:

Hans Breder „Außenobjekt Hannover" 1971, Stahl – Maschpark

George Rickey „Two Lines Oblique" 1970, Stahl – uspr. Am Hohen Ufer, heute im Skulpturenhof des Sprengel Museums

K. L. Schmaltz „Makrokern 1290" 1971, Stahl – Ecke Karmarsch-/Schmiedestraße

Sanford Wurmfeld „Diamant II" 1972 Plexiglas, Eisen – Karmarschstraße, gegenüber dem Alten Rathaus

Hein Sinken „Anemokinetisches Objekt III" 1974, Edelstahl – Karmarschstraße, Stadtcafé

Hein Sinken „Anemokinetisches Objekt" 1970, Edelstahl – Burgstraße, vor dem Historischen Museum Am Hohen Ufer

Hans-Martin Ihme „Lichtmaschine" 1970, Stahl – Georgsplatz (seit 1994 verschrottet)

Kenneth Snelson „Avenue K" 1970, Aluminium, Stahlseile – urspr. hinter dem Leineschloß, heute an der Waterloostraße

Preise für Bildende Künstler

Sprengel-Preis für Bildende Kunst (seit 1991) **der Niedersächsischen Sparkassenstiftung**
(1979 gestiftet von Bernhard Sprengel, fortgeführt seit 1991 durch die Nds. Sparkassenstiftung, jährl. Vergabe, Nachwuchsförderung auf Landesebene, mit 20 000 DM dotiert)

1979 Christiane Möbus, Objektkünstl., Plastikerin, H.

1980 Ernst Marow, Klaus Stümpel, Ohannes Tapyuli; Maler

1981 Heinrich Riebesehl, Fotograf, H.

1982 Heike Ruschmeyer, Malerin, Berlin

1983 nicht vergeben

1984 Peter Chevalier, Klaus Ritterbusch

1985 und **1986** nicht vergeben

1987 Klaus Kumrow, Maler, Hamburg

1988 nicht vergeben

1989 Reinhard Buxel, Bildh., Braunschw.

1990 Giso Westing, Maler, H.

1991 Andrea Ostermeyer, Bildh., Braunschw.

1992 Hermann Pitz, Konzeptkünstler, Düsseldorf

1993 Ricardo Saro, Maler, H.

1994 Ludger Gerdes; Bildh., Maler; Düsseldorf

Kurt-Schwitters-Preis der Stadt Hannover
(1982 gestiftet von der Landeshauptstadt H., Vergabe alle zwei Jahre, Auszeichnung von Spitzenleistungen/Anerkennung eines Lebenswerks, seit 1990 ausgesetzt)

1983 Robert Filliou

1984 Sigmar Polke

1986 Tomas Smit

1988 Nam June Paik

Reisestipendium des Alexander-Dorner-Kreises
(gestiftet 1983, jährl. Vergabe an zwei Künstler)

1984 Hans Alvesen, Maler, Braunschweig; Eckard Wagner, Maler, Braunschweig

1985 Peter Afken; Ralph Kull, Bremen

1986 Norbert Radermacher, Berlin; Ulla Lauer, H.

1987 Karl Möllers, Maler; Jochen Weise, Maler, H.

1988 Hartmut Bohl, Maler, H.; Margund Smolka, Malerin, Braunschweig

1989 Jens Hoff, Maler, H.; Klaus Pellar, Maler, Heidelberg

1990 Friedhelm Falke, Maler, H.; Karin Schlesiger, Malerin, Braunschweig

1991 Roland Müller-Moron, Maler, Braunschweig; Andrea Ostermeyer, Bildh., H.

1992 Anke Doberauer, Malerin, Braunschweig; Dieter Froelich, Bildh., H.

1993 Anette Lauer, Bildh., H.; Christian Riebe, Maler, H.

1994 Katerina Vincourova, Federico Diaz; beide Objektkünstler, Prag

Preis des Kunstvereins Hannover (bis 1992 **Villa Minimo-Preis)**
(gestiftet 1982, Vergabe alle zwei Jahre an drei junge Künstler, kostenfreier Atelieraufenthalt in der List für zwei Jahre, mtl. Barstipendium; seit 1993 Arbeitsstipendium, an zwei nieders. und zwei europ. Künstler vergeben)

1983 Rüdiger Barharn, Maler, Emsland, Berlin; Ralph Kull, Maler, Bremen; Klaus Müller, Bildh., H.

1985 Petra Rosenthal, Malerin, Braunschw.; Rolf Sextro, Bildh., H.; Volker Thies, Maler, Braunschw.

1987 Friedhelm Falke, Maler, H.; Karl Möllers, Maler, Braunschw.; Siegfried Pietrusky, Bildh., Braunschw.

1989 Andrea Ostermeyer, Bildh., H.; Gabriele Regiert, Bildh., Bremen; Brigitte Vickers, Malerin, H.

1990 Jörg Lange, Bildh., Braunschw.; Brigitte Raabe, Bildh., Braunschw.; Sabine Wewer, Malerin, Bremen

1993/94 Bernhard Büttner; Michael Stephan (für Nieders.); Aernout Mik, Niederlande (für Europa)

Kunstpreis der Stadtsparkasse im Kunstverein Hannover
(seit 1984, Würdigung eines künstlerischen Gesamtwerks, Vergabe alle zwei Jahre, mit 10 000, seit 1993 mit 15 000 DM dotiert)

1984 Hans-Jürgen Breuste, Objektkünstler, Plastiker, H.

1986 Siegfr. Neuenhausen, Bildh., Maler, H.

1988 Timm Ulrichs, Objektkünstler, H.

1991 Hans Karl, Maler, H.

1993 Peter Basseler, Bildh., H. und USA

Kunstpreis der NORD/LB
(1983 gestiftet, jährliche Vergabe, mit 25 000 DM dotiert)

1983 Timm Ulrichs, Objektkünstler, H.

1984 Dieter Roth, Maler, Reykjavik u. Basel

1985 Hermann Albert, Maler, Ribbesbüttel/Nds.

1986 Georg Baselitz, Maler, Derneburg

1987 A. R. Penck, Maler, Düsseldorf

1988 Gotthard Graubner

1989 Jannis Kounellis

1990 Per Kirkeby

1991 Gerhard Richter

1992 Louise Bourgois

1993 Carlfriedrich Claus

1994 Sigmar Polke

le, Zeichnungen" Arbeiten aus den Staatlichen Kunstsammlungen Dresden. – Die 1958 eröffnete Galerie Brusberg (seit 1963 im Kubus) siedelt nach Berlin über.

1985 Wiedereröffnung des renovierten Fürstenhaus Herrenhausen-Museums. – Umsetzung der Skulpturengruppe „Etude I–V" des belgischen Bildhauers Eugène Dodeigne vom Emmichplatz an den Königsworther Platz. – Im Alter von 85 stirbt Dr. Bernhard Sprengel.

1986 Die Kurt-Schwitters-Ausstellung im Sprengel Museum zum 99. Geburtstag des MERZ-Erfinders lockt 72 000 Besucher an. – Die Wilhelm-Busch-Gesellschaft beschließt Umbenennung ihres Museums in „Wilhelm-Busch-Museum – Deutsches Museum für Karikatur und kritische Grafik". – Initiiert von der Galerie Kö 24 kommt eine groß angelegte Freilichtausstellung „Stahlskulpturen aus Berlin im Stadtraum von Hannover" zustande (bis Juni 1987, fortgesetzt als „Stahlskulptur und Stadtraum Hannover" bis 1988).

1987 Die Ende 1986 eröffnete Picasso-Ausstellung im Sprengel Museum wird mit 220 000 Besuchern zur bis dahin erfolgreichsten des Museums. – Zum 100. Geburtstag von Kurt Schwitters 80-Pfennig-Briefmarke der Deutschen Bundespost; aus dem gleichen Anlaß in H. zahlr. Ausstellungen und Veranstaltungen, u. a. „Der Typograph Kurt Schwitters" (Stadtbibliothek und Stadtarchiv), „die abstrakten hannover. Internationale Avantgarde 1927–35" (Sprengel Museum).

1988 Neueinrichtung der Mittelalterabteilung des Kestner-Museums. – Der Kunstpreis der Stadtsparkasse wird dem „Totalkünstler" Timm Ulrichs verliehen. – Hannovers größte Plastik, „Stahl 17/87" (der „Stählerne Engel") von Erich Hauser, wird erworben (Baustein-Aktion), Standort Brühlstraße.

1989 „Loriot"-Ausstellung im Wilhelm-Busch-Museum mit über 100 000 Besuchern. – Zur 100-Jahr-Feier Ausstellung „August Kestner und die Geschichte des Kestner-Museums". – Das Mahnmal „Stein des Anstoßes" des belg. Bildhauers Eugéne Dodeigne wird in Misburg an der Hannoverschen Straße (Außenlager des KZ Neuengamme) errichtet.

1990 Die Ausstellung „Bis jetzt" mit „Plastik im Außenraum der Bundesrepublik" im Georgengarten ist der Auftakt eines auf fünf Jahre angelegten Projekts (künstl. Leitung Lothar Romain) zum Thema „Kunst im öffentlichen Raum"; unter den 36 beteiligten „Plastikern": Gerdes, Hauser, Heiliger, Isenrath, Lechner, Möbus, Nierhoff, Prager, Reusch, Uecker, Ulrichs, Virnich. – Mit der Ausstellung „Typografie kann unter Umständen Kunst sein" erinnert das Sprengel Museum an den 1927 von Schwitters, Dexel u. a. in Hannover gegründeten „ring neue werbegestalter".

„Busstops" – 9 ÜSTRA-Haltestellen und ihre Designer

Aegidientorplatz (Ecke Prinzenstraße) Jasper Morrison, * 1959 London

Braunschweiger Platz (Bischofsh. Damm) Frank O. Gehry, * 1930 Toronto/Canada

Friedrichswall (Wirtschaftsministerium) Massimo Iosa Ghini, * 1959 Borgo Tossignano/Bologna

Königsworther Platz (Conti-Hochhaus) Ettore Sottsass, * 1917 Innsbruck

Kurt-Schumacher-Straße (Ecke Steintor) Alessandro Mendini, * 1931 Mailand

Kurt-Schwitters-Platz (Sprengel Museum) Heike Mühlhaus, * 1954 Wiesbaden-Sonnenberg

Limmerstraße (Ecke Leinaustraße) Andreas Brandolini, * 1951 Taucha bei Leipzig

Nieschlagstraße (Ecke Davenstedter Str.) Wolfgang Laubersheimer, * 1955 Bad Kreuznach

Theodor-Heuss-Platz (Kongreßzentrum) Oscar Tusquets Blanca, * 1941 Barcelona

1991 Zahlreiche Ausstellungen und kulturelle Veranstaltungen anläßl. des 750jährigen Bestehens der Stadt, u. a. von Siegfried Neuenhausen initiiertes Straßenkunstprojekt „Bilderwand Bertramstraße" mit Arbeiten von Klein, Cragg, Hamilton, Uecker, Brus, Scholte, Neuenhausen, Paeffgen, Gerz, Winner, Droese, Knoebel, Merz, Ulrichs, Barharn, Lauer. – Unter dem Motto „Im Lärm der Stadt" werden „10 Installationen in Hannovers Innenstadt" von Brandmeier, Hofstetter, Löbbert, Radermacher, Robbe, Roscheck u. a. gezeigt; erhalten nur das Objekt „Hang-over" von Andreas von Weizsäcker unter der Raschplatz-Brücke. – Im Alter von 61 Jahren stirbt Joachim Büchner, 1975–89 Leiter des 1979 eröffneten Sprengel Museums.

1992 Zum 150jährigen Bestehen des Hannoverschen Künstlervereins „Klassische Moderne aus hannoverschem Privatbesitz" im Kubus. – Die Ausstellung „Busstops. Internationales Design-Projekt Hannover 1992" zeigt im Kestner-Museum 9 Modelle von Haltestellen für den öffentl. Nahverkehr in Hannover (s. Übersicht oben). – Wiedereröffnung des Sprengel Museums nach Fertigstellung des Erweiterungsbaus (Bauzeit 3 Jahre, Größe verdoppelt). – Der umstrittene „Haarmann-Fries" des Wiener

Bildhauers Alfred Hrdlicka wird zum Preis von 150 000 DM vom Land und der Stadt für das Sprengel Museum angekauft. – Katrin Sello, 1976–89 Direktorin des Kunstvereins, stirbt.

1993 Dieter Ronte, Direktor des Sprengel Museums seit 1990, wechselt nach Bonn; sein Nachfolger wird Ulrich Krempel. – Herwig Guratzsch, seit 1979 Leiter des Wilhelm-Busch-Museums, übernimmt in Leipzig die Leitung des Museums der Bildenden Künste; seine Nachfolge tritt Hans Joachim Neyer an. – Der Auftrag für das geplante Mahnmal des Vereins „Memoriam“ zum Gedenken an die Verfolgung und Deportation hann. Juden im 3. Reich geht an den ital. Plastiker Michelangelo Pistoletto; vorgesehener Standort: Opernplatz.

1994 Mit Unterstützung der Nord/LB kauft die Stadt für 12 Mio. DM 39 Arbeiten (MERZbilder) von Kurt Schwitters und sichert so ihren Verbleib im Sprengel Museum. – Bau der 1992 im Modell vorgestellten „Busstops“ (s. Übersicht S. 39). – Einweihung des Mahnmals von Pistoletto auf dem Opernplatz.

Musik

Mittelalter: Träger des Musiklebens sind das Franziskanerkloster an der Leinstraße (seit 1290), die Pfarrkirchen (Marktkirche, Aegidienkirche, Kreuzkirche), die Stadtmusiker sowie fahrende Spielleute.

Seit 1533 Blüte der ev. Kirchenmusik im Zuge der Einführung der Reformation in H.

Seit 1547 Die Organistenfamilie Schildt prägt über Generationen die Kirchenmusik in H.; von musikgeschichtl. Bedeutung ist vor allem Melchior Schildt (1593–1667).

1568–1616 Andreas Crappius, Komponist und Autor musikalischer Lehrwerke, ist Kantor der Marktkirche.

1636 H. wird herzogliche Residenz und erhält eine kleine Hofkapelle.

1639–41 Heinrich Schütz wird als Hofkapellmeister mit dem Aufbau einer leistungsfähigen Hofmusik beauftragt.

1648–65 Fast vollständige Auflösung der Kapelle, da Herzog Georg Wilhelm zugunsten seines venezianischen Palais die Hofhaltung in H. vernachlässigt.

Agostino Steffani, „Enrico Leone", Szenenbild aus der Wernicke-Inszenierung anläßlich des Jubiläums „300 Jahre Oper in Hannover", 1989

Seit 1665 Wiederaufbau der Hofmusik durch Herzog Johann Friedrich, der bevorzugt italienische Musiker in Dienst nimmt.

1666–75 Mit Antonio Sartorio ist einer der bedeutendsten Komponisten der venezianischen Oper Hofkapellmeister. Die Durchführung von Opernvorstellungen in H. gehört jedoch nicht zu seinen Aufgaben. – Die Instrumentalvirtuosen Clamor Heinrich Abel (Gambe) und Nicolaus Adam Strungk (Violine) werden Mitglieder der Kapelle.

1678 Errichtung eines kleinen „Comoedienhauses" im Leineschloß, in dem erste Opernaufführungen unter der Leitung von Sartorios Nachfolger Vincenzo de Grandis stattfinden.

1679 Unter Herzog Ernst August Umgestaltung der Kapelle nach französischem Vorbild.

1686–89 Als „Ersatz" für die finanziell nicht mehr tragbaren Lustfahrten des Hofes nach Venedig Errichtung des ersten hannoverschen Opernhauses in der Leinstraße. Eröffnung 1689 mit Agostino Steffanis Oper „Enrico Leone".

Seit 1688 Agostino Steffani Hofkapellmeister (bis 1706).

1698 Ende des regelrechten Opernbetriebs; es gibt nur noch gelegentl. Aufführungen durch reisende Theatertruppen, meist im Ballhof.

1710–12 Georg Friedrich Händel als Hofkapellmeister in H., bevor er an den Londoner Hof wechselt.

1714 Nach der Übersiedlung des Hofes nach London schwindet die Bedeutung der verbliebenen Kapelle.

Um 1750 Entstehung eines bürgerlichen Konzertlebens; öffentliche Konzerte, oft in privaten Konzertsälen.

1753 Die Truppe des Impresarios Pietro Mingotti führt Pergolesis Oper „La serva padrona" auf; 1768/69 erstmals Aufführungen deutscher Singspiele durch die Schauspieltruppe Abel Seylers.

Seit den 1770er Jahren regelmäßige Abonnementkonzerte durch das kleine, durch Liebhaber und Militärmusiker verstärkte Hoforchester.

1775 Erstauff. des „Messias" von Georg Friedrich Händel.

1787–1803 Opernaufführungen der Theatergesellschaft G. F. W. Großmanns, zeitweise unter der musikalischen Leitung Bernhard Anselm Webers. Das Repertoire enthält neben zahlreichen ital. und franz. Opern sowie dt. Singspielen auch die wichtigsten Werke Mozarts.

Um 1800 Gründung der Singakademie.

1814 Die reorganisierte Kapelle des nunmehr selbständigen Königreiches Hannover wird zum Zentrum des hann. Musiklebens.

1815 Auff. der „Eroica", erstes in H. öffentlich gespieltes Werk Beethovens.

1818 H. erhält erstmals seit 1698 eine ständige Opern- und Schauspielbühne.

1824 Hann. Erstaufführung von Beethovens Oper „Fidelio".

1830 Gründung der „Liedertafel" als ersten Männerchor Hannovers.

1831: Heinrich Marschner, Komponist von deutschen romantischen Opern, wird Hofkapellmeister; er geht 1859 als erster hann. „Generalmusikdirector" in den Ruhestand.

1834 Erste hann. Auff. von J. S. Bachs „Matthäus-Passion".

1850 Eröffnung des „Odeon", Gaststätte mit Konzertgarten an der Nikolaistraße.

1851–66 König Georg V., selbst Komponist und Autor von Musikliteratur, betreibt eine intensive finanzielle Förderung des Musiklebens.

1852 Eröffnung des von Laves entworfenen Hoftheaters.

1852–66 In der Regierungszeit Königs Georg V. sind Künstler von Rang Mitglieder des Opernensembles, etwa Amalie Weiss (die spätere Frau Joseph Joachims), Asminde Ubrich, Madeleine Nottes, Albert Niemann, Theodor Wachtel, Dr. Gustav Gunz u. a.

1853 Der weltberühmte Geiger Joseph Joachim wird Konzertmeister, ab 1859 Konzertdirektor in H. (bis 1866). Er verpflichtet namhafte Künstler zu Konzerten, darunter Clara Schumann und Johannes Brahms.

1855 Das neugegründete Joachim-Quartett gibt den ersten reinen Quartettabend in Hannover. – Aufführung des „Tannhäuser" als erste Wagner-Oper in Hannover.

Ab 1866 Nach der Annexion Hannovers durch Preußen untersteht das Theater dem Berliner Generalintendanten. Dieser untersagt 1881 dem hannoverschen Intendanten Hans v. Bronsart die Aufführung von Wagners „Ring der Nibelungen", der so erst 1890 im Zusammenhang gegeben werden kann.

1877–79 Hans von Bülow Hofkapellmeister.

Seit 1892 Opernaufführungen und Konzerte werden per Telefon in ein Caféhaus übertragen.

1893 Erstaufführung von Wagners „Tristan und Isolde" in gekürzter Fassung.

1897 Gründung des privaten „Hannoverschen Konservatoriums" (seit 1911 städtisch, 1926 staatlich anerkannt).

1917–23 Der 1. Kapellmeister der Hofkapelle, Richard Lert, bemüht sich – zum Mißfallen eines Teils des Publikums – intensiv um die zeitgenössische Musik.

1923 Im Rahmen der auf Initiative des Göttinger Universitätsprofessors Oscar Hagen veranstalteten Händel-Tage Aufführung von „Julius Caesar" und „Otto und Theophano".

1924 Amtsantritt Rudolf Krasselts als Operndirektor und Generalmusikdirektor. 1924 und 1926 leitet er die Erstaufführungen der Franz-Schreker-Opern „Der ferne Klang" und „Die Gezeichneten".

1929 Gründung der Hannoverschen Kammermusik-Gemeinde durch Heinz Appel.

1933 Die Zwangsmitgliedschaft in der Reichsmusikkammer bedeutet für jüdische Künstler in der Regel Berufsverbot.

1933–45 Wie an anderen deutschen Bühnen verschwinden in der Zeit der NS-Herrschaft die Werke „nichtarischer" Künstler, etwa Schrekers oder Meyerbeers, aus dem Opernspielplan.

1939 Umwandlung des Mellini-Theaters – der hannoverschen Operettenspielstätte – zum „Kraft-durch-Freude-Theater".

1943 Urauff. des „Kuckuck von Theben" von Ermanno Wolf-Ferrari, dessen Werke in der Amtszeit Krasselts einen bevorzugten Platz im hannoverschen Opernspielplan einnehmen. – Eine großangelegte Umgestaltung des kulturellen Lebens durch Hannovers Gauleiter führt zur Entlassung der Leitung der Städtischen Bühnen – u. a. von Krasselt – und zur Umwandlung des Konservatoriums in eine Landesmusikschule. – Bei einem Luftangriff wird das Opernhaus zerstört; der Spielbetrieb wird (bis Juli 1944) im Herrenhäuser Galeriegebäude und im Schauspielhaus fortgesetzt.

1944 Ein aus den nicht dienstpflichtigen Musikern norddeutscher Orchester zusammengestelltes „Gau-Kriegsorchester" veranstaltet Konzerte bis April 1945.

1945 Im Juli Wiederaufnahme des Spielbetriebs im provisorisch hergerichteten Galeriegebäude. Erster Intendant wird der Heldentenor Reiner Minten. – Am 1. Juli erstes Sinfoniekonzert nach Kriegsende.

1949–60 Unter dem neuen Generalmusikdirektor Johannes Schüler besondere Pflege des modernen Opernschaffens; erstaufgeführt werden u. a. „Albert Herring" von Benjamin Britten (1950 als deutsche Erstauff.), Bergs „Wozzeck" (1955), Dallapiccolas „Nachtflug" (1956), Rolf Liebermanns „Die Schule der Frauen" (1957), Gottfried von Einems „Dantons Tod" (1958), Strawinskys „Oedipus rex" (1959).

1950 Wiedereröffnung des Opernhauses mit dem „Rosenkavalier" von Richard Strauss. Die akustischen Mängel des eilig wieder hergerichteten Gebäudes werden erst durch die 1985 abgeschlossene Renovierung beseitigt. – Die Landesmusikschule wird zur Akademie für Musik und Theater, sie erhält 1957 den Status einer Hochschule. – Einrichtung des Rundfunkorchesters Hannover des NDR. Im gleichen Jahr auch die Gründung des Knabenchores Hannover, der bis heute von Prof. Heinz Hennig geleitet wird.

1952 Der Mädchenchor Hannover wird gegründet. Leitung: Ludwig Rutt und Gudrun Schröfel-Gatzmann. – Urauff. des „Boulevard solitude" von Hans-Werner Henze als eines der herausragenden Opernereignisse der Nachkriegszeit. Jean-Pierre Ponnelle, der später als Regisseur weltberühmt wurde, entwirft das Bühnenbild.

1954–70 Die Choreographin Yvonne Georgi, die bereits vor dem Krieg in Hannover als Ballettmeisterin tätig war, setzt sich besonders für zeitgenössische Musik, vor allem das Schaffen Igor Strawinskys ein. Herausragend ist ihre deutsche Erstaufführung des „Elektronischen Balletts" von Henk Badings (1957).

1958 Auf Initiative Klaus Bernbachers erstmalige Veranstaltung der Tage der Neuen Musik

1960–63 In der Studiobühne in der Leibnizschule (später in der Humboldtschule) Pflege des zeitgenössischen Musiktheaters. – Die „pro musica"-Konzerte werden 1960 ins Leben gerufen.

1963 Günter Wich, Generalmusikdirektor am Opernhaus 1960–1965, leitet die Aufführung von Schönbergs drei Einaktern „Erwartung", „Die glückliche Hand" und „Von heute auf morgen".– Einweihung des Großen Sendesaals im Funkhaus des NDR; hier finden seit 1964 Abonnementkonzerte statt.

1965 George Alexander Albrecht wird zum Generalmusikdirektor gewählt; bemerkenswert sind seine Interpretationen der Sinfonien Bruckners, Mahlers (1971 bis 1984 Mahler-Zyklus) und Pfitzners.

1973 Die Hochschule für Musik und Theater Hannover bezieht das neuerbaute Gebäude am Emmichplatz.

1977 Für die 125-Jahr-Feier des Opernhauses komponiert Karlheinz Stockhausen sein

Orchesterwerk „Jubiläum". – Wolfgang Rihms „Faust und Yorrick" als Urauff. der Neufassung.

1978 Lothar Höfgen wird Ballettdirektor. Er produziert u. a. die Rockballette „Warlock" (Urauff. 1983) und „Lady Macbeth" (Urauff. 1984) von Jon Symon sowie „Love or War" von Erwin E. Zimmer, Höfgen und der Rockgruppe Fun Key B (1988).

Seit 1980 ist Hans-Peter Lehmann Intendant der Staatsoper. Seine Arbeit wird durch namhafte Gastregisseure unterstützt, darunter Ekkehard Grübler (Gottfried von Einem: „Jesu Hochzeit", 1980 als deutsche Erstaufführung) Herbert Wernicke (Berg: „Lulu", 1983; hannoversche Erstaufführung der von Friedrich Cerha vervollständigten Fassung), Heinz Lukas-Kindermann (Aribert Reimann: „Gespenstersonate", 1986) u. a.

1981 Prof. Lajos Rovatkay gründet das Kammerorchester Capella Agostino Steffani. – Erstmals seit 48 Jahren Neuinszenierung von Wagners „Parsifal".

1985 Zur Eröffnung des renovierten Opernhauses inszeniert Lehmann „Moses und Aron" von Arnold Schönberg.

1987 Gründung der Hannoverschen Gesellschaft für Neue Musik.

1987 Erstauff. von Aribert Reimanns Oper „Troades".

1989 Zur 300-Jahr-Feier der Oper werden „Die Soldaten" von Bernd Alois Zimmermann und „Enrico Leone" von Agostino Steffani gegeben.

1993 Als Nachfolger von Prof. Richard Jacoby wird Prof. Peter Becker Präsident der Hochschule für Musik und Theater. – Christof Prick wird neuer Generalmusikdirektor am Opernhaus. – Der von Lehmann neuinszenierte „Ring des Nibelungen" (Richard Wagner) findet Anerkennung im deutschen Musikleben.

Stadtgeschichte in Daten

Theater

1649 Herzog Georg Wilhelm läßt auf dem Gelände des alten St. Gallenhofes ein Haus für Ballspiele, den „Ballhof", errichten, der bald auch für Theateraufführungen genutzt wird.

1668 Herzog Johann Friedrich verpflichtet eine Truppe französischer Schauspieler, die sowohl im Schloß als auch im Ballhof auftreten. Französische Schauspieler beherrschen später auch die Bühne im 1678 errichteten kleinen „Comoedienhaus" und im Schloßopernhaus (1689 erbaut), wo allerdings vorwiegend Oper gespielt wird. Die Vorherrschaft der französischen Schauspielgesellschaften geht erst 1758, während des Siebenjährigen Kriegs, zu Ende.

1689 In Herrenhausen wird mit dem Bau des Gartentheaters begonnen.

1696 Abschluß des Rohbaues des auf Wunsch von Kurfürstin Sophie als Festsaal ausgestatteten Galeriegebäudes, wo bald, wie auch in der 1720–23 errichteten Neuen Orangerie, Schauspielaufführungen stattfinden.

1714 Mit dem Beginn der englisch-hannoverschen Personalunion, die aus Hannover eine Residenz ohne Herrscher macht, verliert auch das Theater an Glanz.

1730 Zwei Gesellschaften zeigen erstmals deutsche Schauspiele in öffentlichen Aufführungen. Im selben Jahr und danach 1732, 1734 und 1736 kommt die berühmte Friederike Karoline Neuber, die „Neuberin", nach Hannover.

1746 Gastspiel der hochangesehenen Schauspielertruppe des Theaterdirektors Johann Friedrich Schönemann (ebenso 1747 und 1748).

1763 Konrad Ernst Ackermann gastiert mit seiner Truppe im Ballhof. Aus dieser gehen Konrad Ekhof und Ackermanns Stiefsohn Friedrich Ludwig Schröder hervor, der Shakespeares Werke auf die deutsche Bühne bringt.

1767 Deutsche Schauspieler, nämlich Abel Seyler und seine Hamburger Gesellschaft, dürfen endlich auch im kleinen Schloßtheater (Comoedienhaus) auftreten. Seyler wird 1769 zum „Directeur Unserer teutschen Hof-Schau-Spieler" ernannt.

1768 Aufführung von Lessings „Minna von Barnhelm" mit Konrad Ekhof als Tellheim. – 1769 folgt als weiteres Lessing-Schauspiel „Miss Sara Sampson".

1772 Abel Seyler geht nach Weimar.

1773 Friedrich Ludwig Schröder führt Lessings „Emilia Galotti" im Schloßtheater auf.

1777 Schröder bringt in einer eigenen Bearbeitung Shakespeares „Hamlet" heraus.

Ehem. Schauspielhaus („Schauburg") an der Hildesheimer Straße

1787 Nachfolger Schröders, der 1786 nach Hamburg geht, wird Gustav Friedrich Wilhelm Großmann. Sein Spielplan umfaßt u. a. Werke Shakespeares, Lessings, Goethes, Schillers und sogar Beaumarchais' gesellschaftskritisches Lustspiel „Der tolle Tag oder Figaros Hochzeit". Beliebt sind aber auch die Stücke des in Hannover geborenen Schauspielers und Theaterdirektors August Wilhelm Iffland.

1803 Während der Napoleonischen Kriege beherrschen wieder französische Komödianten die Theaterszene (bis 1813).

1818 Unter dem von Herzog Adolf Friedrich von Cambridge berufenen Theaterdirektor August Pichler kommt es zu einer Theaterreform, der Gründung eines Kgl. Hoftheaters „auf Aktien", das aber weiter unter der Aufsicht des Oberhofmarschallamts steht. Künstlerischer Leiter wird Franz von Holbein, der mit Unterbrechungen bis 1841 in Hannover tätig ist.

1822 Gastspiel Ludwig Devrients.

1829 Fünf Monate nach der Braunschweiger Uraufführung wird in Hannover erstmals Goethes „Faust" aufgeführt.

1837 Mit dem Ende der Personalunion und dem Regierungsantritt des Königs Ernst August wird das von der Krone subventionierte Theater „auf Aktien" in ein regelrechtes und auf Dauer gesichertes Hoftheater auf Rechnung der Krondotationskasse umgewandelt.

1852 Eröffnung des von Laves erbauten Hoftheaters mit Goethes „Torquato Tasso" (und mit Marschners Festspiel „Natur und Kunst").

1866 Hannover wird Hauptstadt der gleichnamigen preußischen Provinz. Das Theater untersteht fortan der Generalintendantur der „Kgl. Schauspiele" in Berlin.

1919 Der Theaterkritiker Johann Frerking ruft zur Überwindung des verstaubten Hoftheaterbetriebes auf. Rolf Roenneke wird Direktor des Schauspiels (bis 1927).

1921 Das Hoftheater geht in den Besitz der Stadt über.

1922 Ende des Residenztheaters in der Marktstraße, das aus einem Theatersaal des 1851 gegründeten Thalia-Vereins hervorgegangen ist.

1923 Die Stadt pachtet die „Schauburg" an der Hildesheimer Straße als eigenständige Bühne für das Schauspiel. Sie wird 1925 von der Stadt gekauft und in „Schauspielhaus" umbenannt. Mit dem Opernhaus gemeinsam bildet es die „Städtischen Bühnen".

1927 Dr. Georg Altman wird Leiter des Schauspiels. Sein Hauptinteresse gilt den Klassikern.

1933 Nachfolger Altmans, der aus politischen Gründen gehen muß, wird Alfons Pape. Das „Deutsche Theater" in der Reuterstraße muß seine Pforten schließen.

1943 Zu Beginn der Spielzeit übernimmt Gustav Rudolf Sellner als Generalintendant die Leitung der Städtischen Bühnen. Kurt Ehrhardt kommt als Schauspieler nach Hannover. Beim Luftangriff in der Nacht vom 8. auf den 9. Oktober wird das Schauspielhaus zerstört, als Ausweichbühne dient bis zum 1. 9. 1944 (d. h. bis zur reichsweiten Schließung aller Theater) der Ballhof.

1945 Kurt Ehrhardt übernimmt, anfangs als Schauspieldirektor, später als Chefintendant und Generalintendant, die Verantwortung für das Schauspiel. Die Spielzeit wird am 15. 9. im Galeriegebäude mit Hofmannthals „Jedermann" eröffnet. Ab November dient der Ballhof ständig als Schauspielhaus. Unter Ehrhardt, mit Unterstützung des Bühnenbildners Rudolf Schulz, bis in die 60er Jahre Entwicklung des weithin beachteten „Ballhofstils" (Abkehr vom Illusionstheater durch Verzicht auf Pathos und Zurücknahme des Emotionalen). – Im „Haus der Jugend" in der Maschstraße nimmt die Landesbühne ihre Tätigkeit auf.

1952 Gründung der „Landesbühne Niedersachsen Süd" (Intendant Walter Heidrich).

1954 Das Gartentheater Herrenhausen wird von der Landesbühne wieder als Spielstätte genutzt. Regie führt Reinhold Rüdiger, der sich später als Intendant große Verdienste um Herrenhausen erwirbt.

1956 Das „Landestheater Hannover" wird in eine GmbH umgewandelt und heißt seither „Niedersächsische Staatstheater Hannover GmbH".

1962 James von Berlepsch eröffnet in der Mehlstraße das „Kleine Theater" als anspruchvolle Boulevardbühne. 1964 folgen der Umzug in die Georgstraße und die Umbenennung in „Neues Theater".

1965 Aus Wien kommend, wird Franz Reichert Nachfolger Kurt Ehrhardts als Intendant des Schauspiels. Für große Schauspiele, die bisher noch im Opernhaus aufgeführt wurden, wird auf das Theater am Aegi zurückgegriffen.

1966 Drei Tage vor der Grundsteinlegung wird aus finanziellen Gründen der 1965 vom Rat einstimmig beschlossene Bau eines neuen Schauspielhauses gestoppt. Ein zweiter Anlauf (1968/69) scheitert ebenfalls.

1970 James von Berlepsch eröffnet im Künstlerhaus die „Kammerspiele", um auch Gegenwartsdramen zu präsentieren. Nach sieben Jahren muß die Bühne aus finanziellen Gründen schließen.

1978 Der Schauspieler Alexander May wird zunächst Schauspieldirektor, dann Intendant im Ballhof. Als zusätzliche Spielstätte kommt das „Alte Magazin" in der Kestnerstraße hinzu.

1987 Die Landesbühne zieht unter ihrem langjährigen Intendanten Reinhold Rüdiger in ihr neues Theater in der Bultstraße ein. Seit einer Reihe von Jahren sind in der Stadt mehrere freie Theatergruppen aktiv (Theaterwerkstatt im Pavillon, Mittwoch-Theater am Lindener Berge, Theater im Künstlerhaus, Theater an der Glocksee, Theater der Jugend, Theater Seraphin u. a.).

1988 Eberhard Witt wird neuer Intendant (bis 1993). Es gelingt ihm, in verstärktem Maß junge Besucherschichten für das hannoversche Staatsschauspiel zu gewinnen.

1990 Eröffnung der „Probenbühne" am Ballhof.

1992 Eröffnung des nach Plänen der Züricher Architektengruppe Paillard, Leemann & Partner erbauten neuen Schauspielhauses an der Prinzenstraße.

1993 Die Niedersächsische Staatstheater GmbH, an der die Stadt Hannover zuletzt zu einem Drittel beteiligt war, geht gänzlich an das Land Niedersachsen über. – Eberhard Witt scheidet vorzeitig aus seinem Vertrag aus und geht nach München. Sein Nachfolger wird der bisherige Intendant des Stadttheaters Konstanz Ulrich Khuon. – Landesbühnen-Chef Reinhold Rüdiger geht in Pension, neuer Intendant wird Wolfgang Brehm.

Stadtgeschichte in Daten

Literatur · Buchwesen · Presse

1440 Durch die Stiftung des Konrad v. Sarstedt wird der Grundstock zur heutigen Stadtbibliothek gelegt.

1479 Volkmar (oder Volkmer) von Anderten, Domherr in Lübeck, vermacht seinen Buchbesitz der Stadt Hannover.

1544 Als erster Buchdrucker kommt Henning Rüdem nach Hannover (bis 1549).

1599 David Meyer, Pfarrherr an der Kreuzkirche, gründet die erste öffentlich zugängliche Bibliothek in Hannover.

1656 Johann Hemeling, seit 1646 städt. Schreib- und Rechenmeister, wird „Laureatus Poeta Caesarius" (d. i. gekrönter kaiserlicher Poet).

1676 Gottfried Wilhelm Leibniz kommt als Hofrat und Bibliothekar nach Hannover. Mit Herzog Anton Ulrich von Braunschweig-Wolfenbüttel und dem Dichter Hortensio Mauro u. a. gehört er zum „Musenhof" der Herzogin/Kurfürstin Sophie.

1725 Als Hofmedikus und späterer Leibarzt kommt Paul Gottlieb Werlhof (1699 bis 1767) nach Hannover. Neben philosophischen und theologischen Studien schreibt er Gedichte; eine Sammlung erscheint 1749, mit einer Vorrede seines Freundes Albrecht von Haller.

„Lotte am Klavier" – Illustration von Johann Heinrich Ramberg zu Goethes „Die Leiden des jungen Werthers"

1747 Die Landschaftliche Druckerei – Vorläufer der heutigen Schlüterschen Verlagsanstalt und Druckerei – wird eingerichtet; hergestellt werden Katechismus, Gesangbuch, Kalender. Die Leitung übernimmt 1749 der von Halle nach Hannover berufene Buchdrucker Heinrich Ernst Christoph Schlüter.

1759 Johann Adolf Schlegel, Verfasser zahlreicher Fabeln und Erzählungen, Mitherausgeber der „Bremer Beyträge", Vater der Brüder Schlegel, wird Pastor an der hannoverschen Marktkirche (gest. 1793). – Im gleichen Jahr wird August Wilhelm Iffland im Leibnizhaus an der Schmiedestraße geboren.

1767 August Wilhelm Schlegel geboren.

1768 Der Arzt und Schriftsteller Johann Georg Zimmermann in Hannover (bis 1795); in den Jahren 1784/85 erscheint sein vierbändiges Hauptwerk „Über die Einsamkeit".

1772 Friedrich Schlegel geboren. – Georg Christoph Lichtenberg in Hannover.

1773 Charlotte Buff (Goethes „Lotte") heiratet den hannoverschen Archiv- und Legationssekretär Johann Christian Kestner und unterhält einen literarischen Salon, in dem u. a. Knigge, Boie, Hölty, Rehberg, Brandes und Iffland verkehren.

1776 Mit dem Trauerspiel „Julius von Tarent" wird der 1752 in Hannover (im 1945 zerstörten Haus Calenberger Str. 15) geborene Johann Anton Leisewitz zu einem Wegbereiter des „Sturm und Drang". – Im gleichen Jahr stirbt der „Frühlingsdichter" Ludwig Heinrich Christoph Hölty in Hannover (hier seit 1775).

1776 Heinrich Christian Boie, Mitbegründer des „Göttinger Hain" und Herausgeber der Zeitschrift „Deutsches Museum", kommt als Sekretär der Militärverwaltung nach Hannover (bis 1781).

1779 Gründung der „Großen Lesegesellschaft".

1781 Der Arzt und Dichter Wilhelm Blumenhagen geboren (gest. 1839).

1784 Adolph Freiherr Knigge lebt bis 1790 in Hannover. 1788 erscheint hier seine aufklärerisch-kritische Schrift „Über den Umgang mit Menschen".

1785 Karl Philipp Moritz veröffentlicht in

vier Teilen (bis 1790) seinen „Anton Reiser", den ersten großen Entwicklungsroman in deutscher Sprache. Darin beschreibt er seine Kindheit und Jugend in Hannover.

1792 Heinrich Wilhelm Hahn (1760–1831) gründet in der Leinstraße die Hahnsche Buchhandlung (seit 1818 Hofbuchhandlung), samt Druck- und Verlagshaus.

1801 Karl Johann Philipp Spitta, Dichter geistlicher Lieder, geboren (1823 Erstausgabe von „Psalter und Harfe").

1804 Henriette Gräfin von Egloffstein zieht, aus Weimar kommend, mit ihren Töchtern in das Misburger Forsthaus und begründet hier nach dem Vorbild von Goethes „cours d'amour" einen „Minnehof", in dem August Kestner, ein Sohn Charlotte Buff-Kestners, die Rolle des Hofpoeten übernimmt.

1807 Johann Hermann Detmold, Literat und Politiker (Mitglied der Paulskirchen-Versammlung 1848 und Reichsjustizminister 1849), geboren.

1815 Johann Peter Eckermann in Hannover (bis 1821).

1828 Ludwig Börne für ein Jahr in Hannover.

1831 Als erste Tageszeitung der Stadt erscheint die regierungsamtl. „Hannoversche Zeitung", redigiert von Archivsekretär Georg Heinrich Pertz. – Der Schriftsteller Georg Harrys gründet „Die Posaune", eine bis 1838 erscheinende Kunst- und Literaturzeitschrift.

1832 Die Hahnsche Hofbuchhandlung bringt die „Hannöversche Tageszeitung" heraus.

1843 Heinrich Heine, mit Johann Hermann Detmold eng befreundet, besucht Hannover.

1847 Wilhelm Busch in Hannover (Maschinenbau-Studium an der Polytechnischen Schule bis 1851).

1849 Der Verlag Gebrüder Jänecke gibt als erste unabhängige politische Tageszeitung in Hannover die „Zeitung für Norddeutschland" heraus.

1852 Hoffmann von Fallerslebens „Hannoversches Namensbüchlein" erscheint. – Die Buchhandlung Schmorl und von Seefeld wird gegründet.

1861 Friedrich Spielhagen (1829–1911), für zwei Jahre in Hannover, wo er für 10 Monate die Leitung des Feuilletons der „Zeitung für Norddeutschland" innehat; sein erfolgreichster Roman „Problematische Naturen" erscheint hier in Fortsetzungen (die Zeit in Hannover anschaulich dargestellt in seinen „Erinnerungen aus meinem Leben", 1911).

Kurt Schwitters, „Anna Blume. Dichtungen", erschienen 1919 in der Reihe „Die Silbergäule" des Paul Steegemann Verlags, Hannover

1863 „Zeitung für Norddeutschland", „Neue Hannoversche Anzeigen" und „Hannoverscher Courier" werden zum „Hannoverschen Courier (Kurier)" vereinigt, künftig Sprachrohr der Nationalliberalen. – Die Brüder Schlüter kaufen das seit 1852 erscheinende, polit. unabhängige „Hannoversche Tageblatt", fortan die Tageszeitung für die „gebildeten Stände" (bis 1940 im Besitz der Schlüterschen Verlagsanstalt).

1864 Frank Wedekind geboren.

1872 Theodor Lessing (Philosoph und Literat) und Ludwig Klages (Philosoph und Psychologe) geboren.

1880 Carl Sternheim (1878 in Leipzig geb.) verbringt vier Jahre seiner Kindheit (bis 1884) in Hannover. – Die Buchhandlung Sachse & Heinzelmann wird gegründet.

1887 Die Stadt erwirbt aus dem Nachlaß des Druckereibesitzers und Senators Friedrich Culemann (1811–1880) eine wertvolle Autographensammlung, zu der u. a. 152 Goethe- und 56 Schiller-Original-Handschriften gehören. – Im gleichen Jahr wird Kurt Schwitters geboren.

1890 Die sozialdemokratische Tageszeitung „Volkswille" beginnt zu erscheinen. – Der Dichter Gerrit Engelke geboren (gefallen in den letzten Kriegstagen 1918).

1893 Im eigens gegründeten Verlag „Hannoverscher Anzeiger A. Madsack & Co." erscheint mit Datum vom 1. März erstmals der „Hannoversche Anzeiger – Unparteiisches Organ für Jedermann", bald die auflagenstärkste Tageszeitung Hannovers.

1906 Hannah Arendt, Philosophin und politische Schriftstellerin, in Linden geboren.

1914–1916 Der Lyriker und Romanautor Albrecht Schaeffer in Hannover.

1915 Der Schriftsteller, Lyriker und Übersetzer Karl Krolow (Pseudonym Karol Kröpcke) geboren.

1917 Vicki Baum („Menschen im Hotel") als Gattin des Kapellmeisters Richard Lert in Hannover (bis 1923).

1918 In der Calenberger Straße wird die erste städt. Volksbücherei eröffnet.

1919 Die avantgardistischen Literaturzeitschriften „Das hohe Ufer" (im Verlag Ludwig Ey) und „Der Zweemann" (hrsg. von Christof Spengemann und F. W. Wagner im Zweemann-Verlag R. Goldschmidt) erscheinen (jeweils nur bis 1920). – Der Buchhändler Paul Steegemann gründet den gleichnamigen Verlag, der in den Jahren bis 1922 die dadaistischen Schriftenreihe „Die Silbergäule" herausbringt; dort erscheinen u. a. die wichtigsten literarischen Arbeiten von Schwitters (Gedichtband „Anna Blume", 1919).

1922 Erich Maria Remarque als Werbeleiter bei der „Conti" in Hannover.

1923 Erstmals erscheint die von Schwitters herausgegebene Zeitschrift „MERZ" (mit Unterbrechungen bis 1932).

1927 Der Paul Steegemann Verlag siedelt nach Berlin über.

1931 Einweihung des Neubaus (Turmbau!) der Stadtbibliothek. – Zu der seit 1923 existierenden NSDAP-Wochenzeitung „Niedersächsischer Beobachter" kommt die „Niedersächsische Tageszeitung" hinzu, die sich von 1933 an zum Kampf- und Propagandablatt der nationalsozialistischen Führung in Hannover entwickelt. – Der Roman „Kaiserwetter" des 1892 in Hannover geborenen Schriftstellers und Malers Karl Jakob Hirsch erscheint bei S. Fischer, Berlin.

1933 Bücherverbrennung vor der Bismarcksäule. – Die kommunistische „Neue Arbeiter Zeitung" und der sozialdemokratische „Volkswille" werden verboten. Mit Ausnahme der nationalsozialistischen „Niedersächsischen Tageszeitung" sind die übrigen sechs hann. Zeitungen politischen und/oder wirtschaftl. Repressalien ausgesetzt, die zu Fusionen oder Zusammenbrüchen führen. – Emigration des jüdischen Schriftstellers Werner Kraft (seit 1927 Bibliothekar in der Provinzialbibliothek).

1935 Gottfried Benn in Hannover (bis 1937 als Sanitätsoffizier bei der Wehrersatzinspektion); hier entstehen der Prosatext „Weinhaus Wolf" und viele Gedichte.

1937 Kurt Schwitters emigriert nach Norwegen, 1940 weiter nach England.

1937 Ernst Jünger lebt bis 1939 und von 1945–47 in Kirchhorst bei Hannover („Auf den Marmorklippen", 1939; „Kirchhorster Blätter", 1948).

1940 Der „Hannoversche Kurier" und das „Hannoversche Tageblatt" fusionieren und erscheinen bis Ende August 1944 als „Kurier-Tageblatt"; dieses wird im Sept. 1944 mit der „Hannoverschen Zeitung" vereinigt.

1943 Exakt 50 Jahre nach seiner Gründung wird der „Hannoversche Anzeiger" als „Beispiel kriegsbedingter Vereinfachung" (Kommentar im „Kurier-Tageblatt") mit der „Niedersächsischen Zeitung" zur „Hannoverschen Zeitung" zusammengelegt.

1945 Ab Ende Mai (bis Juli 1946) erscheint der „Neue Hannoversche Kurier", mit Genehmigung der britischen Militärregierung auch Amtsblatt der Stadtverwaltung.

1946 In Hannover kommt die Zeitschrift „Diese Woche" (Vorläufer des polit. Wochenmagazins „Der Spiegel") heraus. Verlag und Redaktion des „Spiegel" wechseln 1952 nach Hamburg. – Als Tageszeitungen beginnen die „Hannoverschen Neuesten Nachrichten" sowie die „Hannoversche Presse – Die Zeitung aller Schaffenden" zu erscheinen.

1948 Die erste Ausgabe der von Henri Nannen herausgegebenen illustrierten Zeitschrift „Der Stern" erscheint. Verlag und Redaktion siedeln 1949 nach Hamburg über.

1949 Ende August erscheint die 1. Ausgabe der „Hannoverschen Allgemeinen Zeitung".

1955 Kurt Morawietz gründet innerhalb des seit 1951 bestehenden „Jungen Literaturkreises" die literarische Zeitschrift „die horen".

1958 Der „Schutzverband niedersächsischer Schriftsteller", Vorläufer des VS (Verband deutscher Schrifsteller), wird in H. gegründet.

1960 Auf Initiative der 1938 gegründeten Gerrit-Engelke-Gedächtnisstiftung erscheinen unter dem Titel „Das Gesamt-

Gerrit-Engelke-Preis für Literatur der Stadt Hannover

(gestiftet 1978 vom Rat der Stadt, Vergabe alle zwei Jahre, mit 15 000 DM dotiert)

1979 Günther Herburger
und Günther Wallraff

1981 Ingeborg Drewitz

1983 Axel Eggebrecht

1985 Max von der Grün

1987 Gisela Elsner

1989 Friedrich Christian Delius

1991 Adam Seide

1993 Helga M. Novak

werk“ sämtl. Arbeiten Engelkes, hrsg. von Hermann Blome (Nachdruck 1979).

1962 Die Ausstellung „Die Zwanziger Jahre in Hannover“ der Kestner-Gesellschaft rückt auch die Literatur jener Jahre neu ins Blickfeld.

1974 Gründung des „Förderkreises Deutscher Schriftsteller in Nds. und Bremen“.

1975 Die Landesbibliothek bezieht ihr neues Haus an der Waterloostraße.

1978 Stiftung des Gerrit-Engelke-Literaturpreises der Stadt Hannover (Preisträger s. Tabelle). – Im gleichen Jahr wird erstmals die hann. Literaturwoche „Literanover“ veranstaltet (bis 1990). Zugleich Einrichtung des Lyriktelefons, das im wöchentlichen Wechsel zeitgenössische hann. (und nieders.) Autoren vorstellt.– Die 1972 aus der „Hannoverschen Presse“ und der „Hannoverschen Rundschau“ gebildete „Neue Hannoversche Presse“ mit lokaler und regionaler Berichterstattung erscheint als neukonzipierte Tageszeitung unter dem Namen „Neue Presse“.

1982 Band 1 des „Kurt Schwitters Almanach“ erscheint im 1979 gegründeten Postskriptum Verlag (insgesamt 10 Bände bis 1991).

1984 Gründung der Bibliotheksgesellschaft Hannover.

1988 Die Literaturzeitschrift „die horen“, gegründet und herausgegeben von Kurt Morawietz, erhält zum zweiten Mal nach 1980 den Alfred-Kerr-Preis des Börsenvereins des Deutschen Buchhandels.

1990 Aus Anlaß des 100. Geburtstags des Dichters Gerrit Engelke werden mit Lesungen, einer Theateraufführung und einem wissenschaftl. Symposion die „Engelke-Wochen“ veranstaltet. – Das „LiteraturBüro Hannover“ zur Förderung und Koordination literarischer Aktivitäten auf städt. Ebene wird gegründet.

1991 Kurt Morawietz, Gründer und Herausgeber der „horen“, erhält als erster Hannoveraner den Niedersachsen-Staatspreis für Literatur.

1992 Der Literaturrat Niedersachsen, 1987 in Hannover als Arbeitsgemeinschaft zur Förderung des literarischen Lebens ins Leben gerufen, konstituiert sich als e. V. mit Sitz in Hannover; ihm gehören 22 Mitgliederverbände an, darunter die Literaturbüros, der Landesverband der Buchhändler und Verleger, die Schriftstellerverbände und die Bibliotheksgesellschaften des Landes Niedersachsen.

1994 Kurt Morawietz, Begründer und Herausgeber der Literaturzeitschrift „die horen“ stirbt im Alter von 63 Jahren. – Der jährl. hann. Literaturmarkt im Sprengel Museum präsentiert sich – neu konzipiert – unter dem Titel „Buchlust“ erstmals als landesweite Bücherschau (unter Einschluß Sachsen-Anhalts).

Stadtgeschichte in Daten

Film · Funk · Fernsehen

1896 Das erste „Kino“, ein „Theater für lebende Photographie“, wird im August in der Georgstr. 34, im Haus des Lokals „Zum Einhorn“, eröffnet. Gezeigt werden kurze Bildfolgen mit dem Cinématographe Lumière. Ähnliche Kinos entstehen in der Ständehausstraße (Ende 1896) und im Mellini-Theater (1897).

1900 Der Elektroingenieur Carl Buderus gründet eine Firma zur Produktion von Filmapparaten nach dem System Lumière und dreht eigene Filme (bis 1908).

1906/07 Weitere Kinos zur Aufführung von kurzen Stummfilmen werden eröffnet, u. a. „Welt-Theater“ (Nordmannstraße), „Panoptikum“ (Bahnhofstraße), „Alhambra“ (Limburgstraße), „Colosseum“ (Goethestraße), „Thalia-Theater“ (Ecke Limmer-/Kochstraße).

1912 Hannover verfügt über 14 Kinos.

1921–24 In Hannover gibt es 24 Kinos mit rd. 13 000 Plätzen.

1924 Der Nebensender Hannover der NORAG (Nordische Rundfunk Aktiengesellschaft) nimmt vom Dachgeschoß des HANOMAG-Verwaltungsgebäudes in der Bornumer Straße aus den Sendebetrieb auf. – Eröffnung des „Ufa-Palasts“ (zuvor Decla-Lichtspiele) am Aegidientorplatz (1943 zerstört).

1937 Robert Billerbeck, einer der maßgeblichen Initiatoren der hann. Filmszene, eröffnet in der Hildesheimer Straße das „Gloria“.

1945 Bis Ende des Jahres nehmen, nach der Zerstörung fast aller hann. Kinos in den letzten beiden Kriegsjahren, die ersten den Spielbetrieb wieder auf.

1948 Der NWDR (Nordwestdeutscher Rundfunk) wird mit Zustimmung der brit. Militärregierung ins Leben gerufen. Der Sender Hannover des NWDR nimmt den regulären Betrieb auf. – Erste Filmurauff. in H. nach dem Kriege (vor allem im Palast-Theater). Robert Billerbecks „Gloria-Palast“ wird im Ärztehaus (Hildesheimer Straße) neu eröffnet.

1949 Die „Weltspiele“ (R. Billerbeck) werden mit der Urauff. des Films „Clara Schumanns große Liebe“ wiedereröffnet; mit zahllosen weiteren Filmurauff. in den folgenden Jahren Entwicklung zum gefragten Uraufführungskino.

1950 Der NWDR Hannover bezieht das Funkhaus am Maschsee (offizielle Einweihung 20. 1. 1951). Das Rundfunkorchester wird gebildet; zunächst 45 Mitglieder. Weitere sechs Kinos werden eröffnet, darunter als bedeutendes Uraufführungstheater der 50er und 60er Jahre die Regina-Licht-

Funksaal der NORAG im HANOMAG-Gebäude, 1924/25

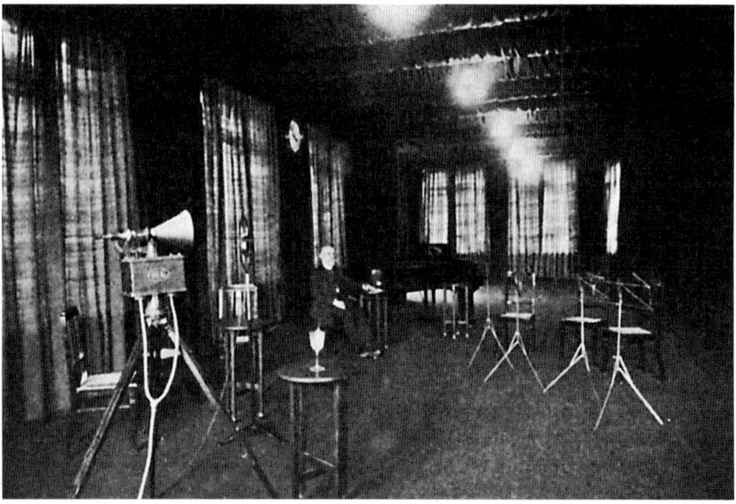

spiele (Ltg. Willy Kuschel) am Ernst-August-Platz. – Die Hochhaus-Lichtspiele im Anzeiger-Hochhaus (Ltg. Karl Homann, später Julius Dau) werden zu einer anerkannten Pflegestätte des künstlerischen Films. Häufige Auszeichnung durch die „Gilde Deutscher Filmkunsttheater" für beste Programmgestaltung. – Bis in die 60er Jahre entwickelt sich H. zu einer Filmmetropole der Bundesrepublik.

1951 Im Hauptbahnhof wird das „aki" (Aktualitätenkino) eröffnet.

1953 Eröffnung des Filmtheaters am Kröpcke mit der Urauff. von 11 deutschen Spielfilmen.

1954 Filmstudio am Thielenplatz (Arch. Dieter Oesterlen) als erstes unterirdisches Kino in H. fertiggestellt. Im Theater am Aegi werden 18 deutsche Spielfilme, darunter „Canaris", uraufgeführt.

1957 Mit Jahresbeginn erhält das Funkhaus Hannover (Teil des NDR, seit Anfang 1956 die gemeinsame Rundfunkanstalt für Hamburg, Niedersachsen und Schleswig-Holstein) eine Fernsehredaktion, Ende 1960 nehmen die ersten Fernsehstudios ihre Arbeit auf.

1958 Eröffnung der Rivoli-Lichtspiele am Steintor. Mit über 52 Kinos (insges. 29 706 Plätze) erreicht die Entwicklung ihren Höhepunkt.

1963 Der Große Sendesaal des Funkhauses wird eröffnet. – Die Technik des NDR hilft beim Grubenunglück in Lengede, südwestl. von Braunschweig, verschütteten Bergleuten das Leben zu retten. – Erste Vorführung des von dem Hannoveraner Walter Bruch bei Telefunken entwickelten PAL-Farbfernsehsystems.

1965 Robert Billerbeck, Jahrg. 1895, für Jahrzehnte maßgebend in der hann. Kinoszene, stirbt.

1968 Julius Dau (Jahrg. 1900), der seit 1957 das Hochhaus-Kino betrieb, stirbt.

1970 Robert Billerbeck jun. übernimmt das „Hochhaus-Kino".

1974 Gründung des „Kommunalen Kinos" (KoKi).

1977 Nach der Übernahme des „Apollo" in Linden einige Jahre zuvor eröffnet Hans-Joachim Flebbe das „Kino am Raschplatz" (vier Einzelkinos: Colosseum, Fairbanks, Graffiti, Hollywood), das bis heute zentrale Programmkino der Stadt.

1980 Der „Gloria-Palast" stellt den Kinobetrieb ein und wird abgerissen.

1981 Der neue NDR-Staatsvertrag, der die vollständige Versorgung der Rundfunkteilnehmer mit Länderprogrammen vorschreibt, tritt in Kraft. – Das „aki" schließt; Wiedereröffnung als „Kino im Hauptbahnhof" (3 Kinos).

1982 Das „Kommunale Kino" (KoKi) bleibt nach Protesten gegen den Widerstand der CDU erhalten und bezieht sein heutiges Domizil im Künstlerhaus in der Sophienstraße. Wiedereröffnung des Hochhaus-Kinos nach Übernahme durch H.- J. Flebbe.

1984 Das Funkhaus Hannover wird in Landesfunkhaus Niedersachsen umbenannt. Das neue Landesrundfunkgesetz ermöglicht die Einführung des Privatrundfunks.

1986 In Linden wird das „Capitol" als Kino- und Veranstaltungszentrum eröffnet.

1991 Eröffnung des „Cinemaxx" von Hans-Joachim Flebbe: ein modernes Kino-Center (Multiplex-Kino) mit 10 Kinosälen und 3 200 Plätzen, in der Nikolaistraße.

1992 Erneut droht dem Kommunalen Kino die Schließung; neue finanzielle Träger (neben der Stadt) sichern den Fortbestand unter dem neuen Namen „Kino im Künstlerhaus".

1993 Das „Gloria-Center" (Georgstraße) sowie das „Kino am Kröpcke" werden geschlossen. – Im Alter von 73 Jahren stirbt Robert Billerbeck jun.

Stadtgeschichte in Daten

Wissenschaft · Technik · Bildungswesen

1267 Urkundliche Eintragung eines Notars Heinrich, „rectoris scolarum in Honovere", die als die erste Erwähnung des Ratsgymnasiums gilt.

1315 Der Landesherr erlaubt der Stadt, auf einem der Marktkirche gehörenden Grundstück ein Schulgebäude zu errichten.

1348 Die Herzöge Otto und Wilhelm von Braunschweig erteilen dem Rat der Stadt das Recht, die bestehende Schule zu führen und bei Bedarf weitere Schulen zu gründen.

1526 Erstmals wird eine deutsche Schule („Schreibschule") bezeugt.

1666 Erstmalige Erwähnung einer Garnisonschule für Soldatenkinder.

1674 Justus Henning Böhmer geboren, als Professor in Halle einflußreicher Kirchenrechtler und Verfasser des größten protestantischen Kirchenrechts.

1676 Gottfried Wilhelm Leibniz kommt als Hofrat und Bibliothekar nach Hannover.

1708 Einführung der Schulpflicht in Hannover.

1725 Der Arzt Paul Gottlieb Werlhof, Entdecker der nach ihm benannten Krankheit, läßt sich in Hannover nieder.

1751 Der Kaufmann E. Ch. Böttcher stiftet die Mittel zur Gründung eines Lehrerseminars in Hannover.

1778 Gründung der „Roß- und Vieh-Arzeney-Schule" (heute Tierärztliche Hochschule) durch Johann Adam Kersting als vierte in Europa und erste in Deutschland.

1779 Der bedeutende Mathematiker Raphael Levi stirbt.

1781 Der 1738 in Hannover geborene Astronom Friedrich Wilhelm Herschel entdeckt in seiner Wahlheimat England den Planeten Uranus.

1787 Gründung einer Hofschule für die Söhne von Hofbediensteten und Angehörigen der Israelitischen Gemeinde.

1790 Gründung einer Hofschule für die Töchter von Hofbediensteten. – Die alte Lateinschule (vgl. Eintragung zu 1267) erhält den Namen „Lyzeum".

1797 Gründung der Naturhistorischen Gesellschaft. – Einweihung des Georgianum, einer höheren Schule für Hochschul- und Offiziersanwärter aus dem protestantischen Adel (bis 1810).

1825 In der Vorstadt Glocksee wird eine der ersten Gasanstalten auf dem Kontinent errichtet.

1826 Bei der Hofbuchhandlung Hahn erscheint der erste Band der „Monumenta Germaniae historica", der bedeutendsten Sammlung mittelalterlicher Quellen zur deutschen Geschichte, herausgegeben (bis 1873) von Georg Heinrich Pertz.

1831 Höhere Gewerbeschule eröffnet; erster Direktor Karl Karmarsch. – Karl August Klindworth baut die erste Dampfmaschine in Hannover.

1835 Gründung einer höheren Bürgerschule, der späteren Tellkampfschule.

1844 Friedrich Karl Wunder richtet das erste photographische Atelier in Hannover ein.

1846 In der Egestorffschen Maschinenfabrik in Linden wird die erste Lokomotive produziert.

1847 Ausbau der Höheren Gewerbeschule zur Polytechnischen Schule (Polytechnikum).

1848 Eröffnung einer Bildungsanstalt für jüdische Lehrer.

1853 Gründung der Höheren Töchterschule I aus der Kgl. Hofschule (heute Wilhelm-Raabe-Schule).

1868 Gründung einer Kunstgewerbeschule durch den Gewerbeverein.

1874 Gründung des Leibniz-Realgymnasiums.

1875 Als erste staatliche Schule wird das Kaiser-Wilhelm-Gymnasium eröffnet.

1879 Die Polytechnische Schule erhält den Rang einer Technischen Hochschule und nimmt Besitz von dem durch Hermann Hunaeus für ihre Zwecke umgebauten Welfenschloß.

1884 Erstes staatliches Mädchen-Gymnasium ist das Kaiserin-Auguste-Viktoria-Gymnasium, die heutige Helene-Lange-Schule.

1887 Der 1851 in Hannover geborene Emil Berliner entwickelt in den USA einen Apparat zur Schallwiedergabe, der unter dem Namen „Grammophon" auf den Markt kommt.

1889 Der Volksschulunterricht wird vom Schulgeld befreit.

1893 Das erste Automobil (ein Produkt der Fa. Benz) auf Hannovers Straßen. – Moritz Simon gründet in Ahlem eine Israelitische Erziehungsanstalt (später: Gartenbauschule).

1903 Auf der Vahrenwalder Heide gelingt Karl Jatho vier Wochen vor den Brüdern Wright der erste Motorflug. – In H. Bahlsens Keksfabrik wird – erstmals in Europa und 3 Jahre vor Ford – der Fließbandbetrieb aufgenommen.

1906 Die deutsch-jüdische Historikerin und politische Philosophin Hannah Arendt in Linden geboren.

1912 Das Lyzeum I wird in Ratsgymnasium umbenannt.

1920 Offizielle Eröffnung der Volkshochschule Hannover, Leitung bis 1933 Ada Lessing.

1922 Der 1884 in Hannover geborene Biochemiker Otto Meyerhof erhält den Nobelpreis für seine Forschungen über Stoffwechselvorgänge im bewegten Muskel.

1924 Als erstes deutsches Reifenwerk beginnt die „Conti" mit der Produktion von Ballonreifen. – Als eines der ersten deutschen Unternehmen führt „Hanomag" die Fließbandarbeit in der Pkw-Produktion ein.

1927 Das erste Selbstwählnetz im hannoverschen Fernsprechverkehr nimmt mit einer Kapazität von 4000 Anschlüssen seine Tätigkeit auf. – An der Pädagogischen Akademie dürfen erstmals Frauen studieren.

1933 Verbot der sechs Weltlichen, d. h. nichtkonfessionellen, Schulen in Hannover durch die Nationalsozialisten.

1935 Als Reaktion auf die Diskriminierung jüdischer Schüler im Nationalsozialismus wird eine eigene jüdische Schule gegründet.

1942 Endgültige Schließung der Israelitischen Gartenbauschule Ahlem.

1947 Dr. Helmut Plath, Direktor des Volkstums-Museums, beginnt auf dem Grundstück Schmiedestraße 30 mit archäologischen Grabungen zur Frühgeschichte Hannovers.

1953 Telefunken stellt auf der Technischen Messe das erste deutsche Kofferradio mit UKW-Teil vor (1956 folgt der erste Transistor-Taschenempfänger).

1958 Telefunken führt die erste Stereo-Schallplatte in Hannover vor.

1959 Technische Informationsbibliothek Hannover (TIB) eingeweiht.

1961 Beschluß über die Gründung einer Medizinischen Akademie, der späteren Medizinischen Hochschule.

1962 Mit der Einweihung des Hauptgebäudes der Tierärztlichen Hochschule am Bischofsholer Damm ist der Wiederaufbau der „TiHo" abgeschlossen.

1963 Erste Vorführung des von dem Hannoveraner Walter Bruch bei Telefunken entwickelten PAL-Farbfernsehsystems. – Die Technik des NDR-Funkhauses hilft entscheidend mit bei der Bergung verschütteter Bergleute in Lengede südwestl. von

Rechenmaschine von Gottfried Wilhelm Leibniz

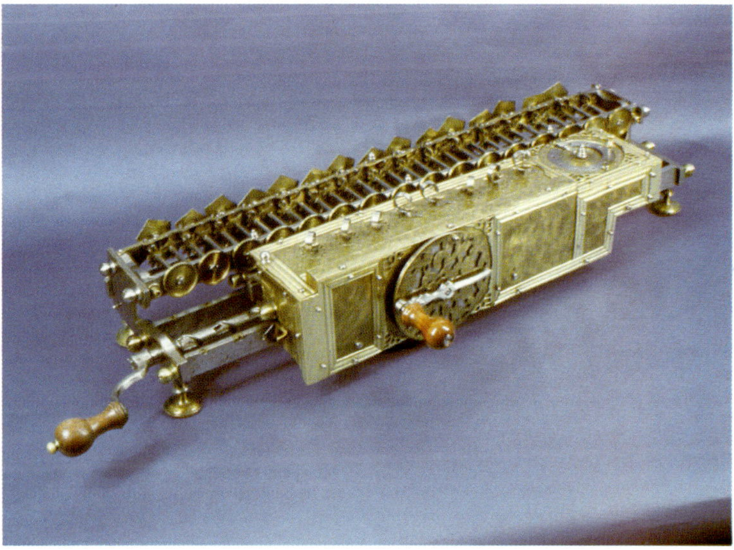

Braunschweig. – Mit der Elsa-Brandström-Schule (Mädchengymnasium) wird der 50. Schulbau seit 1945 seiner Bestimmung übergeben.

1965 Die Deutsche Grammophon-Gesellschaft nimmt als erste in der Welt die Produktion von Musikkassetten auf. – Medizinische Hochschule Hannover (MHH) offiziell eröffnet.

1968 Die Technische Hochschule wird in Technische Universität umbenannt. Zugleich Einrichtung einer 5. Fakultät für Geistes- und Staatswissenschaften. 1973 folgen die juristische Fakultät und 1974 die Fakultät für Wirtschaftswissenschaften.

1971 Gründung der Fachhochschule Hannover und der Evangelischen Fachhochschule sowie Eröffnung der Integrierten Gesamtschule (IGS) Linden als erster ihrer Art in Hannover.

1974 Die „Conti" bringt den spikeslosen Winterreifen „Conti Contact" auf den Markt.

1978 Die Technische Universität wird in Universität umbenannt; zugleich Integration der Pädagogischen Hochschule. – Einführung der Orientierungsstufe als Bindeglied zw. Grundschule und den weiterführenden Schulformen der Sekundarstufe I.

1982 Mit der Produktion des Compact Disc (CD) startet die „Polygram" eine weitere Tonträger-Weltpremiere in Hannover.

1983 Erste Herztransplantation an der MHH. – Übergabe des für die experimentelle Seegangsforschung gebauten und von den Universitäten Hannover und Braunschweig betriebenen großen Wellenkanals in Marienwerder. – Einweihung des am Holzmarkt als Begegnungszentrum der hannoverschen Hochschulen wiedererrichteten Leibnizhauses.

1984 Inbetriebnahme der ersten Glasfaser-Telefonverbindung der Welt zwischen Hannover und Hamburg.

1988 In der Langen Laube wird das vom Bistum Hildesheim getragene „Forschungsinstitut für Philosophie Hannover" eingerichtet (Ltg. Peter Koslowsky und Reinhard Löw).

1990 Grundsteinlegung zum sog. Wissenschaftspark auf dem ehemaligen Varta-Gelände in Marienwerder.

1991 Neugestaltung der Stadtgeschichtlichen und der Volkskundlichen Abteilung im Historischen Museum.

1992 Das Stadtarchiv zieht in sein neues Domizil Am Bokemahle 14–16.

Stadtgeschichte in Daten

Sport

1468 Erstmals Erwähnung des Schießsports in Hannover.

1529 Erste Erwähnung des jährlichen Schützenfestes.

1649 Errichtung eines Ballhauses (Ballhof) für Ballspiele durch Herzog Georg Wilhelm.

1791 Johann Peter Blanchard führt einen Ballonflug vor und wird zum Ehrenbürger ernannt.

1800 Einem Franzosen wird die Erlaubnis erteilt, „einige Bäder“ an der Leine anzulegen.

1831 Vier Schüler des Lyzeums gründen einen Turnverein.

1834 Gründung des „Hannoverschen Vereins für Beförderung der Pferdezucht“.

1838 Forstmeister von Alten erhält die Konzession zum Betrieb einer Badeanstalt an der Fösse in Linden.

1848 Gründung des „Männer-Turn-Vereins“ (MTV) für Hannover.

1859 Durch Abspaltung vom MTV wird der „Turn-Klubb Hannover“ (TKH) gegründet.

1867 Die preußische Militär-Reitschule wird von Schwedt an der Oder nach Hannover verlegt. Hannover entwickelt sich zu einem Zentrum des Reitsports in Deutschland.

1872 Mit dem 4. Deutschen Bundesschießen erlebt Hannover seine erste sportliche Großveranstaltung.

1878 Gründung des „Deutschen Fußball-Vereins“ (später „Deutscher Sportverein von 1878“), der als erster deutscher Rasensportverein gilt. Gespielt wurde aber nicht

Hannover 96, Deutscher Meister 1954, Jubiläumsteller 1964

Fußball im heutigen Sinne, sondern Rugby; damit ist dies zugleich der Beginn der Entwicklung Hannovers zur deutschen Rugby-Hochburg.

1880 Gründung des ersten hannoverschen Ruder-Clubs.

1888 Eröffnung der Radrennbahn am Pferdeturm.

1896 Gründung des „Hannoverschen Fußballclubs von 1896" (heute „Hannover 96") und des „Deutschen Tennisvereins" (DTV). Berühmtestes Mitglied des letzteren wird später Gottfried von Cramm.

1905 Einweihung des Goseriede-Bades.

1906 Einweihung der neuen Pferderennbahn auf der Großen Bult.

1912 Bei den Olympischen Spielen in Stockholm gewinnt der Hannoveraner Paul Günther die Goldmedaille im Kunstspringen.

1914 Einweihung des ersten Golfplatzes in der Ricklinger Masch.

1922 Einweihung des „Stadion der Stadt Hannover" an der Kleinen Bult (heute Eilenriede-Stadion).

1924 Auf dem Kurs Steuerndieb–Lister Turm–Zoo–Steuerndieb wird das erste „Eilenriede-Rennen" für Motorräder veranstaltet (letztes Rennen 1954).

1936 Bei den Olympischen Spielen in Berlin sind wie schon 1928 in Amsterdam die Reiter der hann. Kavallerieschule mit mehreren Medaillen sehr erfolgreich. – Einweihung des Maschsees (wird Zentrum des Rudersports in Hannover).

1938 Hannover 96 wird zum ersten Mal Deutscher Fußballmeister.

1948 Gottfried von Cramm (1909 in Hannover geb.) gewinnt in Hamburg die Internationalen Tennismeisterschaften von Deutschland.

1950 Im Hodlersaal des Neuen Rathauses wird am 9. und 10. 12. der Deutsche Sportbund (DSB) gegründet. Zu den Mitbegründern gehört Walter Wülfing aus Hannover (1949–66 Präsident des Deutschen Ruderverbandes).

1954 Einweihung des Niedersachsen-Stadions. – Hannover 96 erringt zum zweiten Mal die Deutsche Fußballmeisterschaft.

1955 Das erste Deutsche Bundesschießen nach dem Kriege findet in Hannover statt. – Mit der Schließung des Fössebades stellt die letzte Flußbadeanstalt in Hannover ihren Betrieb ein.

1959 Im Hinblick auf die große Anzahl seiner Sportstätten bezeichnet das IOC-Mitglied Georg von Opel Hannover als Deutschlands „Sportstadt Nr. 1".

1960 Bei den Olympischen Spielen in Rom gewinnt Jutta Heine aus Hannover die Silbermedaille im 200-Meter-Lauf. – Eröffnung des Eisstadions am Pferdeturm.

1967 Fritz Kütemeyer vom Hannoverschen Tennisverein (HTV) wird Präsident des Deutschen Tennisbundes (bis 1973).

1972 Einweihung des Stadionbads (mit dem ersten 50-Meter-Schwimmbecken in Norddeutschland).

1992 Hannover 96 holt zum ersten Mal den DFB-Pokal.

Lexikon der Bau- und Kunstdenkmäler

Bau- und Kunstdenkmäler

Adenauerallee 3 1 / V 7

Zoo Hannover. Zoologischer Garten am Rand der Eilenriede, 21 ha. Die Zoobauten des 19. Jh. von Wilhelm Lüer nicht erhalten. Heutige Anlagen seit 1955 von Dieter Oesterlen und Siegfried Erlhoff, seit 1979 von Harald Leonhardt u. a. – **Geschichte:** Planungen seit 1860 durch die Naturhistorische Gesellschaft, besonders durch deren Mitglieder Senator Hermann Schläger (1820–1889) und Weinhändler Georg Schultz (1809–1866). 1862 Gründung eines Aktienvereins, der den Zoo nach seiner Eröffnung im Mai 1864 betreibt. 1920–22 städt., Schließung im Herbst 1922 aus Geldmangel. Wiedereröffnung 1924 nach Bildung einer Bürgerinitiative durch den Studienrat Otto Müller (1887–1950). Unter seiner Direktion erlebt der Zoo bis 1929/30 eine Blütezeit, wird zu einem attraktiven Freizeit- und Kulturzentrum der Stadt. Bedingt durch die Weltwirtschaftskrise 1931 versuchsweise, seit 1932 langfristig verpachtet an die Alfelder Tierhandlung Ludwig Ruhe (Ltg. Hermann Ruhe sen., 1895–1978). Nach Bombenangriffen 1943 größtenteils zerstört, ab 1946 Wiederaufbau und Neugestaltung als moderner Freiflächenzoo. 1956 Eröffnung des neuen Tropenhauses (Arch.: Dieter Oesterlen), Zuchterfolge mit Elefanten und Affen in den 60er und 70er Jahren. Seit Anfang 1972 wieder von der Stadt betrieben (Zoodirektor bis

Zoo Hannover

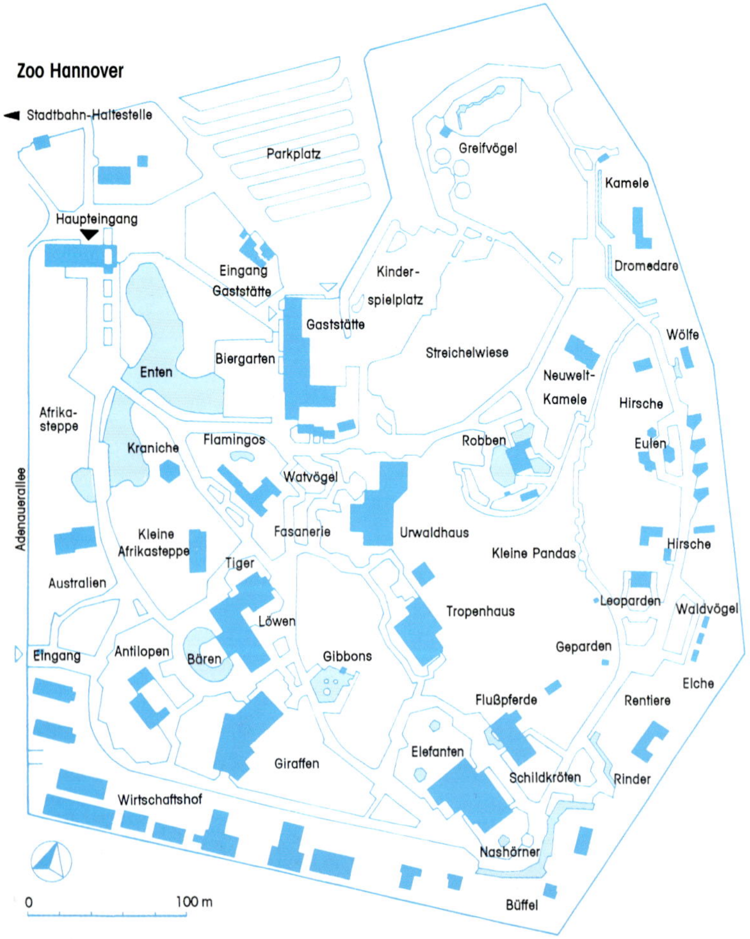

Zoo Hannover, Urwaldhaus

1993 Lothar Dittrich), 1982 Eröffnung des zur artgerechten Haltung von Menschenaffen konzipierten „Urwaldhauses" (Arch.: Harald Leonhardt, Edgar Schirmer, Siegfried Meyer), 1988 große Flugvoliere für Greifvögel. 1994 Übernahme durch den Kommunalverband Großraum Hannover vorgesehen.
Tierbestand (1993): ca. 1000 Tiere bei 200 Arten; insbes. afrikanische Huftiere in großen Sozialgruppen (Freianlagen), Menschenaffen und seltene Arten niederer Affen (Urwaldhaus), zahlreiche Vogelarten, darunter die heimischen Eulen- und Entenarten, viele Greifvögel (Flugvoliere), ferner Riesenschildkröten, Spitzmaulnashörner, Walrosse, Asiat. Elefanten.

Adolfstraße 2 / B-C 8

(benannt nach dem hann. Vizekönig Adolph Friedrich, Herzog v. Cambridge). Um 1833 im Zusammenhang mit dem → Waterlooplatz entstanden, urspr. ausgerichtet auf den dortigen Leibniztempel (seit 1935 im Georgengarten). – Als Verbindung nach Linden 1955 ersetzt durch die Gustav-Bratke-Allee. Von den Wohnhäusern, Palais und Staatsbauten vor 1866 nur Nr. 5 und 8 erhalten.

Adolfstraße 5 3 / B 8

Wohnhaus, Ecke Kommandanturstraße, 1833–35 von August Christoph Gersting. – Dreigeschossiger klassizist. Putzbau mit 7 Achsen; niedrige Seiten- und Hofflügel (urspr. Stall und Remise). Eingang urspr. an der Adolfstraße unter dem später angebauten neobarocken Balkon. Seitentür und Treppe sowie die Quaderung der Fassade sind im Originalzustand erhalten. – Urspr. Mehrfamilienvilla, noch ohne abgeschlossenes Treppenhaus, im Übergang zur geschlossenen Blockbebauung. Einziger erhaltener Bau aus der frühen Phase der hann. Stadterweiterungen des 19. Jh.

Adolfstraße 8 4 / B 8

Ehem. **Militär-Bekleidungs-Kommission** (Lagerung und Verwaltung von Uniformmaterial). 1859/60 von Hermann Hunaeus gegenüber dem nicht erhaltenen General-Militär-Hospital (1844–56 von Ebeling und Hunaeus). Diente 1864 bis ca. 1926 als Hilfslazarett, danach der staatlichen Heilmittelversorgung. – Dreigeschossiger Bau mit gestuftem, überhöhtem Mittelrisalit, im hann. Rundbogenstil mit Renaissance-Elementen. Fassadengliederung durch verschiedenfarbiges Material, dünne Gesimse, Friese und Eckstäbe, Ziegelmauerwerk über Sandsteinsockel. In fast quadratischem Grundriß offene Mitteltreppe aus Holz mit Galerien, urspr. mit Kran zum Warentransport. – Einer der wenigen erhaltenen von zahlreichen Militärbauten des 19. Jh. am Waterlooplatz, außen und innen fast unverändert.

Aegidienkirchhof 5 / G 8

Aegidienkirche (Ruine), ehem. ev.-luth. Kirche, durch brit. Luftangriffe 1943 zerstört. Barocker Turmstumpf und Außenmauern der got. Kirche, seit 1946 Mahnmal für alle Opfer der Kriege und der Gewalt. – **Geschichte:** Zwei Vorgängerbauten durch Grabungen (1949) nachgewiesen. Um 1000 Kapelle des hier vermuteten Dorfes Tigislege (einer der Siedlungskerne der Stadt). Um 1160 romanische Basilika, deren Turm in den Nachfolgebau übernommen. Mitte des 14. Jh. dreischiffige gotische Hallenkirche mit Chor und Langhaus, von den Meistern Wittgemeyger, Baubeginn für den Chor 1347 (nach einer bis 1943 vorhandenen Inschrift). 1703 bis nach 1717 Neubau der Westfassade mit Turm durch Sudfeld Vick,

Aegidienkirche, von Südosten, 1883

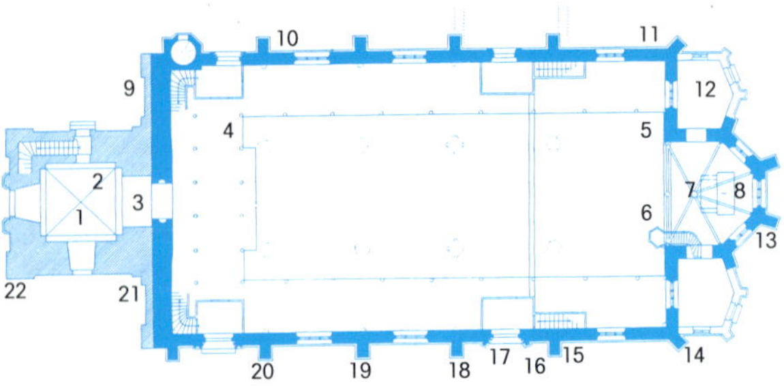

Aegidienkirche, Grundriß vor 1943

dritter barocker Kirchturmbau nach Kreuz- und Neustädter Kirche. 1826–28 Abbruch der Langhausgewölbe, Neubau des Innern durch Laves als klassizist. Saalkirche mit Dekorationsformen engl. Gotik. Erstmals auf dem Kontinent nach engl. Vorbild Anwendung sichtbaren Gußeisens am Stützsystem. Die Lavessche Kanzelaltarwand vor dem Chor 1886 von Conrad Wilhelm Hase durch seitl. Kanzel ersetzt. Gemeinde nach 1945 mit derjenigen der Marktkirche vereinigt. Von der alten Innenausstattung erhalten: spätgotischer Altarschrein (heute im Nieders. Landesmuseum); Bronzetaufe, um 1500 (heute in der Marktkirche); 3 Kronleuchter des 17. und 18. Jh. (heute in der Kreuzkirche); Predigerbildnisse (heute in der Marktkirche und deren Pfarrhaus); Altargemälde von Carl Oesterley, ca. 1886 (nicht nachweisbar). – **Beschreibung:** Dreischiffige Hallenkirche aus Deistersandstein; fünfjochiges Langhaus mit eingezogenem 5/8-Chor, urspr. gewölbt. Zwischen den Strebepfeilern Quergiebel, am Chor mit kleineren Giebeln fortgesetzt. Von den 4 Langhausportalen nur das südöstl. mit Wimperg. Fenstermaßwerk, Kreuzblumen und Wasserspeier größtenteils zerstört. Chorwand 1955 rekonstruiert, 1955–61 Ausgestaltung des Innenraumes und Eingrünung zur repräsentativ-feierlichen Gedenkstätte. – Westfassade mit Turm: Lindener Kalkstein und Deistersandstein. Turmschaft viergeschossig mit klassischer Pilasterordnung; darüber urspr. zweigeschossiger Helm mit achteckigen, offenen Laternen, an seiner Stelle seit 1958 Glockenspielaufsatz. Westseiten des Langhauses durch geschweifte Halbgiebel an den Turm geführt, Nischen darunter erst 1888 mit Steinfiguren Luthers und Melanchthons (von Eduard Täger) besetzt. – „Schleifrillen“ am Portal der Südseite und an einem Pfeiler der Nordseite. – **Ausstattung, innen: 1** Friedensglocke, 1985 von der Partnerstadt Hiroshima gestiftet; **2** Grundrisse der romanischen und gotischen Vorgängerbauten, Bronzerelief von Fr. Kühn; **3** über dem Durchgang: Gedenkstein aus Anlaß der Renovierung durch C. W. Hase und H. v. Schmidt 1874; **4** „Demut“, Skulptur von Kurt Lehmann, Muschelkalk, 1960; **5** Gedenktafel für die Opfer der beiden Weltkriege in Hannover, Bronze; **6** Gedenkplatte „Unseren Toten“, Kupfer in Waschbeton, 1961 (der Grabplatte für Leibniz „Ossa Leibnitii“, Neustädter Kirche, nachgestaltet); **7** Altar, Sandstein, 1960; **8** Kreuz, Kupferblech über Stahl. – ***„Schattenlinie“*** (der Außenwand auf dem Boden), Installation 1993 von Dorothee von Windheim, Teil der Ausstellung „Kunst in Kirchen Raum geben“. – **Außen: 9** Steinskulptur „Philipp

Aegidienkirche (von links): Eduard Täger, Steinskulptur „Philipp Melanchthon“, 1888 – Kurt Lehmann, „Demut“, 1960 – Dorothea von Windheim, „Schattenlinie“, 1993

Melanchthon" von E. Täger, 1888; **10** Wandmal Berend v. Seinde, 1751; **11** Gedenktafel für die im 1. Weltkrieg gefallenen Gemeindemitglieder, mit flachem Relief eines schlafenden Kriegers von E. Werner, Muschelkalk, 1922; **12** Wandmal Johann Christoph Danhauer (Bürgermeister, †1713) und seine beiden Ehefrauen; **13** Wandmal C. Türcken († 1641); **14** Andachtsbild, der sog. „Siebenmännerstein" (Abguß von 1986, Original im Hist. Museum), bis 1654 bei der Marienkapelle vor dem Steintor. – 7 Männer in Gebetshaltung, oberhalb Inschrift von 1480 „gi rikn un(de) arm/en lat(et) ju dese(n) dot/ erba(r)me(n) MCCCCLXXX" (hochdt. „Ihr Reichen und Armen, laßt euch diesen Tod [vor Augen] erbarmen"); im Schaft Stadtwappen, im Medaillon Kreuzigungsgruppe; gilt wohl fälschlich als Denkmal für „Hannovers Spartaner" (vgl. Döhrener Turm → Hildesheimer Str. 194); **15** Wandmal Alhard Richter († 1674); **16** Wandmal Gerhard Mensching († 1683); **17** Portal mit Wimperg (heutiger Zugang); **18** Wandmal Magdalena Regina Reichen († 1654); **19** Wandmal Friedrich Wilhelm Stisser († 1658); **20** Wandmal Susanna Magdalena Oldekop († 1648); **21** Steinskulptur „Martin Luther" von Eduard Täger, 1888; **22** Eisenmarke der preußischen Landvermessung.

An der Nordseite **ehem. Kirchhof,** um 1800 aufgegeben, heute kleiner Platz. Ursprüngl. dicht umbaut, im Bereich der früheren Pfarrhäuser heute Senior-Blumenberg-Haus (ev. Kindergarten und Wohnheim), Teil einer analog dem Kreuzkirchenviertel geplanten, unvollständig gebliebenen Wohnbebauung (Anfang der 1950er Jahre).

Aegidienneustadt

Einstiger **Teil der Altstadt,** im 2. Weltkrieg zerstört. – Kleine Stadterweiterung („Aegidien-Anbau") des 18. Jh. Von Bürgermeister Grupen mit Unterstützung der Regierung betrieben als Versuch, fremde Gewerbetreibende anzusiedeln, jedoch größtenteils von vermögenden Einwohnern der Altstadt bezogen. Pläne seit 1746 von Stadtbaumeister Ernst Eberhard Braun und Festungsbaumeister Georg Friedrich Dinglinger, Ausführung ab 1748: Anschluß der „Aegidienthors-Windmühlen-Bastion" an die Altstadt durch Zuschüttung der inneren Gräben ergab Baufläche für 120 Häuser, für die Typenserien entworfen wurden. Erstbebauung mit massiven und Fachwerkbauten; darunter auch Grupens Wohnhaus (von der Altstadt aus das erste Haus hinter der Stadtmauer im neuen Stadtteil). Einfaches rechtwinkliges Straßensystem (wohl auf Fortsetzung über die Festung hinaus

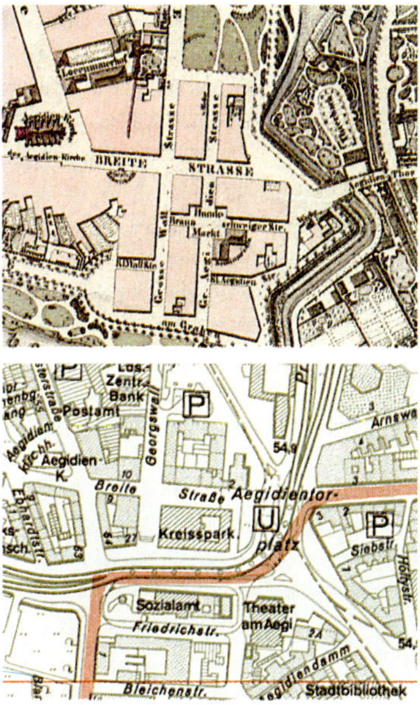

Aegidienneustadt: Stadtplan 1831 (August Papen) und 1990

berechnet), Breite Straße als Hauptstraße, davon abgesetzt kleiner Marktplatz („Hundemarkt", etwa an Stelle der heutigen Kreissparkasse). – Im Krieg völlig zerstört, die Fläche der Ae. aufgegangen im verlängerten Friedrichswall und erweiterten Aegidientorplatz. Vom Straßennetz geblieben nur die westl. Baulinie der Großen Wallstraße (heute Georgswall); von Grupens Wohnhaus Breite Str. 7 das Kellergeschoß erhalten.

Aegidientorplatz 6 / J 8

„Aegi", südl. Eingang der Innenstadt. – 1307 (inneres) Aegidientor erstmals erwähnt (bei Breite Str. 7 und 10), 1610 Errichtung eines äußeren Tores (etwa Platzmitte), ab 1780 ersetzt durch Wachhaus mit Schranke (etwa Beginn Marienstraße, abgebrochen 1859). 1861 Durchbruch der Hildesheimer Straße (Entwürfe von Laves), seitdem Wandel zu Verkehrskreuz; Gartenhäuser und Villen durch großstädtische Geschäftshäuser ersetzt. Ab 1872 Pferdebahn über den Ae., seither zur Bewältigung des Verkehrs mehrmals umgebaut. 1950–52 starke Erweiterung und Umbau zum Knotenpunkt des innerstädtischen Tangentenrings (Anschluß an Friedrichswall, breite Straßeneinmündungen). 1968 Bau einer Stahlhochstraße über den Platz, 1976–82 Bau der U-Bahn-Linie B-Süd, danach Umbau mit Aufgabe des seit den 20er Jahren bestehenden Kreisverkehrs.

Aegidientorplatz, Südseite

U-Bahn-Station, 1976–81, Verteilerebenen unter dem gesamten Platz, zweigeschossiger Bahnbetrieb, Gestaltung Detlev Draser, Stadttormotive an den Wänden.
„Winkelelemente" von Günter Tollmann, Edelstahl, 1981; 1983 vor der Breiten Straße aufgestellt.
Busstop „Aegidientorplatz" von Jasper Morrison, 1994 aufgestellt.

Aegidientorplatz 1 7 / H 8

Ehem. **Magdeburger Versicherung,** seit 1980 Kreissparkasse. 1958/59 von Walter und Waltherr Hämer. – Fünfgeschossiger Skelettbau mit zwei Innenhöfen, der östliche öffentlich mit frei zwischen den Stützen stehenden Ladenpavillons, der westliche seit 1994 zur glasgedeckten Kassenhalle umgebaut. – Abschluß und bedeutendster Teil der Aegi-Neugestaltung über Flächen der ehem. Aegidienneustadt.
Reklameuhr, Typenentwurf von A. Falke, 1928 (→ Georgsplatz).

Aegidientorplatz 2 8 / J 9

Theater am Aegi, Gastspieltheater. – Ab 1920 Einrichtung eines Kinos (Decla-Lichtspiele) im Saal des Hotels „Vier Jahreszeiten", seit 1924 Ufa-Palast, 1943 zerstört, Wiederaufbau 1947 als provisorischer Saalbau, sog. „Alu-Palast", aus Anlaß der ersten Hannover-Messe. – **Heutiger Bau:** 1953' von Hans Klüppelberg und Gerd Lichtenhahn für die Ufa als Erstaufführungskino, mit Theaterbühne für Varieté, Kabarett u. ä., ab 1958 zugleich Domizil des Thalia-Theaters, 1964 Übernahme durch die Stadt. Nach Zerstörung des Inneren durch einen Brand 1965–67 von H. Klüppelberg und Rolf Herzog neu ausgebaut. Seither für Gastspiele (Oper, Schauspiel), Konzerte, Lesungen, Ausstellungen; bis 1987 auch Spielstätte der Nieders. Landesbühne. 1994 Umgestaltung des Innern, danach private Betreiber. – **Beschreibung:** Frei in den Platz vorspringender Bau, Pendant zum Bau der Norddeutschen Landesbank (Georgsplatz 1), Eingang und oberes Foyer mit Glasfassade dem Platz zugewandt, Bühne und Büros in den Block eingebunden. Theater: 1168 Plätze, Parkett und ein Rang; Bühne 17 m breit, 14 m tief, Bühnenportal 13 × 7 m.

Aegidientorplatz 4 9 / J 8

Hansa-Haus, Geschäftshaus. 1905/06 durch Boswau & Knauer (Berlin), urspr. Neobarock. 1922 Umbau des Cafés im Erdgeschoß zur Schalterhalle der Girobank-Zentrale (später Norddeutsche Landesbank) durch die Brüder Siebrecht. Eindrucksvolle Innengestaltung mit expressionistischen Details von Ludwig Vierthaler: dreischiffige basilikale Halle, flache Decke mit netzartigem Stuck, Wände und Inneres mit abstraktem Reliefschmuck, Steinplastik des Götzen „Mammon" über der Tresortür. 1976 bei Umwandlung in Großraumbüro durch Langer & Fries geringfügig verändert, später durch Zwischenwände unterteilt. – Gut erhaltene, in den Details eindrucksvolle expressionistische Raumgestaltung.

Alleehof 4 10 / R 6

Ehem. **Wohnhaus Stichweh**, Ausstellungsraum und Büro des Bundes deutscher Architekten, Niedersachsen, und des Vereins zur Förderung der Baukunst. 1952/53 von Walter Gropius für den Färbereiunternehmer und Kunstförderer Wilhelm Stichweh. 1974 von Hübotter/Ledeboer/Busch erweitert um einen kleineren Wohntrakt. – Zweigeschossiger flachgedeckter Bau mit kontrastreichem Wechsel von offenen und

Aegidientorplatz, Hansa-Haus, vor 1922

Alleehof, Haus Stichweh

geschlossenen Wandscheiben in hellem Putz und gelben Ziegeln, innen hinter schiffskabinenartigen, intimen Vorräumen großer Wohnbereich. – Einziger Bau von Gropius in H. und sein erster in Deutschland seit 1934.

Alte Döhrener Straße 96 11 / U 10

Stadtfriedhof Engesohde, 21,7 ha, durch breite Wegeachsen in 52 Abteilungen gegliedert. – 1861–64 angelegt von Stadtbaumeister Ludwig Droste als Friedhof Am Engesohder Berge, Ersatz für die 1865 geschlossenen Gemeindefriedhöfe (Nikolai-Friedhof, Neustädter Friedhof, Gartenkirchhof). Ältester Teil das nördl. Drittel, 1871–80 und nach 1945 mehrmals erweitert. Seit 1890 Ausgestaltung zum Denkmalfriedhof, nur noch Wahlgräber zugelassen. Am Nordteil als Mauerabschluß Balustrade des Schiffgrabens wiederverwendet. – **Eingangsbau (A)** 1873/74 von Droste, eingeschossige Arkadenwand mit vorspringenden Pavillons, Rundbogenstil mit gotisierenden Details, Sandstein mit farbigen Ziegeln. In der Mitte offener Glockenturm. An den Seiten offene Hallen mit Erbbegräbnissen. – In der Mitte zum Friedhof vorspringend Kapelle, erster Bau vor 1910 abgebrochen, heutiger Bau 1910 von Oskar Barnstorf, neuromanische Basilika mit 5/8-Apsis, Putz mit Tuffsteindetails, Reliefs von Elsbeth Rommel. – Hinter der Kapelle **Bödeker-Engel,** kniende Figur mit Sammelbüchse, ca. 1854 von Georg Hurtzig modelliert, Bronzeguß (der Königshütte Lauterberg/Harz), ein weiterer

Auswahl wichtiger Grabmäler auf dem Stadtfriedhof Engesohde

1 Ernst von **Bandel** (1800–1876)
2 Hermann Wilh. **Bödeker** (1799–1875)
3 Friedrich Eduard **Behrens** (1836–1920)
4 Heinr. F. **Brehmer** (1815–1889)
5 Friedrich **Culemann** (1811–1886)
6 Karl August **Devrient** (1797-1872)
7 Ludwig **Droste** (1814–1875)
8 Otto von **Emmich** (1848–1915)
9 Wilhelm **Engelhardt** (1813–1903)
10 Yvonne **Georgi** (1903–1975)
11 Adolf **Grimme** (1889-1963)
12 Conrad Wilhelm **Hase** (1818–1902)
13 Bernhard **Hausmann** (1784–1873)
14 Karl **Jatho** (1873–1933)
15 Karl **Karmarsch** (1803–1879)
16 Friedrich **Kaulbach** (1822–1903)
17 Georg **Kestner** (1774–1867)
18 Hermann **Kestner** (1810–1890)
19 Heinrich **Köhler** (1830–1903)
20 Arthur **Menge** (1884–1965)
21 Edmund **Koken** (1841–1872)
22 Georg Ludw. Friedr. **Laves** (1788–1864)
23 Gustav **Noske** (1868–1946)
24 Joh. Carl Hermann **Rasch** (1810–1882)
25 Ludwig **Roselius** (1874–1943)
26 Albrecht **Schaeffer** (1885–1950)
27 Hermann **Schlüter** (1846–1900)
28 Kurt **Schwitters** (1897–1948)
29 Heinrich **Tramm** (1854–1932)
30 Ludwig **Vierthaler** (1875–1947)
31 Ferdinand **Wallbrecht** (1840–1905)
32 August **Waterbeck** (1875–1947)

Die Gräber sind anhand einer Broschüre des städt. Grünflächenamtes gut zu finden.

Stadtfriedhof Engesohde
1–52 (blau): Friedhofsabteilungen
1–32 (schwarz): Grabmäler (s. Übers. rechts)

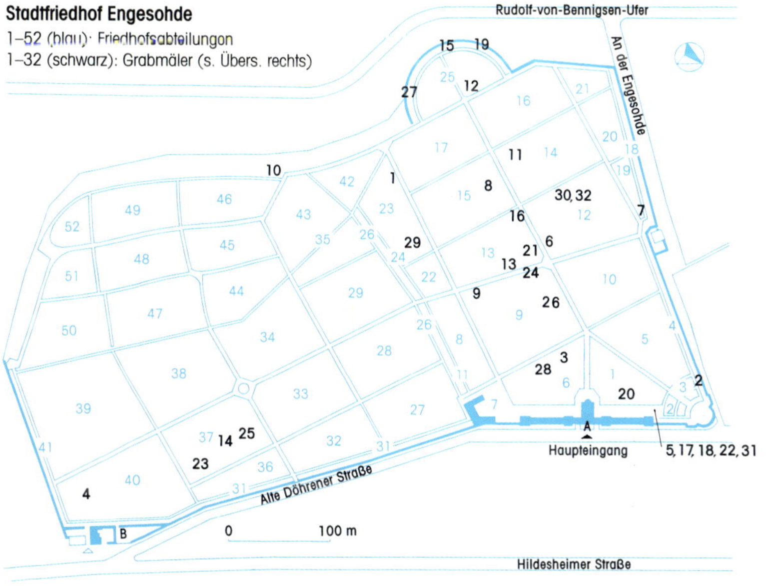

Stadtfriedhof Engesohde, Grabmäler (von links): Yvonne Georgi († 1975) – Hermann Schlüter († 1900), von Karl Gundelach, Detail – Conrad Wilhelm Hase († 1902)

von urspr. 15 Engeln auf dem Stöckener Friedhof erhalten. – **Urnenhain (B),** am Südeingang, 1903–07 von Albrecht Haupt für den Feuerbestattungsverein, Jugendstil-Anlage mit Kolumbarien und Einzelgrabmälern, später dem Friedhof angegliedert. – **Bedeutung:** Erster kommunaler Friedhof H.s, reicher Bestand an künstlerisch gestalteten Grabmälern, besonders aus der Zeit bis 1918.

Altenbekener Damm 20 12 / U 9

Heinrich-Heine-Schule, 1929–1931 von Hans Bettex für die unter Elkart begonnene Erweiterung der Südstadt, auch für Probeunterricht der gleichzeitig entstandenen Pädagogischen Hochschule (Bismarckstr. 2). – U-förmig geplante Anlage, Nord- und Westflügel ausgeführt. Streng symmetrische Baukörper mit Flachdächern, rote Klinkerfassaden mit Fensterrahmung in Werkstein, Wechsel von Lochfassade und Fensterbändern, z. T. dekorative Klinkersetzung. – Einer der wenigen Schulbauten der Zeit zwischen den beiden Weltkriegen.

Alter Flughafen 2A 13 / T 4

Ehem. **Flugplatz.** Urspr. Exerzierplatz auf der Vahrenwalder Heide. 1903–11 Flugversuche von Karl Jatho. 1912 Flug- und Luftschiffahrtsgelände, 1919 Zivilflughafen, seit 1923 internat. Verkehr, 1928 Flughafen 1. Ordnung, ab 1933 weiterer Ausbau. 1939 der Luftwaffe übergeben, nach 1945 stillgelegt (→ Flughafen). Erhalten nur das ehem. Verwaltungs- und Abfertigungsgebäude (heute Kreiswehrersatzamt), 1935 von Wilhelm Mues (verändert). Auf dem Gelände u. a. planmäßige Ansiedlung von Gewerbebetrieben aus der inneren Stadt.

Altes Dorf 27 14 / Q 8

St.-Johannis-Kapelle (ev.-luth.). Ältestes Gebäude in Davenstedt, am Rande des urspr. Dorfes. – Kleiner Fachwerkbau von 1790, original erhaltene Holztür, vorkragender Dachreiter mit glockenförmiger Haube.

Am Archiv 1 15 / D 8

Niedersächsisches Hauptstaatsarchiv, 1713–1719/21 wahrscheinl. von J. C. Borchmann und Brand Westermann (Vorentwurf von Remy de la Fosse, nicht realisiert); erster eigenständiger Bau für ein Staatsarchiv in Deutschland. – **Bau:** Urspr. zwei niedrige Geschosse mit Mansarddach, nüchterne, rasterartig gegliederte Fassade, drei Portale an der Nordseite. Anfang des am Rand der Calenberger Neustadt entste-

Niedersächsisches Hauptstaatsarchiv – links: Ansicht und Grundriß, Kupferstich, Mitte 18. Jh.; rechts: heutiger Bau

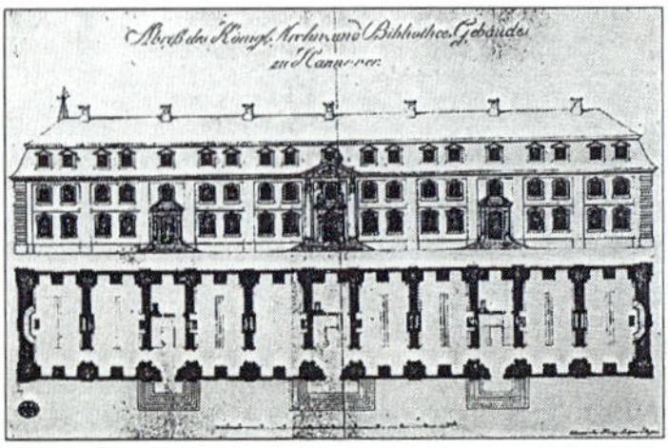

Am Archiv, Grabstein Georg v. Baring († 1848) vor dem Staatsarchiv

henden Regierungsviertels. 1889–93 neobarocke Erweiterung zur T-förmigen Anlage durch zusätzliches höheres Geschoß und Südflügel mit prunkvollem Giebel, neuer Haupteingang. 1943 zu großen Teilen zerstört. Wiederaufbau 1952, 1978–87 außen restauriert, innen modernisiert. – Über beiden Haupteingängen Wappen des preußischen Königs, am Nordportal auch das Georgs I. (erster Bauherr). – **Archiv:** Nach Vereinigung der Fürstentümer Calenberg und Lüneburg 1705 Zusammenlegung der Archive, in dem dafür errichteten Neubau 1721 untergebracht (1719–1976 hier auch Königliche Bibliothek, heute Nds. Landesbibliothek). – Archive der Herzöge, Fürsten, Grafen und Herren, der Bischöfe, Prälaten und Klöster im Raum zwischen Mittelelbe und Harz sowie Mittel- und Oberweser, des Kurfürstentums und Königreichs Hannover und seiner Rechtsnachfolger. Ab 1871 Preußisches Staatsarchiv, seit 1946 (Haupt-) Staatsarchiv für das Land Niedersachsen und Regionalarchiv für die alten Regierungsbezirke Hannover (ohne Schaumburg), Hildesheim und Lüneburg; mit bedeutenden nichtstaatlichen Archiven (kgl. Hausarchiv, Landschaftsarchive); ferner Sammlungen und die Bibliothek des Historischen Vereins für Niedersachsen. – Umfang: 1994 ca. 39 500 Urkunden, ca. 60 000 Karten und Pläne und ca. 32 000 Meter Akten und Amtsbücher.
Denkmal v. Alten, 1849 vor dem Südflügel aufgestellt, Bronzestandbild von Heinrich Kümmel auf schlichtem Marmorsockel mit Umfriedung aus Ketten und Kanonenattrappen für den General Graf Carl v. Alten.
Grabstein v. Baring, 1972 aus Wiesbaden umgesetzt, für Georg Frhr. v. Baring, 1773–1848, hann. Offizier, kämpfte 1815 bei Waterloo.

Am Edelhofe 16 / T 10

Edelhof, ehem. Gutshof v. Alten am Ostrand von Ricklingen. Einzige, fast geschlossen erhaltene Gutsanlage in H. – Ältester Bau **Marienkapelle** (um 1340), kleiner rechteckiger Bruchsteinbau mit Eckquaderung, steiles Schopfwalmdach mit Dachreiter, 1963–66 wiederaufgebaut. – ***Herrenhaus*** (Nr. 8), 1. Hälfte des 18. Jh., auf älteren Fundamenten und Kellern errichtet. In der Nachkriegszeit hier die Hannoversche Schauspielschule von Hans-Günther von Klöden und Jürgen von Alten. – ***Fachwerkbauten*** des frühen 19. Jh.: Wohnwirtschaftsgebäude (Nr. 1), ehem. Schule (Nr. 4), 1813 gebaut, Wirtschaftsgebäude (Nr. 8a , 8b). Ehem. Vollmeierhof Hartmann (Nr. 5), Vierständerbau von 1796. – In der Nähe (insbes. Beekestraße) weitere Bauernhäuser (18. und 19. Jh.), ehem. Kern des Dorfes Ricklingen.

Am Hohen Ufer 17 / D 6

Uferstraße am Westrand der Altstadt im Zuge der mittelalterlichen Stadtmauer, mit Resten der Befestigung (Beginenturm) und ehem. Nebengebäuden der herzogl. Residenz (Zeughaus, Marstall). Nach 1950 neu gestaltet als Ostrand des breiten Straßendurchbruchs an der Leine (→ Leibnizufer). ***Benennungen:*** „Dreck-Wall“ (1747), „Am Marstalle“ (1856), „Am Hohen Ufer“ (seit 1912; entsprechend der verbreiteten Deutung des Namens „Hannover“). – **Geschichte:** Heutige Höhe und steiles Profil

Am Hohen Ufer – links: Zeughaus mit Beginenturm, nach 1887; rechts: Marstallbrücke und Alter Marstall, Lithographie, um 1830

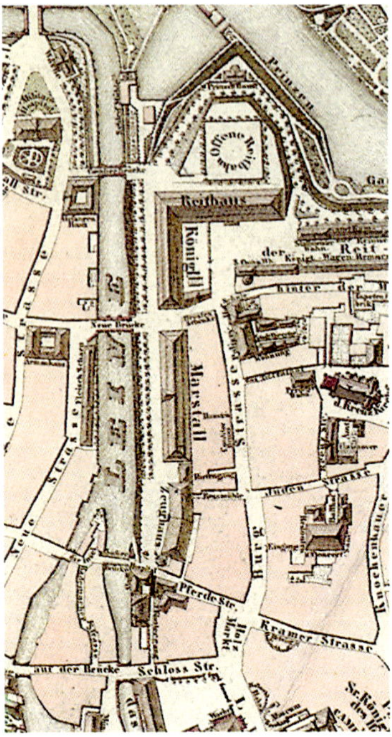

Das Hohe Ufer mit Reithaus, Marställen und Zeughaus als Westabschluß der Altstadt; Stadtplan von August Papen, 1831

des Ufers in mehreren Phasen entstanden. Aus Erdmassen der 1371 geschleiften Burg Lauenrode (→ Calenberger Neustadt) ab 1541 Aufschüttung des sog. „Dreckwalls". Bis 1636 Teil der Stadtbefestigung, danach Entwicklungsachse der neuen herzogl. Residenz: Neubau von Zeughaus und Marställen, Planierung des Dreckwalls zur Anlage einer Reitbahn (1666). Ausbau zu einem repräsentativen Vorfeld des Leineschlosses (→ Hinrich-Wilhelm-Kopf-Platz) 1714 unterbrochen, entsprechende Pläne von Laves um 1816 nicht ausgeführt. Nach 1866 Nutzung der Marställe als Gewerbe- und Veranstaltungsräume. Bedeutungsverlust durch Verlagerung des Stadtzentrums. Heutige Gestalt nach starker Kriegszerstörung gleichzeitig und als Kontrast zum → Leibnizufer konzipiert: Symbol der befestigten mittelalterl. Bürgerstadt, mit wenigen breit gelagerten Neubauten im Maßstab der älteren Bebauung. – ***Uferpromenade:*** 1956 nach Entwurf von Heinz Wolff. Terrassierung mit hohen Steinmauern (Andeutung der Stadtmauer), Bodenmosaik aus Trümmersteinen (Motive vom Aufbau Hannovers nach dem Kriege), Neubau der Rampe zur Pferdeschwemme, oben Bronzeplastik; Kopf der abgebrochenen Leinebrücke vor der Pferdestraße umgebaut zur Aussichtsplattform. – Südl. Fortsetzung durch „Klostergang" und „Rademachertreppe", benannt nach kriegszerstörten Straßen und Bauten (Rats- und von Soden-Kloster). – An der unteren Promenade nahe der Marstallbrücke Eingang zu „Hanebuts Gang", Rest eines unter der Stadtmauer zur Leine führenden Ganges. – **Bauten** (von Süden nach Norden): ***Beginenturm,*** Stadtmauerturm von 1357, anschließend das ehem. hzgl. ***Zeughaus*** von 1643–49, heute einbezogen in das Historische Museum (→ Pferdestraße 6). – Neben diesem das ***Marstalltor***, Portal des Reithauses von 1714. Im Giebel Staatswappen König Georgs I. Einziger Rest des Neuen Marstalls → Nr. 3A, 1967 hier in der Straße „Roßmühle" aufgestellt, die zum ältesten Leineübergang (erwähnt seit 1301) führte. – ***Marstallbrücke***, Planung 1732 begonnen, Vorentwürfe von J. P. Heumann und J. F. Jungen, Bau 1736/37 nach Entwurf von Heumann. Drei Korbbögen aus Quadern, Seiten in Ziegelmauerwerk. Nach Kriegsschäden 1953 bis auf die Pfeiler abgebrochen, originalgetreu (bis auf die alte Brüstung) neu aufgemauert. Flußübergang vom Marstall zum Clevertor, erst 1682 entstanden, erste Holzbrücke 1680–82, „Neues Tor" 1682 (Durchbruch im Eckturm der Stadtmauer). – Nr. 3 ***Schule***, 1956 von Schlubach, einziger Nachkriegsschulbau der Altstadt. – Nr. 6 ***ÜSTRA-Haus,*** 1961–63 von Dieter Oesterlen, und ***Leine-Haus*** (Goethestr. 18/20), 1961/62 von Rolf Wékel, als rahmende Bauten der Goethebrücke konzipiert. – **Bedeutung:** Seit Ende der 60er Jahre Ort vielfältiger „straßenkultureller" Aktivitäten; z. B. „Experiment Straßenkunst" Anfang der 70er Jahre, das hier (und am Leibnizufer) einen Schwerpunkt hatte, oder János Nádasdys „Leine-

Am Hohen Ufer, Marstalltor

Am Hohen Ufer, Flohmarkt

Entrümpelung“ (seit 1981). Ende der 60er Jahre Entstehung des Flohmarkts, des größten, wöchentl. am Sonnabend abgehaltenen Kunst- und Trödelmarkts der Stadt. Vor dem Beginenturm: **„Mann mit Pferd“** von Hermann Scheuernstuhl, 1957, Bronze, bezogen auf die hist. Pferdeschwemme. – Objekt **„Leine-Entrümpelung“** von János Nádasdy, 1981–91, drei „Pakete“ mit Gegenständen aus der Leine auf Betonsockel.

Am Hohen Ufer 3A 18 / D 5

Ehem. **Alter Marstal**l, heute Gaststätte und Lagerhaus. Erhaltene Nordhälfte des um 1890 geteilten Baus. Urspr. zweigeschossig, drittes Geschoß erst bei Umbau nach Brand 1906. – **Geschichte der Marställe:** Ursprünge um 1577 in der Calenberger Neustadt und im Zuge der heutigen Marstallstraße. Am Hohen Ufer 1666 Bau einer offenen Reitbahn, an deren Stelle wohl 1684 Bau des „Herrenstalls“, seit 1712 „Alter Marstall" genannt. (Vorgängerbau an derselben Stelle ungeklärt). Nach 1866 gewerbliche Nutzung, von 1878–1888 Pferdebahndepot. Südliche Hälfte 1891 von Albrecht Haupt zum „Neuen Hannoverschen Festsaal“ des Arbeitervereins umgebaut, Kriegsverlust. – Nördlich davon nach Hinausschieben der Festungslinie Bau des Neuen Marstalls und des Reithauses (1712 und 1714 von Remy de la Fosse). Teilung des Reithauses 1878 in Theater und Konzerthaus. Reste nach 1945 abgebrochen, Portal des Reithauses in der „Roßmühle“ aufgestellt („Marstalltor“, → Am Hohen Ufer). – Von den Hofmarställen außerdem das Mittelstück der Wagenremise (→ Goethestr. 17/19) erhalten. – **Ratsmarstall,** anfangs an der Kreuzstraße; zuletzt (1534–1739) im Beginenkloster am Hohen Ufer.

Am Judenkirchhof 11 c 19 / A 1

Fachwerkhaus, eingeschossig, mit zweigeschossigem Mittelrisalit, um 1820 errichtet. Letzter Rest der hier 1718 oder 1749 gegr. Wachstuchfabrik Benecke; heute Teil der Universität.

Am Hohen Ufer, Alter Marstall, vor 1906

Am Kanonenwall 19 20 / C 6

Ehem. **kath. Bürgerschule,** heute Teil der Feuerwache 1. Neugot. roter Ziegelbau, 1884 von Stadtbauinspektor Eberhard Hillebrand auf früherem Festungsgelände errichtet. – Einzige erhaltene der im Stadtinneren seit 1862, im Zuge der starken Bevölkerungszunahme, meist auf engstem Raum gebauten Schulen.

Am Klagesmarkt 21 / C 1

Klagesmarkt, Platz für Märkte und Kundgebungen, auch als Parkplatz genutzt; Teil der ehem. Steintorvorstadt. Urspr. breites Teilstück der Wegespinne vor dem Steintor; benannt um 1845 nach „Sünte Klages“ (niederdt. für „Sankt Nikolaus“), dem Schutzheiligen der Nikolaikapelle und des Nikolaistifts, → Goseriede. Lange Zeit Viehmarkt, bis 1958 Gemüsegroßmarkt, am Südwestrand bis 1826 Schützenplatz (1573 Errichtung eines Schützenhauses). 1939 unter dem Südteil einer der ersten Luftschutzbunker des 2. Weltkriegs.
Brunnen am Nordende: 1966 errichtet aus Sockel und Schale des Brunnens an der Flußwasserkunst (1900 von Karl Gundelach und Hubert Stier, 1941 Ablieferung der Metallfiguren zur Waffenherstellung, 1955 Abbruch).

Am Lindener Berge 22 / R 9

Lindener Berg, Hannovers „Hausberg“, aus Kalkstein, bis zu 89 m hoch, mit teilweise altem Baumbestand und großen

Lindener Berg, Windmühle und Wasserhochbehälter

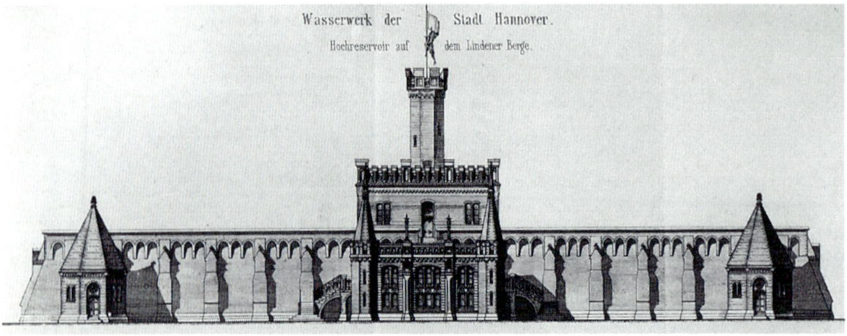

Am Lindener Berge, Wasserhochbehälter

Freiflächen (Von-Alten-Garten, Stadtfriedhof Linden, Kleingärten, Lindener Stadion). Heutige Geländeform bestimmt durch den Abbau von Kalkstein (seit dem 14. Jh., in vielen hann. Bauten), der die Grundlage der Egestorffschen Unternehmungen und damit der Lindener Industrie wurde, ferner durch den Einschnitt des Westschnellwegs. Die Vielfalt der Gebäude und Anlagen markiert den Wandel Lindens vom Dorf zur Industriestadt. – Nr. 29: Ehem. **Wartturm**, ca. 1392, aus Kalkbruchstein, 1651 Umbau zur ersten hann. Holländer-Windmühle (mit drehbarem Oberteil, nicht erhalten), Mühle bis 1926, heute Gaststätte. – Ehem. **Von-Alten-Garten**, heute Stadtteilpark, vom Gutspark erhalten: Teil der Westmauer an der Wachsbleiche, einige Gartenportale, Torhäuser an der Posthornstraße (19. Jh.). – Auch erhalten **Brüningstein**, spätmittelalterlicher Kreuzstein (von der Lindener Gerichtsstätte am Seifeld?), Gedenkinschrift von 1890 für Brüning v. Alten († 1413). – Nr. 16: Ehem. **Bauernhaus**, Fachwerk, Anfang 19. Jh. – Nr. 36: **Villa Osmers**, um 1900 von Carl Arend, aufwendigster einer Reihe von Villenbauten. – Nr. 12: ehem. **Mittelschule**, 1905 von Stadtbaumeister Georg Fröhlich. – **Lindener Stadion**, 1922 eröffnet (Volkspark Linden mit Kampfbahn), angelegt auf zugeschütteten Steinbrüchen.

Am Lindener Berge 27 — 23 / R 9

Wasserhochbehälter, festungsartiger Bau auf der Höhe des Lindener Berges. – Errichtet 1876 (anstelle des Egestorffschen „Berghauses", 1825 von Laves als Gasthaus und Belvedere mit Fernblick auf die Herrenhäuser Gärten) von Otto Wilsdorff (Architektur) und Rudolph Berg (Technik) für die erste moderne hann. Wasserleitung. Gespeist wurde der Wasserbehälter von einem Pumpwerk in der Ricklinger Masch. **Beschreibung:** Geböschter Natursteinsockel, aus dem die verputzte, mit Strebepfeilern bewehrte Außenwand aufsteigt, oberer Abschluß durch gerade Attika aus gemauerten Ziegelbögen, Behälter 80 × 40 m, ca. 8,5 m hoch. Schauseite mit kastellartigem Vorbau und Eckpavillons in neugotischen Formen zur Stadt ausgerichtet. Dachaufsatz vereinfacht und ohne den „Bergfried" wiederhergestellt. – Auf dem flachen Dach Volkssternwarte.

Am Lindener Berge 44 — 24 / R 9

Stadtfriedhof, 1862 angelegt, seit 1965 Park. Brunnen 1884 mit Sandsteinfigur „Friedensengel" von Karl Gundelach. Hierher versetzte Bauten des ehem. kurfürstl. Küchengartens (ca. 1914 aufgelöst, heute Wohnviertel um den Lichtenbergplatz): Barockes Alleeportal am Haupteingang. – In der Hauptachse des Friedhofs seit 1925 **Belvedere-Pavillon,** 1748/49 von Johann Paul Heumann als Blickfang in der Nordmauer (Fössestraße) des hzgl. Küchengartens errichtet, 1925 als Gefallenengedenkstätte hierher versetzt, seit 1976 Künstleratelier. – Schlankes, überkuppeltes Belvedere, Putzbau mit Sandsteingliederungen, Unter- und Obergeschoß zwischen Pilastern zusammengefaßt, niedrige Seitenbauten mit Altanen.

Am Lindenhofe 16 — 25 / U 11

St. Petrikirche (ev.-luth., im Stadtteil Döhren), 1320 erstmals erwähnt, Mitte 14. Jh. bei Abtrennung von der Mutterkirche in Kirchrode Neubau, hiervon erhalten Turm aus Bruchsteinmauerwerk (Südtür 1445,

Am Lindener Berge, Stadtfriedhof, Eingang mit Küchengarten-Pavillon

Marktplatz, Südwestseite, Aufnahme Fotoatelier Wunder, um 1900

Helm 1912/13). – Kirchenschiff mehrmals erneuert, 1943 zerstört; heute ***Bartningsche Notkirche,*** 1949 von Prof. Otto Bartning, Typenentwurf für ein ausländisches Hilfsprogramm (in Westdeutschland 48 Kirchen aus zunächst in der Schweiz, dann im Inland vorgefertigten Holzelementen gebaut). – Einschiffiger Saal mit 5/10-Schluß, zw. Außenmauer und Satteldach umlaufendes Fensterband mit Glasmalerei (1963) von Ruth Margraf. – Außen ***Grabsteine*** des 16.–18. Jh., u. a. für J. L. Mehmet v. Königstreu († 1775), Sohn des Türken Mehmet, der als Kammerdiener Georgs I. 1716 geadelt wurde. – Nördl. der Kirche **Denkmal** für Generalmajor Fr. A. v. Geyso († 1787) – Bei der Kirche auf großem, baumbestandenem Block freistehend ***Schule*** (Nr. 14) von C. W. Hase und ***Pfarrhaus*** (Nr. 18), neugotische Ziegelbauten von 1883 und 1896. In der Nähe ***Wohnbauten*** des urspr. Dorfkerns: Abelmannstr. 25, Reichhelmstr. 5, Hildesheimer Str. 230.

Am Markte 26 / F 6

Marktplatz der hann. Altstadt seit Mitte des 12. Jh., nach dem Bau der Markthalle 1889–92 nur noch sporadisch als Markt genutzt (u. a. Weihnachtsmarkt). 1277 erstmals genannt („forum"), 1750 „Altstädter Markt", 1818 „Am Markte", Nordteil 1978 umbenannt → Hanns-Lilje-Platz. – **Geschichte:** Entstehung in der 1. Hälfte des 12. Jh. zusammen mit dem Vorgängerbau der heutigen Marktkirche und der Marktsiedlung südl. des ehem. Herrenhofes an der Burgstraße. Um 1200 Pflasterung (Bohlendamm) des Platzes. Auf dem Südteil um 1230 Bau der Amtshäuser der Bäcker und Schuster, evtl. auch des ersten Rathauses. Bis zum 19. Jh. Mittelpunkt des städt. Lebens, umgeben von stilistisch vielfältigen Fachwerk- und Steinbauten. Im 19. Jh. beginnender Verlust der wirtschaftl. und polit. Funktion. Die an die Marktkirche gebauten Buden 1818 von Laves durch einheitl. neugotische Boutiquen ersetzt, 1852 wieder entfernt. 1839–48 Abbruch von Garküche, Kantor-, Konrektorhaus und Stadtwaage. 1883–85 Begradigung der Nordseite (Hanns-Lilje-Platz), dadurch diagonale Stellung der Kirche auf rechteckigem Platz. Im 2. Weltkrieg Zerstörung des reichen Bestandes aus Fachwerk- und Steinbauten des 16.–19. Jh. – Modell des Marktplatzes vom 1852 im Historischen Museum (→ Pferdestr. 6).

Marktplatz vor Freilegung der Marktkirche, Stadtplan von W. Müller, 1822

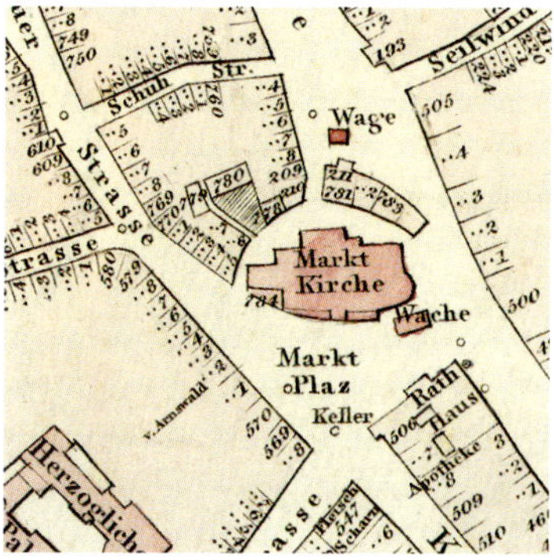

Marktbrunnen: Zweischaliger Laufbrunnen aus Bronze, Brunnenstock mit Fisch- und Blumenverkäuferin. 1881 nach Entwurf von Conrad Wilhelm Hase (Fig.: Wilhelm Engelhard nach Hermann Schaper, Ornamente: T. Massler, Guß: H. Gladenbeck). 1960 von der Mitte des Rathauses an den heutigen Standort umgesetzt. – Vorgänger „Piepenborn", 1551 errichtet, 1618 abgebrochen, Reste der Bildhauerarbeit von Arndt Siemerding im Historischen Museum.

Am Markte 8 — 27 / F 7

Haus Georg von Cölln und **Forum des Landesmuseums,** 1911 von Rudolf Friedrichs für eine Eisengroßhandlung, plast. Schmuck von Ludwig Vierthaler. Beispiel eines historisierend in die Altstadt eingefügten Gewerbebaus. – Stahlskelettbau auf 3 tiefen Hausparzellen, Putz- und Werksteinfassade in freier Anpassung an die viel schmaleren hann. Bürgerhäuser der Renaissance. 1979–82 Umbau für den Landtag (Hofgebäude) und das Landesmuseum (Vorderhaus und glasgedeckte Halle), Fassade restauriert, dahinter Neubau mit dem rekonstruierten Lichthof (die gußeisernen Säulen ohne Tragfunktion). – Forum des Landesmuseums (für Sonderausstellungen) seit 1983.

Am Markte 9, 12, 13 — 28 / F 7

Nr. 9: **Café, Landtagsbüros,** um 1980 (nach Wettbewerb) von Bahlo/Köhnke/Stosberg. – Eigenständiger Verbindungsbau zwischen Nr. 8 und 12, flächige Ziegelfassade mit waagerechter Fenstergliederung und betonter Mittelachse. – Nr. 12: **Hotel am Leineschloß,** 1968–70 von Ernst Zinsser und H.-J. Meyer-Delventhal. – Nr. 13: **Gaststätte und Büros,** 1990 von Storch & Ehlers, Teil der Neubauten am Bohlendamm (Fa. J. Gundlach). Zum Teil auf Stahlstreben vorkragende Geschosse, Kompromiß zwischen Industriebau und Altstadtromantik. – An dieser Stelle urspr. das Knochenhaueramtshaus („Koldunenborch") von 1541, Abbruch 1842.

Niedersächsisches Landesmuseum, nach 1945

Am Maschpark 1 — 29 / H 9

Siemens-Haus, Verwaltungsgebäude, 1922 bis 1924 von Hans Hertlein (Bau) und Josef Wackerle (Bauplastik), die auch andere Bauten des Elektrokonzerns gestalteten. Frühes Beispiel für „corporate design". Südflügel kriegszerstört, Neubau 1957 mit Travertinrelief von Kurt Lehmann „Prometheus bringt das Feuer".

Am Maschpark 5 — 30 / H 10

Niedersächsisches Landesmuseum (bis 1933 „Provinzialmuseum"), erbaut 1897 bis 1901 von Hubert Stier, Neorenaissance. – Verbundmuseum mit den Abteilungen Landesgalerie (Gemälde, Plastik, graphische Sammlung), Urgeschichte, Naturkunde (mit Aquarium), Völkerkunde. Sonderausstellungen im „Forum des Landesmuseums" (→ Am Markte 8). – **Geschichte:** Entstanden aus Sammlungen und Aktivitäten verschiedener Vereine: Naturhistorische Gesellschaft (gegr. 1797), Kunstverein (1832), Historischer Verein für Niedersachsen (1835), Künstlerverein (1842), Verein für die öffentliche Kunstsammlung (1848), Architekten- und Ingenieurverein (1851). Erster eigener Bau „Museum für Kunst und Wissenschaft", eingeweiht 1856 in der → Sophienstr. 2 (heute „Künstlerhaus"). Sammlungen seit 1869 unter staatl. Schirmherrschaft als „Provinzialmuseum". Nach Übernahme des Welfenmuseums und der Fideikommissgalerie des Gesamthauses Braunschweig-Lüneburg heutiger Bau am Maschpark, eingeweiht 1902, Einrichtung bis 1927. Seit 1933 „Landes-Museum", heutiger Name seit 1946. – **Beschreibung:** Vierflügelbau mit Elementen ital. Hochrenaissance, mit 2 Hauptgeschossen über hohem Sockel, Einfassung durch höhergezogene Eckpavillons, Fassade stark gegliedert mit reichem Reliefschmuck, an der Frontseite zweigeschossige Säulenordnung, Mittelbau (Treppenhalle) urspr. mit hoher Kuppel. Obergeschoß 1943 ausgebrannt, ohne die Kuppel erneuert; ab 1995 umfangreiche Sanierungsmaßnahmen mit zeitweiliger Schließung einzelner Ausstellungsbereiche. – ***Bildprogramm*** der Hauptfassade von Georg Herting, Karl Gundelach und Georg Küsthardt, über dem Eingang Sphinx zw. „Leben" (links) und „Tod" (rechts) von Herting. An den Eckrisaliten Frauengestalten: „Kunst" (links), „Wissenschaft" (rechts), darunter „Skulptur" und „Malerei", „Erdkunde" und „Anthropologie" (alle von Küsthardt). – **Fries** aus 10 (2 × 5) szenischen Reliefs, dargestellt Entwicklung der Menschheit und der sie antreibenden Kräfte: (von links) 1. vorgeschichtliche Menschen, 2. chaldäische

Niedersächsisches Landesmuseum – Flügelbilder der Goldenen Tafel, Lüneburg um 1420

Sternkundige und ägyptische Pharaonen, 3. griechische Künstler, 4. Bergleute und Kräuterkundige des Mittelalters (Gundelach), 5. Gottesmutter, der ein Bischof und ein Ritter Gaben weihen, 6. „Renaissance" mit Maler (Dürer) und Erzgießer (Vischer) (Herting), 7. Kolumbus mit den amerikanischen Völkern, 8. Kurfürstin Sophie und Leibniz, 9. Eisen- und Maschinenarbeiter, 10. der moderne deutsche Künstler unter dem Schutz des Deutschen Reiches dem Menschheitszug folgend (Gundelach; stark zerstört). – **Bestände:** ***Aquarium:*** 1958 eingerichtet, 1984 erneuert; einheimische und fremde Reptilien, Amphibien, Fische, Niedere Tiere in naturgetreu nachgebildeten Lebensräumen; „Kinderaquarium". – ***Naturkunde:*** Geologie, Paläontologie, Zoologie, Botanik. Darstellung nieders. Landschaftsräume, Lebensgemeinschaften von Pflanzen, Tieren und Menschen, in thematisch gegliederten Schauräumen, besonders in 38 naturgetreu aufgebauten Geländeausschnitten (Dioramen). – ***Urgeschichte:*** Ur- und Frühgeschichte Niedersachsens bis zum Mittelalter in Grabungsfunden, Schaubildern und z. T. lebensgroßen Modellen und Szenen. Eine der größten und bedeutendsten Sammlungen dieser Art in Europa, mit über 500 000 Gegenständen. – ***Landesgalerie:*** Malerei und Plastik 11.–20. Jh., Zeichnungen und

Niedersächsisches Landesmuseum – links: Paula Modersohn-Becker, „Selbstbildnis mit Hand am Kinn", 1906/07; rechts: Lovis Corinth, „Susanna und die beiden Alten", 1923

Niedersächsisches Landesmuseum

Erdgeschoß

1 Pförtner
2 Cafeteria
3 Aquarium
4 Völkerkunde

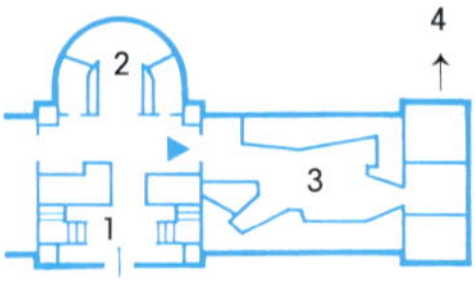

1. Obergeschoß: Naturkunde/Urgeschichte

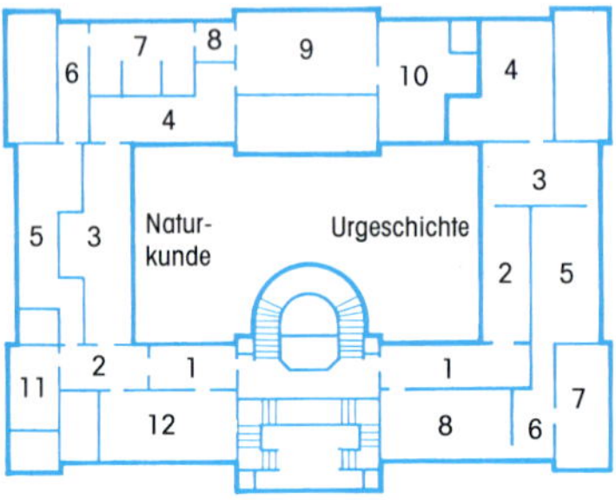

Links: Naturkunde

1 Mineralogie
2 Erdaltertum (Geol.)
3 Erdmittelalter (Geol.)
4 Erdneuzeit (Geol.)
5 Küsten und Offene Landschaften
6 Greifvögel
7 Waldbiologie
8 Waldbiologie und Vogelschutz
9 Mensch und Umwelt
10 Jagdbiologie
11 Wechselausstellung
12 Vortragssaal

Rechts: Urgeschichte

1 Alt- und Mittelsteinzeit
2 Jungsteinzeit
3 Bronzezeit
4 Großsteingräber
5 Vorröm. Eisenzeit und Röm. Kaiserzeit
6 Römischer Import und germanisches Kunsthandwerk
7 Altsachsen
8 Niedersachsens frühe Geschichte, 8.–12 Jh.

2. Obergeschoß: Landesgalerie

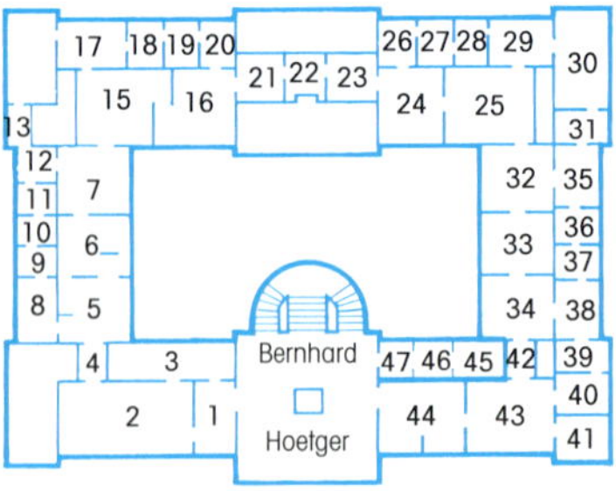

1–6, 8–11	Deutsche und niederl. Kunst vom Mittelalter bis zur Renaissance
7, 12, 13, 15, 17	Ital. Malerei des 14.–18. Jh.
16, 18–24	Holl. und fläm. Malerei d. 17. Jh.
26, 34	Franz. Malerei
25, 27–33, 35–40, 42–44	Deutsche Malerei vom Barock bis zum Impressionismus
41	Wechselausstellungen
45–47	Kupferstichkabinett

Niedersächsisches Landesmuseum, Das Wattenmeer der Nordsee (Diorama)

Druckgraphik 16.–20. Jh. Schwerpunkte: Kirchliche Kunst des Mittelalters in Norddeutschland (hauptsächlich Erwerbungen des von Georg V. 1861 gegr. Welfenmuseums), franz. Impressionismus, deutscher Impressionismus (Liebermann, Corinth, Slevogt); im Kupferstichkabinett vor allem Arbeiten altdeutscher Meister, niederl. Handzeichnungen, Graphik des 19. Jh., Zeichnungen deutscher Impressionisten. – ***Völkerkunde*** (Eröffnung Frühjahr 1995): ca. 16 000 Kunst- und Gebrauchsgegenstände aus allen Erdteilen; Schwerpunkt Afrika südlich der Sahara. – **Bedeutung:** Im 19. Jh. durch Zusammenführung fürstl. und bürgerl. Sammlungen entstandenes Universalmuseum mit enzyklopädischem Bildungsanspruch. „Die Aufgabe der Provinzial-Museen wird in erster Linie darin bestehen, Volksbildungsinstitut zu sein, Herz und Gemüth empfänglich zu machen für die idealen Aufgaben der Menschheit und zugleich ihnen Belehrung zu gewähren für die praktischen Bedürfnisse des täglichen Lebens“ (Gründungskonzept von 1895). Heute vielseitiges Verbundmuseum mit differenziertem Veranstaltungsangebot (Vortragsreihen, Kinderprogrammen, Exkursionen und Seminaren).

Hinter dem Museum **Wotan-Denkmal,** franz. Kalkstein, 1888 von Wilhelm Engelhard, hier ca. 1901–43 und nach Restaurierung wieder seit 1987.

Landesmuseum, Goldblechscheibe (Moordorf/Aurich), ca. 15 v. Chr.

Am Pferdeturm 31 / V 8

Pferdeturm, Name seit dem 18. Jh., nach dem Pferdestall des Rats; ehem. Wartturm am Hauptdurchgang der Landwehr (äußere Stadtbefestigung) zwischen nördlicher und südlicher Eilenriede, 1387 erstmals erwähnt, 1407 „Hardenbergstorn". – Quadratischer Grundriß, Sockelgeschoß aus Bruchstein Ende 14. Jh., der Rest nach Brand 1889/90 erneuert bzw. nach Kriegsschäden 1965 wiederhergestellt: zwei Geschosse (rote Ziegel) ähnl. dem urspr. Zustand, vorkragendes Fachwerkobergeschoß (frei erfunden) mit Pyramidendach und vier Gauben. – Inschrift: „Der Alten Wehr, der Jugend Kurzweil".

Am Steintor 32 / E 4

Platz am Rande der Innenstadt, 1954/55 entstanden; heutige Anlage seit 1983: baumumstandener, zur Mitte abfallender Halbkreisplatz als Endpunkt der Georgstraße. Meist fünfgeschossige Geschäftshäuser der 1950–80er Jahre, beherrscht vom Anzeigerhochhaus (1927/28) und dem „Neuen Steintor" (1987–89), beide → Goseriede. Am Rand „Steintorviertel" mit Vergnügungslokalen, Sex- und Erotik-Shops, Anfang des türkischen Geschäftsviertels Lange Laube/Goethestraße. – **Geschichte:** Urspr. Vorfeld des nördl. Stadteingangs. Steintor 1314 erstmals erwähnt; Toranlagen (nicht erhalten) im Zuge der Steintorstraße: mittelalterlicher Torturm im Zuge der Stadtmauer, 1741 abgebrochen; seit dem 15. Jh. äußeres Steintor, Teil der Wall- und Grabenbefestigung, 1712 z. T. beseitigt; im 18. Jh. Torwachen, 1859 abgebrochen. Im Umkreis Militärbauten (1715 Geschützgießerei, ersetzt 1838 durch Artillerie-Kaserne), Bürgergärten und Villen (Steintorgemeinde). Nach 1870 Wandel zum großstädtischen Geschäftsviertel, neue Straßen: 1870 Goethestraße, 1876 Münzstraße, 1879 von Ferdinand Wallbrecht Durchbruch Nordmannstraße über das Gelände der Artilleriekaserne. 1943 großflächig zerstört. 1954/55 Bau eines Verkehrskreisels über zwei ehem. Häuserblöcken, aus dieser Zeit der zweigeschossige „Steintor-Block" (Ostseite, Georgstr. 1–9). Nach U-Bahn-Bau (1979–83) Neuanlage des Platzes als Fußgängerzone (Entwurf Storch & Ehlers) mit neuer Verkehrsführung am Rande des Platzes.

U-Bahn-Station, gestaltet von Detlev Draser, seit 1984 in Betrieb, als Kreuzungsbahnhof vorgesehen.

Gänselieselbrunnen, am Nordostrand, Granitbecken und -säule, Jagdreliefs und Tierfiguren, muschelartige Überlaufbecken, Bronzegruppe eines gänsehüten-

Am Steintor/Goseriede, „Neues Steintor"

den Mädchens. Entwurf von Carl Dopmeyer, 1898 an der Goseriede (niederdt. für „Gänsegraben") aufgestellt, 1981/84 hierher umgesetzt.

Busstop „Steintor" (am Eingang zur Kurt-Schumacher-Straße), von Alessandro Mendini, 1994 aufgestellt.

An der Bismarckschule 5 33 / T 9

Bismarckschule, 1909–11 von de Jonge als städtisches Gymnasium für Jungen errichtet. – Stark gegliederte L-förmige Anlage in neobarocken Formen. Aus der stark gegliederten Dachlandschaft ragt die Kuppel der Sternwarte hervor, Schulhofmauer mit stilisierter Wachhundskulptur aus rötlichem Granit.

An der Christuskirche 34 / B 1

Christuskirche (ev.-luth.), neugotischer Backsteinbau, 1859–64 von C. W. Hase. – Planung seit 1857 als Gemeindekirche der bis dahin nach Hainholz eingepfarrten nördl. Vorstadt, Ausführung nach erweiterter Planung als Residenzkirche finanziert von König Georg V. (ohne den vorgesehenen direkten Kirchweg vom Welfenschloß). – **Beschreibung:** Schräge Stellung (geostet) in auffälliger Lage am Ende

Bismarckschule, Westseite

Christuskirche, von Südosten

des Klagesmarkts. Backsteinbau mit Gliederungen und ungewöhnl. reichem Bauschmuck aus weißem Deistersandstein. Dreischiffige Halle mit vierjochigem Langhaus, schwach vortretendes Querhaus, 5/10-Chor mit Kapellenkranz, umlaufende Quergiebel. – Westfassade beeinflußt von Ohlmüllers Mariahilfkirche in München: eingezogener viereckiger Turm, über der Rose achteckig als Übergang zum massiven Helm, dessen Sandsteingitter mit far-

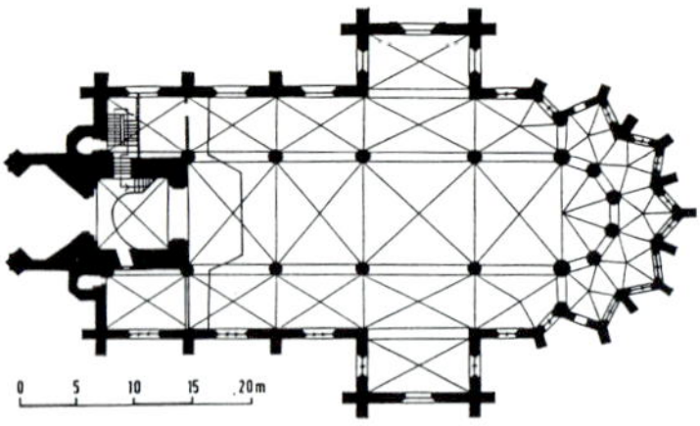

big glasierten Ziegeln ausgefüllt. Offene gewölbte Vorhalle mit Wimperg, Statuen von B. Fuchs, Chr. Mohr und E. Renard (alle Köln), Tympanonfelder von Carl Dopmeyer (?). – Urspr. Bildprogramm nach Entwürfen von Michael Welter (Köln): Nordseite „Altes Testament", Südseite „Neues Testament", Mitte „Verherrlichung Christi". – Ausstattung nach Entwurf von Hase, nach Kriegsschäden erhalten: vergoldeter Bronzealtar, Bronzetaufe, Kanzel. – Im Chor seit 1959 Grabmal des Feldmarschalls A. F. v. Spörcken († 1776), Marmorobelisk mit Armaturen, urspr. in der alten Garnisonkirche an der Schmiedestraße. – Architekt und die Bauleiter Bähr und Hauers als Wasserspeierköpfe porträtiert: Hase, Bär und Eber. – **Bedeutung:** erster Kirchenbau nach hundert Jahren, zugleich erster großer Sakralbau der Hann. Schule, im wesentl. nach dem Heideloffschen Idealprogramm von 1850. Höhepunkt in Hases Entwicklung zur Neugotik, noch in der später aufgegebenen Materialmischung.
Pfarrhaus, gegenüber dem Westportal, 1906 von Karl Börgemann, der Kirche stilistisch angeglichen (Treppengiebel, rote und grünglasierte Ziegel).

An der Erlöserkirche 1 — 35 / A 12

Erlöserkirche (ev.-luth.). Als „Zionskirche" für Linden-Süd 1878–80 (Turm bis 1882) nach älteren Plänen von C. W. Hase erbaut, 1943 umbenannt. – Staffelhalle auf kreuzförmigem Grundriß, Emporen in den Seitenschiffen. Dreiseitige Chorapsis mit sechsseitigem Sakristeianbau. Turm mit gemauertem Helm. Durch Anbauten, Strebepfeiler und Maßwerk reich gegliederter Backsteinbau. – **Pfarrhaus,** 1892 von Hase, 1979 zur Verbreiterung des Allerwegs abgebrochen, Pfarrhofmauer angepaßt erneuert.

An der Kirche — 36 / R 11

Kirche Johannes der Täufer (ev.-luth), urspr. Kapelle im alten Dorfkern von Wettbergen. 1447 erwähnt, Zerstörung 1580, Wiederaufbau 1696 (datierte Wappensteine 1697 und 1702). – Einfacher verputzter Bruchsteinbau mit schrägen Stützpfeilern. Dreiseitiger Chorabschluß an der Ostseite, Dachreiter mit geschweifter Haube an der Westseite. Barockaltar und -kanzel verändert, Empore von 1737, gekürzt.

An der Lutherkirche 20 — 37 / S 7

Lutherkirche (ev.-luth.), neugot. Sandsteinbau 1896–98 von Eberhard Hillebrand. Zentraler, annähernd kreuzförmiger Bau in frühgotischen Formen. Mittelpunkt der Nordstadt, auf dreieckigem Platz mit acht Straßenmündungen. Darauf bezogen: Stellung der Kirche (Chor nach Süden), urspr. Höhenentwicklung (Doppelturmfassade nach Norden, zwei Treppentürme am Chor). Die vier hohen Turmspitzen bei der Restaurierung (Oesterlen, Stade, Kirsch) nicht wieder aufgestellt. – Südöstlich Pferdetränke, um 1905 von Otto Ruprecht,

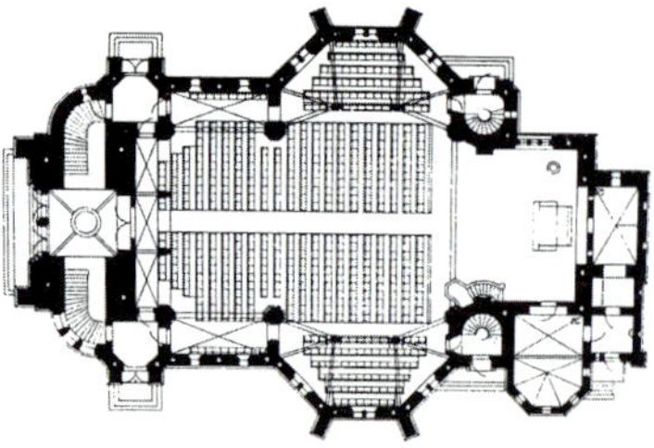

Lutherkirche, Westseite

Granitblock in Jugendstilformen mit Trinkstellen für Pferde, Vögel und Hunde. – **Pfarrhäuser** (Nr. 12): Erstes 1890/91 von Orgelmann; zweites 1900 von Remmer (?); neugot. Backsteinbauten. – Gegenüber Ensemble öffentl. Bauten, um 1900 von Otto Ruprecht: **Lutherschule** (Nr. 18), neugot. Sandsteinbau, erbaut 1901 als Realschule III; daran anschl. (Am Kleinen Felde 30 und 28) in Renaissanceformen ehem. **Bürgerschule,** 1896–98, und ehem. **Feuerwache,** 1897–1900.

An der Martinskirche 15 — 38 / S 8

Kirche St. Martin (ev.-luth.), auf dem Nordosthang des Lindener Berges, am Westrand des einstigen Dorfes Linden. – Seit 1285 erwähnt, urspr. Kirche für die Dörfer Linden, Ricklingen, Bornum und Badenstedt. 1727 Neubau einer barocken Saalkirche von Johann Christian Böhm, 1943 zerstört. – **Turm:** Erst 1852–54 mit Hilfe Lindener Industrieller vollendet durch polygonalen Aufsatz aus Backstein von C. W. Hase, ungewöhnliche Proportionen durch Beseitigung der Übergangszwickel und Schaffung eines zusätzl. unteren Umgangs. – **Heutige Kirche:** freistehend neben dem alten Turm, 1955–57 von D. Oesterlen, Saal auf längssechseckigem Grundriß, Betonbinder unter dem Dach zum Dreiecksnetz aufgefächert, rotes Ziegelmauerwerk. – Künstlerische Ausstattung der 50er Jahre von Claus Arnold: Glasmalerei, Reliefwand hinter dem Altar, Emporenbrüstung mit Relieffries in Betonguß (Szenen aus der Heilsgeschichte), Taufstein von 1647. Außen an der Ostwand Plastik des hl. Martin, 1958 von Kurt Lehmann. – **Ehem. Kirchhof,** heute Rasenfläche, am Rande Rest des Egestorffschen Familiengrabes.

An der Schleuse — 39 / Z 9

Hindenburg-Schleuse, 15 m tiefer Abstieg des Mittellandkanals nach Osten im Ortsteil Anderten, 1919–28 von K. Lessing, E. Schonck und H. Rütjerodt bei der Verlängerung des Kanals von H. bis zur Elbe als damals größte Binnenschiffahrtsschleuse Europas erbaut. – Zwei unabhängige Schleusenkammern von 225 m Länge und 12 m Breite, seitlich insgesamt 50 Sparkammern (eingebaute Speicherbecken), die 75% des ablaufenden Wassers aufnehmen bzw. abgeben. Die dazu erforderlichen Ventilhäuschen (je 5 in 4 Reihen) und die Kommandobrücke geben der Schleuse eine beeindruckende architektonische Fassung. – Bedeutendes technisches Denkmal, seit der Entstehung nahezu unverändert. – Südl. am Gaimweg und an der Wenderschen Goge 6 Doppelwohnhäuser für Schleusenwärter, 1920/21 entstanden.

Kirche St. Martin, Zeichn. von Hase

An der Strangriede 41 — 40 / S 6

Neuer St. Nikolai Friedhof, ca. 1863 bis 1866 angelegt, Ersatz für den alten Friedhof an der → Goseriede; 1878 und 1886 erweitert bis zur heutigen Appelstraße. Urspr. Eingangsanlage 1866 von Ludwig Droste, nicht erhalten (Rundbogenarchitektur ähnl. wie am Stadtfriedhof Engesohde, → Alte Döhrener Str. 96). Von hier aus kurze Allee zum breiten Mittelweg (ehem.

Hindenburg-Schleuse, von Süden

Jüdischer Friedhof An der Strangriede, Familiengrabanlage 1870–76

Südgrenze); im Schnittpunkt jüngere Kapelle, neugotischer Backsteinbau 1890 von Hölscher. – Viele künstlerisch und stadtgeschichtlich bedeutende Grabdenkmäler, u. a. Bahlsen, Benecke, v. Hinüber, v. Linsingen, Mohrmann, Nordmann, Sprengel.

An der Strangriede 55a 41 / S 6

Jüdischer Friedhof, 1861 angelegt, Eingangsarchitektur 1863/64 von Edwin Oppler, symmetrische Gruppe aus rechteckiger Predigthalle und seitlichen, L-förmigen Nebengebäuden (das östliche und die Verbindungsarkaden im Krieg zerstört). – **Predigthalle:** Backsteinbau mit Rundbogenfenstern zwischen Strebepfeilern, gotische Details. 1921 apsisähnliche Erweiterung nach Osten als Gedenkstätte für die gefallenen jüdischen Soldaten des 1. Weltkriegs. – **Friedhof,** mit rd. 3500 Gräbern 1924 geschlossen, danach nur noch vereinzelte Bestattungen. Zahlreiche, hist. oder künstlerisch bedeutende Grabmäler, u. a. Oppler, Moritz Simon, Joseph Berliner; Landrabbiner Meyer, Gronemann und Freund. Viele Gedenksteine für die Opfer des Nationalsozialismus. – **Bedeutung:** Die Predigthalle ein Frühwerk Opplers und sein einziger erhaltener Bau für eine jüdische Gemeinde. Der Friedhof Zeugnis der alten, nach 1933 vernichteten jüd. Gemeinde. – Ständige Ausstellung zur Geschichte der hann. Juden.

Jüdischer Friedhof An der Strangriede, Predigthalle, Gedenktafeln für die im 1. Weltkrieg Gefallenen

Anderter Straße 40 42 / Z 7

Kirche St. Johannis (ev.-luth.), am einstigen südl. Ortsrand von Misburg, 1902–04 von Karl Mohrmann in neugotischen Formen. Erste eigene Kirche des bis 1893 nach Kirchrode eingepfarrten Dorfes. – Zweischiffige, vierjochige Halle, Sterngewölbe von nur einer Säule getragen. Kontrastreiche Fassade aus roten Ziegeln und weißen Putzflächen, dreigliedrige Hauptfront in Blendbögen und Maßwerk aufgelöst, gerahmt von quadratischem Glockenturm mit achteckigem Kupferhelm und kleinerem Treppenturm.

Anderter Straße 54 a 43 / Z 7

Ehem. **Jugendheim**, heute Supermarkt u. a., 1927 von Prof. Friedrich Fischer als erster eigenständiger Jugendheimbau in Deutschland für die Industriegemeinde Misburg. – Funktionalistisch gegliederte Baugruppe aus zueinander versetzten flachgedeckten Quadern mit zwei Schauseiten: Südseite mit vorgesetzem Flachbau und zwei symmetrischen Balkonen, Straßenfront der Turnhalle mit spitz vorspringendem Mittelerker. Stahlskelettbau, rote Ziegelverkleidung sparsam dekoriert durch dünne Gesimslinien und Außenkanten mit Zahnschnitt. Konsequent der Neuen Sachlichkeit verpflichteter Bau. – Von Fischer auch **Wasserwerk** (Alte Peiner Heerstraße), 1925/26, mit expressionistischen Zügen. – Beide Bauten bemerkenswerte architektonische Leistungen in der damaligen, noch selbständigen Industriegemeinde Misburg.

Archivstraße 1 44 / D 8

Reformierte Kirche, 1696/97 Bau einer ersten eigenen Kirche für die frz.-ref. Gemeinde in der Calenberger Neustadt, 1896–98 heutiger Bau von Hubert Stier: Saalkirche aus unregelmäßigem Haustein mit frühgotischen Details, Glockenturm an der Nordostecke. 1943 zerstört, Wiederaufbau bis 1960 durch Dieter Oesterlen: Kirchenraum höher gelegt durch neue Zwischendecke, Äußeres vereinfacht und verändert, neue Fenster, Schließung der Ostportale, Dächer vereinfacht, Turmhelm nicht wiederhergestellt.

Archivstraße 2 — 45 / D 7

Regierungsgebäude (Umweltministerium). 1838–79 von Hermann Hunaeus in vier Bauabschnitten ausgeführt. – **Geschichte:** Seit 1814 Umzug von Behörden in das Palais und die Wohnhäuser auf dem Geviert zwischen Calenberger Straße, Archivstraße, Am Archiv und Leine (heute Leibnizufer). Pläne zur Vereinheitlichung der Bauten seit ca. 1830 von Leopold Hagemann und 1836/37 von C. L. Hollenberg. – Ab 1837 Neubaupläne von Hunaeus, für hann. Ministerien begonnen, nach 1866 für preuß. Regierung beendet. Bis 1968 Sitz, dann Teil der Bezirksregierung, heute Umweltministerium. – **Ostflügel,** 1838–40 Ministerial-Registratur-Gebäude (am Brückmühlen-Arm der Leine, daher schlichte Fassade), **Südflügel,** 1841–45/46 Domainenkammer, Teil der Finanzverwaltung (Am Archiv), **Westflügel,** 1862–67 (geplant seit 1857) Finanzverwaltung (Archivstraße), **Nordflügel,** 1876–79 (geplant 1862, Calenberger Straße). Nach Kriegszerstörungen und Wiederaufbau Inneres nur zum Teil im Originalzustand. – **Beschreibung:** Vierflügeliger, dreigeschossiger Bau im Hannoverschen Rundbogenstil, aus hellgelbem Sandstein. Großformen der Renaissance, Einzelformen (stufenweise mit dem Baufortschritt zunehmend) nach mittelalterlichen Details. – **Bedeutung:** Von den wenigen erhaltenen Bauten des Hannoverschen Rundbogenstils der bedeutendste (außer einem nicht erhaltenen Wohnhaus der älteste überhaupt). Zeigt das Herauswachsen des Rundbogenstils aus dem Klassizismus.

Arnswaldtstraße 4 — 46 / J 8

Wohnhaus, 1893 gebaut, Renaissancedetails mit Jugendstilanklängen (urspr. Nr. 3). Im 1. OG von Anfang 1936 bis Mitte 1937 Wohnung des Dichters Gottfried Benn, der 1935–37 als Militärarzt in Hannover stationiert war. Hier entstand neben zahlreichen Gedichten das Prosastück „Weinhaus Wolf".

Arnswaldtstraße 19 — 47 / K 7

Ehem. Allgemeine Ortskrankenkasse, 1911–16 von H. Schaedtler und A. Ziegenhorn. Seit 1978 Sitz des Verbandes (heute: Zweckverbandes) Großraum Hannover, gegr. 1963 als Regionalplanungsverband. – Monumentaler Eckbau in geometrischem Jugendstil, original erhalten nur das Erd-

Archivstraße, Regierungsgebäude, Südflügel, Lithographie von Wilhelm Kretschmer, um 1855/57

geschoß und die über dem Eingang aufsteigenden stelenartigen Pilaster mit überlebensgroßen Figuren (von G. Herting?).

Bahnhofstraße — 48 / G 4

Hauptgeschäftsstraße zwischen Ernst-August-Platz und Kröpcke. Seit 1843 zusammen mit der → Ernst-August-Stadt entstanden; seit 1976 Fußgängerzone, in der Mitte Öffnungen zur darunter verlaufenden → Passerelle im Wechsel mit Treppen und Verbindungsbrücken. – Nr. 5, ehem. Palast-Lichtspiele, um 1930 von Alexander Koelliker und Adolf Springer, über dem 1. Obergeschoß 1949 von Springer in konservativen Formen (schwere Fensterrahmung, Konsolgesims) wiederaufgebaut. – Nr. 14, Buchhdlg. Schmorl & v. Seefeld, 1953 von Adolf Falke. – Nr. 13, Sparkasse, 1971/72 von Harald Leonhardt, mit Metallplastiken von Sugai. – Am Ernst-August-Platz: Nr. 9, Warenhaus Kaufhof, 1966/67 von Spoelgen/Klüser, Eckbau 1976 von Hiltmann/Piper/Bollmann, Fassadenschmuck von Stefan Schwerdtfeger (Umbau geplant). – Nr. 8, Geschäftshaus, 1955/56 von Ernst-Friedrich Brockmann, mit City-Passage.

Ballhofstraße 5 — 49 / E 6

Ballhof, Theater und Probenbühne der Nds. Staatstheater. 1649 als herzogl. Spiel- und Festsaal entstanden, noch weitgehend original erhalten. – **Geschichte:** Erbaut

Ballhof, Zuschauerraum, nach 1975

Ballhof und Ballhofbrunnen

seit 1649 unter Herzog Georg Wilhelm auf dem ehem. St.-Gallen-Hof (hzgl. Meierhof), für Federballspiel und Hoffeste, 1664 an hzgl. Kammerdiener Capellini (Stechinelli) verschenkt. Seit 1667 Auftritte von Komödianten, 1672 Auff. der ersten Oper in H., bis 1850 größter hann. Veranstaltungssaal (Theater- und Konzertaufführungen, reisende Schausteller, Tierschauen, Versammlungen). 1936 städtisch, 1938 HJ-Heim, seit 1943 Notquartier der Städt. Bühnen, später der Nds. Staatstheater. 1975 modernisiert, seit dem Bezug des neuen Schauspielhauses in der Prinzenstraße (1992) Funktion als Kleines Haus. – **Beschreibung:** Urspr. Saalbau tief im Block eingebaut, ohne Schaufassade, aus Ziegel- und Bruchsteinmauerwerk, darüber auskragendes Fachwerkgeschoß (umlaufende Zuschauergalerie) und steiles Walmdach (innen sichtbarer Dachstuhl). 1779/80 Umbau durch Johann Georg Täntzel. 1936/37 Abbruch der davorliegenden Häuser zur Anlage des heutigen Vorplatzes, 1938 von Wolfram v. Erffa Einfassung des Platzes durch Ergänzung des Ballhofs zu einer Baugruppe: links HJ-Heim mit Fachwerk abgebrochener Häuser (heute Theaterverwaltung und Künstlergarderoben), rechts das umgesetzte Spittahaus als BDM-Heim (jetzt Theatergaststätte, → Burgstr. 23), in der Mitte Ballhof als Festsaal, mit neuer Muschelkalkverblendung. 1975 durch Thilo Mucke Modernisierung von Saal und Bühne, Neubau des Foyers als eingeschossiger Stahl-Glas-Bau mit Kupferdach. – **Probenbühne** (Ballhof 2): 1990 von Thilo Mucke, polygonaler, vorspringender Eckbau an der Knochenhauerstraße, über Erdgeschoßfoyer variabler hoher Saalbau (mit Zinkblech verkleidet), Tragwerk aus Betonskelettrahmen und Gitterträger, diese außen als Plakatgerüste wiederholt. – **Bedeutung:** Ältester hann. Veranstaltungssaal; hier 1871 Kongreß der SPD zur ersten Reichstagswahl; 1890 Verband der Fabrikarbeiter Deutschlands gegründet (seit 1946 IG Chemie). – Umbau 1936 als demonstrativer Anfang der nationalsozialistischen Altstadt-Sanierung. Foyer und Probenbühne eigenständige, maßstabswahrende Ergänzungen.

Ballhofbrunnen, 1975 von Helmut Otto Schön, in abgesenktem Steinbecken doldenartiger Metallsockel mit drei im Wasserstrudel rotierenden Kugeln.

Redoutensaal (heutiger Ballhof) hinter der Burgstraße
Stadtplan von W. Müller, 1822

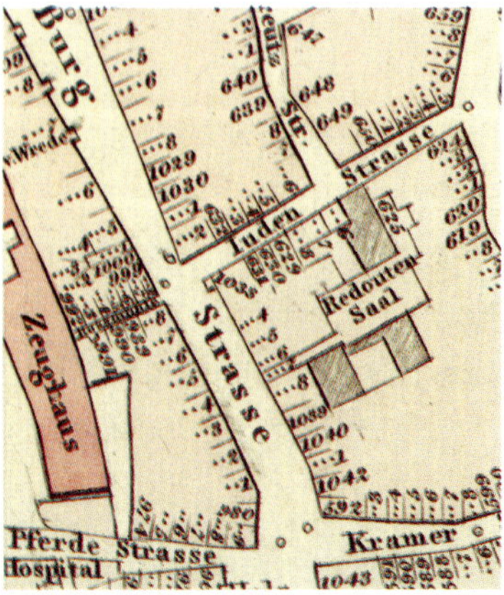

Beneckeallee 32 — 50 / R 4

Ehem. **Lagerhaus,** 1921/22 von Hans Poelzig für die Textilfirma Gebr. Meyer in Vinnhorst. – Kubischer Block mit Klinkerverkleidung, Pfeilervorlagen als gezahnte Bänder vortretend, die oben in expressionistischen Zackenmustern zusammenlaufen. Fünfgeschossige, zweibündige Anlage, nur zur Hälfte fertiggestellt. – Seit 1926 Kommunalbesitz, Umbau zum Wohnhaus, urspr. zweigeschossige Eingangshalle nicht erhalten.

Berggarten — 51 / R 6

Botanischer Schaugarten (12 ha, Schauhäuser 1300 qm). Teil der → Herrenhäuser Gärten (ehem. Sommerresidenz der hann. Herrscher). 1666 angelegt auf einer Sanddüne (daher der Name) als herzoglicher Küchengarten, damals ca. 6 ha. Die künstlerische Formung begann 1677 mit der Barockisierung durch Henri Perronnet. Um 1750 Wandel zum botanischen Garten, Verlagerung des Nutzpflanzenbaus zum Küchengarten in Linden (gegr. nach 1645) und zur Großen Plantage (östlich des B., gegr. 1757 als Baumschule, heute dort u. a. Fachbereich für Gartenbau und Landeskultur der Universität). 1774 Neuanlage als

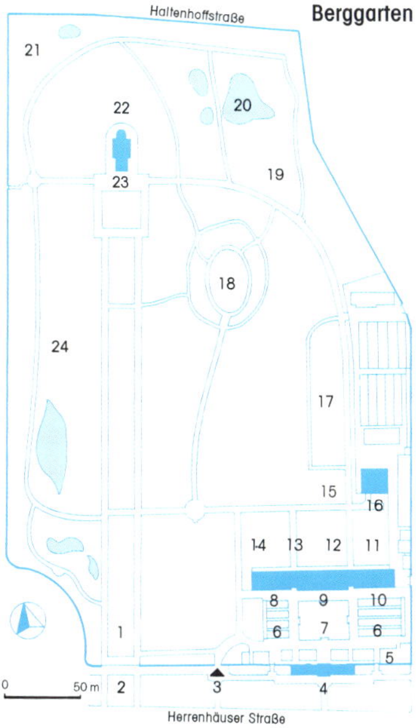

Landschaftsgarten durch F. Wundram. Öffentlicher Verkauf von Pflanzen schon seit 1780 belegt. Blütezeit als wissenschaftliche Pflanzensammlung Ende 18. Jh.–1903 unter J. F. Ehrhart († 1795, Schüler von Linné) und drei Generationen Wendland (Johann Christoph, tätig 1778–1828; Heinrich Ludolph, bis 1869; Hermann, † 1903). Seit 1817 starke Einbeziehung in die Wege- und Blickachsen des Großen Gartens und der Herrenhäuser Allee durch die Bauten von Laves (Bibliothekspavillon und Mausoleum; Palmenhaus) und Georg Heinrich Schuster (Gewächshäuser). Mehrmals erweitert, 1843–45 bis zur heutigen Westgrenze unter Einschluß des Mausoleums und der Lindenallee (beide bis heute Privatbesitz des Welfenhauses). Seit 1936 städtisch, starke Kriegsschäden, Verlust aller Pflanzen unter Glas, seit 1949 Neuanlage. – ***Exotische Pflanzen:*** Zunächst Tafelobst (Melonen, Pfirsiche, Wein), später auch Zierpflanzen und Bäume. 1678 erste Chrysantheme, aus Japan. Seit 1680 intensiv gefördert durch die Kur-

Berggarten, Palmenhaus von Laves Farbige Lithographie von Wilhelm Kretschmer, um 1858

fürstin Sophie. Auf Anregung von Leibniz Versuche mit Wirtschaftspflanzen: Tabak, Reis (erfolglos), 1706–1805 Maulbeerplantage für die Seidenspinnerei in Hameln. Bedeutende Erfolge in Zucht und Neubeschreibung, die Wasserpflanze Victoria Regia, 1849 entdeckt, blühte in Europa zuerst 1850 in Chatsworth, dann 1851 in Gent und Herrenhausen; Usambara-Veilchen erstmals 1893 von Hermann Wendland beschrieben. – ***Gewächshäuser:*** Pflanzenhäuser seit 1686, erste Glashäuser um 1750. 1846–49 Großes Palmenhaus von Laves, noch in der Tradition älterer fürstlicher Orangerien, 1879–80 durch größeres von Auhagen ersetzt (damals das höchste in Europa). Der baugeschichtlich bedeutende Bestand 1943–45 mit den Kulturen zerstört. – Die heutigen Pflanzenschauhäuser 1958 als Dreiergruppe von S. Erlhoff auf der Fläche der Vorgängerbauten, 1984 Kanarenhaus. Ersatz für das alte Palmenhaus geplant. – **Beschreibung:** Die Gesamtanlage als Landschaftspark vereinigt in einem Rundgang verschiedene Sonderbereiche. **1** Lindenallee, 1675 (damals außerhalb des B.) Pappelallee von der Mitte des Schlosses zum Reiherholz, 1729/30 erneuert als vierreihige Lindenallee durch E. A. Charbonnier. – ***Einfriedigung:*** vasenbekrönte Mauer an beiden Seiten des Bibliothekspavillons, 1820 von Laves; bei der Vergrößerung des Gartens an drei Seiten einfache Ziegelmauer (1843–45), gegenüber dem Schloß Gitteranlage (Lanzen, Pinienzapfen) von Laves mit **2** Königstor (1845/46, nur für fürstliche Begräbnisse) und **3** Haupteingang, **4** Bibliothekspavillon. –

Berggarten, Pflanzenschauhäuser (von links): Kakteen-, Tropen- und Orchideenhaus

Berggarten, Bibliothekspavillon

Geometrische Anlagen (auf **4** bezogen): **5** Subtropenhof (blühende Kübelpflanzen), **6** zwei Tiefparterres mit Anzuchthäusern, **7** Schmuckhof mit Sonnenuhr von 1719, **8** Kakteenhaus, **9** Tropenhaus, **10** Orchideenhaus (ständig 500–1000 blühende Pflanzen), **11** Pergola-Garten (Senkgarten mit Winterblühern und Kletterpflanzen), **12** Steingarten (Gebirgspflanzen), **13** Blumengang (Beetpflanzen), **14** Iris-Garten (über 200 Sorten), **15** Wüstengarten, **16** Kleines Schauhaus (Pflanzen der Kanarischen Inseln), **17** Stauden-Sortiment. – ***Landschaftliche Anlagen:*** **18** Paradies (angelegt 1834; Rhododendren, Heide), **19** Gehölze und Rhododendren, **20** Niederungs-Moor, **21** Heide, **22** Eichenhain, 1846 gepflanzt aus 60jährigen, 14 m hohen Bäumen (32 von 36 erhalten) als Umrahmung für das **23** Mausoleum (s. u.), **24** Staudengrund. – **Bedeutung:** Botanisch-ökologischer Schmuck- und Lehrgarten, Reservat und Zuchtstelle seltener und gefährdeter Pflanzen. Ca. 13000 Arten und Sorten; besonders sehenswert: Freilandstauden, Orchideen, Kakteen und andere Sukkulenten, Kübelpflanzen, Pflanzen der Kanarischen Inseln, seltene und alte Bäume.

4 Bibliothekspavillon, auch Gartenbibliothek, Gartenmeisterwohnung genannt: Verwaltung der Herrenhäuser Gärten, Gartenbibliothek, Ausstellungen. – Geplant nur als Wohnung für den zweiten Gartenmeister, ausgeführt 1817–20 nach Entwurf von Laves; durch ihn erhebliche Funktionserweiterung: Eingangsbau zum Garten, erhöhter Aussichtspunkt und Witterungsschutz für Gartenbesucher, Bezugspunkt eines symmetrischen Gesamtplans von Laves für den Neubau der Gewächshäuser. Entworfen für die Schrägansicht aus der Herrenhäuser Allee (→ Georgengarten), daher die gedehnten Proportionen, deren Wirkung durch die seitlichen vasenbekrönten Mauern noch verstärkt wird. In der Rotunde 1852 Wendlands Bibliothek und Herbarium aufgestellt (vom König angekauft). – Frühwerk von Laves, noch im franz. Klassizismus wurzelnd. Aus dem urspr. unbedeutenden Bauauftrag wurde der gemeinsame Mittelpunkt der Herrenhäuser Gärten und ihr Entree, von ferne durch die Herrenhäuser Allee sichtbar.

23 Mausoleum der hann. Herrscherfamilie. Hervorgehobene Stellung gegenüber dem ehem. Schloß am Ende der Lindenallee, zugleich in romantischer Abgeschiedenheit durch den umgebenden Eichenhain. – Unmittelbar nach dem Tode der Königin Friederike 1841 Auftrag an Laves, 1842–47 ausgeführt. – Fast geschlossener Sandsteinkubus, nur von flachem Fries geschmückt, erweitert vorn durch Vorhalle mit dorischem Viersäulenportikus, hinten durch halbrunde Apsis (Altarnische). Innen zwei Räume übereinander: oben Grabkapelle mit Sarkophagen für Friederike (1844–47 von Christian Daniel Rauch, Berlin) und König Ernst August (Werkstatt Rauchs, 1852–55), unten Gruft mit den Särgen des Königspaars und den 1957 aus der Gruft der Schloßkirche (Leineschloß) überführten 11 Sarkophagen, darunter die von Herzog Johann Friedrich, Kurfürst Ernst August, Kurfürstin Sophie, König Georg I. – Vor dem M. Gräber des Herzogspaares Ernst August († 1953) und Viktoria Luise († 1980). – Spätwerk von Laves mit Anklang an seine vom franz. Klassizismus beeinflußte Studienzeit. Konzipiert als Parallele zum Mausoleum in Berlin-Charlottenburg für die Königin Luise, Schwester der hann. Königin (1810–40 von Schinkel), Sarkophag von Rauch.

Berggarten, Mausoleum

Berliner Allee 5 — 52 / K 2

DG Bank (Deutsche Genossenschaftsbank), 1988–90 nach Entwurf von Ingeborg Lindner-Böge und Jürgen Böge (Hamburg). Zur Gliederung und Fassung des wenig konturierten Raschplatz-Bereichs konzipiert als Bindeglied zwischen der Wohnblockstruktur der Oststadt und der breiten Hauptverkehrsstraße, aus Grundformen Quadrat und Kreisabschnitt. – Zwei verbundene sechsgeschossige Baukörper, kontrastreich gestaltet aus hellen Sandsteinwänden und dunklen Stahl-Glas-Flächen; an der Berliner Allee langgestreckte Sichel mit zwei dreigeschossigen Hallen (hier Haupteingang); dahinter Kubus mit diagonal abgeschnittenen Obergeschossen und Rundturm. In der Eingangshalle „HaNNover RelevatoR" von Serge Spitzer (Installation aus zwei Förderbändern).

Andreas-Hermes-Platz, zw. Bank und Raschplatz-Pavillon, 1990/91 als „Stadtgarten" gestaltete Freifläche nach Entwurf von Wehberg/Lange/Eppinger/Schmidtke (Hamburg), mit Grundformen Kreis(abschnitt) und Linie: rundes Wasserbecken, gekrümmte „Wasserwand" zur Berliner Allee, Baumreihe, Radweg durch die Spitze des Bankgebäudes, Kiesflächen mit lockerem Baumbestand.

Bertramstraße 53 / S 6

Bilderwand Bertramstraße, 1991 entstanden, Initiatiator Siegfried Neuenhausen, gegenüber dem Künstlerzentrum in der ehem. Kornbrennerei. – Objekte auf einer langen geschlossenen, durch ihr Betonskelett gegliederten Ziegelmauer. Künstler, von links: Astrid Klein, Tony Cragg, Richard Hamilton (Medienwand), Günther Uecker (Nagel), Johannes Brus, Rob Scholte („Schrei", nach Munch), Siegfried Neuenhausen (Fliegende Hüte), C. O. Paeffgen, Jochen Gerz, Gerd Winner („stop–look–listen"), Felix Droese, IMI Knoebel, Gerhard Merz, Timm Ulrichs, Rüdiger Barharn, Ulla Lauer.

Bethlehemplatz 1a 54 / R 8

Bethlehemkirche, (ev.-luth.) Baugruppe mit Pfarrhaus, 1904–06 nach Plan von Karl Mohrmann in neoromanischen Formen, das aufwendige Westwerk mit drei Turmhelmen mit Unterstützung des Lindener Magistrats erbaut. – Rippengewölbte, zweijochige Emporenbasilika, in den kurzen Seitenschiffen ebenfalls Emporen.

Berliner Allee, DG Bank

Ausstattung orig. erhalten, Ausmalung aus neuerer Zeit.

Bischofsholer Damm 15 55 / U 8

Tierärztliche Hochschule (TiHo), 1778 durch Johann Adam Kersting als königl. Roß- und Vieh-Arzney-Schule gegründet, urspr. am Clevertor (Anfang der Brühlstraße); seit 1887 Hochschule. Heutige Anlage 1895–99 von Hermann Eggert begonnen, Backsteinbauten mit Renaissance-Ornamentik. Unverändert erhalten nur die ehem. Apotheke, hier seit 1977 Veterinärmedizinhistorisches Museum. Seit 1953 Ausbau des zweiten Standorts Westfalenhof in Kirchrode (Bünteweg).

Bismarckstraße 2 56 / U 9

Ehem. **Pädagogische Hochschule,** heute Fachbereich Erziehungswissenschaften der Universität Hannover. 1929–35 von Franz Erich Kassbaum und Willi Palaschewski, 1961 und 1972–75 erweitert. – Freistehender Baukomplex aus ineinandergeschobenen Kuben mit je unterschiedlicher Fen-

Bilderwand Bertramstraße, Installationen von Günther Uecker, Johannes Brus und Siegfried Neuenhausen

Bismarckstraße, ehem. Pädagogische Hochschule Hannover, Südseite

sterteilung. Stahlskelettbau mit roter Klinkerverkleidung. An der Südseite Reihung von sechs halbzylindrisch vortretenden Baukörpern (Seminarräume). Der Hochhaustrakt als Blickpunkt der Achse Sallstraße–Stresemannallee.

Bödekerstraße 23 — 57 / U 7

Dreifaltigkeitskirche (ev.-luth.), freistehender nach Westen gerichteter Bau, Turm an der Straße als Blickpunkt der Yorckstraße. Für eine Tochtergemeinde der Gartenkirche 1880–83 von Christoph Hehl. – Basilikaler Backsteinbau aus z. T. glasier-

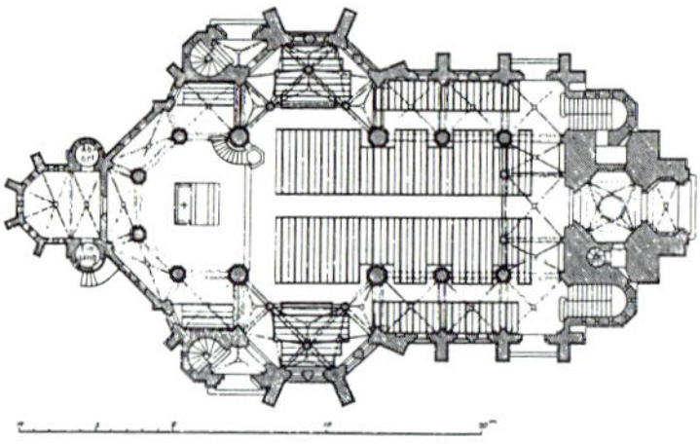

ten roten Ziegeln, Turm mit gemauertem Helm, Sakristei zentral an der Chorrückwand. Zentralisierende Tendenz durch kurzes Langhaus und polygonale Kreuzarme, Emporen an drei Seiten. Reiche Ausmalung (Rankenwerk, Teppichmuster, Sprüche) seit 1982 wiederhergestellt. Originalausstattung bis auf Glasmalerei und Orgel erhalten, Skulpturen und Reliefs von

Bödekerstraße, Dreifaltigkeitskirche, Vierungsbereich mit Kanzel

Carl Dopmeyer, im Altarretabel Ölbild „Christus auf dem Meere" von B. Plockhorst. – Ein Hauptwerk neugotischen hann. Kirchenbaus. Reiche, geschlossen wirkende Innenaustattung, in dieser Vollständigkeit selten. – Erste Kirche der 1868 gegründeten Gemeinde: Dreifaltigkeitskapelle in der Bernstraße, 1869/70 von C. W. Hase (nicht erhalten). – **Pfarrhaus** (Friesenstraße 28/29), neugotischer Backsteinbau, 1884/85 von Christoph Hehl, verändert wiederaufgebaut. – **Gemeindehaus** (Friesenstr. 27), 1912, neugotisch/Jugendstil, Obergeschoß modernisiert.

Bonifatiusplatz — 58 / T 6

Schulzentrum, 1891–ca. 1910 rings um den Schmuckplatz des umgebenden Wohnviertels (Lister Stadtfeld) entstanden. Sämtlich nach Plänen von Magistratsbaurat Paul Rowald, beispielhaft für den Baustilwandel um 1900 in H. – ***Orientierungsstufe*** (Edenstr. 23), 1891–93 als Bürgerschule, neugotischer Backsteinbau. Die übrigen als Putzbauten mit Sandsteingliederungen: ***Comeniusschule*** (Kollenrodtstr. 3), 1898 bis 1900 als Bürgerschule, renaissancistisch-frühbarocke Formen; ***Bonifatiusschule*** (Nr. 6), 1900–02 als Bürgerschule, neuromanisch; ***Ricarda-Huch-Schule*** (Nr. 15), um 1907 als Präparandenanstalt (Lehrerausbildung) mit angeschlossener Bürgerschule, barockisierender Jugendstil.

Brandstraße — 59 / C 8

Nr. 3: **Wohnhaus,** urspr. zu → Mittelstr. 8 (Weinhdlg. J. W. Ahles), vorkragendes Fachwerk, dreigeschossig, traufständig mit flachem Dreiecksgiebel über den zwei Mittelachsen, im Hof Inschrift „J. W. A. 1726". – Nr. 4: **Wohnhaus,** urspr. zu → Mittelstr. 8 (Weinhdlg. J. W. Ahles), dreigeschossige Putzfassade, sparsam dekoriert, 19. Jh. und um 1930. – Nr. 23: **Regierungsgebäude,** dreigeschossiger Putzbau, Kern 1723 als Konsistorium (Zentralverwaltung der ev.-luth. Landeskirche) gebaut, heutige neobarocke Fassade von 1895 (Umbau zum Provinzial-Schulkollegium). – Rustikasockel und kolossale Pilasterordnung, über den drei Mittelachsen Giebel mit bekrönter Kartusche und Girlanden. – Nr. 24: Zweigeschossiger **Fachwerkbau,** Erdgeschoß verputzt. Urspr. Teil des fürstlichen Bauhofs und Dienstwohnung des Bauschreibers Brand Westermann (1646–1716, Bauleiter der meisten hann. Staatsbauten seiner Zeit).

Braunschweiger Platz — 60 / U 8

1960 als Kreisel angelegt, nach U-Bahn-Bau (1984–89) Umbau zur Kreuzung und zum architektonischen Auftakt der → Hans-Böckler-Allee. – Nr. 2: Einrichtungshaus Steinhoff, 1988/89 von Bahlo/Köhnke/ Stosberg, Metallfassade (senkr. Lamellen) mit zylindrischer Eckausbildung. Mit dem Bau kontrastierend die Großskulptur „Kepler trifft Kopernikus“ (gekreuzte Stahlrohre), 1989 von Rainer Tappeser (Köln). – Gegenüber an der Einmündung Bischofsholer Damm **Busstop** „Braunschweiger Platz“ von Frank O. Gehry, 1994 aufgestellt.

Breite Straße 10/12 61 / H 8

Ehem. **Grotehaus / Landestreuhandstelle,** bestehend aus ehem. Grotehaus (Nr. 10) mit Erweiterungsbau (Nr. 12). – Grotehaus: 1935/36 von Adolf Springer für die Kaffeefirma Ernst Grote. 1943 Kriegsschäden, 1949 von Eduard Jürgens und Hans Mencke im Stil der 30er Jahre wiederhergestellt. – Historisierender, dreigeschossiger Ziegelbau mit Werksteinrahmungen, hohes Dach mit Treppengiebel. Reicher Knaggen- und Füllbretterschmuck 1935 und 1949 von Friedrich Buhmann; Bauplastik (u. a. Werksteinportal mit Familienwappen Grote, zwei lebensgroße Kaufmannsfiguren) 1935 von Berthold Stölzer, 1949 von Ludwig Vierthaler. Entstanden als angepaßte Erweiterung des Nachbarhauses „Alte Kanzlei“ (nach der dort 1742–60 untergebrachten Justizkanzlei, 1943 zerstört). – An dessen Stelle Neubau Nr. 12 der Landestreuhandstelle, 1977 von Langer und Friess.

Breite Straße, Grotehaus, Portal

Brüggemannhof 62 / B 1

Kleinwohnanlage, 4- bis 5 geschossig, auf tiefem, unregelmäßigem Grundstück, 1912–15 (Nordflügel 1922–24) von Franz Hoffmann als „Schloßwender Garten“ für den Spar- und Bauverein, meist 3- oder 4-Zimmer-Wohnungen, bereits mit innenliegendem Bad und WC. – Fassaden größtenteils dem begrünten Innenhof zugewandt. Monumentale Eingangsfront zur Schloßwender Straße. Im Hof „anheimelnde“ Architektur mit Loggien, Fachwerk, Arkaden u. ä., figürl. Bauplastik mit Szenen aus dem Handwerkerleben.

Brüggemannhof, Eingangsfront

Brühlstraße 63 / C 4

Hauptverkehrsstraße (seit 1952), bis Mitte des 19. Jh. Gartenweg mit Villenbebauung, Villen an der abschüssigen Südseite meist mit Gartenzimmern in den Sockelgeschossen, erhalten Nr. 25: Wohnhaus, um 1830 von August Christoph Gersting, später aufgestockt, und Nr. 27 (siehe unten). **Clevertorbrücke,** am Anfang der B., um 1781 mit dem Neubau des Clevertors nach Plan des Ingenieurhauptmanns Müller (später Prof. in Göttingen) entstanden, Ersatz einer mehrjochigen Klappbrücke aus

Brühlstraße, „Skulpturenmeile“, Stahlplastik von Erich Hauser, 1987

Brühlstraße, Giebel der Clevertorwache vor dem Arbeitsamt

Holz. Steinerner Segmentbogen (nur vom Fluß her zu sehen) unter der westl. Fahrbahn der heute verbreiterten Brücke, Oberbau nicht erhalten. – Am Ende der Brühlstraße Neustädter Friedhof → Otto-Brenner-Straße.
Skulpturenmeile: Plastik „Stahl 17/87", 1987 von Erich Hauser; Gruppe aus fünf Granitskulpturen „Etude I–V", 1982 von Eugene Dodeigne. – Fortsetzung der „Skulpturenmeile" → Königsworther Platz, → Georgengarten.

Brühlstraße 4 — 64 / C 4

Arbeitsamt Hannover. Urspr. Anlage 1950–53 von Dieter Oesterlen, Baugruppe mit sechsgeschossigem Hochhaus als nördl. Abschluß des Straßenraumes Leibnizufer/Hohes Ufer. Fassade urspr. aus sichtbarem Stahlbetonskelett mit roter Ziegelausfachung, heute angeglichen an den Erweiterungsbau, 1985 von Friedrich Wilhelm Kraemer und Ernst Sieverts.
Clevertorwache: Klassizistisches Wachhaus von 1790, abgebrochen 1885. Giebeldreieck mit Monogramm König Georgs III. 1980 im Hof des Landesmuseums ausgegraben, in Metallrahmen (stilisiertes Tor) im Eingangsbereich des Arbeitsamtes – etwa am ursprünglichen Platz – wiederaufgestellt.

Brühlstraße 27 — 65 / B 3

Ehem. **Villa Simon,** heute von Instituten der Universität genutzt. Zweigeschossiger Putzbau, 1858–60 von Heinrich Christian Tramm, Rundbogenstil mit Kniestockfries und Stabarchivolten über den Fenstern. Eckbau des Königsworther Platzes in der Achse der Herrenhäuser Allee mit entsprechender Ausrichtung des Wintergartens und des Balkons. Für den Obergerichtsanwalt Eduard Simon errichtet, später lange im Besitz des Kommerzienrats Joseph Berliner. – Beispielhaft für Tramms Wohnhausbauten, als einziger Bau äußerl. fast unverändert erhalten.

Burgstraße — 66 / D 5 - E 6

Westliche Hauptstraße der Altstadt, 1359 borchstrate, 1365 platea urbis, 1750 Burgstraße, benannt wohl nach dem befestigten Hof der Landesherren; im 12./13. Jh. mit Burgmannshöfen beiderseits der Straße.– Beispielhaft für den Wandel der Altstadt in der Nachkriegszeit: Am Nordende zwischen Neubauten H.s ältestes erhaltenes Fachwerkhaus (1564/66, Nr. 12), gegenüber Kreuzkirchenviertel (1950–52); am touristisch belebten Südende Historisches Museum (1963–66, Pferdestraße 6) in der Breite eines ganzen früheren Baublocks; gegenüber „Traditionsinsel" aus Fachwerkhäusern, teils hier erhalten, teils 1954–64 hierher umgesetzt (Nr. 23–33).

Burgstraße 12 — 67 / D 6

Typisches städtisches **Gehöft** aus Vorderhaus, Seitenflügel und Hinterhaus, älteste noch erhaltene Fachwerkhäuser der Stadt; heute Wohnhaus, Büros. – **Vorderhaus:** ca. 1566 von Hinrich Holste aus Hildesheim (vollendete den Apothekenflügel des Rathauses). Viergeschossiges Traufenhaus von 9 Gefachen Breite, über dem 1. OG geschoßweise vorgekragt (Knaggen noch im 2. und 3. OG) und reich geschmückt, später dreigeschossiger Erkervorbau (3 Gefache), Durchfahrt linksmittig, EG im 19. Jh. verändert. Nach Kriegsschäden instand gesetzt, ab 1976 restauriert, Halbkreisrosetten des 1. OG ergänzt. – **Hinterhaus, Seitenflügel:** Dreigeschossige Fachwerkbauten von 1564 und wenig später, auf der unteren Setzschwelle lat. Inschrift mit Name des Bauherrn Hinricus Grube und Meister-

Burgstraße vom Holzmarkt, vor 1943

Burgstraße, „Traditionsinsel“ am Historischen Museum

signatur GK („K“ für Zimmermannsfamilie „Konning“).

Burgstraße 23 68 / E 6

Spittahaus, dreigeschossiges Fachwerkhaus mit massivem Erdgeschoß, Ecke zur Ballhofstraße (Theatergaststätte, Büros). Hierher umgesetzt, bis 1943 BDM-Heim. – Urspr. dreigeschossiges Giebelhaus direkt gegenüber dem Eckhaus Ballhofstr. 12, Schmalseite zur Burgstraße; 1669 von Adrian Siemerding für Johann Duve. Karl Johann Philipp Spitta (1801–1859), Superindendent und Dichter von Kirchenliedern (Liedersammlung „Psalter und Harfe“), verlebte hier seine Jugend. – **Heutiger Bau:** Im Zusammenhang der Altstadtsanierung (→ Ballhofstraße) 1938 als Eckhaus hierher versetzt, dabei um 90 Grad gedreht (Arch.: v. Erffa). Bei diesem Wiederaufbau auf zwei Hausparzellen blieben die Länge der alten Hauptfassade und die auskragenden Obergeschosse (ohne das dritte) erhalten; geändert wurden der Zwerchgiebel, das Erdgeschoß (massiv in Muschelkalk-Quadern) und die Länge der Seitenfassade. – 1957 Erweiterung nach Süden (s. unten Burgstr. 23a).

Burgstraße 23a – 27a 69 / E 6

Vier **Wohnhäuser** auf 3 alten Parzellen, 1954–64 von Alfred Zappe und Ewald Zänker für die Gemeinnützige Baugesellschaft. Vorgeblendete Fassaden (die Läden im Erdgeschoß ausgenommen) von Fachwerkhäusern, die verstreut an anderen Stellen den Krieg überstanden hatten. – **Nr. 23a** (Erweiterung zu Nr. 23): 7 Fach breite Fassade der alten Nr. 29 (von ca. 1660, mit Erker). – **Nr. 25** (Knochenhauerstr. 21, alte Nr.), giebelständig, 9 Gefache, 4 Geschosse und 3 Giebelgeschosse, 2.–5. OG auf Krallenkonsolen vorgekragt, vor ca. 1850 Einfahrt links der Mitte; Andreaskreuze, Brüstungsleisten mit Tauornament, Halbrosettenfries mit Zwickelblatt auf allen Setzschwellen; um 1550–60, nach Art des Tileke Gering (sign. TG). – **Nr. 27** (Knochenhauerstr. 22), traufständig, 4 Gefache, 4 Geschosse (schwach vorkragend, mit Gesimsbrettern), Ende 18. Jh. – **Nr. 27a** (Knochenhauerstr. 24) traufenständig, 4 Achsen, gekuppelte Ständer, 4 Geschosse (vorkragend), 2. H. 18. Jh.

Burgstraße, Spittahaus, 1918

Nordrand der Calenberger Neustadt (Zustand vor 1861), Aquarell von Karl Hapke

Burgstraße 31, 33 70 / E 6

Fachwerkhäuser: Nr. 31 **Wohnhaus und Gaststätte,** traufständig, 4 Achsen, 4 Geschosse, EG verändert, 2. Hälfte 18. Jh., renoviert 1976/80 (Arch.: Bertram und Bünemann), dabei Fachwerk freigelegt, Dachgauben durch Giebelerker ersetzt. – Nr. 33 **Wohnhaus und Laden,** 8 Gefache, traufständiges Eckhaus zur Kramerstraße (dort 6 Gefache), 4 hohe Geschosse (vorkragend), mittige Giebelerker, EG verändert, 2. Hälfte 18. Jh.

Calenberger Neustadt

Stadtteil zwischen Leine und Ihme, heute bestehend aus der urspr. umwallten Cal. N. (gegenüber der Altstadt) und ehem. Vorstadtgemeinden (Glocksee, Ohe, Teile von Königsworth). – **Anfänge:** Am Leineübergang auf Sandinseln des stark verästelten Flusses entstand zw. 1208 und 1215 die landesherrl. Burg Lauenrode (nördl. der heutigen Neustädter Kirche), in ihrem Schutz Adelshöfe und kleine Siedlung; diese von der Altstadt nach Schleifung der Burg (1371) niedergehalten. – **Herzogliche Siedlung:** Seit der Residenznahme (1636) Planung, 1646–53 Bau einer modernen Festung, 1653 gegen den Widerstand der Altstadt mit deren Festung vereinigt. Entwicklung weitgehend vom Hof bestimmt, Verwaltung durch herzoglichen Vogt. Bebauung seit 1648 zuerst an vorhandenen Straßen, dann nördl. der Calenberger Straße, dort tlw. von Johann Duve finanziert (Wohnsiedlung, Neustädter Kirche), seit ca. 1685 auch südl. der Calenberger Straße. Ansiedlung auch nichtlutherischer Einwohner, im Gegensatz zur Altstadt. 1709 Recht der „kleinen Städte", 1714 Ratsverfassung, 1824 mit der Altstadt vereinigt. – **Nach 1824:** Sozialer Niedergang, 1843 eingeleitet durch Verlegung des Fernverkehrs zum Bahnhof, im 3. Reich Sanierungsgebiet. Bis zum 2. Weltkrieg geschlossenes barockes Stadtbild, meist Fachwerkbauten; davon nur wenig erhalten: → Am Archiv und Archivstraße (Verwaltungsbauten), Rosmarinhof, Brand- und Mittelstraße (Wohnhäuser), Calenberger Straße und Rote Reihe (Palais), Neustädter Kirchhof und Goethestraße (Kirchen). – **Nach 1945:** Nachkriegsaufbau im Innern als vorbildl. Wohngebiet → Rosmarinhof, jedoch nicht insgesamt als Einheit wiedergewonnen;. die urspr. Verbindung zur Altstadt unterbrochen durch Ausbau des → Leibnizufers auf dem Ostrand der Calenberger Neustadt.

Calenberger Straße, Palais v. Dachenhausen, Foto 1905

Calenberger Straße 4 71 / B 7

Palais v. Dachenhausen, heute Teil des Friederikenstifts (→ Humboldtstraße). Neunachsiger zweigeschossiger Bau von ca. 1800; vielleicht schon 1785 für den

Bürgermeister der Neustadt, Albert. Heutige klassizist. Putzfassade von ca. 1830. Fünf Mittelachsen unter flachem Dreiecksgiebel, Rückseite senkrecht verbrettert. – 1836–56 Wohnsitz des Landdrosten F. W. v. Dachenhausen, 1856–95 Stammsitz des bedeutenden Bankhauses Ephraim Meyer & Sohn, 1856–62 auch Sitz des Landrabbinats, 1950–68 Kanzlei von Landesbischof Hanns Lilje. – Neben dem Fürstenhof (→ Rote Reihe) letztes erhaltenes Adelspalais der Calenberger Neustadt.

Callinstraße 7 — 72 / S 7

Chemische Institute der Universität, 1906–09 von Friedrich Ebel, reich gegliederte Architektur in Anlehnung an Schloßbauten der Weserrenaissance. Größtes und schönstes Beispiel der „deutschen" Neorenaissance in H. Erweiterungen 1968 rechts (Schneiderberg), seit 1992 links, von Kleine/Ripken/Teicher, mit neuem Eingang zum Welfengarten.

Celler Straße 78 — 73 / E 8

Apostelkirche (ev.-luth.), 1880–84 nach Plan von C. W. Hase von seinem Schüler Karl Börgemann, Tochterkirche der Christuskirche. – Basilikale, kreuzförmige gewölbte Anlage mit abgetrenntem Chorumgang, Westturm mit kupfergedecktem (urspr. gemauertem) Helm, Sakristei auf sechseckigem Grundriß seitlich am Chor. Backsteinbau ohne Putz und Glasuren, fast ohne Formsteine. Zentralisierende Wirkung des Innenraums unterstützt durch polygonale Abknickung der Empore. Ausmalung 1959 übertüncht, Ausstattung bis auf Chorfenster und Altarschranken erhalten. – Exemplarisch für puristischen neugotischen Kirchenbau, entsprechend der Forderung des späten Hase nach baukünstlerischer Wahrheit durch Übereinstimmung von Funktion, Form und Material.

Pfarrhaus, Gemeindehaus (An der Apostelkirche 2 und 1), neben der Kirche, neugotische Backsteinbauten von 1888 und 1890, verändert.

Celler Straße, Apostelkirche

Culemannstraße, „Bähre" mit Sieltürmchen (am Westufer der Leine)

Culemannstraße — 74 / E 8

Ehem. Stadtbefestigung: „Bähre" (Barriere) am Westufer der Leine südlich der Brücke Friedrichswall, ca. 20 m lange schräge Ufermauer aus Steinquadern; darauf achteckiges Sieltürmchen, mit Bauinschriften, Stadtwappen und Hochwassermarken von 1588 bis 1783, erneuert 1962.– Sichtbare Hälfte einer Barriere zwischen Hauptarm der Leine und einstigem Stadtgraben zur Regulierung von dessen Wasserstand; einziger Rest der wasserbautechn. Einrichtungen der Stadtbefestigung.

De-Haën-Platz — 75 / U 6

Wohnsiedlung um einen symmetrischen, zweiteiligen Schmuckplatz, auf dem Gelände der 1901 verlegten chemischen

De-Haën-Platz/Waldstraße

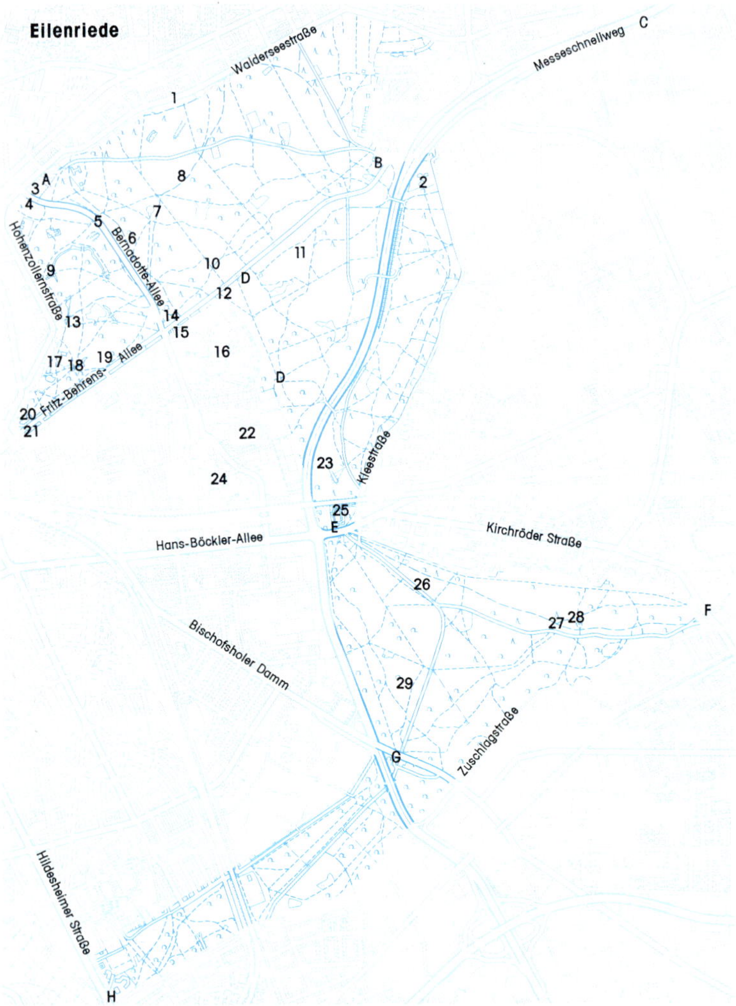

Rodelhügel, Schutzhütten. – **Bedeutung:** Größter europäischer Stadtwald, seit dem 19. Jh. Wandel vom Nutzwald zum Erholungsgebiet, in einzigartiger Nähe zum Stadtzentrum.

Einzelobjekte: 28 Heiligers Brunnen, von Friedrich Ehrhardt entdeckte Schwefelquelle, 1794 auf Anordnung des Bürgermeisters Heiliger in Stein gefaßt und mit lat. Inschriften versehen. 50 m westlich Rest einer alten Badeanlage (**27** „Kopperloch"). – **7 Rad,** Labyrinth auf dem Boden einer Lichtung, um 1932. Ältere (17. Jh.?) Anlage nahe dem Emmichplatz nicht erhalten. Erwähnt schon 1582, Zweck bis jetzt ungeklärt. **2 Vogelschutzgehölz** (eröffnet 1959), nahe Steuerndieb/Kleestraße, Schutz- und Lehrgehege mit Teich, Voliere, Schauhaus. – Am Westrand **16** Zoo (→ Adenauerallee 3), **22** Eilenriedestadion, **24** Stadtpark (→ Theodor-Heuss-Platz 1–3).– ***Denkmäler, Plastiken, Brunnen*** (viele von der Fritz-Behrens-Stiftung): **8 Alemannenstein,** 1915, Studentencorps Alemannia – **18 Burckhardt-Denkmal,** Obelisk mit Porträtrelief des Forstdirektors Burckhardt, 1883 von Carl Dopmeyer – **26 Crayenbergbank,** Granit, zum Gedenken an die hier 1903 verstorbene Gräfin C. – **23 Duellstein,** Gedenkstein für Georg Chüden, † 1859 – **10 Ehrenmal,** Sandstein, 1933 von Reinhold Schulz, für das Infanterie-Reg. 368 – **10 Ehrenmal,** Findling, für das Hannoversche Infanterie-Reg. 74 – **4 Ehrenmal des Füsilierregiments Nr. 73,** Sandsteinquader, 1927 von Friedrich See-

Emmichplatz – links: Arkade, Rest vom „Neuen Haus" (Vorgängerbau der Hochschule für Musik und Theater); rechts: Rese-Brunnen, von Hans und Martha Poelzig

ßelberg – **5 Fabeltier** (Bronze, 1931 von Ludwig Vierthaler, 1951 Neuguß nach Kriegszerstörung) – **29 Füsiliergedenkstein,** Findling, für Prinz-Albrecht-Füsiliere (Reg.73) auf dem Friedhof in Douchy – **15 Flötenspieler,** Holz, 1983 von Jan Kowalski – **3 Hirsch,** Bronze, 1936 von August Waterbeck – **13 Königinnen-Denkmal** an der Hohenzollernstraße (Marmorgruppe 1910 von Valentino Casal, als Nachbildung der berühmten von G. Schadow geschaffenen Figuren der in H. geborenen Geschwister, Königin Luise von Preußen und Königin Friederike von H., Geschenk Kaiser Wilhelms II.) – **6 Königsulan,** Reiterstandbild, Bronze, 1927 von Ernst Gorsemann (Königsulanenregiment) – **1 Pelikan-Brunnen,** 1914 von Gustav Halmhuber, urspr. als Merkur-Brunnen im Neuen Rathaus, seit 1935 an der Fritz-Beindorff-Allee, Pelikan-Bronzen 1961 von Ludwig Vierthaler – **12 und 25 Radfahrersteine,** zwei Gedenksteine an den Enden des 1900 vom Radfahr-Renn-Verein Hannover angelegten Radweges zwischen Kleefeld und Zoo – **17 Steinbock,** Bronze, 1936 von E. Gorsemann – **11 Völkerschlacht-Eiche,** 1913 gepflanzt zum Gedenken an die V. bei Leipzig 1813

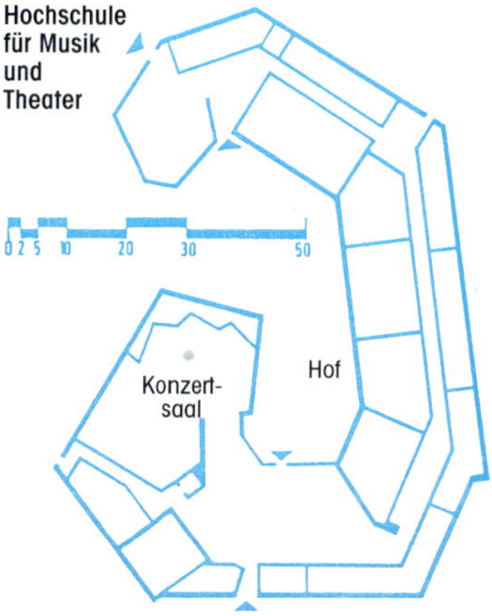

– **9 Waldersee-Denkmal,** Steinplastik an der Hohenzollernstraße, 1916 von Bernhard Hoetger; der Generalfeldmarschall in Kreuzritter-Positur unter Adler-Baldachin – **19 Wildschweingruppe,** Muschelkalk, 1959 von Kurt Schwerdtfeger – **14 Wisent,** Bronze, 1935 von August Waterbeck. – ***Landwehren*** (* nicht oder nur als Gebäude- oder Flurname erhalten): **A** Lister Turm (1387, → Walderseestr. 100)*, **B** Steuerndieb (1392)*, **B–C** Lüneburger Landwehr (1341)*, **C** Pinkenburg*, **D–D** Inselgraben (1373, Landwehr zw. Hann. und Misburg), **E** Pferdeturm (1387, → Am Pferdeturm), **F** Kirchröder Turm (1373)*, **G** Bischofshole (1361)*, **F–G–H** Hohe Landwehr / Landwehrgraben (vor 1399)*, **H** Döhrener Warte/Turm (1355/82, → Hildesheimer Straße 194)

Emmichplatz 1 — 82 / M 3

Hochschule für Musik und Theater. Sichtbetonbau mit Grundriß in Form einer Schnecke bzw. eines Ohrs, um einen Hof gekrümmt, 1970–73 von Rolf-Dieter Ramcke. Abteilungen: Musik, Oper, Schauspiel, Ballett; Konzertsaal mit 468 Plätzen. – Auf dem Vorplatz Arkade mit Pavillon, Rest der 1970 abgebrochenen städtischen Gaststätte „Neues Haus", 1894 von Paul Rowald.

Rese-Brunnen (an der Fritz-Behrens-Allee), mit Pflanzenskulptur aus Majolika, 1925 von dem Künstlerehepaar Hans und Martha Poelzig, benannt nach dem Auftraggeber, dem Goslarer Kaufmann Hermann Rese (Brunnen im Winter verkleidet).

Ernst-August-Platz — 83 / G-H 4

Bahnhofsvorplatz (benannt 11. 9. 1861 im Zusammenhang mit dem Ernst-August-Denkmal), angelegt um 1845 in Form eines langgestreckten Fünfecks, beherrschend der Bahnhofsbau von 1875–80. – **Geschichte:** Seit 1819 Pläne für nordöstliche Stadterweiterung (Steintorfeld), mehrfach verändert, zuletzt mit der Bahnhofsplanung

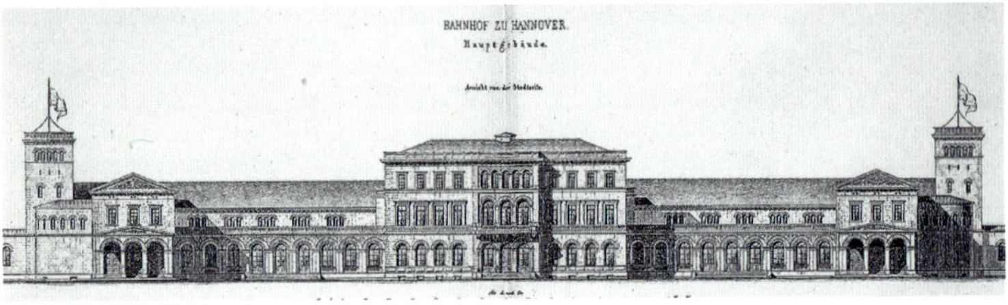

Hauptbahnhof, erstes Empfangsgebäude, 1845–47 von Ferdinand Schwarz

verknüpft, 1843 festgelegt (Ernst-August-Stadt). Lage und Gestalt von Bahnhof und Vorplatz 1841–43 von Laves entwickelt, Andreaes Gegenentwürfe einbezogen, bes. die achsiale Ausrichtung auf den Marktkirchenturm und die Waterloosäule. 1845 erste Platzgestaltung von E. Neide als parkartige Grünanlage, seit 1859 häufig umgestaltet. Randbebauung seit 1845, mehrere Hotels, bes. nach Umzug der Post 1851 aus der Calenberger Neustadt in einen Wagenschuppen des Bahnhofs. – Hotels ab 1945 zunehmend ersetzt durch Verwaltung (Bundesbahn, Post) und Einzelhandel. – Ausrichtung des Bahnhofs zur Innenstadt, dadurch Lage im Verkehrsgefüge der Innenstadt bis heute problematisch. Erst beim Neubau des Bahnhofs 1876–80 Bau der beiden Straßentunnel zur Oststadt, erst seit 1975 freier Durchgang durch den Bahnhof. – Unter dem Platz sog. Bahnhofsbunker, Luftschutzraum des 2. Weltkriegs, danach Notquartier der Inneren Mission für obdachlose Durchreisende. Durch Bau der U-Bahn geteilt, zu Schutzräumen ausgebaut. – **Bedeutung:** Einer der schönsten Plätze von Laves, Anfang der stadtbildprägenden Raumfolge bis zum Georgsplatz, heute durch Dichte der Verkehrsanlagen beeinträchtigt. Trotz heterogener Bebauung von 1851 bis 1976 in seinen hist. Baulinien bis heute erhalten.

Ernst-August-Denkmal, König E. A. in Husarenuniform, bronzenes Reiterstandbild auf Granitsockel, in achsialer Stellung vor dem Hbf. – Seit 1855 geplant, 1856 Auftrag an Christian Daniel Rauch (Berlin), Entwurf ausgeführt von seinem Schüler Albert Wolff, Uniform und Kopf des Königs nach Entwurf des hann. Bildhauers Heinrich Hesemann; enthüllt 21. 9. 1861. Seit ca. 1880 „gerahmt" durch das Rundbogenportal des Bahnhofs. 1975 Neuaufstellung (nach U-Bahn-Bau) am Kopf einer Treppe zur Passerelle, ohne den gestuften Unterbau. Einziger Rest der ersten Platzgestaltung, beliebter hann. Treffpunkt („unterm Schwanz").

Bauten am Platz: Nr. 2: **Hauptpost,** mit Verkehrsbüro (Tourist Information), von Daniel Reinhardt bis 1951 erbaut; am Eingang Muschelkalk-Relief „Briefstafette", 1951 von Richard Khuöl an Stelle des kriegszerstörten Baus von Kind, 1878–81 in ital. Hochrenaissance. – Nr. 4: **Central-Hotel Kaiserhof,** erbaut bis 1915 von Friedrich Hartjenstein; nach Kriegsschäden Dach vereinfacht. – Nr. 7: **Grand-Hotel Mußmann,** früher Hotel Hartmann, 1951 von Kurt Thum. Vorgängerbau von C. W. Hase 1850–58.

Ernst-August-Platz 1 — 84 / H 4

Hauptbahnhof, 1841–47 entstanden als Zentralbahnhof der hann. Staatseisenbahn, heutiges Empfangsgebäude von 1876–80. – **Erste Anlage** (bis 1876, nichts erhalten), Planung 1841–43 von Laves, ebenerdiger Durchgangsbahnhof (einer der ersten in Deutschland), Vorbild Derby (England), Betrieb anfangs als doppelter Kopfbahn-

Hauptbahnhof, heutiges Empfangsgebäude, 1875–80 von Hubert Stier

hof. 22. 10. 1843 erste Teilstrecke (nach Lehrte) eröffnet. „Eisenbahnhof" als Gehöft: sämtliche Betriebsanlagen auf dem Gelände des heutigen Bahnhofs zw. Celler Straße und Schiffgraben vereinigt (heute weit verteilt). – Bauten von Ferdinand Schwarz: Betriebsgebäude seit 1844, Empfangsgebäude 1845–47 mit Perronhalle (Bahnsteighalle) für 2 × 2 Gleise. Seit Ende der 1850er Jahre Erweiterung geplant; um 1868 Bahnsteige verlängert und auf 2 × 4 Gleise erweitert; 1863 Direktionsbau; 1868 Rangierbahnhof ausgelagert. – **Neuplanung:** Durch Anwachsen des Verkehrs zunehmende Wirkung als Barriere (bis heute nicht gänzlich überwunden). 1866 Planung durch Julius Rasch, mit Höherlegung der Gleise, nicht fortgeführt. Entwurf von Ludwig Heim (1. Preis im Schinkel-Wettbewerb 1869) übernommen von seinem Lehrer Friedrich Hitzig, Plan für eine über 300 m lange Baugruppe aus Post (links), Bahnhof (Mitte) und Bahnverwaltung (rechts), ausgeführt nur Bahnverwaltung (→ Joachimstr. 8). Hitzigs Plan in H. abgelehnt wegen der ebenerdigen Gleislage und der strengen Architektur in Berliner Bautradition. – **Heutige Anlage,** seit 1874/75 ausgeführt nach Plan von Durlach und Grüttefien, dabei entscheidend die Höherlegung der Gleisanlagen; Neubau in Betrieb 1879, fertig 1880: 9 Gleise unter 2 gewölbten Bahnsteighallen; 3 Personen- und 2 Gepäcktunnels. – Behelfsbahnhof 1875 bis 1879 am heutigen Südbahnhof (damals Hann.-Altenbekener Bahn). – Ab 1909 mehrmals erweitert, besonders nach 1945. Bahnsteighallen nach Kriegsschäden durch Einzelüberdachungen ersetzt. – **Heutiges Empfangsgebäude:** Entwürfe 1875 von Hubert Stier, ausgeführt bis 1880; wahrsch. beeinflußt durch Entwurf seines Vaters Wilhelm Stier für das Hamburger Rathaus (1854). Fünfteilige Gliederung (3 Pavillons, 2 Verbindungsflügel) aus den damaligen Raumfunktionen abgeleitet: in der Mitte Vestibül mit Fahrkartenausgabe, seitlich Warteräume, in den Eckbauten Betriebsbüro und Räume für den Kaiser (rechts). Ziegelverblendung aus gelben Greppiner Steinen mit rotglasierten Horizontalbändern. Bauschmuck aus Terrakotta und Sandstein, u. a. Wappen von Bremen, Hamburg, Köln, Berlin, Kassel, Braunschweig; am Kaiserpavillon Wappen des Kaisers, der Stadt und der Provinz Hannover, Kaiserkronen. Vorbauten der Seitenflügel 1909–11 (Entwurf 1900 von Hubert Stier).– 1943 stark beschädigt; Wiederaufbau 1948–57 in den Außenmauern originalgetreu, neue Vorbauten ca. 1951–53 von Uvo Hölscher, Halle in die Seitenflügel erweitert. Im Zhg. mit dem U-Bahn-Bau (1970–75) an Stelle des Mitteltunnels

Ernst-August-Platz, Ernst-August-Denkmal, nach 1975

breite Durchgangshalle bis zum Raschplatz mit Einbindung in das öffentliche Fußwegenetz (mit 2. Ebene → Passerelle), Wegfall der Bahnsteigsperre. – **Bedeutung:** Ein Hauptknotenpunkt des nordeuropäischen Eisenbahnverkehrs. Anlage Ende des 19. Jh. beispielgebend für Großstadtbahnhöfe. Das Hauptgebäude ein Spätwerk des Berliner Rundbogenstils, in Detail und Fassadenrelief der hann. Architekturschule angenähert.

Ernst-August-Platz 3 — 85 / G 3

Ehem. **Hôtel de Russie,** 1851 von C. W. Hase für den Hotelier W. Meese erbaut, seit 1891 von der Telegrafenverwaltung genutzt, heute Teil des Fernmeldeamts 1. – Viergeschossiger, urspr. glattgeputzter Rundbogenbau, Arkade und Rauhputz nicht original. Alte Eingangsachse im Knick des Gebäudes urspr. reicher und differenzierter, ähnlich Künstlerhaus → Sophienstr. 2. Zweigeschossige Blendarkaden wahrsch. von Andreaes Rathausflügel abgeleitet (Schmiedestr. 1). – Ältester erhaltener Bau von Hase, sein erster mit räumlich geschichtetem Wandaufbau.

Hôtel de Russie, Aufn. vor 1891

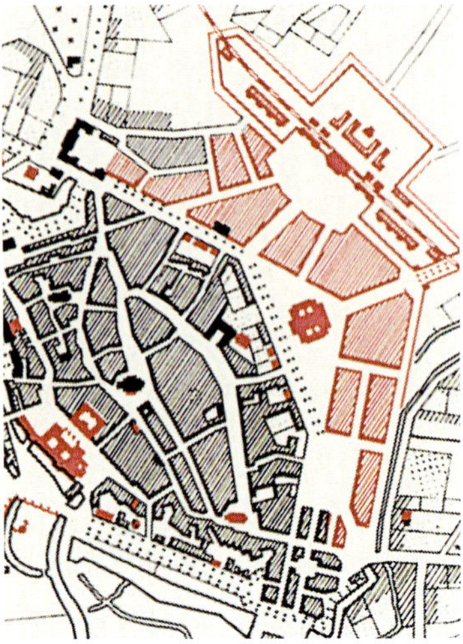

Ernst-August-Stadt und Lavessche Bauten, 1843

Ernst-August-Platz 8 86 / H 4

Ehem. **Teil des Hôtel Royal,** entstanden um 1860 (von Julius Rasch ?) als höherer Eckabschluß des nicht erhaltenen Ursprungsbaus von 1845 (von Laves ?). Heute einbezogen in einen Neubau der Deutschen Bundesbahn, durch Anstrich schmuckstückartig hervorgehoben. – Putzbau im Rundbogenstil (Übergang zur Neorenaissance), Ecklisenen mit Kreismedaillons; urspr. mit zinnenartigem Dachabschluß. Neobarocker Eingang um 1920.

Ernst-August-Stadt

Teil der Innenstadt zw. Bahnhof, Steintor, Georgstraße und Aegidientorplatz, entstanden seit 1830 als nordöstl. Erweiterung der Altstadt ins Steintorfeld mit der Georgstraße als Basislinie, im wesentlichen nach Planung von Laves, in fruchtbarer Auseinandersetzung mit Stadtbaumeister Andreae. – Über die Stadtgrenzen hinausführende Residenzplanungen von Laves seit 1816, mit neuen Straßenachsen. Diese übernommen 1819 in die Planung einer großen Stadterweiterung nordöstl. der Georgstraße nach barockem Schema. Widerstände seitens der Stadt führen zu Verzögerung, Verkleinerung und Vereinfachung des Projekts. 1830 Genehmigung von vier Blöcken außerhalb des Stadtgrabens, bezogen auf das heutige Opernhaus-Dreieck als Schwerpunkt. Seit 1841 verbunden mit der Bahnhofsplanung, endgültiger Plan von Laves 1843, Lage des Bahnhofs nach Andreae. – Architektonischer Schwerpunkt ist das Opernhaus, Laves' letzter Großbau. Wohnbau zunächst noch klassizistisch (nach vereinheitlichender Bauordnung von 1844), dann auch Rundbogenstil; seit den 1860ern in den jeweils modernen Stilen rasche Verdichtung und Wandel zum Geschäftsviertel, im Südteil zum Bankenviertel. Heutige Bebauung gemischt, die Mehrzahl aus dem Jahrzehnt nach 1950. – Einzelne Reste der Erstbebauung → Ernst-August-Platz, Landschaftsstraße, Opernplatz 1, Prinzenstraße, Sophienstraße, Theaterstraße. – Bedeutendste städtebauliche Leistung des 19. Jh. in H.

Flughafenstraße (Lgh) 88 / R 1

Flughafen Hannover (auf Langenhagener Stadtgebiet). – Um 1936 angelegt als Militärflugplatz Evershorst, 1951/52 Ausbau zum Verkehrsflughafen (Vorgänger-Anlage → Alter Flughafen). Planung durch F. W. Petzel. Erstes Abfertigungsgebäude (Umbau einer Flugzeughalle) von Felix zur Nedden; heutige Anlage aus dreieckigen Terminals 1971–73 von Heinz Wilke, als „Hannover-System" vorbildlich geworden (Moskau-Scheremetjewo).

Friederikenplatz 89 / E 8

Benannt 1843 nach der Königin Friederike, vorher Mühlenplatz. 1955 erheblich erweitert zur heutigen Größe, 1966 und 1990 umgebaut. Knotenpunkt zwischen Innenstadtring und äußeren Tangenten. – **Geschichte:** Urspr. Mitte der Insel zwischen den beiden Hauptarmen der Leine, wo diese vom Stadtgraben gekreuzt wurden. Standort wichtiger städtischer Wirtschaftsbetriebe: Klickmühle, 1226 erstmals erwähnt, später auch Wasserkunst (d. i. Pumpwerk zur Speisung der städt. Wasserleitungen); Brückmühle, erstmals 1329 so genannt; ferner Bauhof und Ratsfischteich. Mit dem Baubeginn des Leineschlosses 1637 Wandel zum Schloßvorplatz und allmählicher Rückgang des städtischen Elements: 1680 Verlegung der Wohnhäuser „uppe den Specken" gegenüber dem Schloß, 1713–21 Bau des Staatsarchivs (→ Archivstraße 1), 1841 Umgestaltung des

Flughafen Hannover-Langenhagen

Friederikenplatz, hier als Mühlenplatz zu Beginn des 19.Jh. In der Mitte kgl. Wäscherei, dahinter (v. lks.) Klickmühle, Kornmagazin und Lyzeum

Ölbild von Burchard Giesewell, 1827

Platzes zum Park. Im 19. Jh. repräsentative Neubauten beider Mühlen: Brückmühle, mit Doppelturm-Fassade im Rundbogenstil 1859–61 von Ludwig Droste und Heinrich Hagen; Wasserkunst (Klickmühle), 1897 mit schloßartiger Neorenaissance-Architektur von Hubert Stier. – **Heutiger Platz:** Planung seit 1938 im Zhg. mit dem → Leibnizufer. Vor 1955 Abbruch der Brückmühlenruine (Wappenstein jetzt im Giebelfeld des Wangenheimpalais), Zuschüttung des Mühlenarms der Leine. 1955 Anlage des Platzes als Verkehrskreisel, seit 1966 Kreuzung. Nach Errichtung des Plenarsaals des Landtags: 1963 Abbruch der Wasserkunst, 1966 auch des Friederikenschlößchens (1817 von Laves) am südlichen Platzrand (Reservefläche für Neubau der Staatskanzlei, bislang nicht realisiert). – Erhaltene Inschrifttafeln der beiden Mühlenbauten im Fußgängertunnel unter dem Platz. – Schale des Wasserkunst-Brunnens (Karl Gundelach) 1966 am Klagesmarkt aufgestellt. – **Bedeutung:** Mitte der zum Regierungsviertel ausgestalteten Straßenlandschaft Leibnizufer-Lavesallee-Waterlooplatz-Friedrichswall. Die Gestaltung des Platzes betont die Kontinuität der Landesherrschaft am selben Ort, reduziert aber die große Bedeutung des Platzes für die frühe städtische Wirtschaft.

Friederikenplatz, Flußwasserkunst, Bauzeichnung (Blaupause) von H. Stier

Friedrichswall 90 / F-H 8

Ehem. **Promenadenstraße,** entstanden 1779, urspr. Name „Friedrichstraße" (bis 1952) nach Friedrich Herzog v. York; 1952–61 als Teil des Tangentenrings um die Innenstadt ausgebaut; nördl. Begrenzung des Maschparks und einziger Bereich der Stadt, in dem sich die Grenze der geschlossenen Bebauung in Jahrhunderten kaum verschoben hat. Auf dem Mittelstreifen noch Reste der ab ca. 1781 gepflanzten Allee. Zwischen Bauten der Nachkriegszeit einige der zw.1800 und 1860 entstandenen Bürgerhäuser und Palais erhalten, darunter Wangenheimpalais (Nr. 1) und Laveshaus (Nr. 5). Dominierend das neungeschossige Hotel (Nr. 11), 1963–65 erbaut, sowie das gegenüberliegende Neue Rathaus (→ Trammplatz 1). – **Geschichte:** Nach Anlage der Calenberger Neustadt einzige offene Seite der Stadt zur Leineaue, davor lag der „Nothelfergraben" (breitester Teil des Stadtgrabens). Im Zuge der Entfestigung Umbau zur Promenade, ca. 1779–83/84 nach Plan von G. J. du Plat: Abflachung des Walls (Gewinnung von Bauplätzen), vierfache Allee mit zwei Halbkreisplätzen an den Enden, Durchbruch des „Neuen Weges". Um 1830 durch Christian Schaumburg schmaler Landschaftspark zwischen der Straße und dem verkleinerten Nothelfergraben, Anfangsstadium des Maschparks. – Erste Bebauung bis 1822 (Wohnhäuser, an den Enden Clubhaus und Billard-Club), später verdichtet; lange Tradition öffentlicher Gebäude in der Grünanlage: 1795 städtischer Kornspeicher (1842 abgebrochen); 1829 Russisches Dampfbad von August Andreae (1937 abgebrochen); 1867 erstes hann. Hallenbad (nicht erhalten); 1889 Kestner-Museum (→ Trammplatz 3), Entwicklung zum Zentrum städtischer Repräsentation (Neues Rathaus 1901–13, → Trammplatz 1). Ab 1952 Entwicklung zur heutigen Hauptverkehrsstraße, räumliche

Friedrichstraße (heute Friedrichswall) als Wallpromenade, Farblithographie von Wilhelm Kretschmer, 1855

Konzeption als Reihe offener Architekturräume mit starkem Kontrast von alten und neuen Bauten, Übergang vom Regierungsviertel zur Innenstadt und Nahtstelle zur Erholungslandschaft Leineaue.

Friedrichswall 1 91 / F 8

Wangenheimpalais, 1829–33 von G. L. F. Laves für den Oberhofmarschall Graf Georg v. Wangenheim, heute Nds. Wirtschaftsministerium. – **Geschichte:** Nicht realisierte Schloßbauplanungen von Laves für Wangenheim schon seit 1825: 1. im Wangenheimschen Garten, dort nur die Torhäuser (Jägerstr. 15/16, → Georgengarten) ausgeführt; 2. Umbau und schließl. Neubau des alten Wangenheimschen Stadtpalais' am Archiv, das 1827/28 zur Arrondierung der Regierungsgebäude (→ Archivstr. 2) verkauft wurde. – ***Ausgeführter Bau*** an der damaligen Friedrichstraße, 1828 Planung, 1829–33 Bau, Laves' größter Privatauftrag. Wangenheim, Mitglied der „Kgl. Baucommission", Laves' anspruchsvollster und fachkundigster Bauherr, ließ die Pläne durch Georg Moller (Darmstadt) revidieren. Das Grundstück, der größte freie Bauplatz der Stadt, mußte voll ausgenutzt werden, daher die kompakte dreigeschossige Form. Erster Plan noch in Laves' frühem Stil, an Ledoux erinnernd, daraus die differenzierte Gestaltung der Geschosse und die Drittelung und Mittenbetonung der Fassade beibehalten.; kubische Grundform und das Prinzip der Fassadengliederung aus Mollers Gegenentwurf übernommen. 1844 Anbau des "Greenhouse", halbzylindrischer Erker, im Obergeschoß mit gußeisernen Säulen. – ***Spätere Nutzung***: 1851 nach Wangenheims und König Ernst Augusts Tod Ankauf als Wohnung für die königliche Familie; (das „Alte Palais" an der Leinstraße sollte auf Wunsch Ernst Augusts nicht mehr bewohnt werden). Neuer Name „Residenz-Palais", auch „Neues Palais". Erweitert links durch Ankauf des Wittingschen Hauses (1821–23, kriegszerstört) und 1856 rechts des v. Campeschen Palais (ca. 1830, abgebrochen 1953). Nach Verlegung der Residenz nach Herrenhausen 1862 Verkauf an die Stadt; seit 1863 „Neues Rathaus", bis zur Einweihung des heutigen Neuen Rathauses 1913. Bis zur Zerstörung 1943 städt. Verwaltungen, 1953 Wiederaufbau ohne Nebenbauten, neue innere Aufteilung, steileres Dach. Zunächst städt. Bauamt, bis 1956 erweitert durch Paul Wolters, seitdem Wirtschaftsministerium. Seit 1988 wieder mit klassizist. Farb-

Wangenheimpalais, Westseite mit Wintergartenanbau

fassung und rekonstruiertem Hauptportal. – **Wappen** im Giebeldreieck: Urspr. das Wangenheimsche, dann das königliche, später das städtische. Heutiges Stadtwappen von der Ruine der Brückmühle übernommen. – **Bedeutung:** Hannovers größter klassizistischer Privatbau. Von der einstigen aufwendigen Innengestaltung nichts erhalten. Die herausragende Ecklage des Gebäudes durch Einbeziehung in den Friederikenplatz (1963) steigert die architektonische Wirkung.
Busstop „Friedrichswall" von Massimo Iosa Ghini, 1994 aufgestellt.

Friedrichswall 4 — 92 / F 9

Städtische Bauverwaltung, 1954/55 von Werner Dierschke, Fritz Eggeling, Alfred Müller-Hoeppe. Die Baugruppe aus versetzten Riegeln von 8, 3 und 4 Geschossen, westl. vom Rathaus, bildet mit diesem und dem Kestner-Museum offene Architekturräume, die in den Maschpark überleiten. – **Geschichte:** Vorgängerbau (1899–1906, Hermann Eggert) östl. vom Rathaus als Gegenstück zum Kestner-Museum, im Krieg zerstört; Bauplatz aufgegeben, um die Grünverbindung Stadt–Maschsee zu verbessern. Bauverwaltung nach 1945 provisorisch im Haus der Landschaftlichen Brandkasse, ab 1953 auch im Wangenheimpalais (→ Friedrichswall 1). Der Neubau und sein Standort im Maschpark wurden gegen vielfache Widerstände durchgesetzt. – **Beschreibung:** Bürobauten zweibündig, Stahlbetonbauten mit Rasterfassaden; Stirnseiten mit Naturstein, Fensterbrüstungen keramisch verkleidet. Im niedrigen Mittelbau Eingangshalle, darüber zweigeschossige Treppenhalle. Urspr. offene Laubengänge als Verbindung zu Rathaus und Kestner-Museum geplant. – Vor dem Haupteingang barockes ***Portal*** (mit brit. Königswappen der Form vor 1837) der Garde-du-Corps-Kaserne von 1738 am Königsworther Platz (kriegszerstört). – **Bedeutung:** Erster größerer städtischer Verwaltungsneubau nach dem Krieg. In seiner kontrastierenden Nachbarschaft zum historistischen Neuen Rathaus ein gutes Beispiel für die Intentionen der Stadtplanung seit 1948 unter Stadtbaurat Rudolf Hillebrecht.

Friedrichswall 5 — 93 / F 8

Laveshaus (Amt für Fremdenverkehrs- und Kongreßwesen), 1823/24 von G. L. F. Laves erbaut. – **Geschichte:** Grundstück (zweitgrößtes der Friedrichstraße) urspr. vorgesehen für einen nicht zustande gekommenen Neubau des Lyceums durch Friedrich Weinbrenner. 1821 von Georg Kestner erworben, Planung einer zwei-

Städtische Bauverwaltung, Eingang mit Wappenportal von 1738

geschossigen Mietvilla durch Laves; erst nach dessen Heirat (1822) mit Kestners Tochter Planung des dritten Geschosses als Wohnung des Architekten. 1872 zum „Neuen Weg" hin Wintergarten von Justus Molthan, um 1955 abgebrochen. – Nach 1908 städt. Wohn- und Verwaltungsbau, seit den 1980er Jahren Restaurierung. – **Beschreibung:** Dreigeschossiger verputzter Kubus mit Walmdach, zarte Gliederung durch gequadertes Erdgeschoß und Ritzquaderung in den Obergeschossen; auf allen Seiten dreiachsige Risalite, an der Hauptfront als Umrahmung des Eingangs stärker hervortretend (tiefe Bogenstellung im EG, darüber vier ionische Säulen, die einen Balkon im 2. OG tragen, Dreiecksgiebel über der Traufe); im 1. OG kleine dorische Säulchen als Fensterbrüstung. Aufwendige Erschließung über Vorplatz, Vestibül und Haupttreppe zum 1. OG, Nebentreppe bis zum Dach. Im Deckenspiegel des Treppenhauses Gemälde des 18. Jh., wahrsch. aus einem hann. Palais angekauft. – **Bedeutung:** Bestes Beispiel klassizist. Wohnhausarchitektur in H. Einziger auch im Inneren noch erhaltener Bau der Wallbebauung des frühen 19. Jh.

Friedrichswall, Laveshaus

Laveshaus, Treppe, Zeichnung von Laves 1822

Atelierhaus (Nr. 5a). Hinterer Gebäudeteil 1852 von Laves, als freistehender kleiner Atelierbau für seinen Sohn George (1825–1907, Maler). Nach dessen Heirat 1855 zur Straße hin Anbau des Wohnhauses, dieses 1873 durch Molthan aufgestockt. Schlichte klassizist. Putzfassade, Aufstockung mit gekuppelten Rundbogenfenstern; innen sehr verändert, Atelier tlw. erhalten.
Urspr. **Hofgebäude** (Stall, Remise, Bedienstetenwohnung), errichtet 1823, symmetrisch und mit Schaufassade zum Haupthaus, später aufgestockt, 1838 erweitert, im Krieg zerstört.

Friedrichswall 11 — 94 / G 8

Grandhotel Maritim (bis 1994 „Hotel Intercontinental Hannover"), 1963–65 von den Frankf. Architekten Apel, Beckert, Ing. Becker für eine Hotelkette der Fluggesellschaft PANAM gebaut. – Ca. 100 m langer Hochhausriegel, gegenüber dem Neuen Rathaus auf dem Areal mehrerer Villen und der Kunstgewerbeschule. 7 Normalgeschosse über breiterem Unterbau. – Erster Großhotelbau nach dem Kriege in H. Damit wurde die jahrzehntelang geplante, breite Verbindung zwischen Innenstadt und Rathaus aufgegeben.
Betonrelief, von Werner Schreib, an der Außenwand der hochgelegenen Eingangsterrasse (von Schreib auch inzwischen ersetzte Innendekorationen).

Friedrichswall 17 — 95 / G 8

Ehem. **Fotoatelier Wunder**, 1879 von Christoph Hehl errichtet als Wohnhaus und Atelier (Ateliereinrichtung nicht erhalten) für Karl Wunder, Sohn des ersten niedergelassenen Fotografen H.s, Friedrich Wunder (1815–93). Seit 1925 Besitz des Landesvereins für Innere Mission, Teil des Lutherhauses (→ Ebhardtstraße 3a). – Viergeschossiger roter Backsteinbau mit Architekturgliedern in Werkstein, tlw. gotisierende Einzelformen. Fensterformen geschoßweise wechselnd, z. T. zu Spitzbogenarkaden zusammengefaßt. Ältester so vollst. erhaltener Bau von Hehl, erster Geschäftshausbau an der bis dahin von Villen und Palais geprägten Friedrichstraße.

Garkenburgstraße — 96 / W 11

Stadtfriedhof Seelhorst. Mit 68,5 Hektar größter hann. Friedhof, 1919 nach Plan von Hermann Kube angelegt, frühere Dorffriedhöfe von Döhren und Wülfel einbezogen. Urspr. streng geometrische Anlage, ihr Zentrum im Schnittpunkt gliedernder Baumalleen das Krematorium mit Kapelle in monumentaler, expressionistischer Ziegelarchitektur, 1924 von Konrad Wittmann. Ähnlich der alte Haupteingang am Hohen Weg, 1924 von Wittmann nach Paul Wolf. In der Allee zwischen beiden Anlagen Gedenkstätte für die Opfer hann. Konzentrationslager. Im östl. Viertel Ehrenfriedhof niederländischer Kriegsopfer.

Geibelplatz 5 — 97 / U 9

Hochhaus Glückauf, 1930 von Dr. Wilhelm Ziegeler für den Kohlenhändler C. Lichtenberg / Bergmannsverein Glückauf. – Am Ende des streng symmetrischen Rechteckplatzes (Rasenfläche mit Randallee) mittig zwischen Wohnbauten der Zeit, als Abschluß der 1,5 km langen, an einer „Bastion" am Maschsee beginnenden Geibelstraße. Neungeschossiger roter Klinkerbau mit Werkstein-Schmuck, vor dem Erdgeschoß Laubengang, Mittelachse betont durch lebensgroße Skulptur eines Bergmanns, sechsgeschossigen Dreieckserker und monumentalen Schlußstein. – Einer

Geibelplatz, Hochhaus Glückauf

der Schwerpunkte der Südstadterweiterung unter Karl Elkart in den 30er Jahren.

Gellertstraße 42 98 / M 4

Kirche St. Elisabeth (kath). In der Bauflucht stehende dreischiffige Säulenbasilika in romanisierenden Formen, 1894/95 von Christoph Hehl. – Straßenfassade in Bruchstein mit Sandsteingliederungen, betont durch offene Vorhalle und seitlichen, campanileähnlichen Turm. Längsseiten verputzt, Mittelschiff flachgedeckt, Querhäuser und Apsis tonnengewölbt. Altarraum nach den Seiten durch zwei Säulenarkaden geöffnet, nach einem Motiv aus Sta. Fosca auf Torcello/Venedig (11. Jh.). Über dem Hauptportal in Nischen drei Plastiken (hl. Elisabeth, St. Bernward, St. Godehard) von Carl Dopmeyer, Ausmalung (Leben der hl. Elisabeth von Thüringen), 1897–1904 von Oskar Wichtendahl, geschlossen erhalten. Skulpturen: Schmerzensmann, Mitte 16. Jh., oberbayerisch; Muttergottes, 1. Drittel 18. Jh., aus der Umgebung von Romanshorn/Bodensee.

Georgengarten 99 / S 7

Landschaftspark (in Teilen seit 1770) entlang der Herrenhäuser Allee, 56 ha. Der urspr. Wallmodengarten, seit 1818 königlich, 1831 in „Georgengarten" umbenannt (nach König Georg IV.), bis 1873 zus. mit anderen Gärten zur heutigen Anlage vereinigt; seit 1921 städtisch. – **Geschichte:** Im 17./18. Jh. einzelne Bürgergärten und Sommersitze des Adels am Weg zur herzoglichen Sommerresidenz Herrenhausen. 1726/27 Herrenhäuser Allee angelegt zwischen zwei älteren Alleen (heute Jägerstraße und Nienburger Straße). – Zwei größere Vorgängeranlagen: ***„Fantaisie" / Wangenheims Garten,*** seit 1706 Besitz der Gräfin Sophie Charlotte von Kielmansegg-Platen (Tochter des Kurfürsten Ernst August), ihr Lusthaus „Fantaisie" von Remy de la Fosse bis 1709 dort erbaut, bis 1711 Anlage eines Barockgartens.

Georgengarten, Leibniztempel

St. Elisabeth, Blick auf den Chor

1723/24 an den Minister Johann Friedrich v. Alvensleben, Umbenennung in „Monrepos"; 1757 an den Schloßhauptmann von Wangenheim, der den Besitz in „Monplaisier" umbenennt. 1782 umgestaltet zum Landschaftspark. 1859/60 mit dem Georgengarten vereinigt. – ***Wallmodengarten,*** Johann Ludwig von Wallmoden (1736–1811, seit 1783 Reichsgraf von W.-Gimborn, Sohn Georgs II.) erwarb 1766 den Görtzschen Garten (1723–25 entstanden) und 1769 den Hattorfschen Garten (1703 angelegt) und vereinigte sie mit angrenzenden Flächen zu einer neuen Anlage, diese zunächst als Barockanlage gedacht, seit 1769 jedoch als Landschaftspark im englischen Stil (einer der ersten in Deutschland) geplant und seit 1770 durch Wallmodens Sekretär Flügge und den in England ausgebildeten Gartenmeister J. F. Walter ausgeführt. 1779–82 Bau eines neuen Palais (→ Georgengarten 1) – **Ausbau zum Georgengarten:** Ankauf des Wallmodengartens 1818 für die Krone. Laves' Plan von 1817, der die Verschmelzung des Georgengartens mit dem Großen Garten zu einem einzigen Landschaftspark vorsah, nicht ausgeführt. Statt dessen bescheidener – „zur Verschönerung der Umgebung der Herrenhäuser Allee" – 1835–42 erweitert bis an die Grenze des Großen Gartens und umgestaltet durch Heinrich Ludolph Wendland und Christian Schaumburg (Gartenanlage) sowie durch Laves (Bauten, Brücken über die neu entstandenen Teiche). Mehrmals Erweiterungen nach Osten zw. 1852 und 1860; 1856 Verbindung zum Monbrillant-Garten (Welfengarten) durch Anlage des Prinzengartens; 1859/60 Einbindung von Wangenheims Garten, 1873

Georgengarten

1 Contre-Allee
2 Denkmal FAR 225
3 Friederikenbrücke
4 Augustenbrücke
5 Leibniztempel
6 Denkmal 78. Reservedivision
7 Obelisk
8 Fahrbrücke
9 Georgspalais Wilhelm-Busch-Museum
10 Pferdestall
11 Helmcke-Denkmal
12 Torhäuser
13 Denkmal Reserve-Ersatz-Regiment 4

auch des Gartens Beckedorf. 1921 von der Stadt übernommen. Nach Kriegszerstörungen 1952–60 mit Veränderungen (z. B. Teich östlich des Georgspalais' eingeebnet) instand gesetzt. – **Bedeutung:** Vom umfangreichen Werk Schaumburgs der einzige erhaltene Garten in Hannover, aus der klassischen Phase deutscher Landschaftsgartenkunst. In kontrastierender Nachbarschaft zu dem seit 1817 als Denkmal gepflegten barocken Großen Garten (→ Herrenhäuser Gärten).

Herrenhäuser Allee, ca. 2 km, 1726/27 angelegt von E. A. Charbonnier, 1972 Neupflanzung; ca. 1205 Linden in 4 Reihen. Die 3 Wege urspr. getrennt für Fußgänger, Reiter und Wagen. Mehrmals verkürzt bei Umbauten des Königsworther Platzes, dort Gittertor von Laves (1816 für Schloß Monbrillant) 1856 aufgestellt, 1929 versetzt, 1959 umgesetzt zum Eingang des Großen Gartens, → Herrenhäuser Gärten. – ***Contre-Allee,*** Teil der älteren Wege nach Herrenhausen, Neuanlage 1726/27 zus. mit der Herrenhäuser Allee.

12 Torhäuser (Jägerstr. 15 und 16, im ehem. Wangenheimgarten), heute Wohnhäuser. 1826 von Laves als Wirtschaftsgebäude und Bedienstetenwohnungen erbaut, wahrsch. zu einem 1826/27 geplanten Neubau des Palais. – Zwei symmetrische, zweigeschossige Putzbauten als Toreinfassung zum Gartenpalais Monplaisier, im Erdgeschoß des rechten urspr. Ställe; gemauerte Kreuzgratgewölbe auf Steinsäulen.

10 Pferdestall beim Georgspalais (Georgengarten 1 B), zweigeschossiger, roter Ziegelrohbau im Rundbogenstil, 1843/44, erster eigenständiger Bau von H. Chr. Tramm, ausgeführt in bewußtem Gegensatz zum klassizistischen Vorentwurf von Laves (1841). Innen Ziegelgewölbe auf Sandsteinsäulen. Heute wie urspr. als Stall und Wohnung genutzt.

5 Leibniztempel, 1787–90 nach Entwurf von Johann Daniel Ramberg, urspr. Standort als Blickpunkt der Esplanade, bis zu deren Umbau zum Waterlooplatz, 1935 hierher versetzt. Offener Rundtempel mit zwölf ionischen Säulen, darüber Inschrift „Genio Leibnitii". – ***Leibnizbüste*** aus Carraramarmor, 1790 von Christopher Hewetson (Rom), heute im Technologie Centrum Hannover (TCH, → Vahren-

Georgengarten – links: Wirtschaftsgebäude des ehem. Wangenheimgartens; rechts: Pferdestall des Georgspalais

Georgengarten, Wilhelm-Busch-Museum

walder Str. 7). – Erstes Denkmal für einen Nichtadligen.

7 Obelisk, südlich des Leibniztempels, ca. 12 m hoch, sog. „Hundestein". 1777 als Blickpunkt im Wallmodengarten aufgestellt, urspr. im Stechinellischen Gutspark in Wieckenberg (Wietze, Kr. Celle).

Brücken von Laves: **8 Eiserne Fahrbrücke,** 1837, älteste erhaltene Brücke mit dem Lavesschen Linsenträger („Lavesbalken", Konstruktionssystem freiaufliegender Träger mit gekrümmten Gurten), hier gleichstarke Ober- und Untergurte mit ringförmigen Aussteifungen. – **3 Friederikenbrücke** über die Graft zum Großen Garten (→ Herrenhäuser Gärten), 1839/40, eiserne Fahrbrücke, Linsenträger in verbesserter Konstruktion (Obergurt als schmiedeeiserner Röhrenträger); reiche Ausschmückung mit Emblemen, Monogramm der Königin Friederike. Konstruktion 1937 verstärkt, äußere Träger wohl original. – **4 Augustenbrücke,** 1840, gewölbte Steinbrücke. – Modelle Lavesscher Brückenkonstruktionen heute im Historischen Museum.

11 Helmcke-Denkmal, Muschelkalkstele von 1928 mit Bronze-Kopfrelief (1950 von F. A. Sötebier nachgebildet). Nach der Legende rettete der Bäckermeister und Getreidehändler Johann Gerhard Helmcke (1750–1824) die Allee durch Kauf vor dem Abholzen durch die franz. Besatzungstruppen. – **Ehrenmäler: 2** Feldartillerie-Reg. 225, 1930 von Franz Josef Jirka; **6** 78. Reservedivision, 1930 von Otto Winkelmüller; **13** Reserve-Ersatz-Regiment 4.

Kunstobjekte: Neoninstallation „ICHS", 1989 von Ludger Gerdes (beim Wilh.-Busch-Museum). – Zweiteilige Stahlplastik, 1987 von Alf Lechner, am Eingang der Herrenhäuser Allee.

Georgengarten 1 — 100 / R 7

Ehem. **Georgspalais** (benannt nach König Georg IV.), auch: Wallmodenschlößchen; **Wilhelm-Busch-Museum.** – **Geschichte:** 1779–82 nach Plan von Borchers von J. C. Täntzel für Graf J. L. v. Wallmoden-Gimborn errichtet (anstelle des Görtzschen Palais), u. a. zur Unterbringung der umfangreichen Sammlungen des Grafen (heute z. T. in hann. Museen). 1818 Verkauf an den König, 1839/40 Erweiterungspläne von Laves, nicht ausgeführt. 1840–51 Sommerresidenz des Königs Ernst August, Umbau 1845/46 durch Laves, 1921 städtisch, seit 1950 Wilhelm-Busch-Museum. – **Beschreibung:** Westflügel 1965–67

Georgengarten, Brücken von Laves – links: Eiserne Fahrbrücke; rechts: Graft- oder Friederikenbrücke zum Großen Garten

Wilhelm Busch, Selbstporträt

nach Kriegszerstörung erneuert. Deckenausmalung des achteckigen Gartensaals erhalten, kgl. Wappen über dem Portal, Auffahrtrampe mit Kandelabern um 1840 von Laves, auf den Wangen der Gartentreppe zwei Sphinxe vom Lusthaus „Fantaisie" (→ Georgengarten). – **Wilhelm-Busch-Museum,** Deutsches Museum für Karikatur und kritische Grafik, gegründet 1930 von der Wilhelm-Busch-Gesellschaft, ab 1937 eigenes Museum (am Georgsplatz), dessen Bestände unzerstört blieben. Mit Neueinrichtung 1950 Karikatur und kritische Grafik als zweiter Arbeitsschwerpunkt. – Wilhelm-Busch-Sammlung: Ölgemälde und -skizzen, Zeichnungen nach der Natur, Bildergeschichten, Briefe, Lyrik und Prosa in handschriftl. Manuskripten. – Abt. „Karikatur und kritische Grafik" mit derzeit über 14 000 Blättern. Schwerpunkte: Cruikshank, Daumier, Flora, Gillray, Goya, Hogarth, Köhler, Schnackenberg, Ungerer, Waechter, Weber. Bibliothek und dokumentarische Sammlungen zu den Arbeitsgebieten.

Georgsplatz 101 / H 7

Schmuckplatz an der diagonal durchführenden Georgstraße, Mittelpunkt des Bankenviertels. Seit 1787 von G. J. du Plat, G. C. Müller und J. G. Täntzel angelegt auf der eingeebneten Süder-Bothfelder Bastion, als Endpunkt der Georgstraße. Später mit kleinem Landschaftspark, vielleicht von Schaumburg; nach 1843 mehrmals umgestaltet. Urspr. ruhige Randlage beendet mit dem Durchbruch der Hildesheimer Straße 1861. – Bebauung erst 1854 vollständig, urspr. Villen, Ratsgymnasium und Schwurgericht; seit 1896 Wandel zum Bankenviertel. Seit 1956 Umbau zum Architekturplatz nach Entwürfen von Werner Lendholt, Erwin Laage und Wulf, mit Hochbeeten, Sitzecken und 4 Brunnen (1957 von Wilhelm Brodhage); Platanenallee nach U-Bahn-Bau. – **Reklameuhr,** um 1929, eine von mehreren erhaltenen Exemplaren nach einem Typenentwurf von Adolf Falke. Auf Werksteinsockel zwei messinggefaßte beleuchtete Glaskuben, der Uhrenwürfel an Messingarmen über der Reklamesäule schwebend.

Plastiken, Objekte: ***„L'Air"*** (Die Luft) von Aristide Maillol (1861–1944), Bronzefigur einer schwebenden Frau, auf Sockel in Wasserbecken, 1961 aufgestellter Nachguß des Denkmals für die Pioniere der Frankreich-Südamerika-Fluglinie in Toulouse, 1939, dort Steinfigur liegend auf schwingenartig drapiertem Tuch. – Corten-Stahlplastiken ***„Kopf mit zwölf Augen"*** und ***„Kopf in der Hand"*** von Horst Antes, 1982 aufgestellt, Doubletten einer Gruppe von „8 Köpfen für die Universität Karlsruhe" (1976).

Georgsplatz 1 102 / J 7

Norddeutsche Landesbank, 1956–58 von Hanns Dustmann für die damalige Nds. Landesbank; vor 1945 hier u. a. das Ratsgymnasium. – Zum Georgsplatz sechsgeschossig mit Haupteingang unter vorgela-

Georgsplatz – links: „Kopfplastik" von Horst Antes; unten: „L'Air" von Aristide Maillol

Links: Georgsplatz, in der Mitte Palais v. Platen, um 1803; Ölbild von Burchard Giesewell, um 1840 – rechts: Georgsplatz, Südostseite, um 1910

gertem Sitzungssaal, zum Aegidientorplatz frei vorspringend neungeschossiges Hochhaus als Dominante des 1950–52 neugestalteten Aegidientorplatzes.

Georgsplatz 5 — 103 / H 7

Landeszentralbank für Niedersachsen, Bremen und Sachsen-Anhalt. 1894–96 von Max Hasak (Berlin) als Reichsbank-Hauptstelle nach dem Vorbild ital. Renaissance-Palazzi gebaut. – Dreigeschossiger Bau, Fassade aus Deister-Sandstein; plastische Ausstattung durch Miethke (Berlin). Urspr.

Landeszentralbank, vor 1943

Eckbau zur Potthofstraße, diese nur noch als Rücksprung zwischen Alt- und Neubau sichtbar. – Erweiterungsbauten: Baringstraße, 1982–86 von Langer & Frieß und I. und F. Spengelin, hier neuer Eingang mit Resten vom alten Seitenflügel als Dekoration; Nordflügel Georgsplatz, 1991–94 von Determann/Langer/Martienssen (an Stelle des „Atlantik-Hauses" von 1950); neuer Südflügel 1994 in Bau. – Südlich Rest der Stadtmauer (14. Jh.), am Durchgang zur Osterstraße.

Georgsplatz 20 — 104 / H 7

Deutsche Bank, ehem. Hannoversche Bank, 1898–1900 von Karl Börgemann, Bauplastik von Rummel, in (bei Bankbauten unüblicher) franz. Spätgotik. Mehrmals um Nachbargebäude erweitert, bes. → Rathenaustr. 1 – Hannoversche Bank 1856 mit staatl. Unterstützung gegr., zunächst Georg-/Ecke Schillerstraße. Folgte der Reichsbank an den Georgsplatz, stellte deren Berliner Neorenaissance (→ Georgsplatz 5) einen Bau der hann. Architekturschule in städtebaulich bedeutender Ecklage gegenüber. – Dreigeschossiger Werksteinbau, höherer Eckturm mit Kuppel und Laterne, zur Betonung der Eckposition zw. Opern- und Georgsplatz. Skelettartig aufgelöste Fassade, Dekoration auf Turm und Risalite konzentriert, bes. am Georgsplatz. Dort ehemaliger Haupteingang, zweigeschossiger Blendbogen mit Fialgiebel, Schriftzug „Hannoversche Bank" und Sachsenroß zw. Löwen. Weiterer Namenszug in der Maßwerkgalerie zur Georg-straße. Übergangsbau zum Jugendstil (Ausbildung der Pflanzenformen, got. Ornamente).

Georgstraße — 105 / E 4 - H 7

Hauptstraße der Innenstadt, benannt nach König Georg III., entstanden ab 1787 auf den nordöstl. Festungsanlagen zwischen Stein- und Aegidientor. Nach Abschluß des U-Bahn-Baus (Anf. 1980er Jahre) teilweise Fußgängerstraße. – **Geschichte:** Urspr. hier nordöstl. Stadtbefestigung mit Wall und Graben, beiderseits Bürgergärten. Umbau zu flacheren Wallpromenaden mit Baumalleen, geplant seit 1779 (Ingenieuroffiziere G. J. Du Plat und Georg Christoph Müller), seit 1787 mit kgl. Zuschüssen ausgeführt. Gedacht als einseitig mit Villen bebaute Repräsentationsstraße, die ca. 30 Parzellen seit 1795 trotz öffentlicher Förderung nur schleppend bebaut. – Unter Einfluß von Laves seit 1821 Ansätze zu

Georgstraße am Kröpcke, um 1910

Georgspassage (Rotunde), um 1910

einheitlicher Gestaltung, von ihm: 1822–25 vier Häuser auf Staatskosten als Anschubprojekt; Häuser Bremer, Jasper, Täntzel (zw. 1825 und 1828). Seit 1830 planmäßige Bebauung außerhalb des Stadtgrabens, ab 1843 als → Ernst-August-Stadt; mit deren Wandel zum neuen Stadtzentrum Entwicklung der G. zur Flanier- und Geschäftsstraße. 1861 Anschluß der Hildesheimer Straße (→ Aegidientorplatz), seitdem Hauptverkehrsstraße; schnelle bauliche Verdichtung und häufige Neubauten. – **Beschreibung:** Beginn → Am Steintor, zunächst platzartig, als reine Geschäftsstraße, abknickend am Stadtmittelpunkt → Kröpcke, ab hier Verlauf am → Opernplatz und über den → Georgsplatz. Meist 5–6geschossige Geschäftshäuser der 1950–60er Jahre, wenige ältere Bauten nach 1870, durch Traufhöhe und Farbigkeit zu einem durchweg harmonischen Gesamtbild verbunden. – ***Bauten der Neorenaissance:*** Erdgeschoß von Nr. 38, ehem. Haus Frensdorff/Bühring, ca. 1873/74 von Ludwig Brockmann; Nr. 22, 1910 von Riesle und Rühling; Nr. 54 (Pakzad), ehem. Bankhaus Basse, 1894/95. – ***Kauf- und Geschäftshäuser in strengem Neobarock:*** Nr. 2 von Friedrich Hartjenstein, 1910; Nr. 12, Haus Behre von Wilhelm Mackensen, 1910; Nr. 36, Georgspalast, 1912/13 von Mackensen und Torno, erster hann. Stahlskelettbau; Nr. 44 (Gerling), Haus Friedrich-Wilhelm, 1906 von Cremer und Wolffenstein (Berlin), Dachzone nicht erhalten. – ***Geometrischer Jugendstil:*** Nr. 24, 1914 von Rudolf Friedrichs für Rocholl & Heise. – ***Nachkriegsbauten:*** Nr. 8B, Haus Stallmach, 1959 von Adolf Springer; Nr. 19, Haus Stichweh, 1954 von Ernst Zinsser als höhere Eckdominante; Nr. 23, Warenhaus Karstadt, Fassade 1953/54 von Christian Engler; Nr. 34, Sachse & Heinzelmann, 1950 von Adolf Falke.

Schillerdenkmal (Kreuzung Schillerstraße), bronzene Sitzfigur auf Sandsteinsockel, 1863 von Wilhelm Engelhard. Urspr. am Georgsplatz (Ratsgymnasium), später beim Opernhaus, seit 1982 jetziger Standort.

Weitere **Denkmäler** (Stromeyer, Karmarsch, Marschner) → Opernplatz

Georgstraße 1–9 — 106 / E 4

Steintorblock, 1954/55 von Hans Klüppelberg und Gerd Lichtenhahn. 2–3geschossiger Ladenblock freistehend auf dem östl. Steintorplatz; die urspr. einheitliche, den Pavilloncharakter betonende Fassade (Ladenfronten zw. markisenartig gestreiften Wandschotten) stark verändert. – Nach Idee von Dierschke/Schwedes (Innenstadt-Wettbewerb 1949), für eine gemeinsam planende Bauherrengruppe im Rahmen der Aufbaugemeinschaft.

Georgstraße 10 — 107 / F 5

Haus Brinkmann / Georgspassage. Hauptbau in Formen der Frührenaissance, 1900/01 von Hermann Schaedtler für die Möbelhandlung Fuge. Rechte Seitenachse: Front der Passage, 1900–01 von Karl Hantelmann in gotischen Formen, stilistischer Übergang zum nicht erhaltenen Haus Biermann, über dem Portal in wimpergartigem Überbau fast vollplastische Figur des hl. Georg, von Werner Hantelmann. – Rest einer Gruppe von vier gemeinschaftlich, aber in verschiedenen Stilen geplanten Geschäftshäusern, beim Durchbruch von Limburg- und Heiligerstraße (1898) entstanden.

Georgstraße 26 — 108 / G 5

Europa-Haus, 1948/49 von Joseph Herlitzius für den Handelsschulkaufmann Friedrich Buhmann (führend in der Aufbaugemeinschaft Hannover). – Sechsgeschossiger schlichter Skelettbau mit Arkaden im Erdgeschoß und rückspringendem flachen Dachgeschoß; urspr. Fortsetzung der Arkaden in der Karmarschstraße geplant. Wiederaufbau in der alten Straßen-

Georgstraße, Europa-Haus, 1949

flucht noch nach dem ersten Aufbauplan. – Erster Geschäftshausneubau nach dem Krieg als Eckdominante des neuen Kröpckeplatzes; Symbol für den Wiederaufbau Hannovers.

Georgstraße 29 — 109 / G 5

Haus Bahlsen, 1950/51 von Karl Siebrecht, sechsgeschossiger Eckbau zur Großen Packhofstraße, mit plastischem Schmuck von Kurt Lehmann (Giebelfiguren) und Ludwig Vierthaler (abstrakt-stilisierter Schmuck der Fensterrahmungen). Modern-historisierend, mit betont horizontaler Fassadengliederung; Anklänge an norddt. Renaissance und Hamburger Kontorhausarchitektur. – Vorgängerbau 1863 von Heinrich Köhler für Karl Bahlsen (Vater von Hermann B.), auf dem Gelände des alten Packhofs, erster Neorenaissancebau in Hannover. Hier lebte in seiner Jugend Theodor Lessing.
„Leute im Regen“, zwei lebensgroße Bronzeplastiken, 1983 von Ulrike Enders.

Georgstraße 31/33 — 110 / G 5

Ehem. **Haus Magis**, 1952 von Paul und Rudolf Brandes und Ludwig Thiele, urspr. Textilkaufhaus. – Betont horizontale Fassadengliederung, Fensterbänder und weiße Brüstungen um die gerundeten Ecken laufend. Kontrastierend dagegengesetzt der höhere, durchgehend verglaste Treppenturm. – Auffälligste der Eckdominanten am Kröpcke, in der Tradition der Warenhausarchitektur der 20er Jahre.

Georgstraße 35 — 111 / G 5

Ehem. **Café Kröpcke**, benannt nach dem Besitzer um 1900 Wilhelm Kröpcke; heute Café und Restaurant Mövenpick. – Heutiger (vierter) Bau 1976 von Matthäi-Elschner-Bassewitz (Hamburg) mit Eller-Moser-Walter (Aachen). Pavillonbau mit kupfergedeckten Tonnendächern. Durch den Umfang der Anlage (Läden und U-Bahn-Eingang einbezogen) Verlust des früher größeren Kaffeegartens. – Erster Bau 1876 von Otto Goetze, gußeiserner Pavillon, mehrmals erweitert, nach Kriegszerstörung Zeltbau, 1948 Pavillon von Dieter Oesterlen, 1971 abgebrochen (U-Bahn-Bau). – In den 20er Jahren Mittelpunkt des hann. Kulturlebens und einer der Charakterbauten der Stadt.

Georgstraße 52 — 112 / H 6

Kurierhaus, sechsgeschossiges Geschäftshaus, 1927 von Karl Siebrecht, erbaut als Pressehaus (Verlags- und Druckhaus) für Walther Jänecke, den stellv. Vors. der Deutschen Volkspartei und Verleger des

Georgstraße, Kröpcke (von oben nach unten) – Café Robby, um 1875; Café Kröpcke, 1920er Jahre; Zeltbau, nach 1945; Café Am Kröpcke, 1950er Jahre; Kröpcke (Mövenpick), seit 1976

Glockseestraße, Villa Rosa, Aufn. 1914

Hannoverschen Kurier (1863 aus älteren Blättern neugegr. nationalliberale Tageszeitung). – Breite, waagerecht gegliederte Fassade, oben mittig gezackter Rahmen des urspr. Schriftzugs „Hannoverscher Kurier" und Turmaufsatz. Die beiden Untergeschosse und rahmende Teile in Travertin, sonst rötlich verputzt. Abstrakte und stilisierende Bauplastik von Ludwig Vierthaler (mit Paul Brasack ?).

Glockseestraße 1 — 113 / A 7

Villa Rosa, 1830 von Laves (Vorentwurf von Hofmaurermeister Ernst Ludwig Täntzel); Sommerhaus (seit 1836 Hauptwohnung) für Friedrich Christian August Eisendecher, Leiter der General-Steuerkasse. – Klassizistischer zweigeschossiger Putzbau mit übergiebeltem Risalit an der Südseite. Um 1900 Umbau zum Mehrfamilienhaus, 1989/90 teilweise rekonstruiert. – Entstanden in der Vorstadt Glocksee am Rande des Stadtgrabens, nach dessen Zuschüttung und Anlage des Humboldtstraßen-Viertels (1870 ff) als einziges Gartenhaus dem Abbruch entgangen.

Glockseestraße 33 — 114 / S 8

Ehem. **Gasbehälter**, wahrscheinlich 1859/60 (Ludwig Droste?) erbaut, 1979 durch Rolf Wékel restauriert und umgebaut zur Kantine des Elektrizitätswerks (Stadtwerke). – Zylindrischer Bau (einer von urspr. zwei gleichen) in roten Ziegeln, mit Rundbogengliederung nach dem Vorbild romanischer Sakralarchitektur. – Rest des bereits 1825 entstandenen ersten Gaswerks auf europ. Boden, der ältesten hann. Industrieansiedlung außerhalb Lindens, an der damals noch für gewerbliche Schiffahrt genutzten Ihme.

Gasbehälter, Aufn. um 1880

Goethestraße, Rest der Wagenremise

Goethestraße 17/19 — 115 / D 5

Ehem. **Königliche Wagenremise** (Monogramm Georgs V. im Mittelrisalit), seit 1988 Büros und Vortragssaal der Üstra. 1857–61 von H. Chr. Tramm als Abschluß der Marstallanlage (→ Am Hohen Ufer 3A) zur Goethestraße gebaut. – **Urspr. Anlage:** Zweigeschossige, 15achsige Remise (Kutschenaufzug), höhere Eckpavillons (Am Hohen Ufer, Reuterstraße), niedrige Zwischenflügel zum Reithaus; durchweg verputzt, mit sparsam dekorierter Rundbogenarchitektur, Dachwerk mit „Lavesbalken" (Reste bis 1987). 1867 77 preuß. Militär-Reit-Institut, 1878 Umbau durch Ferdinand Wallbrecht zu Läden und Büros, seitdem Segmentbogenfenster. Nach Kriegszerstörung und Abbrüchen nur die mittleren acht Achsen des Remisenbaus erhalten. – Hof anfangs mit Glasdach; 1881 durch Otto Goetze Einbau des Konzertlokals „Palmengarten" mit Grottenanlage. Um 1911 Bau des „Eispalast" (Eisbahn) durch Gustav Halmhuber, mit einer frühen Betonrippenkonstruktion von Robert Otzen; später Umbau zum Großkino (kriegszerstört), heute wieder offener Hof.

Goethestraße 33 — 116 / C 6

St. Clemens (kath. Propsteikirche, Hauptkirche der Region Hannover im Bistum Hildesheim). Kreuzkuppelkirche in venezianischem Barock, erbaut 1711–18, heutige Form mit Kuppel von 1952/53. – **Geschichte:** Entstehung einer kath. Gemeinde in der Calenberger Neustadt seit 1636. Auf Betreiben von Agostino Steffani mußte Herzog Ernst August im Kurkontrakt von 1692 (Kurfürstenwürde) u. a. den hann. Katholiken freie Religionsausübung und den Bau einer Kirche gestatten. Bau erst unter seinem Nachfolger Georg Ludwig auf der nordwestl. Bastion der Stadtbefestigung (Wintheimscher Hof) mit starker Unterstützung kath. Reichsfürsten. Kurfürst Lothar Franz v. Schönborn von Kaiser Joseph I. zum Protektor des Baus ernannt. – Grundrißform des griechischen Kreuzes von Anfang an festgelegt, Vorentwürfe u. a. von L. Rémy de la Fosse, M. Alberti, J. C. Borchmann. Baubeginn 1711, Leitung Tommaso Giusti, 1712 Mitwirkung von J. Dientzenhofer, 1713 endgültiger Entwurf von Giusti: Zentralbau mit Kuppel über der Vierung, Chor, von zwei Türmen flankiert, nach Westen zum Wall, Eingangsseite zur Stadt. Vorbilder: venezianische Kuppelkirchen, vor allem Il Redentore, 1576–92 von A. Palladio. – Kuppel und Türme aus Geldmangel nicht ausgeführt, provisorisch abgeschlossen. Weihe 4. 11. 1718, Patrozinium St. Clemens Romanus (Papst Clemens I.), zu Ehren des Papstes Clemens XI. Bis 1824 Missionskirche, seit 1825 Pfarrei im Bistum Hildesheim, seit 1894 Propstei. 1943 bis auf die Außenmauern zerstört.

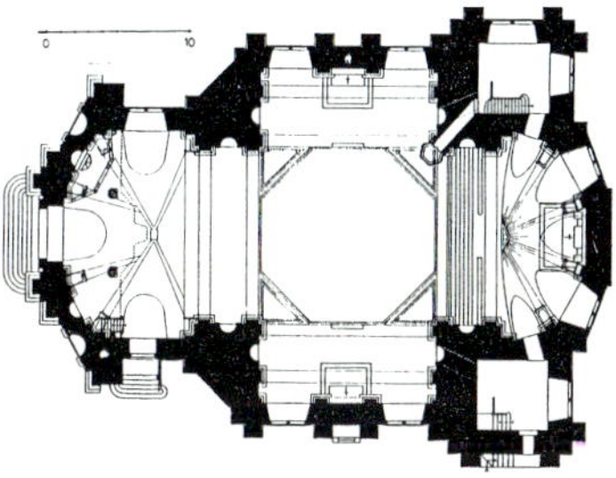

1946 Rekonstruktion nach Giustis Entwurf geplant; 1952/53 freier Wiederaufbau in Anlehnung an Giusti, jedoch höhere Kuppel mit Zügen röm. Barocks, durch Otto Fiederling, Henke und Wisserodt; 24. 11. 1957 geweiht. Innenraum 1968 durch Otto Hodler neu gestaltet; 1979–86 renoviert. – **Beschreibung:** Zentralbau auf griechischem Kreuzgrundriß, mit Kuppel über der Vierung, zentralisierende Wirkung durch polygonale Brechung der Kreuzarm-Enden, zwischen denen im Westen Türme stehen. Über hohem Sockel Hauptgeschoß und Attikageschoß mit Thermenfenstern. Die Nebenseiten verputzt mit Werksteingliederungen; Fassade der Ostseite gesteigert als repräsentative Umrahmung des Hauptportals, mit toskanischer Pilasterordnung und Dreiecksgiebel vor der Attika. Über dem Portal Inschrift : APOC 21. C. v. 3. / ECCE TABERNACVLVM DEI CUM HOMINIBUS / ET HABITABIT CUM EIS / ET IPSI POPVLUS EIVS ERVNT / ET IPSE DEUS CUM EIS ERIT EORUM DEUS. / A. Dñi. M.D.C.C.X.V.I.II. (Apokalypse 21, 3: Siehe das Zelt Gottes mit den Menschen, und er wird mit ihnen wohnen, und sie werden

Goethestraße, St. Clemens, Hauptfront

sein Volk sein, und er selbst, Gott mit ihnen, wird ihr Gott sein. Im Jahre des Herrn 1718). – ***Kuppelbau*** (Stahlkonstruktion): achteckiges Übergangsgeschoß, runder Tambour mit acht Zwillingsfenstern, Kuppel mit kräftigen Rippen, Laterne mit geschweifter Haube. – ***Heiligenfiguren:*** Auf der Attika über der Ostseite vier überlebensgroße Heiligenfiguren aus Sandstein von Kurt Schwippert, 1966 aufgestellt, Symbole für den Standort der Kirche: Kaiser Heinrich II. (ein Niedersachse), Elisabeth von Thüringen (als Gruß über die damalige innerdeutsche Grenze), Hedwig (Schutzpatronin Schlesiens, als Erinnerung an die Vertreibung), Papst Clemens Romanus (Kirchenpatron). – ***Bronzeportale,*** 1984 von Bücker mit Darstellungen aus der Offenbarung des Johannes (Hauptportal: Wiederkunft Christi; Nordportal:

Clemenskirche, Kuppel

Bergpredigt). – **Inneres:** Heller Raum mit flachen Gliederungen, statt der urspr. kontrastreicheren Pilasterarchitektur. Auf dem Tamboursockel „Credo in unam sanctam catholicam et apostolicam ecclesiam" (aus dem Glaubensbekenntnis). – ***Alte Ausstattung*** (Reste): Holzfiguren St. Clemens und St. Johannes Nepomuk, 1744, Umkreis von J. Fr. Ziesenis; auf der Sängerempore Torsi von Holzfiguren des Petrus und Paulus, urspr. in den Nischen neben dem Hauptportal. – ***Neue Ausstattung,*** überwiegend von Heinrich Gerhard Bücker, u. a. 1985–86 für die Nischen zehn Apostelfiguren aus Alabasterstuck; Orgel (1973) von Johannes Klais, Bonn, hinter dem Altar. – ***Krypta,*** heute Unterkirche, u. a. mit Gedenksteinen für die drei bedeutenden ersten Bischöfe in H.: Valerio Maccioni (†1686, Grabstein urspr. in der Schloßkirche), Nils Stensen (†1686) und Agostino Steffani (†1728); Denkmal für die Kriegsopfer von O. Fiederling. – **Bedeutung:** Einer der wenigen barocken Großbauten in H., stilistische und räuml. Einzelstellung aus dem politischen Hintergrund der Entstehung resultierend. Erst durch den Kuppelbau 1953 Fernwirkung in der Achse Hauptbahnhof – Schillerstraße.
Baumodell von 1713 im Hist. Museum.

Göttinger Straße

Sozialtrakt der Hanomag, U-Boot-Halle der Hanomag → Hanomagstraße 9/11

Goseriede 117 / D 3 - E 4

Nikolaikapelle (Ruine), erstmals 1284 als Leprosenkapelle des Hl.-Geist-Hospitals erwähnt. Kleiner Bau aus Kalkbruchstein auf der Südspitze des Nikolaifriedhofs. Gotischer, polygonaler Chor von ca. 1325, Langhaus 1742/43 als Saalkirche erneuert. 1883/84 von C. W. Hase restauriert. Bis 1914 Kirche der englischen Gemeinde, im 2. Weltkrieg mit der 1898 von Otto Lüer angebauten Denkmalhalle (Sammlung künstlerisch bedeutender Grabsteine) zerstört. Langhaus 1953 für die Verbreiterung der Goseriede z. T. abgebrochen, Reste davon und der Chor erhalten. Im Chor auch Backsteinmauerwerk, frühestes bekanntes Vorkommen in Hannover.

Nikolaifriedhof, nach Durchbruch der Celler Straße 1952 zwei parkartige Restflächen mit meist willkürlich verteilten Grabmälern des 17., 18. und insbes. 19. Jh., Teile der Mauer des 19. Jh. – Ursprung unbekannt, seit dem 16. Jh. Ersatz für überfüllte Kirchhöfe der Altstadt. Grabsteine u. a. von hann. Bildhauern der Renaissance, z. B. Köster, Witte, Sutel (eigenhd. Namenszeichen von Sutel, Bleydorn und Hoyer an der Kapellenruine). – ***Hölty-Denkmal,*** für den Dichter L. C. H. Hölty. 1901 von O. Lüer und K. Gundelach, Steinsockel mit Porträtmedaillon, darüber klassizistischer Grabaufsatz, an dem die Bronzefigur eines Jünglings lehnt. Höltys Grab auf dem Friedhof, Lage unbekannt.

Nikolaifriedhof, Hölty-Denkmal

Goseriede 1–5 118 / E 3

Das Neue Steintor, Geschäftshaus zwischen Goseriede und Langer Laube mit durchgehender Ladenpassage, 1987–89 nach Entwurf von Gottfried Böhm (Köln). – Rot verklinkerte Rasterfassaden, an drei Stellen als Türme höhergeführt und in den unteren Geschossen zu großen Portalen geöffnet, sichtbare stählerne „Spreng-

Nikolaifriedhof, Gouache von Justus Elias Kasten, um 1820

Goseriede, Ruine der Nikolaikapelle, hinten Goseriedebad

werke" zeigen den Kräfteverlauf in der Fassade. Halboffene, glasgedeckte Passage über zwei Geschosse, rhythmisiert durch Bäume und Ladenkioske, Krümmung als Fortsetzung der Kreisallee auf dem Steintorplatz. – Entstanden nach Wettbewerb 1984 als Entwicklungsanstoß für den städtebaulich unbefriedigenden Platz (→ Am Steintor), in Material, Vertikalität und gestalterischen Details auf das Anzeiger-Hochhaus (Nr. 9) bezogen.

Goseriede 4 119 / E 3

Tiedthof (Geschäftshaus), ehem. Gewerkschaftshaus, 1909/10 von Rudolf Schröder. – Neobarocke viergesch. Monumentalfassade, urspr. mit hohem Dach und kupfergedecktem Uhrturm, vor ausgedehnten Bürotrakten um mehrere Höfe. Bis 1933 Zentrum der hann. Arbeiterbewegung: Sitz von Gewerkschaften und SPD, Pressehaus des „Volkswille", Buchhandlung, Bibliothek, Herberge, Gaststätte, Säle. Am 1. 4. 1933 als erstes Gewerkschaftshaus von den Nationalsozialisten besetzt (Denkmal). 1933–45 Sitz der DAF und anderer NS-Organisationen. – Gebäudeteil Odeonstraße 15/16 Sitz der hann. SPD seit 1924, nach 1945 bis zur Übersiedlung nach Bonn auch des Parteivorstands unter Kurt Schumacher. – Neues Gewerkschaftshaus → Otto-Brenner-Straße 1.

Goseriede 9 120 / D 3

Anzeiger-Hochhaus, 1927/28 von Fritz Höger, in Abwandlung des Entwurfs von Emil Lorenz 1925. Zeitungshochhaus für August Madsack, Verleger der größten städt. Tageszeitung, des „Hannoverschen Anzeigers" (gegr. 1893), heute „Hannoversche Allgemeine Zeitung"; seit deren Umzug 1974 ins Druckzentrum Kirchrode urspr. Funktion nur noch durch die 1988 wiederhergestellte Schalterhalle, im übrigen Büros, Studios, Ateliers des „Medienzentrums Hannover" (u. a. Antenne Niedersachsen, Radio ffn, RTL Plus, Sat 1, Verlagsgruppe Madsack); unter der Kuppel seit 1949 Kino „Hochhaus-Lichtspiele" (Betreiber seit 1982 Hans-Joachim Flebbe). – **Beschreibung:** Zehngeschossiger, oben zurückgestufter Stahlskelettbau, mit deutlichen expressionistischen Stilelementen; bekrönt von einer kupferverkleideten Kuppel (urspr. Planetarium); Fassade aus dunkelroten und (ornamental) goldglasierten Klinkern. Betont senkrechte Strukturierung durch übereckgestellte Pfeilervorlagen ähnlich gotischen Strebepfeilern, nach 1945 zusätzl. durch Leuchtröhrenbänder. Ebenerdig zwischen den Pfeilern offener Vorraum, dahinter Schalterhalle; Fenster urspr. passend mit kleinteiliger Sprossung

Goseriede, Anzeiger-Hochhaus

(bis 1969). Hinter dem Hochhaus ehem. Rotationsmaschinensaal, bis Anfang der 90er Jahre Diskothek „Rotation", heute Teil des „Medienzentrums Hannover". – **Bedeutung:** Markanter Vertreter des Typs „Zeitungshochhaus", wie er sich in den 20er Jahren auch in Deutschland durchsetzte; ein Hauptwerk des norddt. „Klinkerexpressionismus", zugleich ein Wahrzeichen der Stadt.

Goseriede 11 121 / D 3

Ehem. **Goseriedebad** (bis 1982; heute Teil des „Medienzentrums Hannover"), 1902 bis 1905 von Stadtbaurat Carl Wolff, auf dem Grundstück des einstigen St. Nikolai-Stifts. – Vorbilder: Frankfurter Bad, von Wolff; Müllersches Volksbad in München. Nach kleineren Vorläufern das älteste und bedeutendste hann. Hallenbad. Erhalten zwei ehem. Schwimmhallen der urspr. ausgedehnteren Anlage, barockisierende Fassaden mit Jugendstilanklängen, Inneres stark verändert. – In der ehem. Halle I

Goseriede, ehem. Goseriedebad, Eingangshalle, um 1906

Goseriedebad, Frauenschwimmhalle im Urzustand, um 1906

(rechts) heute Fernsehstudio. Umbau der ehem. Halle II (Frauenbad) durch Kai-Michael Koch zum Ausstellungsraum der Kestner-Gesellschaft vorgesehen.

Hanns-Lilje-Platz 122 / F 6

Marktplatz-Nordhälfte, 1978 benannt nach dem langjährigen hann. Landesbischof. – **Geschichte:** Marktplatz urspr. nur südl. der Kirche (ältere Geschichte → Am Markte), nördlich Kirchhof mit enger Randbebauung im Halbkreis, darunter ausgedehnter Pfarrhof. Das Pfarrhaus Geburtsort von August Wilhelm und Friedrich Schlegel, Söhne des Pastors Johann Adolf S. Daneben Haus der ältesten hann. Schule (Ratsgymnasium, ca. 1315–1803), an seiner Stelle ca. 1844 Zweites Pfarrhaus, von August Andreae. – Im 19. Jh. Freistellung der Marktkirche, abgeschlossen 1883–85 durch Anlage des heutigen Platzes nach Abbruch der Bauten um die Kirche (sog. Overlachsches Haus wieder aufgebaut, → Lavesstr. 82). Auf weit zurückverlegter Baulinie neue Platzfront aus historistischen Backsteinbauten: **Haus Rissmann** (Nr. 1), neugotisch, 1885 von Bernhard Weise für das seit 1735 bestehende Sattlergeschäft, heute im Nebenhaus Schmiedestr. 5, 1885 von Georg Hägemann. – **Pfarrhaus** der Marktkirche (Nr. 2/3), 1884 von Ludwig Frühling, viergeschossiges Doppelhaus mit architektonischen Elementen des gegenüberliegenden Alten Rathauses (→ Schmiedestr. 1): rote, teils glasierte Ziegel, Fenstergewände, Geschoßfriese, Stufengiebel (kriegszerstört, 1993 erneuert) mit übereckstehenden Fialen. – **Hanns-Lilje-Haus**, Haus für Gottesdienst und Kirchenmusik der hann. Landeskirche (Nr. 4/5), zwei Häuser vereinigt und 1990 restauriert durch Architekturbüro „Stadt und Haus“, dabei Angleichung der Fenster und der rekonstruierte Dachaufbauten. – Nr. 4: deutsche Renaissance, 1884/85 von Georg Hägemann für die Textilkaufleute Gothe und Busse. – Nr. 5: neugotisches Eckhaus, 1884/85 von Christoph Hehl für den Buchhändler Helmsen (gegenüber einem Renaissancebau von Hehl, → Kramerstr. 25). – Davor im Pflaster Kreuz als Markierung des Punktes, von dem aus die Türme der Markt-, Aegidien-, Kreuz- und Neustädter Kirche zu sehen sind.

Hanns-Lilje-Platz 11 123 / F 6

Marktkirche (SS. Georgii et Jacobi), Hauptkirche der seit 1982 vereinigten vier ev.-luth. Altstadtgemeinden (Markt-, Aegidien-, Kreuz- und Schloßkirche), Kirche des hann. Landesbischofs. Dreischiffige gotische Hallenkirche des 14. Jh. über Resten eines romanischen Vorgängerbaus; im Innern dominiert das beim Wiederaufbau 1946–52 freigelegte Ziegelmauerwerk. Der Turm (97,26 m) ein Wahrzeichen der Stadt. – **Geschichte:** Kleiner romanischer Vorgängerbau St. Georg, wahrsch. zw. 1124 und 1141 entstanden, zusammen mit Markt und zugehöriger Siedlung; 1238 erstmals erwähnt, Fundamente 1952 und 1989 teilw. ergraben: einschiffiger (?) Bau mit Westturm, nach ca. 1250 frühgotisch erweitert (nur auf der Nordseite nachgewiesen). – ***Heutige Kirche:*** Bisher stilistische Abhängigkeit von der Wiesenkirche in Soest angenommen; neuerdings Zuordnung zum Verdener Dom. – Wahrscheinl. um 1319 begonnen, seit 1342 mit zweitem Patronat St. Jakobus d. Ä. Chor und Teile des Langhauses um die Vorgängerkirche herumgebaut, nach deren Abbruch (um 1349) Bau der Pfeiler und Einwölbung. Turmbau bis nach 1366, Abschluß aus Geldmangel nur mit Dachreiter, dieser in Form des Turmhelms von St. Johannis in Lüneburg. (Chronik des Magister Ising, 1740: „... die Bauleuthe seind müde und im Säckel kranck worden und haben den Thurm an seinen vier Giebeln und Archen, best, wie sie gekunt zugedecket, diese itzige geringe Spitze hinauffgesetzet, und damit das Werck in den Schutz GOTTES befohlen...“). 1388 Dachstuhl des Kirchenschiffs. Turmportal im frühen 15. Jh.

Hanns-Lilje-Platz, Bauten an der Nordseite, Ecke Schmiedestraße

eingefügt (1852–55 und 1946–52 verändert). Im Laufe der Zeit zahlreiche Anbauten, besonders auf der Nordseite gegenüber den Pfarrhäusern: um 1510 (?) Sakristei, 1510 St.-Annen-Kapelle (auch Soden-Kapelle genannt), im 17. Jh. Totengräberhaus. 1594–1689 ***Barockausstattung,*** 1825 größtenteils beseitigt. Im 19. Jh. Freistellung der Kirche (→ Hanns-Lilje-Platz). 1852—55 umfassende ***Restaurierung*** durch Ludwig Droste und Ludwig Frühling: alle Anbauten beseitigt, Architektur durch Werksteinergänzungen „gotisiert", Turmportal durch Ernst von Bandel erneuert und zum Haupteingang aufgewertet, neue Innenausstattung u. a. von Carl Dopmeyer und Fritz Hurtzig. 1893 Ausmalung von Hermann Schaper (Entwurf) und E. Wilke. 1943 größtenteils zerstört, erhalten die Außenmauern, Säulen, Dachstuhl von 1386 zu ca. 3/4, Reste der Innenausstattung. Puristischer ***Wiederaufbau*** 1946–52 durch Dieter Oesterlen mit starken Eingriffen in die mittelalterl. Bausubstanz und Verlust bedeutender Ausstattungsreste des 19. Jh.; unter der Kirche Einbau von Sakristei und Bödekersaal (erweitert 1989), mit sichtbaren Fundamenten der Pfeiler und Außenmauern. – **Beschreibung, außen:** Rotes Ziegelmauerwerk (Klosterformat); Sockel und Gliederungen aus Sandstein. Dreischiffige Halle und die drei Chorapsiden unter steilem Ziegeldach zusammengefaßt. Im Südchor und im Westfenster der Nordseite noch Sandsteinmaßwerk von 1852–55. – **Sonnenuhren** neben dem Südportal: **46a** rechts oben am Treppenturm, 1555 von Hans Bünting und Arnd Siemerding; **46b** links am Pfeiler „Kanonialuhr" (mit Gebetszeitenangabe), wohl von der ersten Kirche, älteste Uhr der Stadt. – **Wandmäler/Grabplatten** überwiegend des 16. und 17. Jh., meist von Geistlichen und vom hann. Stadtpatriziat und oft mit deren Porträt, z. T. von hann. Friedhöfen, in großer Zahl innen und außen an den Wänden angebracht. Teils verwittert und fragmentarisch. – **Turm** durch Gesimse in vier Geschosse gegliedert, vier Dreiecksgiebel mit eingetieften Ziegelflächen, in den Spitzen ein Kreuz; darunter nach Osten ein Pentagramm, nach Norden und Süden ein Hexagramm im Kreis. – Neugot. **Westportal** mit krabben- und kreuzblumenbesetztem Wimperg, seitl. Fialbaldachine mit Steinfiguren **32** St. Georg (links) und **31** St. Jacobus (rechts), 1992 von Jürgen Weber (Braunschweig). Mittelalterliche Figuren: Jakob zerstört, **11** Georg, seit 1984 im Nordchor. – **Geläut** elfstimmig; drei alte Glocken von 1650, 1653 und 1733, ergänzt 1951 und 1960. – **Inneres:** Fünfjochiges Langhaus, 5/10-Seitenchöre mit Halbjoch, 7/10-Hauptchor mit

Marktkirche, Innenraum seit der Mitte des vorigen Jh. – Oben: Vor der Umgestaltung durch Ludwig Droste, Aquarell von Wilhelm Kretschmer, um 1860; Mitte: nach der Ausmalung durch Hermann Schaper und E. Wilke, 1893; unten: Inneres heute, gestaltet von Dieter Oesterlen beim Wiederaufbau 1946–52

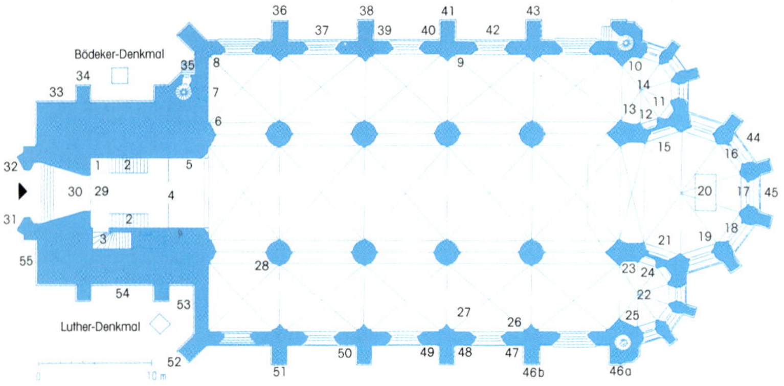

Marktkirche (SS. Georgii et Jacobi)

Innen (Nr. 1–29 im Grundriß)

1 Gedenkstein zur Erinnerung an neun franz. Standarten, die von hann. Truppen am 1. 8. 1759 in der Schlacht bei Minden erobert wurden (1866 nach Berlin gebracht)

2 Treppe zum Bödekersaal (unter der Kirche)

3 Treppe zur Orgelempore

4 Bronzegriffe von Kurt Lehmann

5–10 Epitaphien (6–8 oben an der Westwand)

5 Erich Volckmer von Wintheim, 1561 von Meister H. F.

6 Joachim v. Anderten, 1621 v. Adam Stenelt

7 Bürgermeister Statius Vasmer, 1631 von Jeremias Sutel

8 Diedrich v. Anderten († 1621), von Adam Stenelt

9 Cordt Eylers, 1693 von Hans Jacob Uhle

10 um 1630 von J. Sutel, wiederverwendet für Eheleute Bartels im 19. Jh.

11 St. Georg (urspr. am Westportal)

12 *Epitaph:* Geistlicher, um 1650

13 *Epitaph:* Jürgen († 1557) und Anna († 1588) Idensen, von Arndt Siemerding

14 Taufbecken der Marktkirche

15 Verkündigung an Maria (Wandmalerei von H. Schaper, 1893)

16–18 Glasmalereien

16 Kreuztragung, 1908 (Vorbild 1478 Northeim)

17 Märtyrer, um 1370 (im 19. Jh. ergänzt)

18 Heilige, A. 14. Jh. (um 1860 ergänzt)

19 Moses-Figur, 19. Jh.

20 Passionsaltar, um 1480

21 Ausgießung des Heiligen Geistes (Wandmalerei von Wilke nach Schaper, 1893)

22 Taufbecken der Aegidienkirche

23–25 Epitaphien

23 Albert († 1611) und Anna († 1598) Melbaum

24 Gevert († 1591) und Barbara van der Wisch

25 Franz († 1570) und Anna († 1588) v. Wintheim

26 *Grabplatte:* Johannes Weddingehusen († 1514, Priester an der Marktkirche)

27 v. Limburg (14.–19. Jh., Gedenkstein)

28 *Epitaph:* Christoph von Wintheim †1721 (oben am Pfeiler)

29 Betonglasfenster „Dreieinigkeit" (Westfenster im Turm)

Außen (Nr. 30–55 im Grundriß)

30 Bronzeportal von Gerhard Marcks

31 St. Jacobus, 1992

32 St. Georg, 1992

33–37 Epitaphien

33 Johann Kleine († 1672), von Jobst Bleidorn

34 Familie Kleine, 1662

35 Johann Buchhagen († 1671)

36 Josua Wineker († 1652)

37 Conrad Wiedemeyer († 1598)

38 Kreuzigung, um 1385

39 *Epitaph:* Catharina von der Hoya († 1617)

40 *Epitaph:* Melchior Reichard († 1593)

41 Kreuzigung, 15. Jh.?

42 Grabplatte, 16. Jh.

43 *Epitaph:* Ilsa Dorothea († 1759) und Johann Heinrich Christoph († 1785) Weidemann

44 *Epitaph:* Pastor Henricus Heise († 1643)

45 Spitzbogennische (Altar?) mit Stein-(Kanonen-?)kugel

46 a und **b** Sonnenuhren: **a** rechts oben am Treppenturm (1555 von Hans Bünting und Arnd Siemerding); **b** links am Pfeiler, 13. Jh.

47–55 Epitaphien

47 Dorothea v. Walthusen († 1575)

48 Eberhard von Berckhusen († 1564)

49 Pastor Nikolaus Baring († 1647)

50 Schwestern Romel: Catharina v. Semmern († 1570), Johanna Friese († 1578), Stifterinnen d. Friesen- und Semmernschen Lehensregisters

51 Hans Nendorp u. Ehefrau († 1606 u. 1603)

52 Joachim Schlotheuber († 1658)

53 Dorothea († 1654), Lorenz († 1663), Elisabeth († 1690) Niemeyer, von Peter Köster

54 Barbara Grove († 1642) und ihre Ehemänner Hans von Wintheim († 1595), Hans v. Anderten (1608), Otto Weccius († 1655)

55 Heinrich von Anderten († 1642)

schmalem Vorjoch. Chorapsiden durch Pfeilervorsprünge, Seitenschiffe durch runde Freipfeiler abgesetzt. Von der alten Wölbung nur die starken reichprofilierten Scheidbögen und geringe Reste der Dienste erhalten. Neue Gewölbe aus Lochziegeln (Akustik!) auf vorgefertigten Betonrippen und -kapitellen, neu aufgemauerte Dienste. – ***Bödekersaal*** unter dem Kirchenschiff, 1952 zwischen den Säulenfundamenten angelegt. Kleine Ausstellung zur Geschichte der Kirche, u. a. liturgische Gefäße, Bauteile, Pastorenbildnisse, fünf hölzerne Memorienschilde, darunter eines für Hans-Michael v. Obentraut († 1625), den „Deutschen Michel"; Gedenktafel für 21 im Jahre 1632 zwischen Steintor und Hainholz gefallene Hannoveraner (Besichtigung nach Vereinbarung).

Ausstattung ***Glasmalerei:*** 3 Mittelfenster des Hauptchors, tlw. mittelalterlich (angeblich aus der Annenkapelle, im 19. Jh. hierher versetzt): **16** Kreuztragung, 1908 von Henning & Andres nach Vorbild von 1478 in St. Sixtus, Northeim. – **18** Heiligenfiguren: drei Darst. um 1860, die übrigen A. 14. Jh. **17** 30 Scheiben mit Märtyrerszenen. Oben 8 Scheiben des 19. Jh. (Leben der hl. Stephanus, Paulus und Andreas), darunter 20 Scheiben um 1370 (unten zwei Erg. des 20. Jh.) mit Heiligenlegenden (in drei Bahnen von unten nach oben zu lesen): Georg (links), Mauritius (Mitte), Jacobus (rechts). – ***Wandmalerei*** einzelne Bilder in teppichartigem Muster, nach Entwurf von Hermann Schaper, 1893: nur Blindfenster des Hauptchors erhalten, **15** Verkündigung an Maria, von Schaper ausgeführt, **21** Ausgießung des Heiligen Geistes, von E. Wilke ausgeführt. – **20** ***Altarbild*** Passionsaltar um 1480, alter Hauptaltar der Marktkirche, 1663 durch barocken Hochaltar ersetzt und an die Ägidienkirche abgegeben, seit 1856 in hann. Museen, seit 1952 wieder in der M. Erhalten als Triptychon, Rest des rechten Außenflügels im Landesmuseum. Schnitzreliefs aus Lindenholz, nach Vorbildern Martin Schongauers. Kreuzigungsszene flankiert von 20 Szenen aus der Leidensgeschichte Christi. Rahmung durch maßwerkartiges Schleierwerk, unten im Fries mit Prophetenköpfen. Flügelrückseiten mit Szenen aus dem Leben der hl. Georg und Jakob. – In den Seitenchören („Türkenchor" und „Limburgchor", nach Stifterfamilien benannt) ***Taufbecken,*** zwei fast gleichzeitige Bronzearbeiten in Kelchform, vermutlich aus einer Hildesheimer Werkstatt: **22** im Südchor, in Gebrauch, Taufe der zerstörten Ägidienkirche, A. 16. Jh.; mit Zehnpaß-Fuß auf fünf Löwen, Kessel umstellt von 10 vollplastischen Heiligen- und Apostelfiguren mit got. Architektur- und Laubwerkrahmung; **14** im Nordchor Taufe der Marktkirche, um 1500, ohne Löwen, mit 10 Heiligenfiguren. – ***Orgel,*** Prospekt 1954 von Dieter Oesterlen, asymmetrische Anordnung „schwebend" vor dem Westende des Südschiffs. 57 Register in 4 Manualen und 2 Pedalen,

Passionsaltar, Ausschnitt (Pilatus)

Marktkirche, spätgotischer Kelch und Patene, 1555

Marktkirche, Westportal, Bronzetüren von Gerhard Marcks (Ausschnitt)

Marktkirche, mittleres Chorfenster – links: Marter des hl. Georg; rechts: hl. Stephanus

1954–55 von E. Hammer und Rudolf von Beckerath, neubarocke Disposition. 1972 durch Richard Rensch und Georges Lhôte restauriert, klanglich neugestaltet und erweitert nach dem Vorbild franz. Kathedralorgeln des 19. Jh. – ***Betonglasfenster*** von Klaus Arnold: **29** „Dreieinigkeit", (Turmempore); weiteres Fenster „Die Gnade Gottes strömt über den wartenden Menschen" (Sakristei unterm Hauptchor). – **30** ***Portal*** im Westturm, 1959 von Gerhard Marcks, Bronzeguß. Auf den Flügeln außen in Reliefszenen das Thema concordia – discordia, im Bogenfeld Figur des auferstehenden Christus; innen Ritzzeichnungen (Georg und Jakob). – **4** Tür der Turmhalle, Bronzegriffe (Symbole der Evangelisten) von Kurt Lehmann. Über der Tür Steinrelief „Der Auftrag Christi an den Christen und seine Stellung in der Welt" von Heinz Heiber, 1962. – **Bedeutung:** Südlichster Großbau unter den mittelalterl. norddt. Backsteinkirchen. Wahrzeichen der Stadt. In wesentl. Teilen erhalten, stark geprägt durch idealisierende Restaurierungen 1852–55 und 1946–52. Von der älteren Ausstattung wenige, aber bedeutende Teile erhalten: Teile der Fenster im Hauptchor (14. und 15. Jh.), der heutige Altar (Passionsaltar, um 1480), die Bronzetaufen (um 1500), Teile des Kirchenschatzes.

Lutherdenkmal, heutiger Platz an der Südseite der Marktkirche

Luther-Denkmal, 1900 von Carl Dopmeyer († 1899), vollendet von Ferdinand Hartzer (Berlin). Bronzestandbild, urspr. mittig vor der Südseite mit Begleitfiguren (hann. Reformationsgeschichte); ohne diese 1952 am heutigen Platz vor der Südwand des Turms aufgestellt.

Bödeker-Denkmal, 1879 von Bürgern gestiftet, Bronzestandbild von Carl Dopmeyer, 1880 an der Schmiedestraße aufgestellt, damals auf Sockel mit Brunnen und Darstellung der mildtätigen Gründungen des Marktkirchenpastors Bödeker. 1939 auf einfachem Sockel vor die Nordwand des Turms versetzt.

Hanomagstraße 9/11 124 / S 9

Ehem. **Maschinenfabrik Hanomag.** Direktionsgebäude und Werkhallen zwischen Hanomagstraße, Deisterplatz und Göttinger Straße. – **Firmengeschichte:** Entstanden aus der 1835 im damaligen Dorf Linden gegründeten Maschinenfabrik von Georg Egestorff. Seit 1846 Lokomotivenproduktion (bis um 1908), 1868–71 im Besitz des „Eisenbahnkönigs" B. H. Strousberg, dann Aktiengesellschaft „Hanomag". 1913 ca. 4300 Beschäftigte, im 1. und besonders im 2. Weltkrieg durch Rüstungsproduktion bis zu 12 000 (einschl. der

Hanomag, Direktionsgebäude

Kriegsgefangenen und Häftlinge). Größte Ausdehnung bis zur Bornumer Straße und zur Eisenbahn, seit mehreren Besitzerwechseln (Rheinstahl, Massey-Ferguson, Esch, Piepenbrock) wieder auf kleinerer Fläche. – **Bauten:** ***Direktionsgebäude*** (Hanomagstr. 9), 1903 von Georg Philips, Gesamtanlage mit Elementen der Schloßarchitektur (überkuppelter Mittelrisalit, Treppenhaus), im Detail späte Neugotik im Übergang zum Jugendstil. – Ehem. ***Lokomotivdreherei*** (Hanomagstraße 11), Stahltragwerk mit gefalteter, nach innen entwässernder Dachfläche hinter einer elfteiligen Giebelwand aus rotbraunen Ziegeln in Formen der Hannoversche Architekturschule, mit polygonalem Eckturm. – Ehem. ***Kanonenwerkstatt*** (Deisterplatz), 1916 von Alfred Sasse, viergeschossiger Stahlskelettbau mit aufwendiger Ziegel- und Majolika-Verkleidung (zum Platz als monumentaler Rahmen), an den Dachecken zum Platz Personifikationen von „Industrie" und „Arbeit" von Werner Hantelmann und Georg Herting. – ***Sozialtrakt*** (Göttinger Str. 14), 1939–40 von Emil Rudolf Mewes. Blockhafte Ziegelbauten, das Werkstor markiert durch einen vorspringenden, höheren Bau mit vier blockartigen Vorsprüngen (Symbole der vier Elemente), über der Einfahrt als Brücke der Ernst-Winter-Saal (nach dem Betriebsratsvorsitzenden), neben dem Eingang heroisierendes Arbeiterstandbild (1941) von Georg Herting. – Sog. ***U-Boot-Halle*** (Göttinger Straße), 1943 aus Wilhelmshaven zur Flakgeräteproduktion übernommen. Dreischiffige Stahlkonstruktion, Ziegelwände mit Fensterschlitzen von Mewes. – **Bedeutung:** Keimzelle der urspr. in Linden konzentrierten hann. Großindustrie. Größtes Ensemble von Industriearchitektur des 19. und 20. Jh. in Hannover.

Hans-Böckler-Allee 18 — 125 / V 8

Kurt-Schumacher-Kaserne, Wehrbereichskommando II, -verwaltung II und 1. Panzerdivision der Bundeswehr. – 1936/37 durch Heeresbauamt II als Generalkommando der Wehrmacht erbaut, 1945–58 unter dem Namen „Stirling House" Sitz der engl. Provinzial-Militärregierung und Hauptquartier der engl. Streitkräfte. Mehrere Erweiterungen, zuletzt Wehrbereichsverw. II, 1989–93 von Woldt & Partner (Salzgitter). – Zentrum der weitläufigen Anlage ist ein von der Straße zurückgesetzter, viergeschossiger Block, der zwei quadratische Höfe einschließt: Empfangshof (geschlossen), Hof dahinter nach Süden offen. Rote Klinkerfassade mit Werksteindetails. – Die Zugangsinszenierung von dem drei Geschosse hohen, dreiteiligen Säulenportal der offenen Vorhalle (mit geschoßhohem Relieffries von Ludwig Vierthaler) über den ersten Hof zur zentralen Eingangshalle (urspr. Ehren- und Fahnenhalle) ist ein typisches Beispiel für architektonische Machtgestik im 3. Reich.

Hans-Böckler-Allee 20 — 125 a / V 8

Kali-Chemie (Solvay Deutschland), Verwaltungsgebäude, 1951 von Ernst Zinsser. Davor Bronzeplastik **„Maja"**, 1951 von Gerhard Marcks, erste nach dem Krieg aufgestellte neue Plastik.

Hegebläch 19 — 126 / Q 6

Herrenhäuser Kirche (ev.-luth.), im ehem. Dorfgebiet Herrenhausens, Mittelpunkt einer Gruppe von Villenbauten (Böttcherstraße). – 1903–06 von Eberhard Hillebrand, Sandsteinquaderbau in gotischen Formen. Kreuzförmiger überwölbter

Hans-Böckler-Allee, Kurt-Schumacher-Kaserne, Haupteingang

Zentralraum mit eingezogenem Chor. Westturm unten durch Treppenhäuser westwerkartig verbreitert, Helm vom Schaft durch offene Galerie abgesetzt. Urspr. neugotische Ausstattung; Ausmalung 1986 von Gebr. Linnemann (Frankfurt) wiederhergestellt. – **Pfarrhaus** (Böttcherstr. 10), 1905/06 von Hillebrand im „Heimatstil"; Putzbau, Obergeschoß und Dach mit Erkerturm in Fachwerk.

Heiligengeiststraße 20 — 127 / U 8

Stift zum Heiligen Geist und **Rats- und Von-Soden-Kloster** (Schwesternhausstr. 9/9a), heute Altenwohnungen. – Stift gegr. 1256, Ratskloster 1533, Sodenkloster 1587, alle zur Versorgung notleidender Alter; die urspr. Häuser in der Altstadt im 19. Jh. baufällig geworden. – Heutige Bauten 1893 bis 1895 nach Entwurf von Karl Börgemann, einheitlich neugot. Gruppe aus zwei dreigeschossigen Anlagen in einem Park: das Stift mit Hauptfassade und drei rückseitig vorspringenden Seitenflügeln, das Klostergebäude freistehend dahinter. Rote Ziegelbauten mit reicher Gliederung durch Blendarkaden, Backsteinbänder und Gesimse, Eingangsrisalite mit Übereckfialengiebeln. Im Stift bemerkenswerte Kapelle im Geiste der Hann. Schule (Backstein, Holz- und Stahlkonstruktion sichtbar); an der Rückseite Portal des älteren Stifts (1743–45 von J. P. Heumann), Gedenktafeln (1690 und 1771) und mittelalterl. Glasursteine.

Heinemanhof — 128 / X 9

Ehem. **Damenstift der Minna-James-Heineman-Stiftung,** seit 1960 städtisch, Pflegeheim. – 1930/31 von Henry van de Velde, eines seiner Hauptwerke. Ursprüngliche Gartenanlage von Wilhelm Hübotter nicht erhalten. – Erschließung über symmetrische Torbauten an der Brabeckstraße, wie der Hauptbau mit belgischen Handstrich-Klinkern verblendet. Langgestreckter Hauptbau, ruhige Nordseite mit schmalen Fensterbändern und Eingangsvorbau mit Rampe, rhythmisch bewegte Südseite mit mehrstufig vorgezogenen Treppen, Vorbauten, Erkern und Balkons. – Im Hof seit 1969 Bronzeplastik „Tanzende" von Herbert Volwahsen.

Heisterbergallee 8 — 129 / Q 7

Ehem. **jüdische Gartenbauschule,** heute Justus-von-Liebig-Schule (Berufsbildende Schule für Agrarwirtschaft und Umweltschutztechnik). – 1893 gegründet als Israelitische Erziehungsanstalt von dem Bankier Moritz Simon, der sich für die soziale, wirtschaftliche und politische Integration der Juden in H. einsetzte („Berufsumschichtung der deutschen Juden"; später ähnliche Unternehmungen der Simonschen Stiftung in Peine und Steinhorst). 1941–45 einer der Orte der Ghettoisierung und Deportation der Juden durch die Nationalsozialisten, 1945 Befreiung der wenigen Überlebenden. – Von der urspr. Anlage mehrere Bauten in Spätformen der Hann. Architekturschule erhalten: Direktorenhaus, Haus des Obergärtners, Wohnheim mit Schule (Wunstorfer Landstraße 5). – **Mahn- und Gedenkstätte** des Landkreises Hannover; im Direktorenhaus seit 1987 Dokumentation, im Freien seit 1993 Mahnmal von Hartwig von der Heyde (12 Stelen).

Hermann-Löns-Park — 130 / X 8

Volkspark (86 ha) in landschaftlicher Gestaltung, 1936–39 angelegt als Verbindung zwischen Eilenriede und Tiergarten. Charakter einer idealisierten nieders. Auenlandschaft mit meist einheimischen Pflanzen, bewußtes Gegenbild zum Georgengarten. Planung durch Hermann Wernicke (Gartendirektion) und Hübotter auf Grundlage der Wettbewerbsentwürfe von Hans Klüppelberg, Wilhelm Hübotter u. a. – Wiesenlandschaft mit ***Annateich*** (ehem.

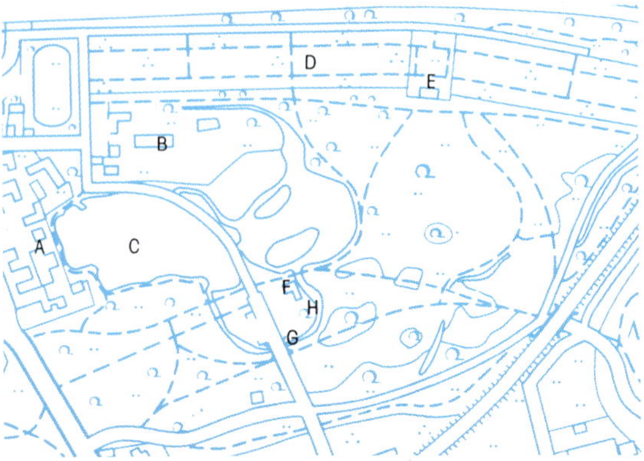

Hermann-Löns-Park

A Annastift
B Kleefelder Bad
C Annateich
D Kleingartenanlage
E Vereinsheim
F Restaurant „AlteMühle"
G Bockwindmühle
H Speicher

Hermann-Löns-Park, „Alte Mühle“

Tongrube) eingefaßt durch Wäldchen, Gehölzstreifen; ***Kleingartenanlage*** (Barriere zur Bahn) mit tlw. erhaltenen Holzlauben nach Typenentwurf; ***Vereinsheim:*** ehem. Teehaus des Ritterguts Burg (umgesetzt). In der Mitte „Gehöft“ aus umgesetzten Holzbauten: Restaurant ***„Alte Mühle“***, niederdeutsches Hallenhaus von 1720 aus Wettmar (1938). ***Bockwindmühle,*** 1701 von Hans Behrendts am Aegidientor errichtet (1938), ***Speicher*** aus Eystrup von 1637 (1939). Freibad, Sportplätze.

Herrenhäuser Gärten 131 / R 7

Gärten und Schlösser der hann. Herrscher (17.–20. Jh.), heute in öffentlichem Besitz; rd. 2 km lang und bis zu 1,4 km breit. – Verschiedene Formen europäischer Gartenkunst unmittelbar benachbart und durch Alleen und Blickachsen verbunden.

Überblick (s. Plan unten):
Am Nordrand des Großen Gartens der Ursprung der Anlagen, **Schloß** Herrenhausen, begonnen 1638 als Wirtschaftshof, 1943 zerstört; dazu **Galeriegebäude** und **Orangerie. Großer Garten** begonnen 1666, als Barockgarten erhalten. Seitlich **Alte Herrenhäuser Straße** mit Nebenbauten und

Herrenhäuser Gärten, Luftaufnahme; Großer Garten, Berggarten (unten) und Georgengarten (links)

Fürstenhaus (Herrenhausen-Museum), südlich **Wasserkunst.** – Gegenüber dem Schloß → **Berggarten,** 1666 als Küchengarten begonnen, seit Mitte 18. Jh. botanischer Garten und Landschaftspark. Aus Adelsgärten des 18. Jh. entstand im 19. Jh. der → **Georgengarten** als Landschaftspark an der Herrenhäuser Allee, mit Georgspalais (Wilhelm-Busch-Museum). Rechts der Allee → **Welfengarten,** urspr. Barock-, dann Landschaftsgarten Monbrillant, heute Stadtteilpark; an Stelle des Palais seit 1857 Welfenschloß, heute Hauptgebäude der Universität. – Ebenfalls zu Herrenhausen gehörten: **Entenfang,** heute Gaststätte (Eilersweg 1); **Reiherholz,** Wäldchen nördlich vom Berggarten, ehem. Jagdgebiet; ehem. **Plantage,** Baumzucht östlich vom Berggarten, heute u. a. vom Fachbereich Gartenbau der hann. Universität genutzt. – **Räumliche Gliederung:** Alleen ausgehend vom Großen Garten anfangs in vier Richtungen: nach Westen und Süden aufgegeben, nach Norden heutige

Herrenhäuser Gartenbezirk 1807 (Pentz/Bennefeld, „Hannover und Umgebung“)

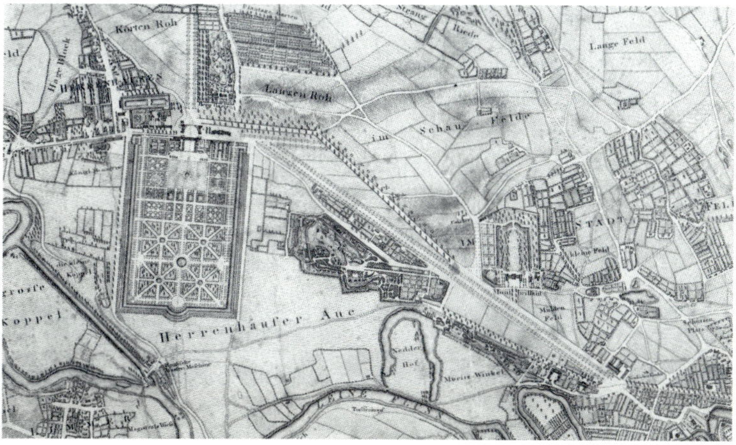

Schloß Herrenhausen, Nordfront, Darstellung von Zeuner, um 1670

Berggartenallee (urspr. bis zum Reiherholz), nach Osten Contreallee, nach Südosten Herrenhäuser Allee als Hauptverbindung zur Stadt. Abgrenzung des Gartens nach drei Seiten seit 1696 durch Alleen und Wassergraben, die „Graft". Nach 1815 stärkere Verbindungen, aber keine Vereinigung der Gärten. Seit 1835 Anlage des Georgengartens, als Auftakt zu dem nun als Gartendenkmal verstandenen Großen Garten; direkter Kontrast zweier Gartenstile. 1936 Neuanlage der Herrenhäuser Straße, dadurch Abtrennung der Gärten an der Alten Herrenhäuser Straße. In neuerer Zeit Störungen durch die umgebenden Hauptverkehrsstraßen. – **Bedeutung:** Herrenhausen insgesamt ist charakterisiert durch das enge Nebeneinander unterschiedlicher Einzelanlagen, die sämtlich als Folge der fürstlichen Sommerresidenz entstanden. Sie bilden seit Mitte des 19. Jh. als Landschaftsgärten einen Rahmen für den in seiner barocken Form erhaltenen Großen Garten, dessen urspr. Lage fernab der Stadt durch die große Allee erlebbar geblieben ist. Bis auf das Schloß sind alle bedeutenden Gebäude erhalten. Der Gesamtbestand ist trotz Verlusten zahlreich und vielfältig. Er umfaßt das ganze Spektrum einer Residenz vom fürstlichen Wohnbau bis zu Meierei und Entenfang über einen Zeitraum von rd. 300 Jahren.

Einzelne Anlagen

Ehem. **Schloß,** in der Mittelachse des Gartens, zerstört 1943, Wiederaufbau seither mehrfach erwogen und geplant, jedoch nicht verwirklicht. Modell (Zustand 1821)

Chronologie der Herrenhäuser Gärten

1636 Hannover Residenz
1638 Vorwerk in Haringehusen
1665–75 Umbau des Vorwerks zum „Lusthaus" (Schloß)
1666 Unter dem Namen „Herrenhausen" zur Sommerresidenz erhoben. – Lustgarten und Berggarten (als Küchengarten) begonnen
1696–1710 Erweiterung und Abschluß des Großen Gartens
vor 1700 Entstehung von Adelsgärten an der Herrenhäuser Allee (Vorläufer des Georgengartens)
1714–1837 Personalunion; Residenz der hann. Herrscher in London
1720 Monbrillant vollendet (Vorläufer des Welfenschlosses)
1721 Palais Delitz (Fürstenhaus)
um 1750 Berggarten wird zum botanischen Garten
ab 1770 Umwandlung in Landschaftsgärten:
- 1770 Wallmodengarten
- nach 1770 Fürstenhausgarten
- 1774 Berggarten
- 1779 Monbrillant-Garten
- 1782 Wangenheims Garten

1814 Hannover Königreich
1820/21 Umbau des Schlosses Herrenhausen anläßlich des Besuchs Georgs IV.
Sommerresidenzen im 19. Jh.:
- 1816–56 Monbrillant
- 1840–51 Georgspalais
- 1857–66 Schloß Herrenhausen (ab 1862 ständige Residenz)

1857 Baubeginn Welfenschloß
1866 Hannover preußische Provinz
1879 Welfenschloß wird Technische Hochschule
1921 Georgengarten städtisch
1936 Großer Garten und Berggarten städtisch
1936–37 Erneuerung des Großen Gartens
1943–45 starke Zerstörungen, Schloß völlig zerstört
1949–66 Wiederherstellung (mit Ausnahme des Schlosses)

Schloß Herrenhausen; links: Nordfront, rechts: Gartenfront – Beide Abbildungen zeigen den Zustand des Schlosses von 1821 bis zu seiner Zerstörung 1943

Galeriegebäude – links: Südseite, Mittelbau mit einem Teil des Orangenparterre; rechts: Arkade von 1862 vor dem Foyer-Anbau

im Hist. Museum. – **Geschichte:** 1638 Ankauf von Höfen im Dorf Haringehusen, Vereinigung zu einem Vorwerk zur Versorgung der Residenz. Herzog Johann Friedrich erhob Haringehusen 1666 unter dem neuen Namen „Herrenhausen" zur Sommerresidenz; 1665–75 Umbau des Vorwerks zu einem Lusthaus unter Verwendung des abgebrochenen Jagdschlosses Lauenstadt, durch Stats Jürgen Stoers nach Plänen von Lorenzo Bedogni; Ausbau zur dreiflügligen Schloßanlage 1676 durch Sartorio, erweitert 1704–08 unter Quirini. Ab 1689 Pläne zum Neubau einer Schloßanlage (unter Einbeziehung des Galeriegebäudes) über die gesamte Breite des Gartens, nicht realisiert. Aus Anlaß des Besuchs Georgs IV. letzter Umbau, 1820/21 durch Laves: klassizist. Fassade, Neugestaltung u. a. der Eingangsräume. Seit 1951 Pläne für Rekonstruktionen oder Ersatzbauten, z. B. das aufsehenerregende Projekt „Bella Vista" von Arne Jacobsen, 1964. – **Beschreibung:** Erhalten sind nur die Begrenzungen der beiden Schloßhöfe. Nach Norden halbrunde **2** ***Nischenmauer***, 17. Jh., mit vasenbekrönten Torpfeilern; (später?) rechteckig umbaut mit einge-

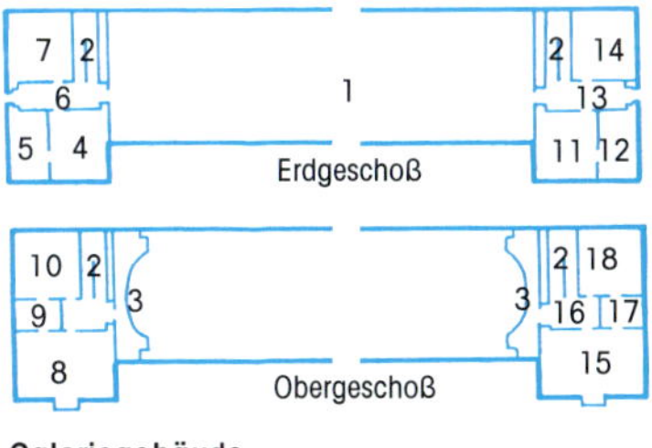

Galeriegebäude

1 Galerie
2 Treppen
3 Musikemporen
Linker Pavillon
4, 5 Flora
6 Veritas, Misericordia
7 Bacchus
8 Aurora
9 Venus
10 Spiegelkabinett
Rechter Pavillon
11, 12 Ceres
13 Pax, Justitia
14 Saturn
15 Veritas
16, 17 Fama
18 Virtus

schossigen Gäste- und Dienerwohnungen, diese 1966 abgebrochen. Zum Garten schmiedeeisernes **3** ***Gitter*** zwischen Sandsteinpfosten mit Prunkvasen, 1704–06. Grotte und Große Kaskade (s. u. Großer Garten) dienten als Kopfbauten der seitl. Schloßflügel. Reste der Freitreppe zum Garten 1965 abgebaut und zur Wiederherstellung der Grotte verwendet, **13** ***Portalrahmen*** als Endpunkt der Grottenachse aufgebaut.

Galeriegebäude (s. schematischer Grundriß unten)**:** Saalbau zwischen zweigeschossigen Eckpavillons, heute für Theater, Konzerte und Ausstellungen genutzt. – Ausführung 1694–98 durch Giusti und Westermann, Architekt ungeklärt. Anfangs nur als Orangerie gedacht, seit 1696 Ausbau mit Festsaal und Wohnräumen. Abschluß der davorliegenden, von Charbonnier neu geschaffenen Garten-Festräume (Orangenparterre, Königsbusch, Gartentheater). – **Beschreibung:** Langgestreckter Putzbau mit Sandsteinumrahmungen, hoher Saal zw. zweigeschossigen Wohnpavillons; frühestes Mansartdach in H. Nordfront glatt und im Saalbereich fensterlos, über dem Mittelportal Wappen des Kurfürsten Georg Ludwig. Hauptfront zum Garten mit vorgezogenen Eckpavillons und gesteigert komponiertem Mittelrisalit, der um ein Halbgeschoß höher geführt und von sechs Putten (außen: vier Jahreszeiten, Mitte: zwei Wappenhalter) bekrönt ist. Portal nach Plan von G. Crotogino, umrahmt von Kompositpilastern und Fruchtgirlande, im Giebel „E A S" (Monogramm des Kurfürstenpaars Ernst August und Sophie), darüber Sandsteinfiguren: Putto (Mitte), Mars (links), Minerva (rechts). – **Innenausstattung:** Ein vielfältig verknüpftes Bildprogramm (von Giusti und Mauro) bezieht das Gebäude auf das Kurfürstenpaar und den Garten; Stukkaturen von D. Grana, P. Rosso u. a., Fresken von T. Giusti. – ***Festsaal:*** Musikemporen an den Kopfenden, flache, rund gekehlte Decke mit stuckierten, endlos verschlungenen Bändern. An den Wänden gemalte Scheinarchitekturen. Fensterseite: 14 Muschelnischen (vier Her-

Galeriegebäude, Festsaal, Ausschnitt aus den Aeneas-Fresken von Tommaso Giusti

kules-Szenen, Tugenden, Lohn der Tugend, Fama, Eternitas), übrige Seiten: in Säulenhöfen und in Medaillons 18 Szenen der Aeneas-Sage, an der Nordseite im Wechsel mit acht Muschelnischen (Reiter, die Figuren der Hohen Schule vorführen, gedeutet als die sieben Könige Roms und Brutus oder als verschlüsselte Ahnenreihe Ernst Augusts); vor der Nordwand 14 (urspr. 28) Büsten römischer Kaiser, ital. Kopien des 17. Jh. – ***Pavillons:*** Wand- u. Deckenfresken mit Scheinarchitekturen (am Ostende z. T. zerstört), Bildprogramm im Westen auf Sophie, im Osten auf Ernst August bezogen. Im Erdgeschoß Szenen aus Ovid an den Wänden, Allegorien der Jahreszeiten und ihrer Monate an den Decken (Flora/Frühling, Bacchus/Herbst, Ceres/Sommer, Saturn/Winter). – Im westl. Obergeschoß Sophienzimmer (Spiegelzimmer), 1705/06 Umgestaltung zum Porzellankabinett nach holländischem und brandenburgischem Vorbild. Wände durch Schein- und echte Öffnungen aufgelöst, Decke mit Spiegelgewölbe, reich bemalte Stukkaturen und Schnitzereien, meist Blatt- und Rankenwerk; vor den Spiegeln Etageren für die Sammlung (nicht mehr vorh.). – **Bedeutung:** Nach Verlust des Schlosses heute architektonischer Schwerpunkt des Gartens, aus der Zeit seiner letzten Ausbauphase. Barockausmalung bedeutend durch Vollständigkeit und Einzelleistungen (Veritas- und Bacchuszimmer), im Festsaal der größte barocke Freskenzyklus in Norddeutschland. Das Sophienzimmer ist eines der ältesten Spiegelkabinette.

Anbauten: Westl. des Galeriegebäudes gußeiserne **Arkade** in gotisierenden Formen, mit Monogramm MR der Königin Marie, 1862 von G. H. Schuster, als Verbindung zum Schloß. – Dahinter **Glasfoyer,** 1965/66 von Arne Jacobsen und Otto Weitling, Glasfassade mit innenliegender Stahlkonstruktion, zurückhaltend gegenüber den historischen Bauten.

Orangeriegebäude, geplant seit Ende 17. Jh., erbaut 1720–23 zur Überwinterung der Orangen- und Lorbeerbäume, mehrmals verändert; 1969 ersetzt durch neues Überwinterungshaus westlich der Graft, seitdem ausschließlich Veranstaltungsraum (Ausstellungen, Konzerte) – **Geschichte:** Orangerien – Sinnbild der Gärten der Hesperiden der antiken Mythologie – gehörten zu den wichtigsten Bestandteilen von Barockgärten. Die ersten Kübelpflanzen in Herrenhausen kamen 1653 aus Venedig, die ersten Orangen 1655. Unterbringung 1676/77 in den Seitenflügeln des Schlosses, 1677 Bau eines Gewächshauses im Apfelstück durch B. Westermann. 1686 Überführung der Osnabrücker Orangerie nach H. Für die vergrößerte Sammlung seit 1694 Bau des Galeriegebäudes (s. o.). 1705 Überführung der Celler Orangerie nach H., Bestand um 1720 ca. 600 Stämme. – **Bau:** 1720–23 von Johann Christian Böhm in

Orangerie, Südseite

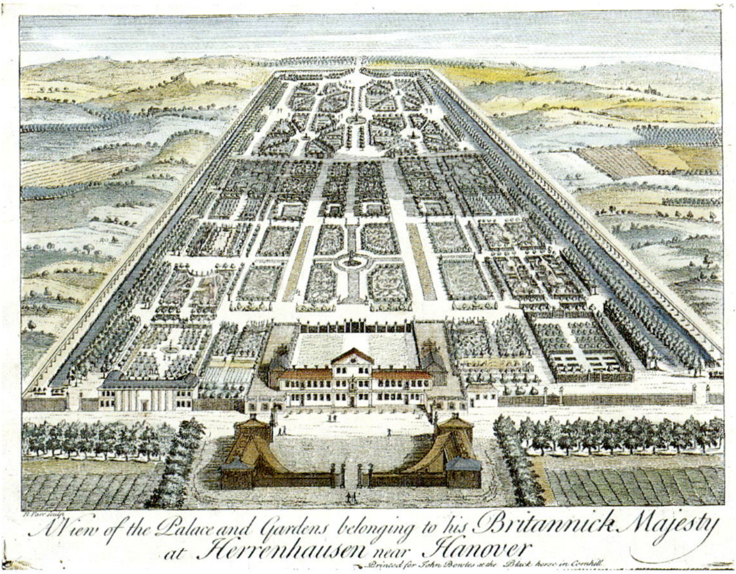

Herrenhausen, Schloß und Großer Garten – Kupferstich von N. Parr, um 1745

Fachwerk errichtet, 1739 von J. P. Heumann größtenteils massiv erneuert, heutige Fassade 1823 von Laves. – 23achsiger verputzter Hallenbau mit urspr. freitragendem Dachstuhl. An der Nordseite ehem. Heizgang. Südfassade drei Risalite mit flachen Dreiecksgiebeln, Mittelrisalit um ein Halbgeschoß höher. Hohe Rundbogenfenster, am Mittelrisalit durch Pilasterarkade zusammengefaßt, an den Seiten durch Lisenenarkaden mit gleichmäßigen Fugenbändern.

Gartenordnung von 1777 auf einer Steintafel am Eingang zur östl. Randallee

jedermann ist erlaubt sich im königl=
garten eine veränderung zu machen gemeinen
leuten wird jedoch bey leibes strafe verboten

I

keine statüen und andere freystehende sachen
zu beschädigen

II

nicht nach den schwänen zu werfen oder solche
auf ihren brüte=teichen zu beunruhigen

III

keine hünde mit in den garten zu nehmen

IV

die nachtigallen weder zu fangen
noch zu stöhren

V

sich der bäncke bey der grossen FONTAINE
nur als dann zu bedienen, wenn solche
für standes personen oder vornehmen fremde
nicht nöhtig fallen

VI

der angestelleten wache, so mit dem zeichen GR
an der brust versehen nicht zu trotzen.

Großer Garten, Herzstück der Herrenhäuser Gärten,1660–1714 in drei Stufen zur heutigen Größe ausgebaut. Ausgedehnte Barockanlage mit Heckengärten um ein weitläufiges Parterre, von der flachen Umgebung (Flußaue) streng abgesetzt durch Randalleen und Wassergraben („Graft"). Bis 1837 unverändert infolge der Abwesenheit der hann. Herrscher, seitdem pflegende Erhaltung und Erneuerung (im Detail oft abweichend). – **Geschichte:** Anlage anscheinend schon 1660 statt 1666. Erster Lustgarten von Michael Grosse, Größe etwa des heutigen Parterres. ***Unter Hzg. Johann Friedrich (1665–79)*** 1673 Erweiterungsplan von Sartorio und P. Meccage, nicht ausgeführt. – 1675–78 Ausbau und reichere Ausstattung (u. a. mit Springbrunnen) durch Henri Perronet (Hofgärtner aus Celle, Schüler von Le Nôtre) und A. H. Bauer (Gartenmeister). 1676–80 Anlage von Grotte und Großer Kaskade durch Sartorio, Westermann, den „Fontainizer" Cadart und den Augsburger Grottierer M. Riggus. ***Unter Hzg./Kurfürst Ernst August (1679–98) und seiner Gemahlin Sophie, fortgesetzt unter Georg Ludwig (1698–1727)*** großzügiger Ausbau durch den Gärtner Martin Charbonnier und seinen Sohn Ernst August; 1696/97 Mitarbeit des holl. Gärtners Tresi. Parterre nach holl. Vorbild umgestaltet: die urspr. 16 Quadrate des Luststücks wurden in 8 Rechtecke eingeteilt, innen „Parterres à l' Angloise",

Irrgarten, 1937

außen „Boulingrins" (vertiefte Rasenflächen), dahinter Fischteiche; äußere Einfassung durch Bosketts, an der Ostseite Folge von Garten-Festräumen auf das Galeriegebäude bezogen: 1689–93 Königsbusch und Gartentheater, von Cadart begonnen, von J. P. Wachter beendet, 1695 bis 1697 Orangenparterre. – Seit 1696 auf das Doppelte, die heutige Größe erweitert und eingefaßt durch Hainbuchenhecken, Lindenalleen und die Graft (1696–1700, dreiseitig außen umlaufender Kanal). Erweiterung (Nouveau Jardin, Neuer Garten): 32 dreieckige Bosketts (Triangeln), zusammengefaßt zu 4 Quadraten mit 4 Fontänen und Großer Fontäne als Mittelpunkt. 1708/09 Pavillons an den Graftecken. Ausbau bis zum Tode Georgs I. (1727) fortgesetzt, danach bis 1837 langsamer Niedergang. Wiederherstellungen unter Bewahrung der Gesamtanlage, aber mit Veränderungen in Einzelheiten bereits 1840–49 unter Ernst August, bes. 1936/37 nach Ankauf durch die Stadt (Beseitigung der nachbarocken Zutaten, technische Verbesserungen, hinzuerfundene Teile). 1959–66 Beseitigung der Kriegsschäden, seit 1975 Restaurierung der Gebäude und Plastiken. – **Beschreibung:** Größe 905 × 555 m (50,2 ha), fast rechteckig (Abweichung 2,8 Grad). – **Einfassung** an drei Seiten durch Lindenalleen (urspr. Kugel- und Pyramidenbäume im Wechsel) und die ***Graft*** (Wasserkanal, 28 m breit, ca. 2 m

Feuerwerk über dem Großen Garten

Großer Garten (s. Plan gegenüber)

A Pagenhaus
B Bauspännerhaus
C Hardenbergsches Haus
D Fürstenhaus Herrenhausen-Museum
E Meierei
F Wasserkunst

1 Eingang mit Gartenordnung
2 Nischenmauer (äußerer Schloßhof)
3 Gitter (innerer Schloßhof)
4 Gewächshäuser („Abrikosenkasten")
5 Pavillon

Großes Luststück, Skulpturengruppen innen:

6 Vier Elemente (Steinvasen)
α Erde
β Wasser
γ Luft
δ Feuer

7 Entführungsszenen um die Glockenfontäne
α Hermes u. ? (Frühling)
β Apoll u. Daphne, ? (Sommer)
γ Faun u. Nymphe (Herbst)
δ Römer und Sabinerin, ? (Winter)

8 Vier Jahreszeiten (Steinvasen)
α Frühling
β Sommer
γ Herbst
δ Winter

Großes Luststück, Figuren außen

Erdteile	Elemente
a Europa	**e** Erde
b Asien	**f** Feuer
c Afrika	**g** Wasser
d Amerika	

Gestalten der antiken Mythologie
h, j Venus
k Bacchus
l, m Herkules
n Thalia
o Juno
p Endymion
q Voluptas
r Saturn
s, t Vanitas
u Flora

9 Probenbühne
10 Aussichtsterrasse
11 Kleine Kaskade

12 Sondergärten
a Renaissancegarten
b Niederdeutscher Blumengarten
c Barockgarten
d Rokokogarten
e Rasengarten
f Niederdeutscher Rosengarten
g Inselgarten
h Springwassergarten

13 Portal der Schloßtreppe
14 Denkmal Kurfürstin Sophie

Großer Garten Herrenhausen

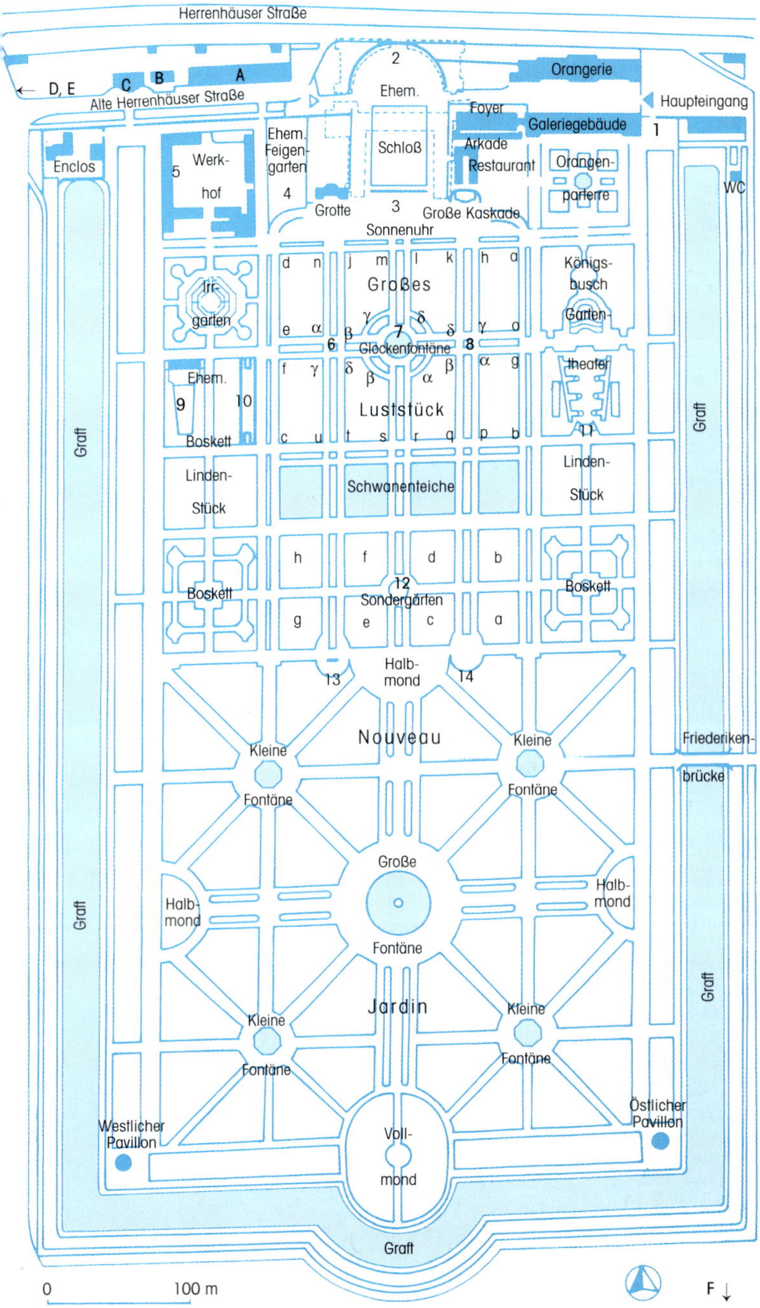

„Le jardin de Herrenhausen, qui est ma vie." – „Nur mit dem Herrenhäuser Garten können wir prunken, der in der That schön und wohl gehalten ist."
(Kurfürstin Sophie, Initiatorin der heutigen Gartenanlage)

Oben: Große Kaskade, älteste Gartenarchitektur in Herrenhausen; links: Sonnenuhr und Großes Luststück

tief), im ***Enclos*** (ummauerter kleiner Garten) an der Nordwestecke urspr. Gondelhaus (1702). An der Nordseite Mauer (1704–06) und die Schloßbauten. – ***Haupteingang*** zwischen Orangerie und Galerie, Gittertor von Laves, 1816 für Schloß Monbrillant (Welfengarten), zu-nächst an die Herrenhäuser Allee (→ Georgengarten), 1959 hierher versetzt. In der anschließenden Passage im Sommer Kübelpflanzen, darunter der über dreihundertjährige Granatapfelbaum (1653 aus Venedig). **1** ***Eingang*** zur östlichen Randallee mit Gartenordnung, Steintafel 1777.

Ältere Gartenhälfte: Seitlich vom Schloß ehem. Wirtschaftsgärten (Westseite, vor der ehem. Schloßküche) und Privatgärten der Herrscher (Ostseite): ***Werkhof*** (nicht öffentlich), früher Melonengarten, Apfelstück, mit kleinem **5** Pavillon 1737 von J. P. Heumann, erneuert 1937 und ca. 1984. – Ehem. ***Feigengarten*** mit den ältesten erhaltenen **4** ***Gewächshäusern*** der Gärten, drei von ehem. sechs „Holländischen Abrikosenkasten", 1856 von Schuster. ***Gartenrestaurant,*** ehem. Blumengarten (Jardin secrèt) des Königs und Boskett. ***Orangerieparterre,*** 1963 neu angelegt: Beete mit farbigem Kies und Buchsbaumornamenten, vier schachbrettartige Felder für Kübelpflanzen, Wappen des Kurfürsten und der Stadt. Zum Königsbusch hin sog. Goldenes Tor. ***Sonnenuhr*** auf Rokoko-Postament, mit schmiedeeisernem Schutzgitter, Entwurf nach Jean Marot und Bérain, Ausführung wohl nach 1713 (Monogr. GR). – ***Grotte*** und ***Große Kaskade***, die ältesten Bauwerke des Gartens, 1676 von Cadart, urspr. Abschluß der Seitenflügel des Schlosses und Übergang zum Garten. ***Grotte:*** urspr. Ausstattung von M. Riggus (Muschelwerk und Wasserspiele) verloren; Äußeres zuletzt 1848/49 von G. H. Schuster umgestaltet, so nach Kriegsschäden 1966 wiederhergestellt (mit Teilen der südlichen Schloßtreppe); auf der Attika neun Gelbgußfiguren: Neptun und acht Putten auf Schildkröten und Delphinen, Reste von Brunnen der Parterregestaltung von 1675. ***Große Kaskade:*** auf der Terrasse über der Rückwand neun Sandsteinfiguren (klassische Gottheiten, Liebespaare), wohl 1680/81 von J. A. Villers; Kaskadentreppen verkleidet mit Muscheln, Tropfsteinen und Kristallen; in Wandnischen abwechselnd Felsen und Figuren (Leda, Venus,

Skulpturenschmuck im Großen Garten – Links: „Borghesischer Fechter" im Gartentheater; Mitte: „Entführungsszene" von Antonio Laghi im Großen Luststück; rechts: Steinvase „Frühling" von Christian Vick im Großen Luststück

Gartentheater – links: Kupferstich nach Sasse, Mitte 18. Jh.; rechts: Szenenbild einer heutigen Aufführung

Flußgötter), wohl 1678 ff. von Pieter van Empthusen. – ***Großes Luststück (Großes Parterre),*** abweichend von Charbonniers Plan 1936/37 neu angelegt: acht Rasenflächen mit Ornamenten aus buchsbaumgefaßten Blumenpflanzungen, die vier Innenfelder um die Glockenfontäne nach dem Vorbild französischer Broderieparterres. Gliederung durch Taxuspyramiden und 32 weiß gestrichene Sandsteinfiguren aus der klassischem Mythologie (verschiedene Herkunft, z. T. aus Celle [?], ohne einheitliches Bildprogramm). Figuren um 1710 nach Themen geordnet aufgestellt: um die **7** ***Glockenfontäne*** vier ***Entführungsszenen*** von A. Laghi, aufgestellt 1707/08; an den inneren Wegkreuzen Vasen (**8** vier ***Jahreszeiten***, **6** vier ***Elemente***) 1710/11 von Chr. G. Vick, am Außenrand zwanzig ***Allegorien***, Teile verschiedener Zyklen: Erdteile (a–d), Elemente (e–g), Götter und Halbgötter, Laster (h–u). Abschluß durch Reihen von kastenförmig geschnittenen Linden und vier ***Schwanenteiche*** (seit 1937 flache Steinbecken mit Wasserspielen, vorher grundwassergespeiste Teiche für die ablaufenden Fontänenwasser und zur Fisch- und Schwanenzucht, 1697 aus zwei länglichen Fischteichen umgestaltet). – ***Boskettzone:*** Das Große Luststück an drei Seiten umgeben von Bosketts, aus 3 m hohen Hainbuchenhecken gebildete Gartenräume. – ***Westseite: Irrgarten*** von 1937 (Plan 1674 wahrsch. von H. Perronet), früher Spargelbusch. **10** ***Aussichtsterrasse,*** 1936/37 nach holländischem Vorbild; an Stelle der urspr. gepl. Erweiterung (3 Flügel, in der Mitte Grotte) 1965/66 **9** ***Probenbühne***. – ***Ostseite: Königsbusch,*** Vorraum zum Gartentheater. Im Mittelraum vier Steinfiguren der hzgl. Familie von Arnold Roßfeld (vor 1692): Hzg. Georg, Hzg. Ernst August, Hzgn. Sophie, Prinz Georg Ludwig. In den runden Seitenräumen (1936/37) Vasen der ehem. Kronprinzenwache (Spielhaus für den Kronprinzen, 1858/60 von H. Chr. Tramm, nicht erhalten). – ***Gartentheater,*** 1689/90, von Cadart begonnen, von J. P. Wachter beendet, ältestes Heckentheater

Großer Garten, Denkmal der Kurfürstin Sophie, 1876/78 von Wilhelm Engelhard

Großer Garten, Eckpavillons an der Graft, von Remy de la Fosse

Große Fontäne – Kolorierter Kupferstich von Julius Salzenberg, um 1810; Foto 1993

des Barock, ohne Vorbild. Zuschauerraum aus Amphitheater (auf der Mauer 8 Putten, u. a. Jahreszeiten) und Parterre als Übergang zur Bühne, die nach hinten ansteigend und verjüngt; Figuren: an den Seiten Ceres und Luna, vorn Nachbildungen zweier Borghesischer Fechter, vor den Kulissen vergoldete Bleifiguren von P. van Empthusen 1689/90. An der Rückseite **11** ***Kleine Kaskade,*** 1690 ausgeführt von Johann Fried-rich de Münter (nach Vorbild aus Het Loo). Königsbusch und Gartentheater erst 1936/37 durch Hecken vereinigt. – ***Südseite:*** Urspr. acht kleine Bosketts, seit 1936 **12 a–h** ***Sondergärten*** zur Entwicklungsgeschichte des architektonisch geformten Gartens: **12a** ***Renaissancegarten,*** nach dem Knoten Parterre von 1620 am Heidelberger Schloß. – **12b** ***Niederdeutscher Blumengarten,*** Renaissancegarten, Figur „Wahrheit" von J. H. Eversmann um 1730. – **12c** ***Barockgarten,*** nach frz. Muster. – **12d** ***Rokokogarten,*** Figur „Hermes", Kopie 1959, Vorbild in Veitshöchheim, 1766 von Tietz. – **12e** ***Rasengarten*** mit eingesenktem „Boulingrin" (Bowling-Green), Ende 18. Jh. – **12f** ***Niederdeutscher Rosengarten,*** engl. Garten der Tudor-Zeit. – **12g** ***Inselgarten*** mit vier Steinvasen (freie Kopien nach den kriegszerstörten Originalen aus Salzdahlum). – **12h** ***Springwassergarten,*** Fontänengarten des Barock, Vorbild Le Nôtres Parterre in Vaux-le-Vicomte. – **13** und **14** ***Heckennischen*** als Gegenüber von Grotte und Kaskade, heute ohne die mehrmals erneuerten Gartenarchitekturen. Urspr. hölzerne Gartenkabinette, 1707 (von Giusti ?), 1817 abgebrochen; in **14** massiver Pavillon als Schutz für das geplante Denkmal, 1864–66 von G. H. Schuster, 1936 abgebrochen, in beiden Nischen 1936 massive Pavillons

Königsbusch, Standbilder von Arnold Roßfeld; von links: Herzog Georg von Calenberg, Kurfürst Ernst August, Prinz Georg Ludwig (König Georg I. von England)

Hardenbergsches Haus

mit Fresken von B. Dörries, nach Kriegsschäden abgebrochen. **14** Sterbeort der Kurfürstin Sophie mit ihrem ***Denkmal,*** marmorne Sitzfigur von Wilhelm Engelhard, Inschrift 1876, aufgestellt 1878, ca. 1936–65 im Orangenparterre. In **13** Portalbogen, Mittelstück der südl. Schloßtreppe von 1699, 1965/66 hierher versetzt.

Jüngere Gartenhälfte (Nouveau Jardin): Einteilung nach dem Quadratschema der älteren Anlage mit zusätzlichen Diagonalen. Die 32 Triangeln (dreieckige Heckengärten) seit 1936/37 mit Forstbäumen bepflanzt (urspr. in 5 Feldern Bosketts, sonst Gemüse- und Obstbäume; seit 1776 nur noch Obstbäume). Gliederung durch Alleenkreuz in vier Quartiere, in den Mittelpunkten vier ***Kleine Fontänen*** (1697–1706). ***Große Fontäne:*** Anlage 1697/98 als Blickpunkt der Mittelallee und Gegenstück zur Hauptfontäne des Großen Luststücks; in Funktion seit 1720 (Steighöhe 36 m) durch Pierre la Croix; 1956 Steighöhe 82 m, heute ca. 60 m (Hohlstrahl, 4 mm Rundschlitz, 140 km/h, 500 cbm/h). – An den Ecken der Graft zwei ***Rundpavillons,*** 1705 von Remy de la Fosse aus Holz, der westliche 1752 von J. P. Heumann nach einem Brand massiv erneuert, Bildhauerarbeiten von J. Fr. Blasius Ziesenis. – ***Friederikenbrücke,*** 1839/40 von Laves, → Georgengarten.

Bedeutung des Großen Gartens: Einer der bedeutendsten Barockgärten in Deutschland, einzige neben Schwetzingen erhaltene Großanlage. Niederdeutscher Barockgarten als Synthese niederländischer und französischer Vorbilder.

Bauten an der Alten Herrenhäuser Straße: Ehem. Nebengebäude westl. vom Schloß, bis auf Nr. 14 heute Wohnhäuser. – **A** ***Pagenhaus*** (Nr. 6), 1711/12 von Remy de la Fosse für Lakaien, Pagen und Bediente, langes, eingeschossiges Fachwerkhaus mit Mansartdach und offenem Dachreiter (1792 vom Celler Schloß ?), Wetterfahne 1708. – **E** ***Meierei*** (Nr. 7), letzter erhaltener Teil des zum Schloß gehörigen, 1646 begonnenen Wirtschaftshofs, 1736 von Johann Paul Heumann, um 1780 Umbau zum Wagenhaus für die kgl. Reise- und Prunkwagen. – **B** ***Bauspännerstall*** (Nr. 8), Bedientenwohnhaus, 18. Jh. – **C** ***Hardenbergsches Haus*** (Nr. 10) in der Achse der westlichen Graftallee, 1747–50 von Heumann für den damaligen Gartendirektor C. v. Hardenberg, an Stelle des alten Wohnhauses von Charbonnier. Eingeschossiger Putzbau mit Werksteingliederungen, hoher Sockel, Mansartdach, zweigeschossiger Mittelrisalit mit Freitreppe, im Gartensaal Ölgemälde in den Wandtäfelungen. Im Hauptgeschoß heute „Glogauer Heimatstube“ (Museum).

D ***Fürstenhaus (Herrenhausen-Museum)*** (Nr. 14), Palais mit kleinem Ehrenhof zwischen symmetrischen Nebengebäuden. – 1721 erbaut für die Gräfin Delitz, Tochter Georgs I. und der Gräfin Melusine von der Schulenburg. Mehrmals erweitert, besonders 1770. 1836 an die Krone, Gästehaus. Seit 1865 Bezeichnung „Fürstenhaus“, seit 1866 Porträtgalerie des Gesamthauses Braunschweig-Lüneburg, seit 1955 Herrenhausen-Museum. – Verputztes Fachwerk, 1864 durch G. H. Schuster klassizistisch umgestaltet, mit Elementen des Lavesschen Schloßumbaus. Dekoration des 18. Jh. noch in zwei Räumen, im Vestibül Deckenbild um 1721 (Juno auf Wolken, mit Pfau und Putto), Supraporten um 1770 ? (antike Trümmer auf Felsenküsten); im Gartensaal Deckenbild um 1721 (Verherrlichung der Bauherrin ?, mit Minerva und Genien), Wandbilder um 1770 (klassische Landschaften). – ***Ehem. Garten,*** kleine Barockanlage (von Charbonnier ?), nach 1770 für den Kammerherrn v. Wallmoden in Landschaftsgarten verwandelt. 1852 Nutzgarten, 1936 durch die neue Herrenhäuser Straße abgeschnitten, seit 1984 hier Kirchenamt der Evangelischen Kirche in Deutschland (EKD), von Bangert, Jansen,

Fürstenhaus/Herrenhausen-Museum

Leineschloß – Leinstraßenseite (o.), Leineseite (u.), Zeichnungen von J. F. Jungen, 1740

restauriert, Fachwerkaufsatz mit Helm (erneuert nach 1945). – Mit den Überfällen Herzog Heinrichs auf die Stadt 1486 und 1490 wird eine Legende verbunden, nach der der Herzog die Turmbesatzung durch Feuerlegen „totgeschmaucht" habe; auch der Siebenmännerstein an der Aegidienkirche wird damit in Verbindung gebracht.

Hildesheimer Straße 239 137 / U 10

St.-Bernwards-Kirche (kath.), 1892/93 von Christoph Hehl, für die überwiegend aus dem kath. Eichsfeld stammenden Industriearbeiter in Döhren und Wülfel. – Flachgedeckte Basilika aus Bruchsteinmauerwerk in romanischen Formen, seitl. stehender Turm, offene Arkadenhalle. Das schon von Hehl geplante Querhaus mit Altarraum 1959 nach Entwurf von Arno Baier, dabei urspr. Ausstattung und Ausmalung von Oskar Wichtendahl entfernt.

Hindenburgstraße 42 138 / U 7

Ehem. **Villa Ebeling** (Ecke Ludwig-Barnay-Straße). 1903 von Ferdinand Eichwede für Georg Ebeling, den Begründer der hann. Kali-Industrie. Neoromanisch mit nordischer und Jugendstil-Ornamentik, in der qualitätvollen Durchführung aus den umgebenden Villenbauten des 19. und 20. Jh. herausragend. – Blockhafte Grundform, durch Eckturm, Vorbauten und Loggien aufgelöst. Rauhe Werksteinfassade mit glatten Umrahmungen und reichen ornamentalen und figürl. Reliefs, im Giebel zur Hindenburgstraße Mosaik auf Goldgrund. Passende Einfriedigung (Gitter in Werksteinfassung), Springbrunnen.

Hinrich-Wilhelm-Kopf-Pl. 1 139 / E 7

Leineschloß (Niedersächsischer Landtag). Urspr. mittelalterl. Kloster, ab 1637 Um- und Neubau als Residenz der hann. Landesherren, mehrmals stark umgestaltet, zuletzt umfassend durch Laves ab 1817. In den Außenmauern der Kriegsruine 1957–62 Neubau des Landtags durch Dieter Oesterlen. Mittelpunkt des Regierungsviertels um den Waterlooplatz. – **Geschichte:** Minoritenkloster wohl 1288 gegründet, nach 1533 (Reformation) Nutzung durch Rats- und von Sodenkloster (Armenspitäler) und andere städt. Einrichtungen. Als Schloß: 1640–1918 Residenz der Landesfürsten, 1642–1824 Sitz der Landesregierung. 1676–88 wohnte Leibniz als Bibliothekar im Leineschloß. 1694 Graf Königsmarck, Liebhaber der Kurprinzessin Sophia Dorothea, im L. ermordet. 1814 wurde die erste allgemeine hann. Ständeversammlung hier eröffnet. Seit 1921 städtisch genutzt, Museum, 1936 auch Heeresgedenkstätte. Seit 1962 Nds. Landtag. – **Baugeschichte:** ***Erste*** (bescheidene) ***Anlage*** 1637–42, begonnen unter Hzg. Georg, Architekt Kunst Harm, Ausführung Anton Albrecht Meldau: dreigeschossiger Fachwerkbau (am Fluß auf der Stadtmauer) um den mittleren (altesten) Hof 1638 fertig, Kammerflügel (Regierung) nach Westen, zwei Wirtschaftsflügel nach Osten (Althaus und Schneiderei, Küche am Fluß). Teile der alten Klosterkirche ins Schloß einbezogen, der Rest nach Umbau 1642 als Schloßkirche geweiht. – ***Zweite Bauphase:*** 1667–77 (Schwerpunkt 1667–69) Ausbau unter Hzg. Johann Friedrich. Pläne wahrsch. von Hieronimo Sartorio, Ausf. durch die Hofbauschreiber Balthasar Weinberg und Brand Westermann: anstelle des Althauses 1667/68 Leinstraßen-Flügel (Kapuzinerkloster). Umbau der Schloßkirche: 1668 Fürstengruft, Aufstellung des Welfenschatzes (hier bis 1862) und des Cranach-Altars (heute in der Kreuzkirche). Um 1670 erster Plan einer symmetrischen Fassade, bezogen auf die Schloßkirche, nicht ausgeführt. 1674–77 Bau des Thea-

Leineschloß, Leinstraßenseite, Aquarell von Anton Hallmann, um 1830

terpavillons (Kleines Schloßtheater, über der Küche). – **Dritte Bauphase** 1680–93, Ausbau unter Hzg. Ernst August: 1680–82 zur Gewinnung einer „Schloßfreiheit" (Vorplatz) Abbruch der 37 Häuser gegenüber der Leinefront. 1685–87 Leinepavillon mit öffentlicher Durchfahrt und Brücke (1686 nach Sartorio (?) durch Crotogino, Fehr und Heinsohn). 1685–88 im östl. Querflügel Rittersaal (Stuck von Perinetti und Dossa Grana, Auswahl und Anordnung der Herrscherbildnisse durch Leibniz), galt als schönster Festsaal des L. (Mo-

Leineschloß, Brand des Kammerflügels 1741, Ölbild

dell im Hist. Museum). – Großes Schloßtheater (in Konkurrenz zu den Braunschweig-Wolfenbütteler Theaterbauten) mit 1300 Plätzen, 1687/88 von Hieronimus begonnen, 1688/89 von Wachter beendet, bis zum Abbruch 1854 eines der größten und prunkvollsten Theater Europas; eingeweiht mit der Oper „Enrico Leone" von Agostino Steffani. – 1690–93 Theaterpavillon (Kleines Schloßtheater) erneuert. – 1691 Archiv und Kasse im Leintorturm eingerichtet (Abbruch 1797). Barockumrahmung der Kirchenfenster. – ***Vierte Bauphase:*** 1741 Brand des Kammerflügels; 1742–46 Neubau, maßgebend für alle späteren Bauten der Leinefront, heute ältester Teil der Schloßfassade. Erste Pläne von Johann Paul Heumann, nach Paris zu J. F. Blondel geschickt, von diesem verworfen, dessen Entwurf von Heumann überarbeitet und realisiert. – 1802 Pläne von Friedrich Weinbrenner für Wache und Haupteingang und (mit Peter Joseph Krahe) für Umbau des Kleinen Theaters zum Festsaal; nicht ausgeführt. – **Fünfte Bauphase** 1815–44, künstlerisch am bedeutendsten. Planung durch Laves; sein Alternativplan (1816) eines Residenzneubaus zw. Clevertor und Königsworther Platz nicht berücksichtigt. Ab 1830 Planung nur noch als Repräsentationsbau, Wohnungen im Palais gegenüber (unterirdischer Gang). – Beteiligte Architekten: 1816 Laves' Onkel, der Kasseler Oberhofbaudirektor Heinrich Christoph Jussow. Gelegentliche Revisionen durch Klenze, evtl. Schinkel. Ausstattung: Mitwirkung von Justus Molthan. – Vollständiger klassizistischer Umbau. Die Vereinheitlichung der Fassade gelang, aber die Ergänzung zu einer symmetrischen Grundrißfigur scheiterte am Wechsel der Bauherren, Planänderungen, Geldmangel. Einbindung ins Stadtbild durch Plätze und Straßendurchbrüche gelang nur auf der Südseite: 1832 Waterlooplatz, 1842–447 Friederikenplatz. – Um- und Neubauten: 1817–25 Leineflügel (in den Formen des barocken Kammerflügels), mittlerer Hof, Portal im Westflügel. 1825 Abbruch des Regierungsgebäudes, westli-

Schloßoper, Querschnitt, Zeichnung von Johann Friedrich Jungen, 1746

Leineschloß, Rittersaal

cher Hof seitdem zur Stadt hin offen. An der Leinstraße 1828/29 Nordwestecke mit Wache, bis 1834 Fassade vor der Kirche und Portikus. 1840–43 Wintergarten als Mitte der Leinefront (Mitwirkung von Klenze). – Innenausbau bis 1844, unter anderem: 1836–39 Schloßkirche in englisch-neogotischen Formen; 1840–44 Thronsaal, Mitwirkung von Schinkel (?) und Klenze. – An der Ostseite Abbrüche (1852/53 Häuser bis zur heutigen Karmarschstraße, 1854 Schloßtheater), aber keine Ergänzung zur symmetrischen Anlage, das Schloß bleibt Torso. Zerstörung 1943 bis auf den Kammerflügel. – ***Sechste Bauphase,*** Wiederaufbau als Parlament: 1949 Standort vom Landtag gebilligt, im Zusammenhang mit der Planung des Regierungsviertels im Raum Waterlooplatz und Leibnizufer. 1954 Wettbewerb, Ausführung 1957–62 durch den 1. Preisträger Dieter Oesterlen. – **Beschreibung:** An der Leinstraße in der Mitte Portikus mit neuer Freitreppe zum heutigen höherliegenden Haupteingang, urspr. weniger monumentale Treppe und Vorfahrt hinter den sechs korinthischen Säulen (Vorbild Carlton House in London); landesherrliches Wappen im Giebeldreieck. Rechts davon der westl. Eck-

Leineschloß, Schloßkirche

Leineschloß (**A** um 1800, **B** um 1860)

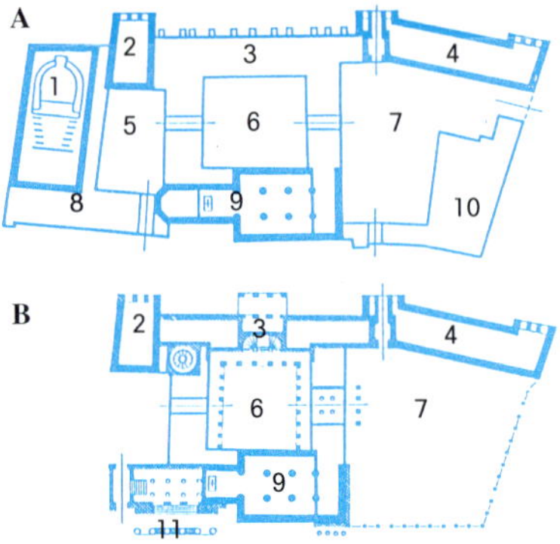

1	Schloßoper	**5, 6, 7**	Schloßhöfe
2	Küchen- und Theaterpavillon	**8**	Kapuzinerflügel
3	Leineflügel	**9**	Schloßkirche
4	Kammerflügel	**10**	Regierungsgeb.
		11	Portikus

bau in derben dorischen Formen, mit alter Haupteinfahrt im Hof und alter Schloßwache (beide 1957 ff. zugemauert). Kammerflügel und übrige Leinefront in schlichten Barockformen mit Mansartdach, über steiler Böschungsmauer; ehem. Wintergarten (Präsidentenbüro) broschenartig vorgesetzt. Plenarsaal: ergänzt in mod. Form den Altbau zu dessen urspr. geplanter Größe; glatter heller Natursteinquader auf dunklerem Sockel. Fassade zur Karmarschstraße mit hohen Fenstern, sonst fast geschlossen. An der Leinstraße oben drei bronzene Fahnenhalter von Jürgen Weber: (von links) „Sonnenwind", „Sturmwind", „Regenwind". Hinter dem heute monumentalisierten, Distanz wahrenden Äußeren überrascht innen die Lichtfülle der um zwei Innenhöfe geordneten Foyers und Treppen. Gitter des Schloßhofs von Fritz Kühn. – **Bedeutung:** Als Sitz der Landesherrschaft (mit Unterbrechung) seit über 350 Jahren Bezugspunkt städtebauliche Ordnung in H.

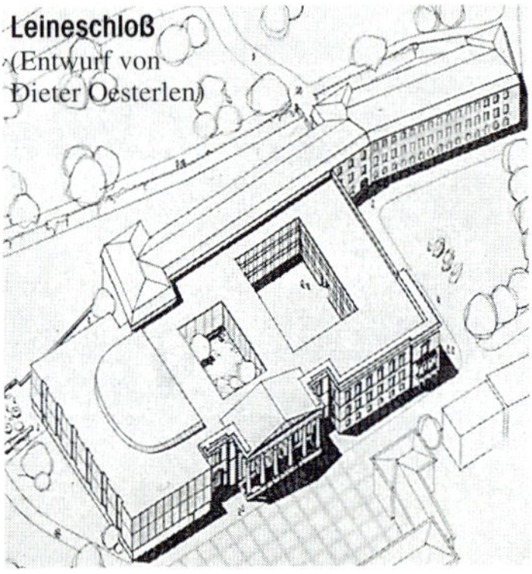

Leineschloß (Entwurf von Dieter Oesterlen)

Die architektonischen Nahtstellen zwischen franz. Barock, Klassizismus und klass. Moderne markieren die Brüche in der landesgeschichtl. Kontinuität.

Hinrich-Wilhelm-Kopf-Pl. 2 140 / E 7

Sozialministerium, 1953 von Otto Hodler, 3- und 4geschossiger Bürobau, mit ruhigen hellen Natursteinfassaden, flachgeneigte Dächer über vorkragenden Gesimsplatten. 2 Flügel an der Leinstraße bilden als zurückspringender Winkelbau den Vorplatz des Leineschlosses (→ Nr. 1), durch den späteren dritten Flügel (Bohlendamm) wurde der Bau zum Verbindungsglied zwischen Markt und Schloß, die bereits von Laves geplante Öffnung der Altstadt zum Schloß somit als gebrochene Achse verwirklicht. Platz 1962 benannt nach dem nds. Ministerpräs. († 1961). – **Vorgängerbau:** „Altes Palais" (seit ca. 1851 so genannt), 1752 von Georg Friedrich Dinglinger für den Staatsminister von dem Bussche. Seit 1768 meist von Mitgliedern des Königshauses bewohnt, seit 1799 kgl. Besitz, zuletzt Winterresidenz des Vizekönigs und 1837–51 Wohnung des Königs Ernst August. Mehrmals erweitert, 1818–20 und 1837/38 Umbau durch Laves, im 2. Weltkrieg zerstört.
Schloßbrunnen, klassizistische Anlage aus Kelch auf Sockel (palmettenverziert) in achteckigem Becken, 1828–1914 auf dem Neustädter Markt, dann Am Clevertor vor der Oberrealschule I, seit 1955 hier (mit verändertem Kelch).

Hinüberstraße 20 141 / K 4

Wohnhaus, 1884/85 von Max Kolde in reinen Weserrenaissanceformen. – Roter Ziegelbau mit Sandstein, 2- und 3geschossig, rechts mit hohem Stufengiebel, darunter im 1. OG großer Erker. Fenstergewände und -pfosten (1603) und Stadtwappen (1610) von Hans Nottelmann für das Alte Rathaus (→ Schmiedestr. 1), 1877 bei dessen Renovierung ausgebaut und hier wiederverwendet. – Seltenes Beispiel für Stilreinheit im Späthistorismus.

Hölderlinstraße 142 / B 7

Kirchliches Gemeindezentrum des Stadtteils Kleefeld. – Nr.1: ***Gemeindehaus*** der Petrikirche (→ Dörriesplatz), 1927 von Wilhelm Ziegeler, Putzbau der gemäßigten Frühmoderne. Vorgängerbau Petrikapelle, 1873/74 von C. W. Hase, neugot. Backsteinbau. – Nr. 6, ***Schule*** von 1886, neugot. Backsteinbau. – Einfachere Backsteinbauten: Nr. 3, ***Pfarrhaus***, 1877 von Louis Frühling, heute Jugendzentrum; Kapellenstraße 7, ***Kindergarten*** von 1871.

Hohenzollernstraße, Villa Seligmann

Hohenzollernstraße 39 143 / U 7

Ehem. **Villa Seligmann** (städt. Jugendmusikschule). Errichtet 1903–06 von Hermann Schaedtler für den Direktor der Continental-Gummiwerke Siegmund Seligmann; 1931 von dessen Erben der Stadt geschenkt. – Freistehend auf einem der größten Grundstücke der sonst dichten Villenbebauung an der Eilenriede. Zweigeschossiger stark gegliederter Sandsteinbau in neobarocken Formen. Aufwendige Innenausstattung erhalten. Gartenanlage (von Julius Trip?) nur in Resten erhalten.

Holzmarkt 4–6 144 / E 7

Leibnizhaus, mit Nachbildung der Fassade des 1943 zerstörten Leibnizhauses an der Schmiedestraße. Gästehaus und Begegnungszentrum der hann. Hochschulen, Leibniz-Akademie, Gedenkraum für Leibniz. Dreiteilige Baugruppe, 1980–83 von Wilfried Ziegemeier und Hubertus Pfitzner. – Rechter Eckbau „Noltehaus" (nach einem früheren Besitzer), Neorenaissancebau von 1881, im Krieg unzerstört, restauriert; sonst Neubau, zur Schloßstraße mit moderner Fassade (gelbe Ziegel), in der Mitte mit der von Georg Arfmann (Königslutter) rekonstruierten Spätrenaissance-

Holzmarkt, Leibnizhaus

Leibnizhaus, vor dem 2. Weltkrieg

Leibnizhaus, nach der Zerstörung 1943

Fassade des Leibnizhauses. – **Das alte Leibnizhaus,** Schmiedestr. 10: Ursprünge vor 1456, seitdem im Besitz der Ratsfamilie von Sode. Nach 1456 Neubau, 1499 Einfügung eines Tonfrieses, nur dieser wiederverwendet beim Neubau der Fassade 1652 von Hinrich Alfers für den Kriegssekretär Carol von Lüde, am Erker plastischer Schmuck von Peter Köster. 1698 bezieht Leibniz mit der hzgl. Bibliothek zwei Geschosse und lebt dort bis zu seinem Tode 1716. August Wilhelm Iffland wird hier geboren. 1844 kauft König Ernst August das Haus, um es vor dem Abbruch zu bewahren, seitdem bürgerte sich der Name L. ein; es wird zum Inbegriff des hann. Bürgerhauses. 1890–93 idealisierende Wiederherstellung durch Albrecht Haupt als Kunstgewerbemuseum und Leibniz-Gedenkstätte, frühes Beispiel für die Umwandlung eines ganzen Hauses in ein Museum. 1943 zerstört. Modell im Hist. Museum. – **Wiederaufbau** an alter Stelle wegen fehlender histor. Umgebung und anderer Planungsziele verworfen (dort

Leibnizzimmer im Erker des 1. Obergeschosses

1964–66 Hochgarage), 1960 Standort Holzmarkt vorgeschlagen (Anschluß an vorhandene „Traditionsinsel"); seit 1973 Planung durch Ziegemeier und Pfitzner mit Leibnizhaus-Fassade an Stelle des Noltehauses, nach Protest gegen dessen Abbruch 1980–83 Ausführung in der heutigen Form; Nachbildung der Fassade im wesentlichen nach dem Zustand von 1893. – **Fassade:** Drei Fensterachsen, vor der rechten dreigeschossiger Erker. In dem architektonischen Gitterwerk ist ein äußerer Rahmen durch Dekor hervorgehoben und schließt sich durch die Voluten- und Obeliskenfüllungen der vier Giebelstaffeln. Das vierte Geschoß ist bereits so niedrig wie die vier Dachgeschosse. – ***Fries:*** Über dem vierten Geschoß steinerne Nachbildung des Tonfrieses von 1499: Blatt- und Rankenwerk, darin Inschrift frei nach Matth. 19, 17: „Si vis (vitam ingredi) serva mandata dei" („Wenn du ins Leben eintreten willst, befolge Gottes Gebote"), Datumsinschrift, in Medaillons drei Wappen der von Sode, die Jungfrau mit dem Kind und 13 Heilige. – ***Erker*** mit reicheren und plastischeren Formen, auf 18 Wandreliefs Szenen aus dem Alten und Neuen Testament, Venus und Amor, Wappen des Bauherrn von Lüde. – Über der Tür Inschrift „Posteritati" (der Nachwelt) – **Bedeutung:** Das Leibnizhaus wurde im 19. und 20. Jh. zum Inbegriff des hann. Bürgerhauses („schönstes Haus in H."). Die lange umstrittene Rekonstruktion der Fassade als Denkmal für Leibniz, Iffland und die untergegangenen hann. Steinbauten der Renaissance vervollständigte die „Traditionsinsel" althann. Bauten zwischen Marktkirche und Leineschloß.

Humboldtstraße 5 145 / B 7

Friederikenstift (Krankenhaus), ausgedehnte Anlage zw. Goetheplatz und Calenberger Straße, erhaltene Bauten seit 1877. – **Geschichte:** 1842 gegr. vom Frauenverein für Armen- und Krankenpflege (Initiative von Ida Arenhold, der ersten Oberin), benannt nach der hann. Königin Friederike († 1841). Erste Pflegestation im Weißhaarschen Hof (früher Graf Platenscher Hof) auf der Cumberland-Bastion (heute dort die Wirtschaftsgebäude an der Bäckerstraße. Erweiterungen meist auf ehem. Festungsgelände: neugotisch 1876–77 durch Rudolph Berg und H. Wegener (erhalten Kapelle an der Nordseite). Seit 1928 sämtl. durch Paul Brandes und (seit 1954) seinen Sohn Rudolf und dessen Nachfolger. 1928–30 Westflügel an der Humboldtstraße, 1946–51 Wiederaufbau, seit 1954 erhebl. erweitert. Zum Goetheplatz Anbau des Schwesternwohnheims an Stelle der 1959 abgebrochenen Garnisonkirche von Christoph Hehl, 1896. – **Kapelle:** Eingangsseite mit Flur und Treppe eingebunden in den Nordflügel. Saal mit roter Ziegelfassade frei in den Hof vorspringend (zweijochige Basilika, eingezogener 5/8-Chor). Altar mit spätgot. Holzfiguren der hll. Magdalena, Nikolaus, Sebastian, Antonius, Barbara (1935 aus Eimke), um 1490–1500 vom Lüneburger „Leuchtermeister"? (Hinrik Reymers?). – **Westflügel:** Meist dreigeschossiger Klinkerbau, durch Vorsprünge, Erker und Giebel gegliedert, Schmuck durch plastische Ziegelsetzung, keramische Bauplastik und zwei Figurengruppen am Eingang von Melchior v. Hugo. Auf dem Mitteltrakt kupferbeschlagener Dachreiter mit Glocke. – Die späteren, erhebl. größeren Bauten bis auf das Wohnheim angepaßt in Material und Plastizität. – **Bedeutung:** Eines der ältesten hann. Krankenhäuser; Westflügel gutes Beispiel für die traditionellere Form des „Klinker-Expressionismus".

Ihme-Zentrum 146 / S 8

Komplexbebauung zwischen Blumenauer Straße und Ihmeufer, 1971–75 (Einweihung 1974) nach Plänen von Helmut Kloss, Peter Kolb und Gustav Schröder, auf ehem. Industrieflächen. – Über Anlieferstraße und 2300 Parkplätzen zieht sich eine vielgestaltige Fußgängerpassage vom Schwarzen Bären bis zum Küchengarten zwischen Wohn- und Geschäftshauszeilen. Das Wohnhochhaus wurde von den Stadtwerken Hannover zum Verwaltungsgebäude umgebaut. – Einziger ausgeführter Teil eines innerstädtischen Entwicklungskonzepts zur punktuellen starken Verdichtung, unter dem Einfluß des Bauträgers auf das dreifache Volumen erweitert.

Joachimstraße 8 147 / H 4

Ehem. **Eisenbahn-Direktion** (Deutsche Bahn AG). 1870–72 von Friedrich Hitzig (Berlin), erbaut als Ostflügel einer über 300 m lang geplanten dreigliedrigen Bahnhofsanlage (Hauptbahnhof, → Ernst-August-Platz 1). – Dreigeschossiger Bau in der Tradition der Berliner Neorenaissance. Zwei gleich behandelte untere Geschosse in gelben Ziegeln mit roten Streifen, Sandsteingliederungen; darüber durch Gesims abgesetzt ein reicher gestaltetes drittes Geschoß, mit Pilasterreihung, Eulen und Minervenköpfe in den Rundbögen, hohes Abschlußgesims mit Akroterien. Ostwand (Kopie der übrigen Wände) erst beim Bau des neuen Ostflügels (1969–73); dieser an Stelle des älteren Direktionsbaus von Julius Rasch (1860–63, erweitert 1875, Abbruch der Kriegsruine 1970). Am Neubau Wappenstein der ehem. Raschplatzfassade des Hauptbahnhofs (1910).

Karmarschstraße 148 / G 5 - F 7

Hauptgeschäftsstraße, im Mittelteil geprägt durch die einheitlichen Fassadenreihen der 1950er und 60er Jahre. 1879–98 als Altstadt-Durchbruch quer zu den vorhandenen Hauptstraßen entstanden, aus dieser Zeit nur noch die Bauten zwischen Markt- und Leinstraße. – **Geschichte:** Pläne von Laves seit 1816 für einen Durchbruch zum Leineschloß gescheitert. Seit 1868 Planung Ferdinand Wallbrechts und seiner Hannoverschen Baugesellschaft für eine Straße Hauptbahnhof – Bahnhof Linden. Seit 1871 Grundstückskäufe, u. a. verbunden mit einem Ersatzbau für das Ständehaus (→ Schiffgraben 10), 1879–98 Ausführung in drei Abschnitten nur bis zum Friederikenplatz (anfangs rein privatwirtschaftlich): ***1. Teilstück*** (die urspr. Karmarschstraße) 1879–81 bis zur Osterstraße, gleichzeitig Anlage der Ständehausstraße;

Karmarschstraße, Entwurf von Ferdinand Wallbrecht, veröffentlicht 1879

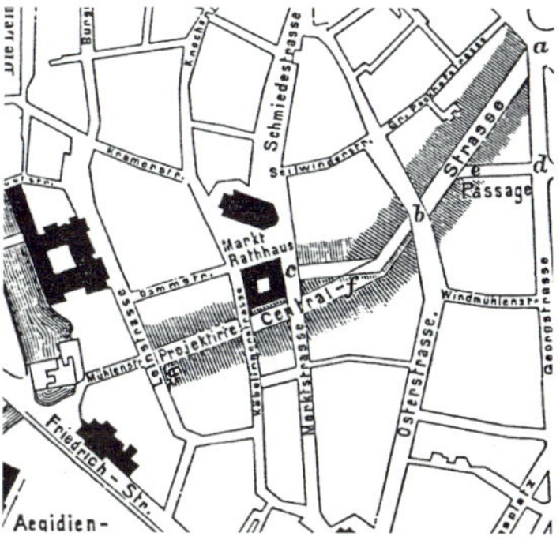

Karmarschstraße, „Anemokinetisches Objekt III“ von Hein Sinken, 1974

1883 bis zur Marktstraße, zum Marktplatz nur eine abzweigende Passage. Wallbrecht bebaute sämtliche 70 Parzellen in eigener Regie mit schmalen fünfgeschossigen Geschäfts- und Wohnhäusern in Neurenaissance und Neugotik, fast alle bedeutenden hann. Architekten beteiligt. – ***2. Teilstück*** (urspr. Grupenstraße) ca. 1889–92 bis zur Leinstraße, Anlage durch Wallbrecht im Auftrag der Stadt, im Zusammenhang mit dem Bau der Markthalle. Neugotisch nur noch der neue Rathausflügel (→ Schmiedestr. 1) und die Rathsapotheke (→ Nr. 44); in Neurenaissance die übrigen Bauten, mit flacheren Fassaden und starker Auflösung der Ladenfronten. – ***3. Teilstück*** (urspr. Mühlenstraße und Am Himmelreich), Straßenverbreiterung bis zum Friederikenplatz 1896–98, beim Neubau der Flußwasserkunst, heute Landtagsvorplatz. – ***Wiederaufbau:*** Nach starken Kriegszerstörungen erste Aufbaupläne 1947 und 1948; auf dem zentralen Grundstück der Innenstadt Provisorium Conti-Block (heute Kröpcke-Center, → Nr. 19). Ab 1948 „Aufbaugemeinschaft“ mit „Aufbaugenossenschaften“ der Anlieger, Umlegung der Grundstücksgrenzen und Gemeinschaftsplanung (Blöcke gleicher Höhe mit Rücksprung der obersten Geschosse, flaches Fassadenrelief), die Einzelbauten von verschiedenen Architekten. Straße von 17,5 m auf 28 m verbreitert (u. a. für spätere U-Bahn), dafür Gehwege unterkellert, Arkaden (urspr. ausgedehnter geplant). – Nach U-Bahn-Bau umgestaltet, Nordteil Fußgängerzone, zwei Lücken (Nr. 19 und 47) wurden 1971–75 und 1973 geschlossen durch Solitärbauten der Arch. Hiltmann/Piper/Bollmann. Die zunächst zum Abbruch bestimmten Bauten des 19. Jh. zwischen Köbelinger- und Leinstraße Ende der 80er Jahre in die Blockerneuerung Bohlendamm einbezogen. – **Einzelne Bauten: Nr. 16** Reformhaus Schmelz, 1953 von Ernst Friedrich Brockmann. – **Nr. 20** Kaufhaus Heutelbeck, von Adolf Falke, Umbau und neue Fassade von Heinz Wilke 1979–80. – **Nr. 24** „Nordsee“, 1952 von A. Lenz. – **Nr. 27–29** Mäntelhaus Kaiser, 1953 von Ludwig Thiele. – **Nr. 31** Teppichhaus Germania, 1952–54 von Carl Bauer. – **Nr. 37–39** ehem. Geschäftshaus der Stadtwerke, 1954 von Georg Seewald. – **Nr. 40** ehem. Vorsorge Versicherung (heute Victoria Versicherung), 1957/58 von Hanns Dustmann, 1991/92 Metallfassade mit wenig stärkeren Profilen erneuert. – **Nr. 46:** 1890/91 von Ernst Bühring. – **Nr. 47:** Stadtsparkasse, 1973 von Hiltmann-Piper-Bollmann (Ersatz für die Filiale im Alten Rathaus). – **Nr. 48:** 1890/91 von Konrad Pipo. – **Nr. 50/Leinstr. 25:** Doppelhaus 1891/92 von Riesle & Rühling. – **Bedeutung:** Größtes Beispiel in H. für Stadtplanung durch einen einzelnen Bauunternehmer, mit Zielstrebigkeit über 30 Jahre verfolgt. Die K. deklassierte die Altstadt, gab der Innenstadt eine neue Struktur und etablierte dort das großstädtische Geschäftshaus als vorherrschende Baugattung. Die alte K. ist durch Kriegszerstörung und Verbreiterung des Querschnitts verschwunden; auch die Gesamtwirkung des Wiederaufbaus nach 1948 geht bereits durch individualisierende Neubauten verloren.

Straßenkunst: Vor Nr. 30 „Anemokinetisches Objekt III“, 1974 von Hein Sinken; vor Nr. 40 „Makrokern 1290“, 1971 von K. L. Schmaltz; vor Nr. 47 „Diamant II“, 1972 von Sanford Wurmfeld.

Karmarschstraße 19 — 149 / G 5

Kröpcke-Center, 1971–75 von Hiltmann/Piper/Bollmann über der U-Bahn-Station Kröpcke gebaut als stark verdichteter City-Mittelpunkt, in Maßstab und Architektur bewußt abweichend von den umgebenden Bauten der 50er Jahre. Büroblock über breiteren Ladengeschossen, hier urspr. eine zweigeschossige öffentl. Halle mit kleinen Läden geplant. – **Vorgängerbauten:** 1834–37 Polytechnische Schule an der Georgstraße, von Ernst Ebeling; 1879 umgebaut und aufgestockt zum Continental-Hotel durch Gustav Heine, Teil des bei Anlage von Karmarsch- und Ständehausstraße entstandenen Dreieckblocks. Nach Kriegszerstörung in städt. Besitz, zur Reservefläche bestimmt; nach Wettbewerb 1947 Bau des 2/3-geschossigen Provisoriums "Conti-Block" bis 1949 durch Karl Siebrecht; Abbruch 1971. – **„Blätterbrunnen“,** 1976 von Emil Cimiotti, Bronze.

Karmarschstraße 44 — 150 / F 7

Rathsapotheke, 1889–91 von Stadtbauinspektor Paul Rowald für Apotheke, Sparkasse und Baupolizei. – Viergeschossiger roter Backsteinbau mit Eckturm, Zugehörigkeit zum Rathaus angedeutet durch den geschoßtrennenden Fries mit dem hann. Wappen-Dreiblatt. Die reiche Gestaltung (zus. mit dem Maler Hermann Schaper) fast ein Musterbuch des Ziegelbaus; malerischer als an Hases gleichzeitigem Rathausflügel gegenüber, rahmt mit diesem den Blick auf den Marktkirchenturm. – **Steinfiguren Hygieia und Hippokrates,** 1830 von Bernhard Wessel, urspr. am klassizistischen Vorgängerbau (1829–31 von August Andreae).

Rathsapotheke, Aufn. vor 1913

Karmarschstraße 49 151 / F7

Markthalle, 1955 von Erwin Töllner, Seiteneingänge 1991/92 von Bertram & Bünemann, Umbau geplant. **Geschichte:** Der offene Markt auf dem Marktplatz der Altstadt und den angrenzenden Straßen wurde im 19. Jh. zum Verkehrs- und Hygieneproblem. 1865 Vorschlag von Wilhelm Hauers für geöffnete Markthallenarkaden im Alten Rathaus. Wallbrechts Straßenprojekt (s. o.) gab den Anstoß zum Bau der ersten M., 1889–92 von Paul Rowald, Glas-Eisen-Konstruktion mit der damals in Deutschland noch seltenen Spannweite von 34 m (Vorbild: Maschinenhalle der Pariser Weltausstellung 1889, Spannweite 110 m); nach Kriegsschäden abgebrochen. Über den erhaltenen Kühlkellern heutiger Bau. – **U-Bahn-Station Markthalle:** 1968–72 vom U-Bahn-Bauamt/Detlev Draser. – Zweigeschossige Bahnsteighalle mit brückenartiger Fußgängerebene, rote Ziegelmauern als optische Verbindung zu Marktkirche und Altem Rathaus. Am Ausgang zur Markthalle ***Krameramtswappen*** (1653 am Krameramtshaus, 1891 am Neubau der Markthalle).

Kirchröder Straße 43–45 152 / W 8

Stephansstift (Erziehungsanstalt). 1869 als „Brüderanstalt Stephansstift" zur Ausbildung von Diakonen gegründet, nach 1878 Ausbau zur Erziehungsanstalt für verwahrloste Jungen. – Weitläufige Anlage mit freistehenden Backsteinbauten im Stil der Hannoverschen Schule: 1872 Hauptbau, 1873–77 erweitert; ehem. Siechenhaus, um 1875; Knabenhäuser, um 1880, symmetrische Gruppe von 6 Häusern für je 2 Knabenfamilien (Vorbild das „Rauhe Haus" in Hamburg); Kirche, 1894/95 von Eberhard Hillebrand, einschiffiger neugotischer Bau mit Sandsteingliederungen, Seitenkapellen mit Zwerchgiebeln; Lehrlingsheim, 1904 von F. Hölscher. Brüderhaus mit Festsaal, 1910/11 von Emil Lorenz; Schulgebäude von 1913.

Kirchröder Straße 69–75a 153 / W 8

Gartenstadt Kleefeld, Doppel- und Reihenhaussiedlung auf dem ehem. Rittergut Kleefeld. – 1927 Wettbewerb, bis 1930 zw. Bahnhof Kleefeld und Ebellstraße 140 Häuser von geplanten max. 600, Fortsetzung bis zur Nackenberger Straße unterblieben bzw. nach anderen Plänen.– Mittelstands-Wohnhäuser in verdichteter Bauweise, Gesamtplanung durch das Stadtbauamt unter Ltg. von Elkart nach den Entwürfen von Koelliker & Springer und Wilhelm Fricke. Freiraumgestaltung von Hübotter und Langerhans. – Innen kurze Nord-Süd-Straßen und eine längere

Markthalle, Front Karmarschstraße und Inneres, vor 1943

Königsworther Platz, Conti-Hochhaus, Eingang

Ost-West-Allee, zentrale Kreuzung mit Schmuckplatz. Zweigeschossige rote Klinkerbauten mit hohen Satteldächern, z. T. mit gemauerten Bögen zusammengefaßt. – Einheitliche, bereits in den ersten Kaufverträgen festgelegte Gestaltung von hoher Qualität, bis heute nahezu unverändert erhalten.

Kleiner Hillen 2 — 154 / X 9

Jakobikirche (ev.-luth.), 1295 erwähnt, urspr. Mittelpunkt eines Kirchspiels von bis zu 17 tlw. untergegangenen Dörfern. Westturm (mit Resten der romanischen Kirche) des 14. Jh. aus Bruchstein über quadratischem Grundriß, mit rundbogigen Schallöffnungen und Pyramidenhelm. Schiff von 1782–84, siebenachsiger Saalbau mit Mansartdach, Putz mit Sandsteingliederungen. Kanzelaltar 1784 von J. F. B. Ziesenis und Johann Christian Lauber, mit frühbarocker Christusfigur. Am Turm Gefallenen-Ehrenmal 1925 von Ernst Hinze. – Gegenüber (Nr. 1) **Pfarrhaus** des späten 18. Jh., Nr. 5 **Kirchröder Friedhof,** eröffnet 1864.

Kleinertstraße 3, 5, 7, 9 — 155 / Y 7

Vier **Wohnhäuser** gleichen Typs, 1931 von Otto Haesler für die Genossenschaftssiedlung „Heimfrieden". – Flachgedeckte zweigeschossige Putzbauten, Grundform zwei ineinandergeschobene Kuben. Bemerkenswerte Grundrißgestaltung unter dem Zwang äußerster Sparsamkeit, ohne

Königsworther Platz, „Genesis" von Matschinsky-Denninghoff

Keller, im Erdgeschoß Nebenräume und Terrasse, darüber das größere Wohngeschoß. – Wichtiges Beispiel des billigen Kleinwohnungsbaus des Neuen Bauen.

Königstraße — 156 / K 4

Hauptstraße der nach Lavesschem Plan in den 1850er Jahren entstandenen Erweiterung der Ernst-August-Stadt jenseits der Eisenbahn zwischen Volgersweg und Schiffgraben. Nur die K. entstand in vorgesehener Breite, zunächst als Villenstraße. Am Ende vor der Eilenriede stand 1884 bis ca. 1951 das Kriegerdenkmal (Krieg 1870–71). Aus der ersten Bauphase großes **Rundbogenstil-Ensemble** erhalten (teils Putzbauten, teils Sichtmauerwerk). – Nr. 2 und 3 im Stil von Hunaeus und Tramm, um 1865 ausgeführt von und für Hofmaurermeister C. Nordmann (Nr. 3 mit Erker in Trammscher Manier), Straßenabschlüsse des damals bedeutenden Konzertlokals Tivoli, von diesem nur Bodenmosaik mit dem Namenszug (in der Garage zwischen Nr. 2 und 3) erhalten. – Weitere Beispiele: Nr. 6, 6a, 7 (von 1864, 1904 aufgestockt), 48 und 49.

Königsworther Platz 1 — 157 / B 3

Continental-Hochhaus (Universitäts-Institute), 1952/53 von Ernst Zinsser und Werner Dierschke als Hauptverwaltung der Continental-Gummiwerke, an Stelle einer Kaserne des 18. Jh. – Hochhausblock 15-geschossig, zurückgesetzt, fast parallel zu dem sechsgeschossigen Büroriegel am Platz; Überdachung der Vorfahrt durch flache, unregelmäßig runde Betonplatte. – Seinerzeit höchstes Hochhaus in Westdeutschland, zur Markierung der gleichzeitig entstandenen neuen Stadteinfahrt Bremer Damm.
Busstop „Königsworther Platz" von Ettore Sottsass, 1994 aufgestellt.
„Genesis", Stahlplastik, 1983/84 von Matschinsky-Denninghoff.

Königsworther Straße — 158 / S 8

Leinebrücke, Segmentbogenbrücke mit Natursteinverkleidung und aufwendiger Geländerarchitektur, 1895–98 entstanden im Zuge der neuangelegten Hauptstraße zwischen Nordstadt und Linden. Vier verkupferte Kandelaber von Carl Dopmeyer, mit Fabelwesen und pflanzl. Dekor. – Eine der schönsten Brücken der Stadt.

Kramerstraße — 159 / E 6

Alte Hauptverbindung zwischen Marktplatz und Flußübergang am Leintor, mit der größten erhaltenen Gruppe von Fach-

Kramerstraße mit Turm der Marktkirche, Aufnahme vor 1943

werkhäusern, Fassaden vom frühen 17. bis frühen 19. Jh., bei Nr. 24 Fassade von 1830 vor einem Haus von 1576, Erdgeschosse oft entstellt durch Ladeneinbauten. Meist viergeschossige Traufenhäuser mit verputzten Gefachen und vorkragenden Geschossen, oft mit Dacherkern. Nr. 8, 9, 11 (und Eckhäuser Burgstr. 33, Holzmarkt 3) von gleichem Bautyp. – **Einzelhäuser: Nr. 8** 17./18. Jh., 5 Fach breit, Doppelständer, zweigeschossiger Dacherker, Dach rekonstruiert. – **Nr. 9,** wie 8, 6–7 Fach breit, z. T. Doppelständer, Dacherker mit Windenrolle und -luke. – **Nr. 10,** Neubau 1963, mit vorgeblendetem alten Fachwerk. – **Nr. 11** 2. H. 17. Jh., 12 Fach breit, Balkenköpfe und Füllbretter profiliert, zweigeschossiger Dacherker. – **Nr. 12** 1680/1700, 5 Fach breit, Dacherker, Haustür spätbarock; Keller mit Ziegel- und Feldsteinmauerwerk, zugänglich (Gaststätte). – **Nr. 13** um 1820, 5 Achsen, Doppelständer, schwache Vorkragungen, flacher Dreiecksgiebel. – **Nr. 14** um 1820/40, 4 Achsen, verputzt, auf der Rückseite „boda“ und Haupthaus unterscheidbar. – **Nr. 15** um 1800, flache Fassade, 2 Achsen, Doppelständer, Laden Ende 19. Jh. – **Nr. 16** 1620/30, 2 Stockwerke und 2 Geschosse, urspr. 6 Fach breit (im 1. und 2. OG geändert), starke reich profilierte Vorkragungen, am Mittelpfosten Inschrift M(eister) Hinrich Stunkel (Stünkel). Auf den drei Schwellen Inschriften (von oben): *Traufschwelle* ACH GOT ·WIE · GEHT . DAS . IMER · ZV DAS DIE MICH HASSEN DEN ICH . NICHT THV . MICH . VERGONNEN . AUCH NICHTS . GE(B)N NOCH . MVSSEN SIE . LEIDEN . DAS ICH . LE(B)E. – *3. OG:* GOT . DER HERRE . WEIS . HVLF . VND . RAHT . WEN MENSCHEN . HVLF . EIN . ENDE . HAT. – *2. OG:* MENSCHEN . GVNST . IST . GANS . VMSVNST . AN . GOTTES . SEGEN . IST . ALLES . GELEGEN. – **Nr. 17** 1907 von Wilhelm Mackensen für die Pelzhandlung Scherer, verputzter Steinbau, im Fassadenschmuck Anklänge an Fachwerkbau und Neobarock. Die Kolossalordnung der Mittelgeschosse bekrönt mit Halbfiguren von Pelzhändlern (von links: Indianer, Europäer und Asiat). – **Nr. 22** 1664 für Moritz Duve, Meisterzeichen M · C · H · S, 6 Fach breit. Nach starken Kriegsschäden anpassend restauriert. – **Nr. 23** um 1820, drei Geschosse, vier Fensterachsen, Doppelständer.

Kramerstraße 24 160 / E 6

Broyhanhaus (Gaststätte und Wohnungen), Fachwerkbau von 1576, über Kellermauern des 14. und 15. Jh., mit klassizist. Fassade von 1830. Seit 1537 bewohnt von Cord Broyhan, der 1526 das nach ihm benannte Bier erfand. – **Geschichte:** Erster Bau um 1400, bereits in heutiger Grundstücksbreite. Seit 1473 rechtliche Trennung in domus (= Haus, rechte Hälfte) und boda (Bude), wahrsch. in diesem Zhg. Neubau 2. H. 15. Jh. – Dritter Bau 1576, heutige Fassade 1830 vorgeblendet. 1984 bauarchäologisch untersucht, bis 1987 saniert und tlw. umgestaltet. – **Beschreibung:** Zweischiffiger Gewölbekeller des 15. Jh., darüber viergeschossiger Fachwerkbau, urspr. mit vorkragenden Obergeschossen, traufständiges viergesch. Dach, urspr. mit zwei Gefache breitem Erker, hinten auf halber Breite dreigeschossiger Anbau (unten als offene Vorlaube); in vielen Einzelheiten verändert. Glatte Fachwerkfassade nur durch Profilbretter gegliedert. Oben kräftiges Zahnschnitt-Gesims mit Palmetten und Rosetten, unten Reste der ältesten hann. Schaufensterfassade: Pilaster mit toskanischen Kapitellen und Schäften mit

Kramerstraße, Broyhanhaus

Kramerstraße, Haus Werner, Foto 1887

Kreis- und Halbkreis-Medaillons. Farbigkeit und Hervorhebung des Fachwerks unhistorisch. **Bedeutung:** Nach Burgstr. 12 ältestes erhaltenes Wohnhaus der Stadt. In der seit 1428 lückenlos überlieferten Besitzerfolge über 60 % Kramer. Zahlr. Veränderungen (z. T. im Innern noch sichtbar) begleiteten den Nutzungswandel eines für H. typischen Wohn- und Geschäftshauses.

Kramerstraße 25 161 / F 6

Haus Werner, reicher Neorenaissance-Bau, 1884–87 von Christoph Hehl für den Lebensmittelkaufmann Hermann Werner. Flankiert mit dem gegenüberliegenden neogot. Haus (→ Hanns-Lilje-Platz) den Durchgang vom Markt zur Altstadt. In der urspr. Nutzung spätes Beispiel älterer städtischer Wohnform: über Laden und niedrigem Lagergeschoß (je mit Fensterarkaden) drei Wohngeschosse der Familie, unter dem Schieferdach Röstkammern für Kaffee. Mischbau aus roten Ziegeln, Werkstein und poliertem Granit. Einzelformen nach Vorbildern um 1600, u. a. Pellerhaus in Nürnberg, Gewandhaus in Braunschweig. Im hoch übergiebelten Mittelerker Bauinschriften (Chr. Hehl Arch./1884/ H.Werner). Innenausstattung von Hehl tlw. erhalten.

Kreuzkirchenviertel 162 / E 5

Wohngebiet um die Kreuzkirche, zwischen Am Marstall, Burg-, Ballhof- und Knochenhauerstraße. Entstanden 1949–51; einziger größerer Neubau eines Wohngebiets in der kriegszerstörten Altstadt, Gesamtplanung von Konstanty Gutschow, Einzelentwürfe von Gutschow, Hans Jaeckel, Brüder Siebrecht, Erwin Toellner, Ewald Zenker, Ernst Zinsser. – **Geschichte:** Das stark zerstörte Gebiet um die Kreuzkirche größter Randbereich der Innenstadt. Konzeption als Wohngebiet nach dem Vorschlag von Georg Seewald (Innenstadt-Wettbewerb 1948/49). Nach Bremer Vorbild 1949 Zusammenschluß der Grundbesitzer in der „Aufbaugenossenschaft Hannover rund um die Kreuzkirche eGmbH", freiwillige Neuaufteilung der Grundstücke, Straßenverlauf beibehalten. Eine der drei Beispielsiedlungen der Constructa 1951 (Bauausstellung). – **Beschreibung:** Abgrenzung von der gewerblich und kulturell genutzten Umgebung durch höhere Blockrandbebauung (drei und fünfgeschossig), Wohnräume ausgerichtet auf das durchgrünte Innere, dort an Wohnwegen zweigeschossige Einfamilienhaus-Zeilen. Urspr. 215 Ein- bis Drei-Zimmer-Wohnungen (bis 65 qm), 34 Läden, Gaststätte „Kreuzklappe" (Siebrecht), Lehrlingsheim (Kreuzkirchhof 1–3, von Gutschow). Traditionelle Bauweise (außenbündige kleinteilige Fenster, heute tlw. verändert; Satteldächer) im Anschluß an die Bauten der Altstadtsanierung von 1936 ff (→ Ballhofstraße, → Kreuzstraße). – **Bedeutung:** Erster Nachkriegs-Neubau eines Wohngebiets in Deutschland, als ei-

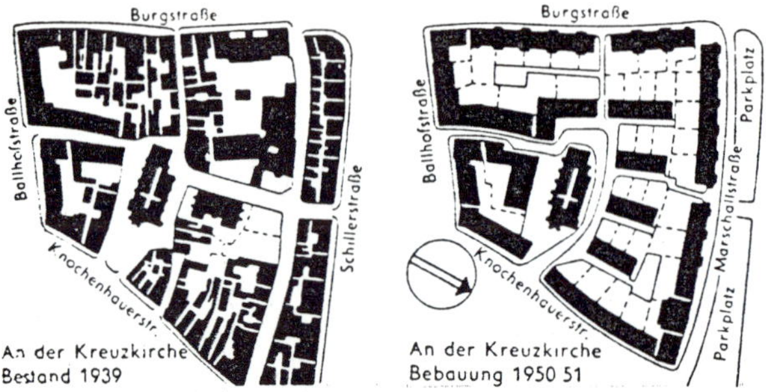

Kreuzkirchenviertel, vor dem 2. Weltkrieg (links) und nach dem Neuaufbau in den 50er Jahren

nes der Markenzeichen der hann. Aufbauplanung unter Rudolf Hillebrecht berühmt geworden.

Kreuzkirchhof 163 / E 5

Kreuzkirche (Schloß- und Stadtkirche St. Crucis, ev.-luth.), mit serbisch-orthodoxer Kirche des hl. Sava. Kleine got. Pfarrkirche, die wiederhergestellte barocke Turmspitze (ca. 70 m) Teil der Stadtsilhouette. – **Geschichte:** Pfarrei 1284 abgeteilt von der Marktkirche, Gottesdienst zunächst in der Hospitalkirche St. Spiritus. Heutiger Bau mit Turm, Langhaus und Chor 1333 geweiht als St. Spiritus et Crucis. Anfang 14. Jh. Wölbung von Turmhalle und Chor. 1496/97 St. Annenkapelle nördl. an das Chorhaus angefügt (Backsteinbau, zerstört). Um 1560 Bau eines nördl. Seitenschiffs und Einwölbung des Langhauses. 1591 Teilung der Annenkapelle in Schülerchor (oben) und Sakristei (unten, später Bibliothek). 1594 steinerne Kanzel, 1658 entfernt, heute in Lauenau am Deister. Turmhelm 1630 zerstört, 1652/53 erneuert (Spätrenaissance), tlw. finanziert durch Johann Duve; Vorbild für die Turmspitzen

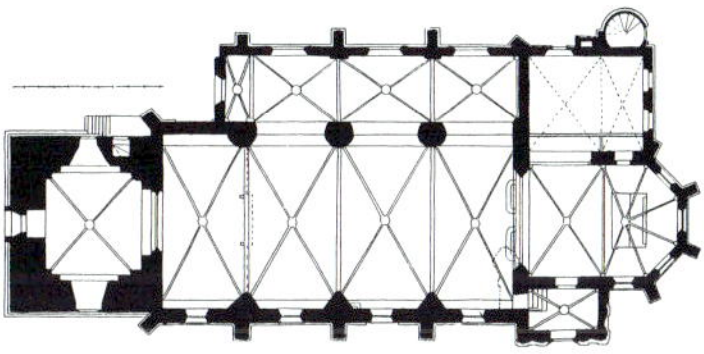

der Aegidien- und der Neustädter Kirche. 1655 Grabkapelle für Duve südl. am Chor angebaut (s. u.). 1758 geschnitzte Hängekanzel nach Entwurf von J. P. Heumann und J. F. Blasius Ziesenis (Kriegsverlust). Ältere Ausstattung bei purifizierender Instandsetzung 1822/23 fast vollständig verkauft, Inneres 1858–1910 regotisiert. Sakristei seit ca. 1931 in der Duvekapelle. 1943 zerstört, Mauern, Dachstuhl und Duvekapelle erhalten. 1950 instand gesetzt, 1959–61 Wiederaufbau durch Ernst Witt, mit neuen Gewölben und Maßwerken, ohne Seitenschiff und Annenkapelle; an deren Stelle kleinerer Neubau, zunächst als Sakristei geplant, seit 1961 serbisch-orthodoxe Kirche des hl. Sava. Restaurierung innen 1991/92. – Gemeinde 1982 mit den übrigen Altstadtgemeinden vereinigt. Heute auch von der Ev. Studentengemeinde genutzt. – **Beschreibung:** Einschiffiges, vierjochiges Langhaus mit Westturm und Chor in gemischtem Mauerwerk, außen in Kalkstein vom Lindener Berg. Langhaus und Chor unter gleich hohem Satteldach. Neue Kreuzrippengewölbe, im Langhaus auf dreieckigen Wandvorlagen, die südl.

Kreuzkirche, Lithographie von Wilhelm Kretschmer

um 1560, die nördl. modern. – ***Turm,*** fünf Massivgeschosse; drei mittelalterliche, quadratisch; im vierten Übergang zum Achteck. Laternenhaube dreiteilig, kupfergedeckt, hohe Spitze mit vier Reihen Dachgauben, eine der frühesten Laternenhauben in Nds. Über dem Westportal Nische mit Petrusfigur, um 1850, aus der Kapelle des Welfenschlosses. – **Ausstattung:** ***Altar,*** Steinplatte mit leerem Reliquiengrab, aus der Schloßkirchenruine geborgen (dort seit 1839 eingemauert). – ***Altargemälde*** vor 1537, von Lucas Cranach d. Ä., Außenflügel aus seiner Werkstatt; urspr. in der Stiftskirche St. Alexandri in Einbeck, 1664 von Herzog Johann Friedrich mit der dazugehörigen Heilig-Blut-Reliquie erworben, 1675 in der Schloßkirche aufgestellt, seit 1960 hier. Dreiteilig: in der Mitte Kalva-

Kreuzkirche, Mittelschiff, Blick zum Chor

Kreuzkirche, Duvekapelle

rienberg-Darstellung; auf den Flügeln die Patrone der Stiftskirche, links Alexander, rechts Felicitas. Außenseiten der Flügel: Martyrium der sieben Söhne der Felicitas (Kopien von 1975, Originale im Landesmuseum). – Ein früheres Altarbild der Kreuzkirche, um 1500, im Landesmuseum. – ***Taufbecken,*** Bronzearbeit, wahrsch. aus Hildesheim, 1. H. 15. Jh., Kessel auf drei Kniefiguren (Porträts der Bronzegießer?), Spuren eines zentralen Pokalfußes. Außen zw. zwei Schriftbändern acht Felder mit fast vollplastischen Heiligenfiguren und einer Kreuzigungsgruppe, in got. Architekturrahmung. – Drei ***Kronleuchter*** aus Messingguß, von 1675/1717, 1688, 1753, urspr. in der Ägidienkirche. – ***Orgel,*** 1965 von Hammer, 36 Register. – ***Geläut,*** vier Läute- und zwei Schlagglocken von 1961, dritte Schlagglocke aus der alten Schloßkirche. Zwei alte Glocken der K. in der Marktkirche. – Zahlreiche ***Grabsteine und Wandmale*** innen und außen an der Wand und auf dem 1949 neu angelegten „Kirchhof", zum Teil von anderen Stellen. Zwei Grabplatten in Ritztechnik: Didericus de Rintelen †1321, ältestes Grabdenkmal in H.; Johann Stenhus († 1332) und seine Frau Hildegardis († 1335), älteste, schon individualisierende Darstellung einer hann. Familie. Zwei Wandmale im Ohrmuschel-Stil: Mintha Paxmann, † 1636, von Ludolf Witte und C. S.; Hermann Westenholtz †1654, von Ludolf Fine. – Im Chor Grab von Bürgermeister Grupen. – **Bedeutung:** Wiederhergestellt als Mittelpunkt des größten innerstädtischen Wohngebiets der Nachkriegszeit. Eines der Zentren hann. Kirchenmusik, Heimat des Hann. Knabenchors (gegr. 1950) und der Capella St. Crucis (Chor, gegr. 1977).

Duvekapelle: Eingeschossiger Sandsteinbau von 1655 mit kupfernem Pyramidendach. Aufwendige Schaufassade mit Steinmetzarbeiten von Adrian Siemerding: rundbogige Tür und Muschelnischen mit Inschriften, gerahmt von vier Pilastern mit Puttenkapitellen. Über den beiden freien Seiten Schweifwerkgiebel mit Spruchtafeln und den Wappen des Ehepaares Duve-Kolvenrodt, 1978 ersetzt durch Kopien von Georg Arfmann, Originale im Hist. Museum. Innen gotisierendes Gewölbe. – Eine der wenigen erhaltenen Barockarchitekturen in H.

Kreuzstraße 164 / E 6

Wohnbauten der Altstadtsanierung von 1936 ff, um 1950 ergänzt und einbezogen in das → Kreuzkirchenviertel. – Straße auf den Turm der Kreuzkirche ausgerichtet, seit 1545 entstanden durch Aufteilung des Grundstücks des Ratsmarstalls (1534 in das ehem. Beginenkloster umgezogen). Ältere Bauten, darunter zwei Handwerker-Gildenhäuser (Hokenamtshaus von 1649, Schneideramtshaus von ca. 1669), nicht erhalten. – **Heutige Bauten** traufständig und dreigeschossig, historisierend in der Tradition der schlichten hann. Wohnhäuser des 16.–18. Jh. – 1936 ff von Wilhelm Fricke (mit angrenzenden in der Ballhofstraße): **Nr. 1, 9, 10** Putzbauten mit Einfassungen in Kalkstein, bereits mit Luftschutzkeller (auf den Fensterrosten „Luftschutz Buderus"); **Nr. 11,** Fachwerk mit massivem Erdgeschoß, mit Wappentafel (wahrscheinl. von Peter Köster) des Schneideramtshauses, Inschrift links „DAS AMPT DER SCHNEIDER GILHAUS", rechts urspr. „IST GEBAUWET ANNO DOMINI 1669", ersetzt durch „WIEDERERRICHTET IM JAHRE 1939". – **Nr. 3/5, 7, 8** Putzbauten um 1950.

Kröpcke 165 / G 5

Platz im Stadtmittelpunkt. Um 1843 am Knick der Georgstraße entstanden durch Anschluß der Bahnhofstraße (um 1843)

Kröpcke/Georgstr. - Café Kröpcke (links), „Contiblock" (rechts), um 1925/30

Kröpcke-Uhr, Nachbildung

und Durchbruch der Karmarschstraße (1879); benannt nach dem hier 1869 auf der Spitze des Opernplatzes gebauten Café (→ Georgstr. 35). Seither Entwicklung zum Zentrum des Verkehrs, des Geschäfts- und gesellschaftl. Lebens. Die frühen Nachkriegsbauten (→ Georg-, Rathenau-, Karmarschstraße) trugen bei zum positiven Bild des hann. Wiederaufbaus. Heutige Gestaltung 1976 als Fußgängerzone mit unterer Ebene (→ Passerelle). Im Pflaster Wappen der Partnerstädte Hannovers. – **Kröpcke-Uhr,** Reklameuhr mit Wetterstation, Nachbildung 1977 von W. Hoffmann; Original 1885 von Konrad Oertel, 1954 abgebrochen; einer der traditionellen Treffpunkte H.s – **U-Bahn-Station Kröpcke** (unter dem Kröpcke-Center → Karmarschstr. 19). Hauptkreuzung des U-Bahn-Netzes, Schnittpunkt von drei Strecken auf zwei Bahnsteigebenen, 1971–75. Unterirdische Hallenkonstruktion, insgesamt vier Ebenen, großzügige räumliche Wirkung mit vielen Durchblicken im Bereich der Rolltreppen. Entwurf Detlev Draser, Gestaltungsmotiv: farbl. Übergänge zwischen den Leitfarben Blau, Rot, Gelb der drei Strecken A, B, C. Künstlerische Ausstattung von Stefan Schwerdtfeger und Dieter Heisig.

Kurt-Schwitters-Platz 166 / H 11

Sprengel Museum Hannover, Museum für Kunst des 20. Jh. 1979 als „Kunstmuseum Hannover mit Sammlung Sprengel" eröffnet, Umbenennung 1984. – **Geschichte:** Anstoß zur Gründung 1969 durch Dr. Bernhard Sprengel und die Schenkung seiner Kunstsammlung sowie von 2,5 Mio. DM für einen Museumsbau an die Stadt H. – 1972 internationaler Wettbewerb (192 Beiträge), 1975–79 Bau (1., nördl. Bauabschnitt) durch die Wettbewerbssieger Peter und Ursula Trint (Köln) und Dieter Quast (Heidelberg), Außenanlagen von G. Penker (Neuss). Zwei geplante Erweiterungen verändert zusammengefaßt zum 2. Bauabschnitt 1989–92, Verdopplung der Ausstellungsfläche. – **Beschreibung:** Erhöhte Lage, betont durch Rampe und Steinböschung vor den Untergeschossen, sichtbar nur der kubische Baukörper des hohen Hauptgeschosses, akzentuiert durch breites Vordach am oberen Ende der Eingangsrampe, Stelenreihe und Aufzugturm vor der Terrasse. – Beton- und Stahlkonstruktion mit Fassade aus weißen emaillierten Aluminiumplatten. Grundthema der Architektur: Öffnung und Schließung. Pflaster der Außenräume und des Skulpturenhofs nach innen fortgesetzt; Museumspassage: 120 m lange, überbrückte Schlucht zw. öffentlichem und Samm-

Sprengel Museum, Aufgang mit Plastik „Stahlkugelblätter 5/81" von Erich Hauser, 1981

Sprengel Museum, „MERZbild 31“ von Kurt Schwitters

lungsbereich. Sammlungsräume: oben einfach gereihte hohe Säle und Raum für Wechselausstellungen, mit Oberlichtgräben für Tages- und Kunstlicht; unten niedrigere, teils labyrinthisch angeordnete Kabinette und Räume für Grafikausstellungen, mit Kunstlicht; Vortragssaal. – **Sammlungen:** Sammlung Dr. Bernhard Sprengel als Grundstock, zusätzl. Kunst seit dem Expressionismus aus den beiden (bis dahin im Landesmuseum untergebrachten) Sammlungen des Landes Niedersachsen und der Landeshauptstadt Hannover. ***Schwerpunkte:*** Klass. Moderne, insbes. Picasso, Léger, Laurens; die deutschen Expressionisten; Kurt Schwitters und die hann. Abstrakten; die hann. Maler der Neuen Sachlichkeit; umfassend ferner Max Beckmann, Max Ernst, Paul Klee; Kunst

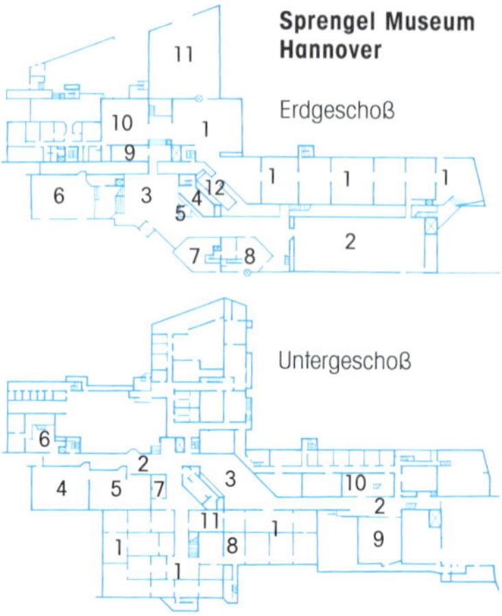

Erdgeschoß
1 Slg. Zeitgen. Kunst
2 Wechselausstellung
3 Foyer
4 Garderobe
5 Kasse, Information
6 Halle
7 Buchhandlung
8 Restaurant
9 Informationsraum
10 Turrell-Räume
11 Skulpturenhof
12 Box

Untergeschoß
1 Slg. Klass. Moderne
2 Museumsstraße
3 Museumsplatz
4 Graphik I
5 Graphik II
6 Graphikvorlage
7 Kabinett d. Abstrakten
8 MERZbau
9 Auditorium
10 Fotogalerie
11 Slg. Fotografie und Medien

nach 1945 mit Informel, Minimal und Postminimal. ***Spezialitäten:*** „Kabinett der Abstrakten“ von El Lissitzky (urspr. 1927, Nachbau), MERZbau von Kurt Schwitters (urspr. 1923–37, Rekonstruktion), Lichträume von James Turrell. Fotogalerie und Präsenzbibliothek zur Kunst des 20. Jh.; kunstpädagogische Arbeit, insbes. für Kinder. – Im Hause Kunstbuchhandlung und Restaurant.

Busstop „Kurt-Schwitters-Platz“ von Heike Mühlhaus, 1994 aufgestellt.

Sprengel Museum – links: MERZbau von Schwitters (Rekonstruktion); Mitte: Museumsstraße; rechts: „Kabinett der Abstrakten“ von Lissitzky, Zustand 1930

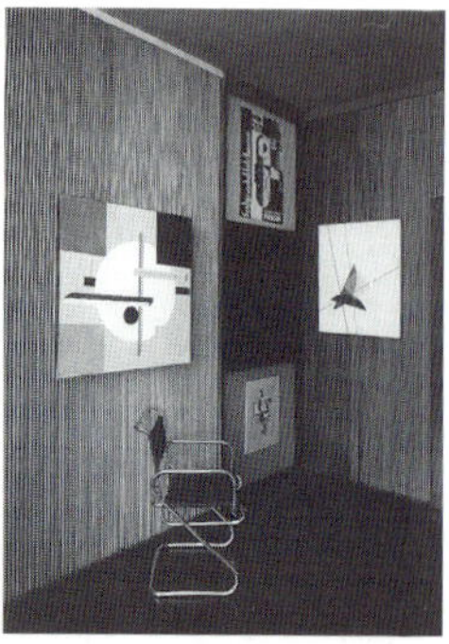

Landschaftstraße 167 / H-J 6

Entstanden als Villenstraße ab 1843 mit der → Ernst-August-Stadt; Verlauf bestimmt durch den Standort des Wohnhauses von Ernst Ebeling, 1836–38 in einem Garten am Stadtgraben entstanden. Seit ca. 1900 durch den Wandel der Umgebung zum Bankenviertel baul. verdichtet. Benannt nach dem angrenzenden Landschaftlichen Haus, → Rathenaustr. 2. – Von der urspr. Bebauung erhalten nur Nr. 7, **ehem. Ober-Steuerkollegium**, heute Amt für Agrarstruktur, 1858–60 wahrsch. von Hermann Hunaeus. Dreigeschossiger verputzter Rundbogenbau, 2/3/2 Achsen, Mittelgeschoß betont durch Brüstungsfries, Fenster mit Halbsäulen und Stabarchivolten; später im Hof erweitert. – Spätere Bankbauten: Nr. 2a → Rathenaustr. 1. – Nr. 5, **Stadtsparkasse**, 1936–38 von Mackensen, Torno, Thiele für die Kapital-Versicherungs-Anstalt (gegr. 1847, vereinigt mit der Sparkasse 1943). Urspr. nur dreigeschossig mit weit auskragendem Traufgesims, ca. 1960 um zwei Geschosse erhöht. Monumentalisierende Muschelkalkfassade, in Proportion und Details (Rundbogenfenster) den damaligen Nachbarbauten angepaßt. An der Fassade steinerne Figurengruppe von August Waterbeck: Merkur und Jüngling mit Bienenkorb. In die linke Hälfte integriert der Altbau von Ludwig Debo (1884/85 für die Kap.-Vers.-Anst.), rechte Hälfte (Ecke) an Stelle des Ebelingschen Hauses (s. o.). – Nr. 8, **Braunschweig-Hannoversche Hypothekenbank** („Braune Hanne“), 1897/98 von Bernhard Weise und Emil Lorenz, monumentaler dreigeschossiger Eckbau in ital. Renaissance mit reichem bildhauerischen Schmuck von Karl Gundelach, u. a. Plastiken „Brunsviga“ und „Hannovera“.

Lange Laube 31 168 / C 4

Allianz-Hochhaus, 1971–73 von Arno J. L. Bayer, 15geschossig mit niedrigem Seitentrakt an der Brühlstraße, Fassade durch Beton-Marmor-Brüstungsbänder betont horizontal gegliedert. – Städtebauliche Dominante in der weiten Straßenkreuzung Königsworther Platz/Brühlstraße/Otto-Brenner-Straße.

Lavesstraße 82 169 / J 5

Overlachsches Haus, Fassade des 1663 für den Kaufmann Johann Overlach und seine Frau Anna Kleine (Doppelwappen über dem Eingang) erbauten Hauses am Markt 6 (→ Hanns-Lilje-Platz), 1884 bei der Vergrößerung des Marktplatzes abgetragen und hier einem Neubau vorgeblendet. – Strenge rechtwinklige Gliederung,

Leibnizufer, Duvebrunnen

nur unterbrochen durch das rundbogige Portal mit dem Wappen. Reicher Reliefschmuck (Masken, Tiere, Fruchtgehänge) und hermenartige Fensterpfosten von A. Siemerding (Meisterschild drittes OG rechts). – Einzige vollflächig (bis auf die Fensterpfosten im Erdgeschoß) erhaltene Steinfassade der bürgerlichen Renaissancebaukunst in Hannover.

Leibnizufer 170 / C 5 - D 7

Hauptstraße des ab 1949 geplanten Tangentenrings um die Innenstadt. – Vorgesehen als Straßendurchbruch schon seit 1938 zur Verlagerung des Fernverkehrs aus dem Zentrum, im Zusammenhang mit Altstadtsanierung und städtebaul. Neugestaltung (NS-Gauhauptstadt). Anlage ab 1952 (1. Bauabschnitt) über stark zerstörten Flächen der → Calenberger Neustadt; Aufgabe der Leineinsel und der Bebauung an der Leine. – Konzeption: Rückgrat der neuaufgebauten Stadt, Talaue der Leine als Grünzug sichtbar gemacht, lange freistehende Verwaltungsbauten; gegenüber die freigelegte, als feste Raumkante ausgestaltete Altstadt

Leibnizufer, „Nanas“ von Niki de Saint Phalle, 1974 aufgestellt

(→ Am Hohen Ufer). Dominierend das ehem. Preussag-Hochhaus (Nr. 9, heute Ministerium für Wissenschaft und Kultur), 1952 von Gerhard Graubner. – **Duve-Brunnen** (vor der Calenberger Straße), 1916 von Georg Herting für den Neustädter Markt, 1953 (vereinfacht) hier aufgestellt. Bronzener Sämann (Sinnbild des Gewerbefleißes), steinerne Schale, Schaft mit Figuren (u. a. Duve), flaches Becken. – **„Nanas"** von Niki de Saint Phalle, 1974 aufgestellt, drei farbig bemalte Kunststoffkörper in betont weiblichen Formen; anfangs angefeindet, heute beliebt, Höhepunkt des Straßenkunstprogramms Anfang der 70er Jahre.

Leinstraße 33 171 / E 7

Haus Nikolai, Geschäftshaus von 1957, Fassade mit wiederverwendeten Resten der Bauplastik vom **Haus der Väter** (Torbogen, Geschoßfries, Hermenkaryatiden als Fensterpfeiler) gestaltet. – „Haus der Väter": Renaissancebau 1617–24 von J. Pape für G. Türcke (an anderer Stelle der Leinstraße), 1839 von Wilhelm Blumenhagen unter dem Titel „Ein Haus der Väter" beschrieben, seither so genannt. Zur Erweiterung des Leineschlosses abgebrochen (1852), Fassade vor dem Wohnhaus des Hofmalers Carl Oesterley an der Langen Laube verändert wiederaufgebaut, dieses 1943 zerstört.

Limmerbrunnen 172 / Q 8

Ehem. **Kuranlage „Limmerbrunnen"** (heute nur als Straßenname erhalten) in einem Wäldchen westl. des Dorfes Limmer. Schwefelquelle 1779 von F. Ehrhardt entdeckt. Blüte im 19. Jh., noch bis 1961 Heilbad. – Entwicklung gehemmt durch den Bau des Lindener Zweigkanals. Zwei Villen (Nr. 11 und 14) aus der Zeit vor dem Kanalbau. – Nr. 14: Malerischer Fachwerkbau von 1896. – Nr. 11: Ehem. **Haus Beckedorf,** 1817 von Laves an der Jägerstraße (im heutigen Georgengarten) für die Kammerfrau Charlotte Beckedorf, als verputzter Fachwerkbau mit Rustika und waagrechten Fugen, später eiserner Balkon vor dem Mittelrisalit. Nach Abbruch 1883 leicht verändert am jetzigen Standort wiedererrichtet für den Besitzer des Kurbades F. Wedekind, mit senkrechter Verbretterung und seitlichem Treppenturm. – 1897 ergänzt um ein Wirtschaftsgebäude mit Stall und Galeriegang. – Ältester erhaltener klassizistischer Wohnbau in Hannover.

Lindener Marktplatz 1 173 / S 8

Ehem. **Lindener Rathaus** (Stadtverwaltung, Bibliothek, Gaststätte), Ecke Egestorffstraße, 1897–99 von Emil Seydel. – Roter Backsteinbau in gotischen Formen, nach Kriegsschäden 1954–56 vereinfacht wiederhergestellt, ohne die reiche Dachlandschaft mit dem „rathausgemäßen" Stufengiebel. Vorgängerbau → Deisterstraße 19. – **Marktplatz:** Langgestreckter Stadtplatz, ältester Bau Villa Stephanus (Davenstedter Str. 4) um 1865, von Hunaeus (?), sonst größtenteils einheitliche Bebauung 1892–1902. In einem städtebaulichen Kraftakt (z. T. durch Enteignungsverfahren) schuf sich die erst 1885 Stadt gewordene Gemeinde Linden zwischen den alten Schwerpunkten an der Ihmebrücke (Schwarzer Bär) und der Kirche St. Martin einen neuen Mittelpunkt mit Postamt und Rathaus.

Lindener Marktplatz, Rathaus, vor 1943

Nachtwächterbrunnen, 1896 von Hans Dammann, Granitbecken und -sockel mit Bronzefigur.

Luisenstraße 2 174 / H 5

Kastens Hotel Luisenhof, 1914/15 von Alex Diepenbrock (Berlin) gebaut, als Dependance „Luisenhof" des damaligen Hotels Kasten an der Rathenaustraße. Neobarocke Rasterfassade vor fünfgeschossigem Stahlbetonbau. – Erweiterung, ehem. „Messehotel", 1952/53 von Ernst Zinsser und Georg Seewald. Achtgeschossiger Bau an der Ecke Rathenaustraße; im Erdgeschoß flügelartiges Vordach (ehem. Luftverkehrsbüro). – Gründung 1856 als Gaststätte „Georgenkeller" (Georgstraße) durch den Gastwirt Heinrich Kasten, 1860 als „Georgshalle" an die Rathenaustraße (damals Theaterplatz) verlegt. Seit 1864 „Kastens Hotel/Georgshalle". Nach Zerstörung im 2. Weltkrieg in den erhaltenen gebliebenen „Luisenhof" (urspr. Einheitspreis-Familienhotel) verlegt und 1952/53 erweitert („Messehotel"). – Als Gaststätte, Weinhandlung und Hotel berühmt geworden.

Luisenstraße 5 — 175 / H 5

Galerie Luise, errichtet 1985–87 nach Plänen von Klaus Schuwirth und Erol Erman. Neue Geschäftshäuser an der Luisenstraße und der Joachimstraße (dort erweitert 1989/90) und das Haus der Langeschen Stiftung (→ Theaterstraße 14) bilden die Eingänge der dreiarmigen, inges. 155 m langen, glasgedeckten Ladenpassage mit überkuppelter Mittelrotunde. – In der Rotunde und vor den Eingängen Joachim- und Luisenstraße Lichtobjekte 1987 von Dinnebier (Düsseldorf).

Marienstraße — 176 / K 7

Gartenfriedhof, 1741 angelegt für die Gartengemeinde vor dem Aegidientor, 1864 geschlossen. – Parkartig mit hohen Bäumen; Gitter der Vinnhorster Kanalbrücke 1984 als Zaun hierherversetzt. Zahlreiche Gräber des 18. und bes. des 19. Jh. erhalten, darunter bemerkenswerte des Klassizismus, z. T. nach Entwurf von Laves. – **Gräber:** Georg Friedrich Grotefend († 1853, Entzifferer der Keilschrift), Caroline Herschel († 1848, Astronomin), J. L. Hogrefe († 1814, Vermessungsingenieur); Christian Ph. Iffland († 1835, Bürgermeister); Charlotte Kestner, geb. Buff († 1828), entworfen von Laves; Friedrich Krancke († 1852, Rechenlehrer), Johann Heinrich Ramberg († 1840, Hofmaler); R. W. Ph. Rumann († 1857, Stadtdirektor); Heinrich Christian Tramm († 1861, Architekt); Georg Wilding († 1841, Fürst von Butera Radali). – *Kuriositäten:* „Geöffnetes Grab" der Henriette v. Rüling († 1782). „Menschenfressergrab" (Inschrift: *Hein / rich / Andre / as / Jacob / Lutz*).

Gartenfriedhof, Grabstein Charlotte Kestner, geb. Buff (Entwurf von Laves, 1830)

Galerie Luise, Passage zur Luisenstraße

Marienstraße 31 — 177 / K 8

Gartenkirche (ev.-luth.). Sandsteinbau in frühgotischen Formen, 1887–91 von Eberhard Hillebrand. Vorgängerbau: Schlichte turmlose Saalkirche, 1746–49 von Johann Paul Heumann; erste Kirche der weitläufigen Gartengemeinde vor dem Aegidientor. – **Beschreibung:** Vierachsiger Saalbau mit Westturm, Querhaus mit Fensterrosen, 5/8-Chor. Urspr. reiche Dachausbildung, nach Kriegszerstörung nicht wiederhergestellt (Turmhelme, Dachreiter, Wimperge der Seitenschiffe). Fenstermaßwerk nur in der nördlichen Rose und im Chor erhalten. Innen Kreuzrippengewölbe, durchbrochene Wandpfeiler (Seitenschiffe mit Emporen). Urspr. Ausstattung noch vorhanden: Tabernakelaltar, Kanzel, Taufstein; Reliefs an Altar und im Westportal von Karl Gundelach. – Epitaphien des 18. Jh. an der Südwand. – ***Chrysogonos-Relief:*** Um 1500 an der Liebfrauenkapelle, später an der Marienkapelle (beide vor dem Aegidientor) aufgestellt. Seit 1956 im zugemauerten Südportal. Spätgotisches Sandsteinrelief; dargestellt: Chrysogonos, Katharina, Konrad von Konstanz (Kalenderheilige des

Gartenkirche,
Relief über dem Hauptportal

24.–26. 11. 1490, erfolgreiche Abwehr des Überfalls Herzog Heinrichs des Älteren auf H.). – **Pfarrhaus** (Marienstr. 35), hinter dem Chor, als Abschluß der angrenzenden Bebauung, 1890 von Hillebrand.

Marienwerder

→ Quantelholz

Marschnerstraße 34 178 / S 7

St.-Marien-Kirche (kath.), 1953/54 von Wilhelm Fricke. Einbezogen der Turmstumpf des kriegszerstörten Vorgängerbaus, 1886–90 von Christoph Hehl, als zweite kath. Kirche in H. nach 1711 errichtet auf Anregung von L. Windthorst (1812–91, hann. und preuß. Politiker, Führer der Zentrumspartei) statt eines Ehrengeschenks für ihn; sein Grab vor dem Altar.

Maschpark 179 / F-G 9-11

Grünanlagen zwischen Friedrichswall und Maschsee, ca. 10 ha, davon 2,6 ha Maschteich . – **Geschichte:** 1895 geplant im Zusammenhang mit den umliegenden Großbauten (Rathaus und Landesmuseum), 1899–1902 auf vormals ebenen Wiesen (Teile der Altstädter Masch) angelegt. Entwurf von Stadtgartendirektor Julius Trip (1857–1907, einer der führenden Gartenkünstler seiner Zeit), nach Prinzipien des „Zonierten Landschaftsgartens": symmetrische Bereiche vor den Gebäuden, eingebettet in malerische Parkszenerien; Durchblicke und weite, heute zugewachsene Fernsichten vom Rathaus nach Süden über die Masch, vom Landesmuseum zur Waterloosäule; ältere Bäume tlw. vom Friedrichswall, umgesetzt beim Bau des Rathauses. Teich mit stark geschlängelter Uferlinie, Brücke nach 1906. Vor dem Landesmuseum 1907 Denkmalanlage für Rudolf v. Bennigsen, nicht erhalten. Gegenüber dem Rathaus Gebirgspartie, dort ***Trip-Denkmal,*** von Georg Herting, Muschelkalk, 1907, nur Reste erhalten. – 1985

Maschpark, Trip-Denkmal

Maschpark, „Glenkiln Cross" von Henry Moore, 1960

Beiname „Park der Partnerstädte", mit entsprechenden Wegebezeichnungen. – **Bedeutung:** Typische öffentliche Anlage des späten 19. Jh. im gemischten Stil, urspr. Zustand im wesentlichen erhalten, z. T. vereinfacht und verwachsen. Mit dem Maschpark begann die Verwandlung der Leineaue in gestaltete Erholungsflächen. **Plastiken:** „Glenkiln Cross" („Schottisches Kreuz"), 1960 von Henry Moore, Bronzekreuz auf Steinsockel; „Ägäis", 1965 von Toni Stadtler, Bronze, 1966 vor dem Kubus (Th.-Lessing-Platz), 1969 im Maschteich vor der Rathaustreppe); „Außenobjekt Hannover", 1971 von Hans Breder, Stahlplastik (Corten und Nirosta), 1971 vor dem Kubus, 1973 hier aufgestellt; „Großer Sockeltorso XX", 1986/87 von Waldemar Otto.

Maschsee 180 / T 10

Künstlicher See, 1934–36 angelegt in der Altstädter Masch (ehem. Überschwemmungsgebiet) südl. der Innenstadt, beliebtes Erholungs- und Sportgebiet. 180–530 m breit, 2,4 km lang, 78 ha Fläche; rd. 2 m tief. – **Geschichte:** 1876 Vorschlag von Theodor Unger für eine südl. Ringstraße zwischen zwei Bassins im Bereich des heutigen Maschparks, schon damals mit den Hamburger Alsterbecken als Vorbild. 1898–1902 Anlage des Maschparks, seitdem Diskussion um See oder größeren Park mit Wasserflächen, Förderer des Seeprojekts: Karl Thiele (1878–1952, Tischler, Kanusportler) und Julius Kettler (1852–1921, Gründer des Heimatbundes

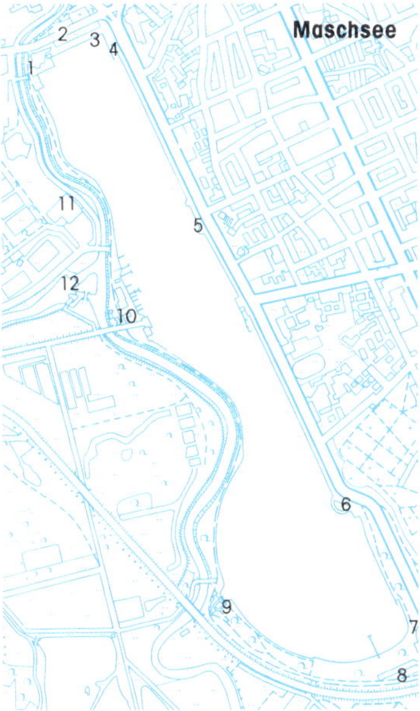

Niedersachsen), erreichten die südl. Verlegung der Eisenbahn und damit die Möglichkeit eines großen Seebeckens. Planung nach Gutachten des Wasserbauers Franzius: mit Ton abgedichtetes Becken (über den grundwasserführenden Schichten), das durch ein Pumpwerk geflutet wird; durch Deiche abgetrennt von Wassergewinnungsgelände, Leine und Ihme. 1934–36 Ausführung unter Leitung von Karl Schwien als Arbeitsbeschaffungsmaßnahme; dabei 1935 Abbruch der Bismarcksäule (mitten in der Masch in Verlängerung der Geibelstraße, 1904 von Alfred Sasse). – **Beschreibung:** Kaimauer vom Nordufer bis zur Löwenbastion, sonst Böschung; am Nordufer Promenade mit Palmenkübeln, sonst Alleen. – **Nordufer** (seit 1977 Arthur-Menge-Ufer): **1 Casino am Maschsee,** Spielbank und Gaststätte, 1979 eröffnet, Arch.: Rudolf Brandes, Dieter Oesterlen, an Stelle der Maschseegaststätte (1935–37 von Adolf Springer, 1971 abgebrochen). – **2 Ehrenfriedhof** für die am 6. 4. 1945 ermordeten russischen Kriegsgefangenen sowie für Zwangsarbeiter aus anderen im Zweiten Weltkrieg von Deutschland besetzten Gebieten. Gedenkstein, 1945 von N. Muchin-Koloda, schwarzer Granit mit Relief eines Sowjetsoldaten in weißem Marmor. – **3 Fackelträger-Säule,** 18 m hoher Pfeiler zur Erinnerung an den Bau des Maschsees, mit vergoldeter Bronzeskulptur (4,50 m) eines Fackelträgers von Hermann Scheuernstuhl, 1936, als Symbol der olympischen Idee. – **4 „Hellebardier“** („Gouadeloupe“), Stahlplastik („Stabile“), 1972 von Alexander Calder, hier seit 1979, als Gegenüber zum Sprengel Museum, vorher am Opernhaus. – **Ostufer** (Rudolf-von-Bennigsen-Ufer): Bastion Geibelstraße: **5 „Menschenpaar“,** Bronze, 1939 von Georg Kolbe; Löwenbastion: **6 Löwenpaar,** zwei Bronzen von Arno Breker, 1938 (die urspr. vorgesehenen „Krokodile“ von Peter Schumacher heute im Garten Lindemannallee 19); **7 „Schwimmer“,** Bronzefigur von Erich Haberland, 1948; **8 Strandbad** (DLRG), Gaststätte: Holzbauten, verbunden durch monumentales Steinportal, 1937 von Robert Borlinghaus. – **Süd- und Westufer** (seit 1957 Karl-Thiele-Weg): **9 „Maschseequelle“,** Pump- und Filterwerk zur Speisung des Sees aus der Leine (außer Betrieb, See heute aus den Kiesteichen gespeist); **10** Boots- und Clubhäuser, Nachfolger der zerstörten Erstbauten von Ludwig Thiele, Hans Nitzschke, Carl Bauer, Helwig; **11 Seufzerallee** (alte Weidenallee zum **12** → **Schnellen Graben**). – Nutzung: In den Sommermonaten Maschseeschifffahrt der Üstra: Linienverkehr mit Elektrobooten. Strandbad am Südufer, Gaststätten, Bootsverleih, Segelschulen, Sportclubs; regelmäßige Veranstaltungen (Maschsee-Tage); vor Weihnachten traditioneller Fischzug.

Maschstraße 16 181 / J 10

Turnhalle des „Turn-Klubb zu Hannover“ (TKH), 1864/65 von den Haseschülern Wilhelm Schultz und Wilhelm Hauers. – Langgestreckter roter Ziegelbau in gotischen Formen. Fenster im Hauptgeschoß

Maschsee, Nordufer – Fackelträger-Säule und „Hellebardier“

Maschstraße 16, Haus des TKH, ca. 1920

zu spitzbogigen Arkaden verbunden, über dem außermittigen Eingang Laubenerker mit Wimperg und Fialengiebel. Heutiges Dachgeschoß nachträglich. Im nach hinten vorspringenden Turnsaal Teile der alten Tragkonstruktion erhalten (nicht der urspr. offene Dachstuhl). – Bedeutend als sehr früher Bau für einen Turnverein und als einer der wenigen erhaltenen frühen Profanbauten der hann. Architekturschule.

Maschstraße 19

→ Hildesheimer Straße 12

Maschstraße 22 182 / J 10

Haus der Jugend, schlichtes, dreigeschossiges Traufenhaus, 1949/50 und 1951 von Hans Bettex und Gruse. Putzbau mit Werksteingliederungen, unter steilem Satteldach. Links 2. Bauabschnitt (aus Mitteln der McCloy-Spende) mit Festsaal und Haupteingang, dieser als Risalit mit zwei schlanken Pfeilerpaaren, darüber Vordach für Fahnenmasten, Dacherker und Uhrturm. – Erster großer Kulturbau für die Nachkriegsjugend; Vorläufer der späteren Freizeitheime, urspr. auch Jugendherberge. Die urspr. Aufgabe der demokratischen Umerziehung und internationalen Jugendbegegnung zeigt sich an den Raumbezeichnungen: „Europa-Saal", „Washington-Saal", Namen westeuropäischer Hauptstädte. – Bundespräsident Theodor Heuss bei der Grundsteinlegung: „Im künftigen Deutschland müssen die Häuser der Jugend Friedensburgen sein. Friedensburgen sind heute wichtiger als Kriegsfestungen. Dieses Haus findet in diesem Sinne seine Krönung, wenn junge Menschen anderer Nationen hier zu den jungen Deutschen kommen."

Messegelände 183 / W 11

Ausstellungs- und Veranstaltungsgelände, z. Zt. 97 ha, 25 Hallen mit 26,5 ha Ausstellungsfläche, 11,4 ha Freigelände. – **Geschichte:** Urspr. Gelände der Vereinigten Leichtmetall-Werke, die als Rüstungsbetrieb vor die Stadt nach Laatzen ausgelagert waren. Nach Demontage in den Hallen

Messe, Tagungs-Centrum

1947 erste „Exportmesse" (sog. Fischbrötchenmesse), Ersatz und Konkurrenz zur Leipziger Messe. Schnelle Entwicklung zur größten Industriemesse der Welt, eines der prägenden hann. Wirtschaftsunternehmen („Messestadt Hannover"). – **Bauten:** Von den alten Hallen (von Ernst Zinsser) der VLW nichts erhalten, auch die folgende Hallengeneration fast vollständig ersetzt. Auf dem Freigelände: ehem. Sonderbau für die Zementindustrie, heute Mercedes-Benz-Pavillon, 1951 von Gutschow, Finsterwalder und Pistor als Demonstrativbau (ausladende Kragplatten auf Betonpfeiler); „Hermesturm", 1956 von W. Gabriel, zwei Stahlbetonröhren mit Aussichtsplattform und Café. – Tagungs-Centrum Messe (TCM), 1988/89 von Storch & Ehlers, Saalbauten an Seilen hängend, darunter in künstlichem Hügel Ausstellungshalle. Halle 2, erster Bau der jüngsten Hallengeneration, 1993 von Bertram und Bünemann. – Geplante Erweiterung zum Zentrum der Weltausstellung EXPO 2000.

Messegelände, Übersichtsplan 1993

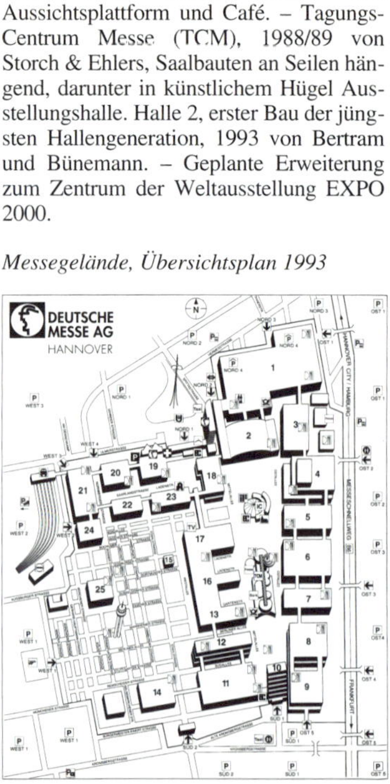

Meterstraße 39 — 184 / K 12

Pauluskirche (ev.-luth), 1883–86 von Eberhard Hillebrand. Neugotische Backsteinsaalkirche mit eingezogenem 5/8-Chor, Westturm. 1943 kriegszerstört, 1957/58 durch Wilhelm Ziegeler vereinfacht wiederhergestellt (Inneres, Dachaufbau und Turmhelm neu).

Mittelstraße 8–12 — 185 / C 8

Wohnhäuser des 18. und 19. Jh. (z. T. mit veränderten Fassaden) der urspr. Mittelsten Brandstraße, zusammen mit den Bauten der → Brandstraße einzige geschlossen erhaltene Baugruppe der alten Calenberger Neustadt. – Nr. 8: Ehem. **Ahlessche Weinhandlung,** gegründet 1714. Hohes dreigeschossiges Eckhaus, 1. Viertel 18. Jh. (?). Vorkragendes Fachwerk mit Putzverschalung, kleine Freitreppe; Tür und Fenstersprossung alt. Dazu urspr. auch Brandstr. 3 und 4). – Daneben bescheidenere Bauten: Nr. 9 mit vorkragendem, verputztem Fachwerk, zweigeschossig mit großem Zwerchgiebel, um 1750; Nr. 10 mit vorkragendem Fachwerk, dreigeschossig, um 1730; Nr. 11 Fachwerk mit neuer Putzfassade; Nr. 12 viergeschossiges verputztes Eckhaus mit Segmentbögen, Mitte 19. Jh.

Neue-Land-Straße 6 — 186 / W 6

Fernmeldeturm (Telemax), 1989–92 von Holtkamp/OPD und Dissing & Weitling (Kopenhagen). Stahlbetonbau, einschließlich Mastaufsatz 282 m hoch; quadratischer Schaft 10,80 m.

Neustädter Markt — 187 / C 7

Marktplatz der Calenberger Neustadt, nach 1661 angelegt auf dem zugeschütteten Judenteich. Bis zur Anlage des Bahnhofs Schwerpunkt der hann. Hotellerie, u. a. auf dem westl. Platzrand „Neue Schenke", das spätere Konsistorium, 1746–50 von J. P. Heumann, 1943 zerstört. – **„Tisch-Brunnen",** 1973/74 von Max Sauk. – Frühere Brunnen: ***Parnaß-Brunnen,*** nach 1671 von H. Sartorio, M. Riggus und Cadart. Berg der Musen, als figurenbesetzte Grotte dargestellt, 1802 abgebrochen. Weitere Brunnen ca. 1802 und 1828 (→ Hinrich-Wilhelm-Kopf-Platz 2); 1916 ***Duve-Brunnen*** von Georg Herting, 1953 umgesetzt → Leibnizufer.

Neustädter Hof- und Stadtkirche St. Johannis (ev.-luth.), mit ihrem eindrucksvollen Turm Teil der Innenstadt-Silhouette; Mittelpunkt von Hs zweiter, höfisch geprägter Teilstadt, deren urspr. Siedlungszusammenhang heute nicht mehr erkennbar

Neustädter Kirche von Südwesten

ist. Heute eines der Zentren hann. Kirchenmusik und Bezugspunkt der landeskirchlichen Verwaltung. – ***Frühe Kirchen der Neustadt:*** Zunächst nur Kapelle St. Galli der Burg Lauenrode, mit dieser 1371 zerstört (1445 Neubau einer St.-Gallen-Kapelle in der Altstadt). 1382 Bau einer Marienkapelle im Bereich des heutigen Rosmarinhofs, 1389 zur Kirche erhoben. 1670 zur Schule und Lehrerwohnung umgebaut, 1859 abgebrochen. – **Geschichte:** Um 1650 Planung einer Neustädter Kirche auf dem Türckeschen Hof, nicht verwirklicht. Geldsammlungen für den heutigen Bau seit 1661. Als Demonstration gegen den Wechsel Herzog Johann Friedrichs zum kath. Glauben von den Landständen gefördert, zum Teil von Joh. Duve finanziert. – Bau 1666–70 unter Leitung von

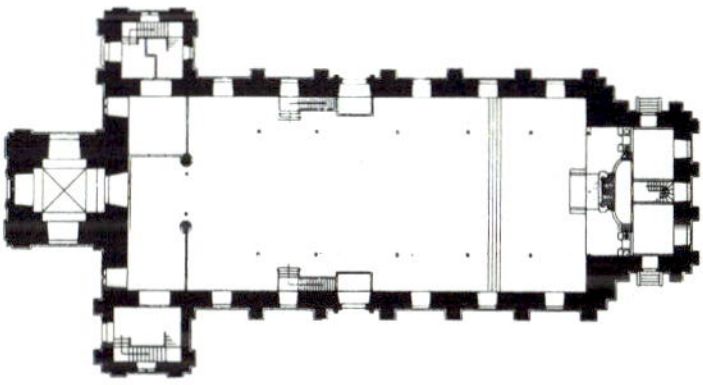

Hofbauschreiber Brand Westermann, Arch. Hieronimo Sartorio (?). Bis 1673 erster Turm, Dachreiter über der Westwand, ersetzt 1691–1700 durch den heutigen vor der Westwand. Urspr. Einrichtung mit 2 Emporen und entsprechend 3 Reihen quadratischer Fenster, 1870–72 verändert. Der erste Altar wurde bis 1759 ersetzt durch einen reichdekorierten Kanzelaltar (Arch. Johann Dietrich Heumann, Bildh. Johann Friedrich Blasius Ziesenis), die bedeutendste luth. Kanzelaltarwand des Spätbarocks. Im 19. Jh. Veränderungen des ganzen Baus, bes. des Innenraums, 1943 bis auf das Mauerwerk zerstört. Zunächst Rekonstruktion des urspr. Zustands geplant, Mauern 1956–58 durch Wilhelm Ziegeler außen im Zustand von 1872 wiederhergestellt, innen völlig neu gestaltet. Bis 1992 Äußeres und Dach renoviert, 1992–94 durch Ulfried

Neustädter Kirche, Inneres mit Kanzelaltar, vor 1943

Müller Umbau des Innern, Annäherung an die alte Barockfassung und Einbeziehung ihrer teilweise erhaltenen Ausstattung. Rekonstruktion des Ziesenis-Altars (dessen figürliche Plastik erhalten ist) geplant. – **Beschreibung:** Langhaus außen durch Strebepfeiler in sieben Joche geteilt. Alte dreigeschossige Gliederung mit schmalen Gesimsen noch am Chor und den westl. Treppenhausanbauten, Brüstungsfelder mit Frucht- und Blumengehängen an West- und Ostwand erhalten. An der Südseite das reicher dekorierte Hauptportal mit Bauherren-Inschrift der Landstände (1666) und Wappen von Adrian Siemerding. **Turm** streng, fast klassizistisch gegliedert. 2 hohe Geschosse mit Rundbogenfenstern (Radspeichenmaßwerk), dazwischen ein niedriges mit Figurennische (Johannes). Über Dreiecksgiebeln achteckige Laterne mit Balustrade, darüber Kupferhelm aus Uhrenlaterne und mehrstufiger Haube. – **Inneres:** Gliederung durch Wandpfeilerreihen, schmale Seitenemporen, tiefe Orgelempore. Gerade Decke (vorher Flachtonne, bis 1943 fast halbrunde Holztonne); Ostwand mit Resten des alten Kanzelaltars, Chorende abgetrennt (Nebenräume). – ***Reste der alten Ausstattung:*** Auf der Empore Memorienschilder von Pastoren des 18. Jh.; in der Emporenbrüstung 23 der urspr. Ölbilder wieder eingebaut; Reliefs und Plastiken vom Kanzelaltar; Taufe von 1759 (Kopie, Original im Landesmuseum; gleichartige Stücke in Neustadt am Rübenberge und Niedernstöcken); drei Bleiglasfenster. Grab von Gottfried Wilhelm Leibniz urspr. am Ostende des südl. Seitenschiffs, später Erinnerungsplatte mit Inschrift OSSA LEIBNITII, Neuanlage geplant. – Außen zahlreiche, z. T. stark verwitterte Grabplatten des 17. und 18. Jh., darunter die des fürstlichen Lakaien Nicolaus Gerhard Uden, der 1683 die Nachricht vom Sieg über die Türken bei Wien nach H. brachte.

Nienburger Straße 1–5 188 / S 7

Institutsbauten der Universität, u. a. Franzius-Institut für Wasserbautechnik, 1928–31 von Franz Erich Kassbaum, auf einem früher militärisch genutzten Block. Südl., einzig ausgeführter Teil des ersten systematischen Erweiterungsplans (1927) der Technischen Hochschule, Zentrum ein monumentaler Mittelbau am Schneiderberg. – Zwei- und dreigeschossiger Stahlbetonbau, die rote Klinkerfassade durch übereckstehende Lisenen expressionistisch rhythmisiert. Westl. anschließend: Versuchshalle („Wasserbauhalle") mit Bogenbindern und abgetreppten Fensterbändern sowie ehem. Laborantenwohnhaus.

Oberstraße 189 / B 1

Alter jüdischer Friedhof. Ummauerter, heute baumbestandener Sandhügel, urspr. eine der Dünen am nördlichen Leinerand, offenbar durch mehrere Bestattungsschichten künstlich erhöht. Haupteingang urspr. an der Wilhelm-Busch-Straße, Zugang nach der Schließung nur noch von der Ostseite. – **Geschichte:** Seit ca. Mitte des 16. Jh. Begräbnisstätte der hann. Juden, 1671 Aufstellung einer Steinplatte mit dem herzogl. Schutzbefehl zur Verhinderung von Grabfrevel, später in die Ostwand der 1740 errichteten Mauer (neben dem Eingang) eingefügt. Rd. 700 Grabsteine aus der Zeit zw. 1654 und 1866 erhalten. 1864 wegen Überfüllung aufgegeben. In der Folge entsteht als neuer jüd. Friedhof der „Israelitische Friedhof" (→ An der Strangriede). – **Bedeutende Gräber:** Salomon Gans (aus Hameln, ältestes Grab, 1654), Leffman Behrens, † 1714; Raphael Levi, † 1779;

Oberstraße, Alter jüdischer Friedhof

Hofmedicus Dr. Marx, † 1789; Heimann Heine, Großvater von Heinrich H.; Adolf Meyer, † 1866 (jüngstes Grab). – Ältester erhaltener jüd Friedhof in Norddeutschland, wichtiges Zeugnis für die Geschichte der alten jüd. Gemeinde Hannovers.

Oesterleystraße 5 — 190 / M 12

Hochhaus am Stephansplatz (Wohnhaus, Autohandlung), 1928 von Fritz Höger für den Autohändler Günther. Achtgeschossige Eckdominante und nördl. Abschluß des 1897 entstandenen Platzes, rot verklinkert, eingebunden in zugehörige niedrigere Bauten. Waagrechte Fassadengliederung (Fenster durch Ziegelstreifen zusammengezogen), dagegen das Hochhausprofil durch vorspringende Arkade und Balkonreihe vertikal akzentuiert.

Offensteinstraße 4 — 191 / R 8

Kirche St. Benno (kath.), für den Stadtteil Linden-Nord 1901/02 erbaut von Christoph Hehl als Mittelpunkt eines Gemeindezentrums. – Gewölbebasilika in gotischen Formen, aus roten Ziegeln mit wenigen ornamentalen Putzflächen, breites Mittelschiff im Westen mit 5/10-Chorabschluß, auffällig die statt eines zu kostspieligen Turms aufgeführte Ostfassade (mit Eingangshalle), die Formen von Westwerk und Dachreiter vereinigt. – **Pfarrhaus** (Offensteinstr. 8), 1902/03 ebenfalls von Chr. Hehl. – Zu St. Benno gehört das **St.-Joseph-Stift** (Bennostr. 4), 1903/04 von Fr. Gleitze, anfangs Kindergarten, später Krankenhaus, heute Altenstift; ferner die **Eichendorffschule** (Hennigesstraße 3), 1906–08 von Georg Fröhlich, kath. Volks-/Grundschule. Symmetrische Dreiflügelanlage mit besonderer Betonung des Hauptflügels (übergiebelter Risalit, gotisierende Formen), der an Sakralarchitektur erinnert.

Ohedamm — 192 / T 9

Ehem. Bahndamm, Rest der 1909 nach Süden verlegten Hannover-Altenbekener Bahn, südl. des Schnellen Grabens. Hochliegende Fußgängerallee zwischen Ricklingen und Maschsee. Zwei ***Brücken*** von

Offensteinstraße, St. Benno, vor 1940

Oesterleystraße, Hochhaus

1872, genietete Stahlfachwerkträger in abgeknickter Trapezform, über die Ihme dreifeldrig, über die Leine einfeldrig. – Südl. davon neue Trasse, die sog. **Güterumgehungsbahn**, 1909 eröffnet; ***Stahlbrücken*** mit Sandsteinwiderlagern, über die Stammestraße mit schöner Jugendstil-Architektur von Gustav Bär (?).

Ohestraße — 193 / B 10

Berufsschulzentrum, seit 1953 auf früherem Gewerbe-, Kasernen- und Wohngebiet errichtet. – Vor der BBS 3 (Ohestr. 6) **Mahnmal,** aufgestellt 1990 zur Erinnerung an die Deportation von 350 Juden aus dem hier früher gelegenen jüd. Gemeindezentrum nach Riga und Theresienstadt; Rekonstruktion des Haustürbogens der früheren jüd. Lehrerbildungsanstalt an der urspr. Stelle.

Opernplatz — 194 / G 5 - H 6

Langgestreckter dreieckiger Platz über der eingeebneten ehem. Sparrenberg-Bastion (auch: Windmühlen-Bastion). – 1787/88 zus. mit der Georgstraße entstanden als Grünanlage im engl. Stil am damaligen Stadtrand. Heutige Form 1830 von Laves entworfen als zentraler Platz der Stadterweiterung (→ Ernst-August-Stadt). Ein Opernhaus als Mitte schon um 1828 von Laves geplant; zus. mit dem Platz 1843 endgültig festgelegt. Alternativen (Georgsplatz, Nähe Leineschloß, Friedrichstraße) wegen Hochwassergefahr und aus städtebaul. Gründen verworfen. Nach Bau von Opernhaus (1852) und dem späteren Café Kröpcke (1868, → Georgstr. 35) besonders seit 1948 immer mehr in den Straßenraum

Opernplatz, Mahnmal

einbezogen. 1961 Tiefgarage vor dem Opernhaus, seitdem Plattenbelag, Grünfläche mit z. T. altem Baumbestand nur noch am Südende.
Dort **Mahnmal** für die jüdischen Opfer des Nationalsozialismus in H., von Michelangelo Pistoletto, auf Initiative des Vereins „Memoriam" am 9. 10. 1994 eingeweiht.
Entlang der Georgstraße auf mannshohen Steinsockeln **Standbilder,** Teil des unvollendeten, von Heinrich Köhler 1882 vorgeschlagenen „Ehrenforum" mit Leibniz-Denkmal als Zentrum: ***Louis Stromeyer*** (1804–76; Pionier der orthopädischen Chirurgie, Generalarzt in der hann. und preuß. Armee), Marmor, 1884 von O. Rassau; ***Heinrich Marschner*** (1795–1861; Komponist, erster hann. Generalmusikdirektor), Bronze, 1877 von F. Hartzer; urspr. Standort (bis 1960) vor dem Opernhaus; ***Karl Karmarsch*** (1803–79; Technologe), Bronze, 1883 von O. Rassau.

Opernplatz 1 — 195 / H 5

Opernhaus, 1845–52 von Laves erbaut als Hoftheater in spätklassizist. Stil, beherrschender Bau der Stadtmitte. Nach der Zerstörung 1943 Wiederaufbau 1950 von Kallmorgen und Hoffmann, Umbau innen 1984/85 durch Dieter Oesterlen. – **Geschichte:** Seit 1829/30 wurde ein Ersatz für das barocke Schloßtheater im Seitentrakt des Leineschlosses (→ Hinrich-Wilhelm-Kopf-Platz 1) erwogen, Planung jedoch erst 1843 unter König Ernst August. – ***Bau*** 1845–52 (Ltg. Heinr. Chr. Tramm): Hauptwerk von Laves, spätklassizistisch, mit Parallelen zum Berliner Schauspielhaus von Fr. Schinkel. Inneres von Justus Molthan in Rot, Weiß und Gold, Logenhaus (Zuschauerraum) 4 Ränge mit 1600 Plätzen, Königsloge, Bühnenvorhang (aus der Oper im Leineschloß) von Johann Heinrich Ramberg, Deckengemälde von August Kreling, Konzertsaal mit Decke von Laves' Sohn George. – ***Einweihung:*** Konzertsaal am 8. 5. 1852, Gesamtbau am 1. 9. 1852 mit Goethes „Torquato Tasso". – Am 26. 7. 1943 bis auf die Grundmauern niedergebrannt; Fortsetzung des Spielbetriebs im Schauspielhaus an der Hildesheimer Straße (im Okt 1943 ebenfalls zerstört), ab 11. 7. 1945 im Galeriegebäude in Herrenhausen. – ***Wiederaufbau:*** Pläne schon 1944 (als Schauspielhaus), nicht ausgeführt. 1949/50 Wettbewerb, Wiederaufbau von Parkett, 1. Rang und Bühnentechnik in nur 10 Monaten, durch die Wettbewerbssieger Werner Kallmorgen und Klaus Hoffmann: Kreisgrundriß des Zuschauerraums (3/4 Ränge, 1/4 Bühne), 3 Ränge (keine Logen), Vorbühne als Kreissegment. – Wiedereröffnung (als erstes Theater in Westdeutschland) am 30. 11. 1950 mit „Der Rosenkavalier" von Richard Strauss. In den Folgejahren Beseitigung der restlichen Kriegsschäden (bis 1959); schlechte Akustik von Beginn an beklagt. 1983–85 Restaurierung der Fassade. – ***Heutiger Innenraum:*** 1984/85 durch Dieter Oesterlen Neubau des Zuschauerraums und Renovierung von Eingangsbereich und Foyers, Bühnentechnik modernisiert; Wiedereröffnung am 23. 11. 1985 mit Arnold Schönbergs Oper „Moses und Aron". – **Beschreibung, *außen:*** Auf dem langen

Opernhaus und Georgstraße, vor 1943

Grundriß der Beletage, 1852

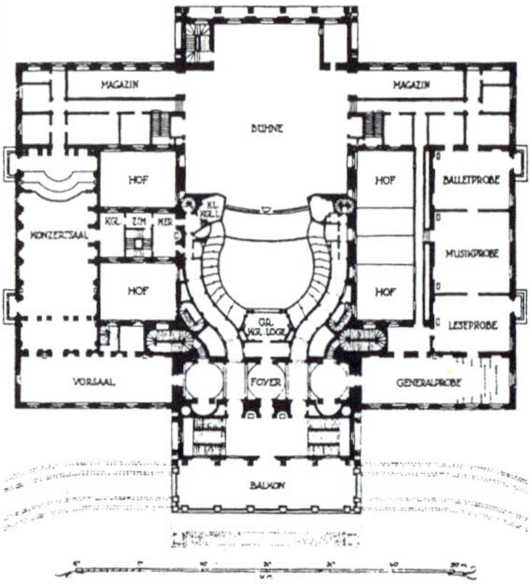

Dreieck des Opernplatzes freistehender, aus großen Kuben (funktionale Einheiten) zusammengefügter Bau, urspr. mit zwei Innenhöfen, Hauptfassade zur Georgstraße, hier die ausgeprägteste Höhenstaffelung des auf Übereckansicht berechneten Baus. Zweigeschossige flachgedeckte Seitenbauten (links außen urspr. Konzertsaal) flankieren den dreigeschossigen Mittelbau (Zuschauerraum und Bühne) mit flachem Satteldach in der Achse der Theaterstraße, vor diesem zweigeschossiger Vorbau (Foyers) mit vorgelegtem eingeschossigen „Windfang“ (urspr. überdachte Auffahrt, heute verglast, seitl. Auffahrtrampen beseitigt). Zur Theaterstraße nur zweigeschossiger Vorbau. Unter den beiden Giebeldreiecken lateinische **Inschriften:** Vorderseite ERNESTUS AUGUSTUS REX CONDIDIT ARTI ET MUSIS MDCCCXXXXV („König Ernst August I. gründete [es] für die Kunst und die Musen 1845“), Rückseite GEORGIUS V REX ABSOLVIT OPUS PATERNUM MDCCCLII („König Georg V. vollendete das väterliche Werk 1852“). Auf dem vorderen Vorbau 12 **Steinskulpturen** von Theaterdichtern und Komponisten (von links): 1 Sophokles (H. Hesemann), 2 und 3 Goldoni und Shakespeare (Ernst von Bandel), 4 Lessing (August Hengst), 5 Schiller (Carl Dopmeyer), 6 Goethe (Bernhard Wessel), 7 Mozart (Ludwig Täger, nach Heinrich Kümmel ?), 8 Beethoven (Wilhelm Engelhard), 9 Weber (Georg Hurtzig), 10 Calderon (Täger), 11 Molière (Wessel), 12 Terenz (Hesemann). – ***Innen:*** Zuschauerraum in Rotbraun-, Creme- und Kupfertönen, Rangbrüstungen mit Kupferblechen, Eichenholzpflaster. 1208 Plätze (Parkett, drei Ränge in Hufeisenform), Behindertenloge. Bühnenportal 13,5 m breit, 10 m hoch, drei Beleuchterbrücken. „Orchestermuschel“ (Abdeckung des Orchestergrabens und Schließung der Bühne seitlich und nach hinten) zur Optimierung der Akustik für Konzerte. – Foyers im Eingangsbereich verändert erhalten, sonst bestimmt durch die lichte Innenarchitektur von Kallmorgen. – **Eigentümer:** Bis 1918 vom Kgl. Hof getragen, die Theaterverwaltung seit 1866 der Preußischen Generalintendantur unterstellt. 1918 Preuß. Staatstheater, 1921 von der Stadt übernommen Ab 1953 Trägerschaft durch die eigens gegründete „Landestheater Hannover GmbH“ im Verhältnis 2:1 zw. Stadt und Land. Seither zunehmende Beteiligung des Landes, 1993 alleinige Trägerschaft (Niedersächsische Staatstheater GmbH). – **Aufführungsgeschichte:** Anfangsphase (bis 1859) geprägt durch die starke Persönlichkeit Heinrich Marschners, seit 1830 als Hofkapellmeister in H. Spielplan stark geprägt vom an der ital. Oper orientierten Geschmack des kgl. Hofes. Dominierende Sänger des Hauses in jener Zeit sind der führende Wagnertenor Albert Niemann (1854–66) sowie der Tenor Theodor Wachtel (1854–58). Der Violinvirtuose Joseph Joachim spielt 1853–63 als 1. Konzertmeister im Orchester. Obwohl der Preußischen Generalintendantur in Berlin unterstellt, Autonomie der Theaterleitung auch nach 1866 weitgehend gewahrt. Weitere Glanzzeit 1877–79 unter Hans von Bülow als 1. Kapellmeister. Wende für den Theaterbetrieb und den Spielplan 1921 durch die Übernahme des Hauses durch die Stadt. Prägend ab 1924 Rudolf Krasselt, unter dessen Leitung bis 1943 (Ära Kras-

Opernhaus, Zuschauerraum, vor 1943

Intendanten des Opernhauses (seit 1945)

Reiner Minten	1945–51
Kurt Ehrhardt*	1951–65
Reinhard Lehmann**	1965–72
Günter Roth***	1972–79
Hans-Peter Lehmann	seit 1980

* seit 1960 Generalintendant
** seit 1960 Operndirektor unter Ehrhardt
*** ab 1973 Generalintendant

Generalmusikdirektoren (seit 1945)

Franz Konwitschny	1945–49
Johannes Schüler	1949–60*
Günther Wich	1961–65
George Alex. Albrecht	1965–93
Christof Prick	seit 1993

* Spielzeit 1960/61 Stelle des GMD nicht besetzt.

Zuschauerraum, seit 1985

Opernhaus, Laves-Foyer

selt) das künstlerische Niveau überregionale Bedeutung erhält; entscheidend für die Ballettentwicklung Mary Wigman und insbes. Yvonne Georgi. Viele international renommierte Sänger gingen aus dem hann. Ensemble hervor, z. B. Helen Donath, Christa Ludwig, Hanna Schwarz, Franz Crass, Donald Grobe. Progressiv wurden im 19. Jh. die Werke Wagners und Richard Strauss' in den Spielplan aufgenommen, unter Krasselt bes. die Ermanno Wolf-Ferraris. Auch nach 1945 Eintreten für moderne und zeitgenössische Werke, wie für Brittens „Albert Herring" (1950), Henzes „Boulevard Solitude" (1952, Urauff., Ausstattung: Jean-Pierre Ponnelle) sowie für Bühnenwerke und Ballette von Berg, Egk, Klebe, Kirchner, von Einem und Strawinsky bis zu Udo und Bernd Alois Zimmermann, Müller-Siemens, Rihm und Reimann. 1989, im Rückblick auf 300 Jahre Oper in H., Wernicke-Inszenierung von Agostino Steffanis Barockoper „Enrico Leone", mit der 1689 das Schloßopernhaus (→ Hinrich-Wilhelm-Kopf-Platz 1) eröffnet wurde.

Oskar-Winter-Straße 7 196 / U 7

St. Markuskirche (ev.-luth.), 1902–06 von Otto Lüer für eine reiche Tochtergemeinde („Offiziersgemeinde") der Apostelkirche (Celler Str. 78). Am Rand der Eilenriede, Blickpunkt von Hohenzollern- und Walderseestraße. Ungewöhnlich der Aufbau und die der städtebaul. Lage untergeordnete Ausrichtung. – Zweischiffige gewölbte Staffelhalle, südl. vorgestellter Turm, angegliederte Nebenräume. Natursteinbau in romanischen und gotischen Formen, Architekturglieder mit reichem Pflanzendekor; Ausmalung nicht erhalten. – Außen an der Westseite großes Mosaik „Christus als Weltenherrscher", Entwurf von Oskar Wichtendahl, ausgeführt von Puhl & Wagner, Berlin; gestiftet von Kaiser Wilhelm II.

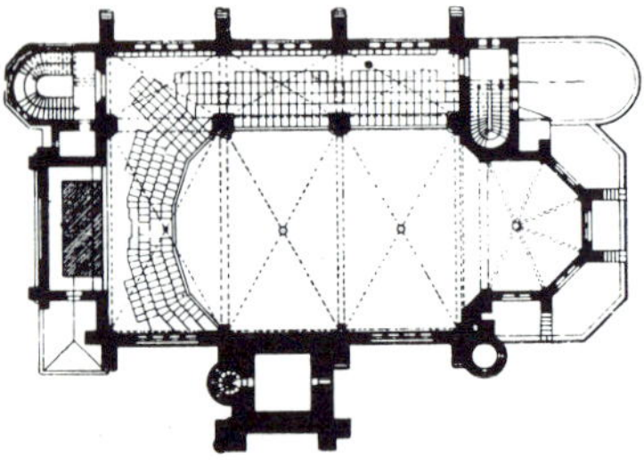

Osterstraße 30 197 / G 7

Ehem. **Gildehaus der Zimmerleute**, heute Neubau mit Rückgriff auf die relevanten Merkmale (Parzellierung, Haushöhe und -breite, Giebelgestaltung) des urspr. Baus von 1611. – Durch Gesimse und Lisenen gegliederter Staffelgiebel mit Voluten des Vorgängerbaus, in die figürl. Darstellungen (vier Evangelisten) eingearbeitet sind. – Nachbildung des Brauergildewappens von 1642 (Original an der Brauerei Hildesheimer Straße 132) als Hinweis auf das urspr. benachbarte, nicht erhaltene Brauergildehaus (entstanden 1642, Neubau 1894).

Otto-Brenner-Straße 198 / C 3

Neustädter Friedhof (St.-Andreas-Friedhof), mit vielen Gräbern stadtgeschichtl. bedeutender Persönlichkeiten. – Ein erster Friedhof der Calenberger Neustadt schon 1610 als „Michaelisfriedhof" entstanden, beim Ausbau der Festung aufgegeben. 1646 hier neu angelegt, eingeweiht am Andreastag (30. 11.), 1876 geschlossen. Substanzverlust durch Verwahrlosung,

Oskar-Winter-Straße, Markuskirche, Mosaik der Eingangsfassade

Bedeutende Grabmäler auf dem Neustädter Friedhof

„Geschnürte Jungfer", Anna Margaretha Borcherding (1701–16), lebensgroß in eng tailliertem Kleid, das nach Volksüberlieferung ihren Tod verursachte

„Langer Christoph" (auch „Großer Christoff"): Christoph Münster (1632–76), hzgl. Türhüter, in lebensgroßer Ritzzeichnung (2,48 m)

„Russengrab" des Kosakenoffiziers Wassiliy Gawrilow, 1813 in Vahrenwald tödlich verwundet, russ. Kreuz und Marmorplatte, 1946 erneuert

„Türkengrab": Zwei jetzt nebeneinander, früher an den Enden des nach Mekka gerichteten Grabes stehende Steine für Hammet († 1691), Lakai der späteren Kurfürstin Sophie, mit anderen Türken 1683 vor Wien von hann. Truppen gefangengenommen und nach H. gebracht

Heinrich Marschner (1795–1861), Kapellmeister in Hannover und Komponist

Johann Stieglitz (1767–1840), kgl. Leibarzt

Johann Georg Zimmermann (1728–1795), kurfürstlicher Leibarzt und Schriftsteller

Passerelle, Windrose, um 1950 (oben); darunter „Die Frauen von Messina" von Rolf Szymanski, 1975

Kriegsschäden und den Bau des Conti-Hochhauses. Um 1952 zur Parkanlage umgestaltet, mehrere Grabsteine versetzt.

Otto-Brenner-Straße 1 — 199 / D 3

Gewerkschaftshaus , 1952/53 von F. Lindau. – Neungeschossiges Bürohochhaus mit zweigeschossigem Saalanbau, am Ende des Klagesmarktes, Gegenstück zur Christuskirche und Markierung des gleichzeitig entstehenden Verkehrskreisels; Ersatz für das ältere Gewerkschaftshaus (→ Goseriede 4).

Passerelle — 200 / G 5–J 2

Fußgängerpassage unter der Straßenebene. 1972–76 in Zusammenhang mit dem U-Bahn-Bau entstanden, besonders zur Überwindung der Verkehrsbarriere Hauptbahnhof. Planung: Hanns Adrian, Detlev Draser; Gestaltung: Herbert Lindinger, Wilfried Grote, Stefan Schwerdtfeger, Dieter Heisig. – Unterquerung der Innenstadt und des Hauptbahnhofs zwischen Kröpcke und Lister Meile, durch zahlreiche Öffnungen und Treppen mit der Straßen- und Fußwegebene verbunden; an der Enden erweitert zu offenen Plätzen (Kröpcke, Raschplatz). **Kunstobjekte:** Beim Kröpcke im Pflaster ***Windrose*** mit Entfernungen zu Städten in aller Welt (bei der Neugestaltung des Kröpcke-Platzes um 1950 entstanden). Im Bereich Bahnhofstraße ***Kupferrelief,*** 1978 von Rudolf Kedl, ***„Findlingsbrunnen"*** und ***„Wolkenbrunnen"***, 1976 von Stefan Schwerdtfeger und Dieter Heisig. Unter dem Bahnhof ***„Nessi"***, 1977 von Schwerdtfeger und Heisig. Am Raschplatz im Pflaster ***Ortsangaben*** (Stadtplan, geograph. Bestimmung, Noten der „Lustigen Hannoveraner"); ***Raschplatz-Brunnen,*** 1977 von Joachim Wolff. Am Aufgang zur Lister Meile Bronzegruppe ***„Frauen von Messina",*** 1975 von Rolf Szymanski (1977 aufgestellt). – Oben an der Lister Meile: Stahlplastik **„Mahnmal Gerichtsgefängnis"** (Ernst Thälmann), 1986–89 von Hans-Jürgen Breuste.

Pferdestraße 6 — 201 / E 6

Historisches Museum am Hohen Ufer, 1963–66 von Dieter Oesterlen, Neubau auf einem kriegszerstörten Wohnblock der Altstadt. Einbezogen zwei stadtgeschichtl. bedeutende Bauten: Beginenturm und Rest des Zeughauses. – **Gebäude:** Stahlbetonkonstruktion mit unregelmäßigem Grundriß um einen begrünten Innenhof. Dreigeschossige Fassade mit starkem Kontrast von offenen und geschlossenen Flächen; in Material (Beton, bruchrauher Sandstein) und Relief (Staffelung an der Burgstraße) Anpassung an die historische Umgebung (Holzmarkt/Burgstraße/Ballhofstraße) in abstrakter Form. Im Innern Wechsel von frei veränderbaren Flächen und festen raumgliedernden Einbauten von Vitrinen und Bilderwänden, nach dem beim Umbau 1991 z. T. aufgegebenen detaillierten Aus-

Pferdestraße, Historisches Museum am Hohen Ufer

stellungskonzept von Helmuth Plath, das die ungestörte Wirkung der Gegenstände in den Vordergrund stellte. – **Beginenturm** (nach dem ehem. benachbarten Beginenhaus), 1357 als letzter (und wohl stärkster) Turm der Stadtbefestigung erbaut, gegenüber der Burg Lauenrode, als Geste städtischen Selbstbewußtseins gegenüber dem Landesherrn. – Dreigeschossiger Schalenturm aus Lindener Kalkstein; Fundament bis zu 3 m dick, mit Quadern der abgebrochenen Georgskirche (Marktkirche); Erdgeschoß gewölbt, oberstes Geschoß zur Stadtseite offen. In den Obergeschossen kleine Spitzbogenfenster. Pläne für einen historisierenden Umbau zum Wasserturm um 1900 nicht verwirklicht. Heute als Gaststätte genutzt. – Links anschließend **ehem. herzogl. Zeughaus,** 1643–49 unter Leitung von Generalzeugmeister Welling erbaut, diagonal über einem (nicht sichtbaren) Rest der abgetragenen Stadtmauer.

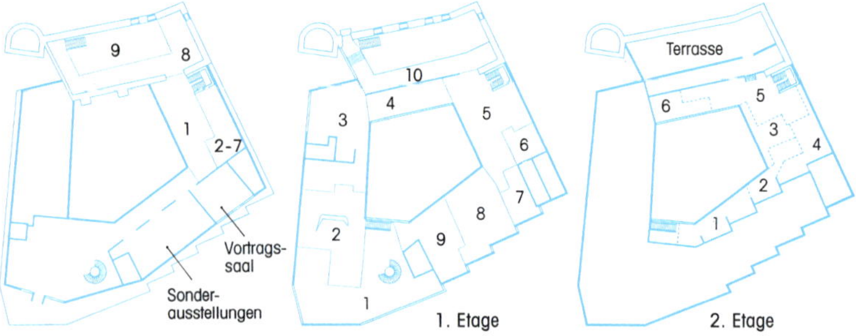

Historisches Museum am Hohen Ufer

Erdgeschoß: Landesgeschichte
1 Hannoversche Landesherren
2 Verwaltung
3 Rechtswesen
4 Geistesleben
5 Post und Eisenbahn
6 Forst und Jagd
7 Bergbau und Münzwesen
8 Militär
9 Königliche Kutschen

1. Etage: Stadtgeschichte
1 Mittelalterliche Landstadt (bis 1636)
2 Residenzstadt im Absolutismus (1636–1813)
3 Bürgerstadt im 19. Jh. (1813–1891)
4 Städtische Kleidung
5 Provinzhauptstadt im Kaiserreich (1891–1918)
6 Spielzeug – Die große Welt im Kleinen
7 Großstadt in der Weimarer Republik (1918–1933)
8 Gauhauptstadt im Dritten Reich (1933–1945)
9 Landeshauptstadt und Messestadt
10 Schlösser in Hannover

2. Etage: Volkskunde
1 Bauernhäuser in Niedersachsen
2 Leben im Niederdeutschen Hallenhaus
3 Möbel und Holzhandwerk
4 Ländliche Kleidung
5 Landwirtschaft
6 Stadt und Land

Beim Durchbruch der Straße Roßmühle 1887 um ein Drittel verkürzt. Nur in den stark veränderten Außenmauern erhalten, heute Kutschenhalle des Museums. An der Nordwand (Roßmühle) Wappen des Herzogs Georg Wilhelm, 1649 (Peter Köster?). Ältester Staatsbau aus der Zeit der Residenznahme. – **Sammlungsgeschichte, Bestände:** Anfänge durch Initiativen des „Vereins für stadthannoversche Geschichte" (gegr. 1892/93) und des „Heimatbundes Niedersachsen" (gegr. 1901), 1901 Sammlungsaufruf durch Stadtdirektor Tramm. 1903 Eröffnung des „Vaterländischen Museums" (Prinzenstraße 9, ehem. Cumberland-Galerie) mit den bis heute beibehaltenen Arbeitsgebieten Geschichte der Stadt Hannover, Geschichte des ehem. Königreichs und der Provinz Hannover sowie Volkskunde Niedersachsens. Aufbau durch Friedrich Tewes und Wilhelm Peßler. 1937 Umbenennung in „Niedersächsisches Volkstumsmuseum der Hauptstadt Hannover". 1943 stadtgeschichtliche Sammlung größtenteils zerstört. Neuaufbau ab 1945 durch Helmut Plath, 1949–66 als „Niedersächsisches Heimatmuseum" provisorisch im alten Haus, seither im jetzigen Haus. 1990/91 anläßl. der 750-Jahr-Feier H.s Umgestaltung der Abteilungen „Stadtgeschichte" und „Leben auf dem Lande". – ***Landesgeschichte (Erdgeschoß),*** 1636 bis 1866 in thematischen Gruppen. Kutschenhalle (Rest des ehem. Zeughauses) mit Prunkkarossen aus dem hann. Marstall. Barockgemälde aus dem ehem. Schloß Linden. – ***Stadtgeschichte (1. Etage):*** Chronologischer Rundgang vom Mittelalter bis um 1980. Zahlreiche Modelle, u. a. Stadtmodelle 1689 und 1875; Wohnraum-Inszenierungen; hist. Fahrzeuge. Entwicklung der Stadt in politischer, wirtschaftlicher, sozialer und kultureller Hinsicht. – ***Volkskunde (2. Etage):*** Ländliche Kultur der niedersächs. Region vom 17.–20. Jh.; traditionelles Sachgut, Wandel der Stadt-Land-Beziehungen, Veränderungen infolge von Technisierung u. Industrialisierung; Handwerksgeschichte, Drechslerwerkstatt, Innenräume; landwirtschaftl. Werkzeuge und Maschinen; Bauernhausmodelle.

Planckstraße 2 202 / H 10

Staatskanzlei (Sitz des Nds. Ministerpräsidenten). 1935 von Adolf Springer erbaut für den Kaufmann Lerch (damals jugoslawischer Generalkonsul) als Firmenzentrale. Seit 1968 Staatskanzlei. Langgestreckter zweigeschossiger Putzbau mit kräftigen Werksteingliederungen, links Eingangsrisalit mit flachem Dreiecksgiebel. Neoklassizistischer Monumentalbau mit Anklängen an NS-Architektur.

Historisches Museum am Hohen Ufer
oben: Kutschenhalle, Aufn. 1985;
Mitte: neugotische Wohnzimmereinrichtung um 1861; unten: Kleinauto Hanomag („Kommißbrot"), Baujahr 1928

Platz der Göttinger Sieben 203 / E 7

Landtagsvorplatz an der Karmarschstraße, Name seit 1993. 1963 angelegt von Dieter Oesterlen, teilweise über dem Unterbau der 1963 abgebrochenen Flußwasserkunst (→ Friederikenplatz), von dieser 5 Flußgötter-Köpfe aus rotem Sandstein von Carl Dopmeyer über den Ausflußöffnungen der Leine. 1971–75 (U-Bahn-Bau) vorübergehender Standort des Ernst-August-Denkmals. – Ein Niedersachsen-Wahrzeichen hier bereits seit ca. 1961 geplant. Vom Ideenwettbewerb 1983 nichts verwirklicht, nach 2. Wettbewerbsstufe nur städtebauliche Umgestaltung des Platzes durch Oesterlen, mit Fußgängerbrücke über die Leine und Wasserfall. 1993 Wettbewerb für ein Denkmal der Göttinger Sieben, 1. Preis Floriano Bodini; Ausführung vorgesehen.

Keksfabrik Bahlsen, Verwaltungsgebäude an der Podbielskistraße, um 1920

Bahlsen-Fabrikationsgebäude, Kinderfries über dem Eingang Lister Straße

Podbielskistraße 11 **204 / U 6**

Ehem. **Keksfabrik Bahlsen** (Bahlsen Museum, Wohn- und Gewerbebauten). Von der urspr. weitläufigen Fabrikanlage erhalten die beiden Hauptgebäude an der Podbielski- und Lister Straße (1910/11, Brüder Siebrecht), dazwischen der markante Schornstein und Reste älterer Fabrikbauten. – **Geschichte:** Fabrik von Hermann Bahlsen 1889 gegründet, 1893 auf das heutige Grundstück (damals am Stadtrand) verlagert. Erste Bauten von Riesle & Rühling im heutigen Blockinnern. 1910/11 durch die Siebrechtschen Bauten Anschluß an die inzwischen entstandenen Wohnviertel um den Lister Platz. 1916–19 durch Bernhard Hoetger Planung einer neuen Fabrik mit eigenem Wohnviertel zw. Kanal und Eilenriede, entworfen als expressionistisches Gesamtkunstwerk („TET-Stadt"), nicht verwirklicht. Auf dem hierfür vorgesehenen Gelände später Wohnviertel und 1972–74 neuer Verwaltungsbau von Bahlo/Köhnke/Stosberg (Podbielskistraße 289). Produktion in jüngere Zweigwerke ausgelagert, das Stammwerk seit ca. 1992 zum größten Teil umgebaut zum Dienstleistungszentrum „Podbi-Park" (Hotel-, Wohn-, Gewerbebauten, Einkaufspassage). – **Verwaltungsbäude** (Podbielskistr. 11), mit Versprüngen dem Straßenverlauf folgend, mit Travertinverkleidung. Hauptbau viergeschossig, 15 Achsen lang. Nach Osten freistehend, hier Turm mit Kupferhelm (Wasserbehälter), Seitenflügel mit integriertem Turm. Hauptbau monumental gegliedert, Erdgeschoßarkade teilweise offen, bandartige Fensterreihung unter dem starken Gesims, Mittelgeschosse durch tiefen Rücksprung der Fensterachsen rhythmisiert, Höhepunkt am rechten Ende: drei zweigeschossige Fenstererker (Saal) über der Einfahrt. – Pflanzliche und figürliche Reliefs und Plastiken von Georg Herting. Reiche innere Ausstattung größtenteils erhalten, u. a. Fenster im Saal, 1917 von Adolf Hoelzel, und in den ehem. Büros, die als Museum eingerichtet sind. – Nach Osten Anbau der ehem. städt. ***Feuerwache*** (niedriger, verputzt), durch kleinen Hof abgesetzt und anschließende Seitenflügel eingefaßt. – **Fabrikgebäude** (Lister Str. 10): 1910 von Siebrecht, 1938/39 und nach 1950 verlängert. Rote Ziegelfassade, ähnlich wie der Verwaltungsbau gegliedert,

Bahlsen-Verwaltungsgebäude, Glasfenster im Großen Sitzungssaal, 1918 von Adolf Hoelzel

TET-Stadt von Norden, in der Mitte die Podbielskistraße (Modellfoto)

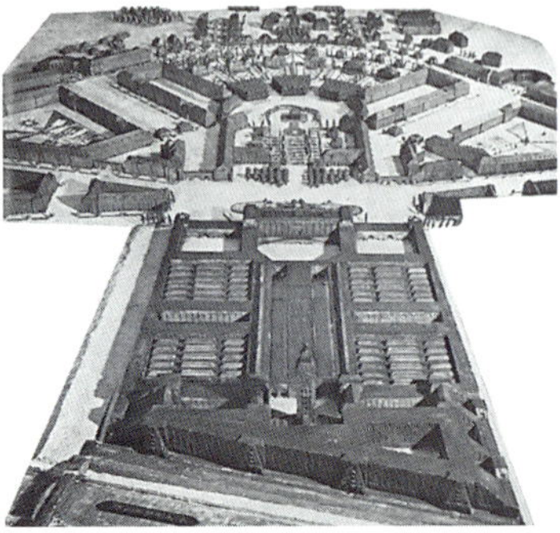

Von links: Erste kubische Leibniz-Cakes-Packung, 1898; Bahlsen-Keksdose, um 1900; erste Leibniz-Frischhaltepackung, mit dem TET-Zeichen, 1903 entworfen von H. Mittag

aber einfacher gestaltet, mit Mittenbetonung durch turmartigen, von Vorsprüngen flankierten Eingangsbau (geschweifter Aufbau mit hohem Dach nach Kriegsschäden vereinfacht). Majolikaschmuck von Herting konzentriert am Portal: Kinderfries mit Hexe, bezogen auf den gegenüberstehenden ***Hänsel-und-Gretel-Brunnen*** (von Siebrecht und Herting, Stiftung von Bahlsen). Als Gegenstück zum Portal (und um dessen Blickachse freizuhalten) am Ende der Seidelstraße ein aufwendig gestaltetes **Wohnhaus** (Ferd.-Wallbrecht-Str. 14 / Göbelstraße) von Siebrecht. – **Bedeutung:** Hervorragender Bau des späten Jugendstils, gekennzeichnet durch den besonderen Zusammenklang von Architektur und Ausstattung sowie die sorgfältige städtebaul. Einbindung.

Bahlsen-Museum: Innerhalb des Verwaltungsgebäudes, zum größten Teil in den urspr. Büroräumen (Jugendstil-Großraumbureau). Seit 1984 öffentlich. – ***Ausstellung:*** Firmen- und Produktionsgeschichte; Produktionswerkzeuge; künstlerische Ausstattung des Hauses; Dokumente zur Verkaufsarchitektur und zur Planung der TET-Stadt; Schwerpunkt: künstlerische Gestaltung der Verpackung und Werbung, z. B. von Behrens, Diez, Gulbransson, Hoetger, Hohlwein, Koehler, Margold, Obermeier, Preetorius, Schwitters, Vierthaler, Vogeler.

Podbielskistraße 139–141 — 205 / U 6

Ehem. **Pelikan-Werke,** 1904–06 von Otto Taaks, 1913/14 erweitert. Seit 1993 Umwandlung in Wohn- und Gewerbegebiet, ältere Fabrikteile erhalten. – Die weltberühmte Firma für Künstlerfarben und Schreibwaren 1838 gegründet von dem Chemiker Carl Hornemann, geprägt von den Nachfolgern Günther Wagner und Fritz Beindorff. Bis 1906 am Engelbosteler Damm, heute nur noch im Zweigwerk Podbielskistraße 321 (Gehawerke). – Stahlbetonskelettbau schräg zur Straße als gestrecktes U mit verschieden langen Armen, Eingangsgruppe aus symmetrischen Kopfbauten und Maschinenhaus mit Turm, davor villenartige Werkswohnungen (Brüder Siebrecht) und Stallungen, kleiner Garten mit Teich für die „Wappentiere" der Firma.

Postkamp 16 — 206 / C 1

Apotheke, ca. 1860 von C. W. Hase für den Apotheker Thilo Bergmann (Sohn des hann. Kultusministers). – Urspr. dreigeschossiger, roter Ziegelbau, asymmetrische Fassade. Anfang des 20. Jh. durch Bernhard Weise neuer Ladeneingang, Veranda. Nach Kriegsschäden Aufstockung durch Arno Bayer (1958). – Ältester erhaltener Wohnhausbau Hases in H. Mit diesem und seinem nicht erhaltenen eigenen Wohnhaus von 1860/61 begann Hases Wandel zur puristischen und funktionalen Gotik, die er wenig später auch im Kirchenbau anwendete. – Daneben (Nr. 18 und Am Klagesmarkt 7a und 8) drei Wohnhäuser um 1890, aus der Spätzeit hann. Neugotik.

Prinzenstraße — 207 / J 5-7

Angelegt 1846 als östl. Abschluß der Ernst-August-Stadt, heute Teil des Banken- und Verwaltungsviertels am Rande der Innenstadt. Urspr. einseitig bebaute Villenstraße mit Kaimauer zum Stadtgraben (→ Schiffgraben), nach dessen Abdeckung (1861) Balustrade der Kaimauer wiederverwendet am Stadtfriedhof Engesohde (→ Alte Döhrener Str. 96). Aus der Frühzeit noch der baumbestandene Grünstreifen am Südende, von den ersten Villen erhalten nur Nr. 21 und Palais Grote (→ Sophienstraße 7). Seit 1868 Bebauung

Podbielskistraße, Pelikan-Werke, Eingangsbauten und Maschinenhaus-Turm

(schon nicht mehr freistehend) auch auf der Ostseite auf früheren Gärten, schrittweise mit der Verlagerung (1868–77) des benachbarten Güterbahnhofs an den Stadtrand. Zunehmende Verdichtung, bes. seit 1886 durch den Umzug der Banken in diese Gegend. Fast alle Bauten heute durch Büros genutzt. – Die heutige Hauptverkehrsstraße ist auch nach starker Kriegszerstörung ein „Musterbuch" hannoverscher Architektur und zeigt den Typen- und Nutzungswandel des innerstädtischen Wohnhauses von 1848 zum modernen Geschäftshaus um 1910. – An der Kreuzung Sophienstraße Nr. 13: **Wirtschaftsschule,** 1894/95 von Emil Lorenz für eine Versicherung, nach Vorbildern deutscher Renaissance, mit bemerkenswertem schmiedeeisernem Schmuck am Traufgesims. Außen an der Prinzenstraße Heroldsfigur auf Konsole unter Baldachin. – Nr. 16: **Nordsternhaus,** um 1910 als Bürohaus für die Cementbau-AG, neobarocke Putzfassade mit vorgeschweiften Mittelrisaliten, bereits mit variablem Grundriß um ein festes Treppenhaus. – Sophienstraße 6: **Sophienhaus,** 1913/14 von A. Koelliker; außerdem Prinzenstr. 23: Ehem. **Bankhaus Caspar**, ca. 1912 von Emil Lorenz, 1922 und um 1950 erweitert.

Prinzenstraße 1 — 208 / J 5

Kaiserhaus (Gaststätte und Büros, urspr. Wohnungen), 1903/04 (Inschrift: „1902") von dem Bauunternehmer Max Küster auf eigene Rechnung nach Entwurf von Alfred Sasse. Über dem 1. OG Fries mit Porträtmedaillons deutscher Kaiser. Urspr. reiche Dachlandschaft in deutscher Spätrenaissance nach hann. Vorbildern, nach 1945 durch schlichtes 5. Obergeschoß ersetzt.

Prinzenstraße 2 — 209 / J 5

Ehem. **Wohnhaus** (heute Wirtschaftsschule Buhmann), 1897 erbaut als Wohn- und Geschäftshaus. $4^1/_2$geschossig, reiche Neurenaissance-Fassade aus roten Ziegeln und weißem Sandstein. Später rechts ergänzt um eine Fensterachse (an Stelle einer Durchfahrt), in Material und Architektur auf die Nachbarhäuser 4–8 bezogen; Darstellungen von Sonne, Spinne und Salamander an der südl. Giebelwand.

Prinzenstraße 4–8 — 210 / J 5

Wohnhäuser in rotem und weißem Sandstein, hann. Rundbogenstil mit gotischen Elementen. 2 Bauabschnitte: Nr. 4 und 6, 1868 von Georg Hägemann, 2 urspr. gleiche $2^1/_2$geschossige Einfamilienhäuser, Nr. 6 wenig später aufgestockt. Terrassen nachträglich, bei Nr. 4 um 1920 durch Freitreppe ersetzt; hier seit 1990 Amerikahaus. Einfachere Rückseiten an der Alexanderstraße, mit Loggienanbau. – Nr. 8 (Inschriften „F. W.", „1870") von Wallbrecht oder Hägemann, mit höherer Grundstücksausnutzung bei gleicher Architektur; Dachzone nach Kriegsschäden durch provisorisches 4. OG ersetzt. – Frühe Zeugnisse der weitreichenden Unternehmungen von Ferdinand Wallbrecht.

Prinzenstraße 9 — 211 / J 5

Schauspielhaus (Niedersächsische Staatstheater GmbH), 1990–92 von Paillard, Leemann und Partner (Zürich). – **Geschichte:** 1943 Zerstörung des ersten Schauspielhauses (Hildesheimer Straße), danach Nutzung anderer Spielstätten (Ballhof, → Ballhofstr. 5). Zwei städt. Projekte 1963–66 und (reduziert) 1968/69 für ein großes freistehendes Schauspielhaus am Raschplatz (aus Geldmangel nicht realisiert). Seit 1967 unterstützt durch die „Gesellschaft der Freunde des hann. Schauspielhauses". Nach Beteiligung des Landes an den Baukosten 3. Wettbewerb für ein erneut reduziertes Programm, Bau nun auf dem Grundstück der ehem. Cumberlandschen Galerie, später Amerikahauses (dessen Grundmauern teilweise einbezogen). Einweihung 7. 9. 1992. – **Hauptbau:** Im Block eingebunden, Längsachse parallel zur Straße, Halle und mehrgeschossiges Foyer als Verbindung zum Hof (Passage

Schauspielhaus
Längsschnitt Foyer/Zuschauerraum/Bühne

1 Garderobenhalle
2 Eingangshalle
3 Unterbühne
4 Anlieferungshalle
5 Lichthof beim Foyer
6 Regiezone
7 Zuschauerraum
8 Bühne
9 Hinterbühne
10 Klimazentrale

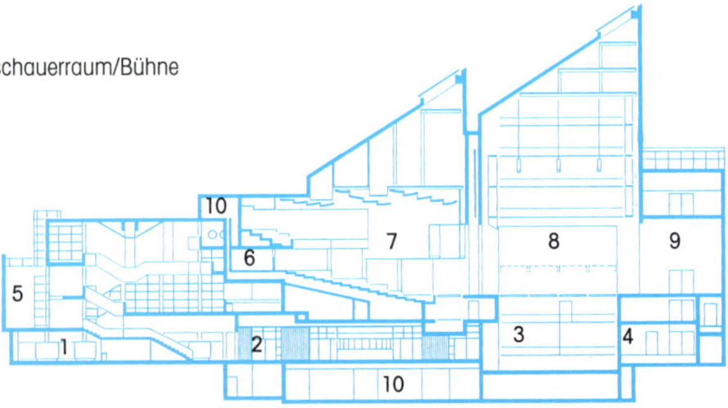

Schauspielhaus, Bühnenportal und Zuschauerraum

zum Künstlerhaus und zur Theaterstr. geplant). Stahlbetonbau mit Verkleidung aus weißlackierten Aluminiumplatten. Lange Fassade belebt durch Vorsprung von Treppen und Zuschauerraum, mit markanter Höhenstaffelung zum Bühnenturm. 630 Plätze (Parkett und Rang); Bühne 18,8 m breit, Unterbühne mit 4 Hubpodien, Hinter- und Seitenbühne. – **Hofflügel:** Ehem. **Cumberlandsche Galerie**, 1883–85 von Otto Goetze als Ergänzung des Museums für Kunst und Wissenschaft (Künstlerhaus, → Sophienstr. 2), 1903–66 Vaterländisches/ Historisches Museum, danach „Amerikahaus". Hauptbau entkernt und in den Theaterbau einbezogen (Nebenräume, Museum), hist. Treppenhaus für Aufführungen genutzt. – Ausstellungsbau, urspr. 9achsig mit drei Saalgeschossen; nach Erneuerung des Inneren nur die einfache Backsteinfassade in Formen der hann. Schule erhalten. Hinten chorartiger polygonaler Anbau, aufwendige dreiläufige Treppe mit gußeisernen Stützen und Geländer.
Theatermuseum (Zugang von der Eingangshalle des Schauspielhauses). – Gegr. von Kurt Söhnlein, 1928 im Opernhaus eröffnet, im Krieg weitgehend zerstört, danach von Söhnlein neu aufgebaut. Von Rudolf Schulz 1988 im Kröpcke-Center neu eingerichtet, seit 1993 erweitert hier.

Prinzenstraße 17 212 / J 6

Ehem. **Wohnhaus Biedenweg** (Bürohaus), 1879 von Heinrich Köhler für Otto Biedenweg, Direktor der Landeskreditanstalt. Die urspr. Sgraffito-Bemalung (erstmals in H.) von Hofmaler Wilke schon um 1915 verschwunden. Dreigeschossiger Putzbau mit fein proportionierter Fassade nach Vorbildern ital. Renaissance.

Prinzenstraße 21 213 / J 6

Ehem. **Wohnhaus Albrecht** (Bürohaus), 1847/48 von Ernst Ebeling für den Generaldir. der Steuern, Carl Albrecht. Zweigesch. kubischer Putzbau von 5 Achsen, mit feiner Fassadengliederung: unten stabüberfangene Segmentbogen, oben Rundbogen mit rechteckiger Rahmung, Zwischengesims und Brüstungen ornamentiert, oben Zahnschnittgesims. – Ältester erhaltener Wohnbau der Ernst-August-Stadt. Nur hier noch die für die klassizist. Stadthäuser in H. typischen eingeschossigen (oft als Balkon begehbaren) Seitenflügel mit Hofeinfahrten.

Quantelholz 214 / O 5

Kloster Marienwerder und Landschaftspark **Hinüberscher Garten**, isoliert zwischen Wiesen und Wäldern in der weiten Talaue der Leine, die hier durch einen Dünenzug nach Westen abgelenkt wird, auf einem ehem. Werder (Flußinsel). 1928

Schauspielhaus, Theatermuseum

Marienwerder, Klosterkirche

als westlichster Stadtteil eingemeindet. Auf dem ehem. Wirtschaftshof z. T. Wohnhäuser, zw. Quantelholz und Westermannweg 1963–67 Gartenhof-Siedlung. – **Kloster Marienwerder:** Urspr. Einsiedelei (?), die auf den Fund eines Marienbildes zurückgehen soll. Belegt als Monasterium Sanctae Mariae in Werdere, 1196 gestiftet von Konrad v. Roden, 1200 geweiht. 1216 mit Augustinerinnen aus Obernkirchen besetzt, 1542 ev. Damenstift, 1620 säkularisiert, eines der fünf von der hann. Klosterkammer unterhaltenen Calenberger Klöster. Nach Bränden mehrmals wiederaufgebaut.

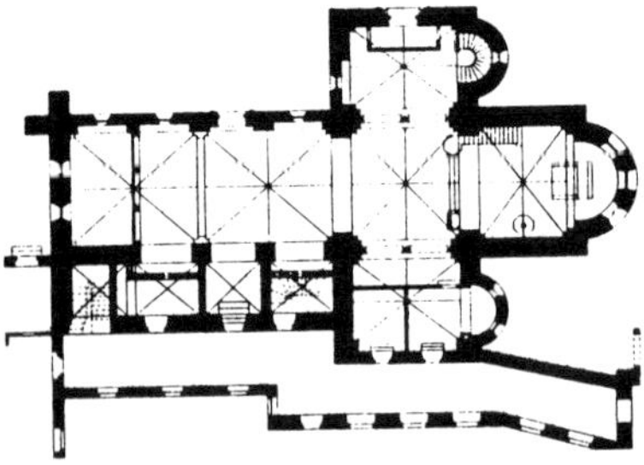

– Klosterkirche und die südl. anschließenden Konventsgebäude umschließen einen quadratischen Hof. Ummauerter Friedhof nordwestl. angebaut. Gutshof nach 1945 aufgelöst. – **Klosterkirche,** heute ev.-luth. Pfarrkirche. Basilika auf kreuzförmigem Grundriß, verputzter Bruchsteinbau, weitgehend um 1200 entstanden. Nördl. Seitenschiff nur im Fundament erhalten. Chor und Kreuzarme nach Osten mit Apsiden geschlossen. Heutiges Bild geprägt durch die vereinheitlichende Neugestaltung 1858 bis 1861 durch G. L. Comperl und C. A. Vogell: Emporen, Rundbogenfenster, südliche Nebenapsis, achteckiger Dachreiter. Inneres annähernd im Gebundenen System. Chorausmalung um 1900. Apsisfenster 1898 von Lauterbach und Schröder, Hannover. Ausstattung meist 1859 nach Entwürfen von Vogell, Kanzelfiguren von G. Hurtzig. Niederdeutsche Kreuzigungsgruppe Ende 13. Jh. Epitaphe und Grabplatten des 13.–18. Jh., heute in und an der Kirche und um den Kreuzgang, u. a. Grabplatte des 13. Jh., Grabplatten für Johannes († 1325) und Volkmar v. Alten († 1330) mit geritzten Porträts, großes Steinepitaph für Priorin C. E. v. Ilten, 1694, wohl von H. J. Uhle. Auf der Damenempore neugotischer Altar mit sechs spätgotischen Apostelfiguren. – **Konventsgebäude:** Im Westen und Süden eingeschossige Fachwerkbauten von 1688, im Südflügel mittelalterl. Kellergewölbe. Im Osten „Äbtissinnenflügel", zweigeschossiger Massivbau 1703/04, ab 1721 im gleichen Stil erweitert von Oberlandbaumeister J. C. Borchmann und Klosterbaumeister Wolters. 1976–78 verändert, im Konventsaal Einbau einer barocken Stuckdecke mit Gemälde „Selene und Endymion" aus dem abgebrochenen Herrenhaus Dieckhorst (Müden/Aller). – **Hinüberscher Garten:** Landschaftspark auf teils hügeligem Gelände zwischen Klostergut und Leine, zwischen 1761 und 1784 vom Klosteramtmann J. A. v. Hinüber (von ihm auch der nicht erhaltene Garten des Hinüberschen Posthofs, Goseriede 16/Celler Straße, heute dort Postbank): Wiesenflächen mit Baumgruppen und Gehölzpflanzungen, Bachlauf mit Teichen, geschlängelte Pfade. Heute stark verwachsen. Ein Teil 1862 zum Friedhof Marienwerder umgewandelt. Übergehend in die angrenzenden Wälder (Klosterforst M., Quantelholz) und Wiesen an der Leine. Von den urspr. über 50 Parkarchitekturen nur wenig erhalten: am Nordostende künstliche Turmruine „Hexenküche" (mit weibl. Gewandfigur des 16. Jh., Statue des Erzengels Michael und spätgotischem Sakra-

Hinüberscher Garten, „Hexenküche"

mentshäuschen). Denkmal Cecilie v. Issendorf († 1818), klassizist. Steinquader, Inschrift verfaßt von dem Dichter Ernst Schulze. Denkmal für O. F. G. v. Hinüber († 1815), Säule mit urnenartiger Schale. Obelisk, 15 m hoch, auf dem Glockenberg am Nordrand des Klosterforsts in der Wegeachse zum Kloster. – **Bedeutung:** Einer der ersten deutschen Landschaftsgärten, stilistisch zwischen vorromantisch-sentimentaler und klassischer Phase. Beschrieben 1774 als „chinesisch-englischer Garten", von Hirschfeld in seiner „Theorie der Gartenkunst" (1782) als bahnbrechend hervorgehoben.

Raschplatz 215 / H 2

Fußgängerplatz am nördl. Ende der Passerelle, heutige Form entstanden bis 1976 im Zusammenhang des U-Bahn-Baus. – **Geschichte:** Die Eisenbahn als Barriere bis heute bestimmend. Der alte R. 1884 entstanden als hinterer, nördlicher Vorplatz des erweiterten Bahnhofs auf den Flächen der früheren Eisenbahnwerkstätten. Ein Ausbau gleichwertig zum Ernst-August-Platz kam nie zustande, 1909/10 Bau der 3. Bahnsteighalle (Baurat Möller), zugleich aufwendige Rückfassade des Bahnhofs; Reste bei Erweiterung nach 1945 aufgegeben. Neugestaltung seit ca. 1950 geplant im Zusammenhang der Osttangente Hamburger/Berliner Allee als Verbindung zw. Stadtmitte und Oststadt, bis heute ungelöst. Heutige Anlage entwickelt als City-Erweiterung im Zuge der → Passerelle. – **Beschreibung:** Tiefgelegene Platzfläche im Zuge der Passerelle (Straßenkunst → Passerelle), umgeben von Großbauten und Ladenzeile. Zum Bahnhof begrenzt durch Hochgarage, 1977, zur Oststadt durch Hochhaus Lister Tor (Hamburger Allee 4), 1973–75, beide von Bahlo/Köhnke/Stosberg. – **Stadtsparkasse Hannover** (Hauptstelle und Verwaltung), 1974–76 von Heinz Wilke. Sechs quadratische, 5–17geschossige Türme mit betonten Ecksäulen, dunkle Vorhangfassaden. – **U-Bahn-Station** „Hauptbahnhof", 1968–72, Ausbau bis 1975. Obere Bahnsteige in Betrieb, Gestaltung von Detlev Draser, Wandbilder von Jean Devasne (Paris). Untere Bahnsteige für künftige Linie D vorgesehen.

Rathenaustraße 216 / H 5-6

Rückseite des Opernplatzes. Von der ersten Bebauung nur das Landschaftliche Haus (→ Nr. 2) erhalten. Heute in der Südhälfte geprägt durch die um 1900 entstandenen Bankgebäude, im übrigen durch die Geschäftshäuser der 1950er Jahre (urspr. einheitlicher, heute z. T. mit neuen Fassaden). – Nr. 1: Ehem. **Deutsche Militärdienst-**

Raschplatz, Hauptstelle der Stadtsparkasse

Versicherungsanstalt, 1892–1894 nach Plan von Wilhelm Hauers (Hamburg, Hase-Schüler), ausgeführt mit Georg Hägemann. Zur Rathenaustraße neugotische Fassade von Hauers, zur Landschaftstraße neuromanische von Hägemann; Dachzone nach Kriegsschäden vereinfacht. Inneres bis 1993 entkernt und erneuert (Arch.: Klaus Kafka) als Erweiterung der Deutschen Bank (→ Georgsplatz 20). – Nr. 3: Ehem. **Bankhaus Bartels** (BfG)., um 1900 von F. Geb. Urspr. viergeschossiges Eckhaus in barockisierenden Formen. Figürlicher Schmuck von O. Rommel, 1910 bei Umbau der Dachzone. – Nr. 4: **Dresdner Bank,** 1906 von Ernst Wullekopf. Viergeschossiges Eckhaus, Sandsteinfassade mit neobarocken und Jugendstilelementen. – Nr. 14: **Schünemann-Bau,** 1954 von Hans Klüppelberg, mit Passage zur Luisenstraße, 1988 durch Bertram & Bünemann zur ***Kröpcke-Passage*** umgestaltet, 1994 erweitert um das ehem. Ufa-Kino. – Nr. 16 und 16A: Ehem. **Geschäftshäuser Knoop** und **Stern,** 1951 von Adolf Falke; Nr. 16A Standort des Geburtshauses des Biochemikers und Nobelpreisträgers Otto Meyerhof (1884–1951).

Rathenaustraße 2 217 /H 6

Landschaftliches Haus (Calenberg-Grubenhagensche Landschaft; Niedersächsische Börse; im Gewölbekeller Weinrestaurant). Englische Neugotik, 1846–49 von Ernst Ebeling. – **Geschichte:** Die Cal.-Gr. L. (Vertretung der Provinzialstände, im Mittelalter entstanden) ließ 1710–12 von Remy de la Fosse an der Osterstraße ein erstes Ständehaus errichten, Verkauf 1844 an die (übergeordnete) Allgemeine Ständeversammlung. Heutiger Bau: Pläne von Ebeling und Andreae, ausgeführt 1846–49 Ebelings Plan in Formen des „Tudor castellated", ähnlich der Fassade des alten House of Lords. Der in H. und England nur

Rathenaustraße, Landschaftliches Haus, Wappenaufbau (nicht erhalten)

beim Adel verwendete Stil vielleicht auf Wunsch der adlig beherrschten Landschaft oder des Königs Ernst August, der im House of Lords die konservative Tory-Partei geführt hatte. – Nach Kriegszerstörung 1951–52 wiederhergestellt durch Dieter Oesterlen, 1986–87 Umbau und Erneuerung durch Carsten Mannhardt und U. Wollin – **Beschreibung:** Zweigeschossiger Werksteinbau, Hauptfassade mit Zinnenbekrönung, ebenso die maßwerkbelegten Eckstabtürmchen und die seitl. baywindow-artigen Erker; Portal mit flachem Spitzbogen, obere Erkerfenster dreibahnig mit Eselsrücken und Maßwerk, übrige Fenster mit rechtwinklig gebrochener Umrahmung ähnlich Stabarchivolten, über den Fenstern Vierpaßfelder. Aufbau mit Wappen über der Mittelachse nach Kriegszerstörung nicht wiederhergestellt. – **Bedeutung:** Unikum in Ebelings Werk und einziger erhaltener Bau dieses Importstils in H., lesbar als Symbol für die dynastische Verbindung mit England und für adligen Herrschaftsanspruch.

Reitwallstraße

→ Steintorstraße

Robert-Koch-Platz 10 218 / U 9

Mensa und Turnhalle mit Sportplatz, 1929–30 von Franz Erich Kassbaum und Karl Grabenhorst, für die Tierärztliche und die Pädagogische Hochschule zur gemeinschaftlichen Nutzung. – Weißer Putzbau mit Flachdach. Funktionale Gliederung der Baukörper, betont durch unterschiedliche Fenstergrößen und -anordnungen. 1955 weiterer Saal angebaut. – Einziger rein funktionalistischer Bau in Formen des „Internationalen Stils" in H.

Rosmarinhof 219 / C 7

Wohngebiet in Zeilenbauweise, 1955/56 von Konstanty Gutschow, Ernst Kreytenberg, W. Klare, Armin Lohse, Georg Seewald. – Neubauten nach freiwilliger Grundstücksumlegung, nur z. T. alten Straßenzügen folgend, an Stelle der hier im Krieg zerstörten Duveschen Wohnhäuser des 17. Jh. (Calenberger Neustadt). Erstmals Zentralheizung im sozialen Wohnungsbau. Orientierung der Bauten zum Gemeinschaftsbereich in der Mitte des Gebiets mit Spielplatz, Kindergarten, Sitzplätzen für Alte, Privatgärten vor den Erdgeschossen. – Skulptur **„Mädchen im Regen"**, Muschelkalk, 1955 von Kurt Lehmann.

Rosmarinhof 2, 3 220 / C 6

Fachwerkhaus (Nr. 2), um 1660, mit Gedenktafel für das 1958 abgebrochene Nachbarhaus, Geburtshaus des Physikers Heinrich Daniel Rühmkorff (1803–77, Erfinder des Funkeninduktors). – **Gemeindehaus** der Neustädter Kirche (Nr. 3), historisierender Fachwerkbau mit massivem Erdgeschoß, 1910 von Eduard Meyer. – Urspr. Häuser der Bäckerstraße (äußere Randstraße der Calenberger Neustadt). – Dazugehörig Rote Reihe 5, **Pfarrhaus** der Neustädter Kirche, neugotisch, 1894 von Eberhard Hillebrand; urspr. Giebelvielfalt nach dem Kriege vereinfacht.

Rote Reihe 6 221 / C 6

Fürstenhof, ehem. fürstl. Palais. Name 1822 übernommen vom nördl. Nachbarbau (s. u. Gedenkstätte). Heute einbezogen in den Baukomplex (1955–56 von Jan Prendel) des ev.-luth. Landeskirchenamts. Außen zugänglich vom Neustädter Kirchhof. – **Geschichte:** Ein erstes Palais 1673 von D. Heinsohn (?) für den Landrentmeister Jonas v. Rettberg. 1714 von Hzg. Ernst August, Bischof von Osnabrück, erworben und als hann. Wohnung benutzt, seitdem ***„Osnabrücker Hof"***. 1755 von J. P. Heumann als fürstl. Gästehaus instand gesetzt. Heutiger Zustand nach Umbau ca. 1817/18 durch Laves. – Wohn- und Sterbehaus des hann. Premierministers Gerlach Adolf v. Münchhausen (1688–1770, „geistiger Vater" der Universität Göttingen). Spätere Bewohner u. a. Hzg. v. Clarence (der spätere König Wilhelm IV. von England),

Rote Reihe, Fürstenhof

Hzg. von Cumberland (König Ernst August), Kronprinz Georg (König Georg V.). Seit 1855 militärisch genutzt. – **Beschreibung:** Dreigeschossiger Fachwerkbau mit waagrechter Bretterverschalung, Bandgesimse, symmetrische Fassaden; einziger Rest der urspr. größeren Anlage. Die Hauptfront (erkennbar am mittigen Dacherker mit Dreiecksgiebel) urspr. an der Langen Straße, diese bei Anlage des Leibnizufers verschwunden. Ausstattung eines Saales von Laves erhalten (farbige Kassettendecke). – **Bedeutung:** Letzter der Adelshöfe, die durch die herzogl. Förderung der Calenberger Neustadt entstanden; mit einer der wenigen erhaltenen Innenausstattungen von Laves.

Gedenkstätte zur Erinnerung an die hier 1938 in der sog. Reichskristallnacht zerstörte Synagoge. Heutige erweiterte Gestalt 1993 von Stefan Schwerdtfeger. – ***Vorgeschichte:*** Vor 1215 hier Bau der Burg Lauenrode (Grafen von Roden), 1371 geschleift. Nach 1622 Bau der „Neustädter Vogtei", auch „Kleiner Fürstenhof" als Verwaltungsbau und fürstl. Wohnung, seit 1801 kgl. Post, Name „Fürstenhof" 1822 übertragen auf den Osnabrücker Hof. Seit 1851 Lagerhaus, 1862 abgebrochen für den Bau der Synagoge, 1864–70 von Edwin Oppler. An ihrer Stelle ca. 1940 Tiefbunker, heute Tiefgarage.

Rote Reihe, Gedenkstätte für die Synagoge, Inschrifttafel von 1978

Funkhaus Hannover, Großer Sendesaal

Rud.-v.-Bennigsen-Ufer 22 222 / H 13

Funkhaus Hannover, Landesfunkhaus Niedersachsen des Norddeutschen Rundfunks. Hauptteile der weitläufigen Baugruppe: Verwaltungsbau (mit Haupteingang), dahinter Kleiner Sendesaal; die dominierende Masse des Großen Sendesaals und die elegant-instabil wirkende Betonnadel des Antennenturms. – **Geschichte:** Seit 1924 Radiosendungen des Nebensenders Hannover (der NORAG in Hamburg), aus Fabrikräumen der Hanomag. Ende 1948 Planung eines Funkhauses für Hannover, auch als Ausdruck der Kulturhoheit des neuentstandenen Landes Niedersachsen. Standort am Maschsee durchgesetzt von Stadtbaurat Rudolf Hillebrecht, als Maßstab für eine künftige aufgelockerte Uferbebauung mit Kulturbauten. Wettbewerbsentwürfe von Friedrich Wilhelm Kraemer, Gerd Lichtenhahn und Dieter Oesterlen unter Federführung Kraemers verschmolzen und 1949–52 gemeinsam ausgeführt. Großer Sendesaal erst 1960–63. – **Beschreibung:** Dreischiffige Baugruppe, in der Mitte durch Höfe getrennte Studiobauten, Konzept „Funkfabrik" mit einzeln erneuerbaren Teilen. Zum Maschsee dreigeschossiger Verwaltungsbau: ruhige Lochfassade, hellgelbe Keramikplatten, unsymmetrische Betonung der rechten Seite durch Haupteingang und Dachaufsatz, lichtes Foyer mit Glaswand zum Schmuckhof, dort Plastik „Badende", 1951 von Kurt Lehmann. Schwingendfließende Wandgestaltung mit Stabhölzern in Garderobe und Kleinem Sendesaal, dort mit farbigen Wellen (Kraemer: „Architektur als erstarrte Musik"). Großer Sendesaal: Weißer vieleckiger Block („Baßgeige") auf sechseckigem Grundriß, auf dem gläsernen Foyer scheinbar beweglich aufliegend. – **Bedeutung:** Erster öffentlicher Großbau in H. nach dem Zweiten Weltkrieg. Konzipiert als Gegenbild zur Architektur des Dritten Reiches, bei gleichzeitiger Abkehr von der radikalen Moderne des Neuen Bauens. Foyer und Kleiner Sendesaal gehören zu den schönsten Raumschöpfungen der 1950er Jahre in Deutschland.

Sackmannstraße 26 — 223 / Q 7

Nikolaikirche (ev.–luth.), auf dem hochgelegenen ummauerten Kirchhof im Kern des früheren Dorfes Limmer. 1787–91 von C. H. Brückmann, rechteckige Saalkirche aus Bruchstein, urspr. wohl verputzt. 1898 erweitert von F. Jacob durch Turm (nach Vorbildern von C. W. Hase), Chor und Sakristei. – Pastorenbildnisse, u. a. Sackmann, von Christoph Bernhard Francke († 1729), und eine Serie von Georg Tronnier. Wenige ältere Grabsteine. Vor dem Turm Denkmal für Pastor Jacobus Sackmann (1643–1718), bekannt für seine volkstümlichen plattdeutschen Predigten, 1913 von Karl Gundelach. – In der Nähe: Bauernhäuser des 19. Jh.; Nr. 32 Villa, 1912 von Eduard Wendebourg.

Sallstraße 72 — 224 / U 9

Kirche St. Heinrich (kath.), im Kreuzungsbereich Geibelstraße („Sallplatz"). 1929 von Eduard Endler (Köln; Hase-Schüler). – Monumentaler Turm eingebunden in die Flucht der gleichzeitigen viergeschossigen Wohnbauten, diese hoch überragend. Dunkles Klinkermauerwerk, unten drei hohe Arkadenöffnungen bis über die Trauflinien der Nachbarhäuser, oben Abschluß durch Ornamentband mit tiefem Zickzackrelief. Hinter dem Turm dreischiffiger basilikaler Kirchenraum, original erhalten. – Einer der städtebaulichen Schwerpunkte der Südstadt-Erweiterung unter Elkart.

Schiffgraben — 225 /J 8 - M 4

Hauptverkehrsstraße, urspr. Weg am Sch. zur Eilenriede und zum Neuen Haus (Emmichplatz). – ***Schiffgraben:*** 1365 angelegt, 9 km zw. Aegidientor, Eilenriede, Misburger und Altwarmbüchener Moor (Holz- und Torftransport). – ***Bauten:*** Anfangs Gartenanwesen, später Villen. Seit 1863 Doppel- und Reihenvillen, nirgends in H. so ausgeprägt und trotz starker Verluste noch so zahlreich erhalten, → Nr. 13–27, 37–43, 53/57; außerdem 40/42, Neorenaissance um 1880. – Mit dem Ständehaus (→ Nr. 10) begann der bis heute andauernde Ausbau zum Verwaltungszentrum. 1946 hier Regierungsviertel des Landes Nds., konzentriert um das Ständehaus, vorgesehen (→ Waterlooplatz), neu gebaut nur das heutige Kultusministerium (Nr. 12), um 1949 von Otto Winkelmüller. 1992–94 Fertigstellung großer Bürobauten → Nr. 4 und 6; Nr. 22–28 Ärzteversorgung, 1994 (Despang, Schefczik), Nr. 30 Tritower, 1992 (Schweger).

Schiffgraben 4 — 226 / J 7

Versicherungsgruppe Hannover (VGH), Verwaltungsgebäude der Landschaftlichen Brandkasse (gegr. 1750) und der mit ihr verbundenen Provinzial-Lebensversicherung (gegr. 1918). Bedeutender neugotischer Vorgängerbau, 1888–1890 von Theodor Unger, erweitert 1910–13 von Emil Lorenz (1969 abgebrochen). – Neubau 1970–73 von Walter Henn, auf etwa dreieckiger Fläche, nach oben zurückgestaffelte Großraumbüros. – Erweiterung 1991–94 von Leonhardt/Schirmer/Meyer; neuer Haupteingang Warmbüchenkamp. – Im Innern **nieders. Kunst** (Konzept 1994): Maler der 1920er Jahre; Künstler der Gegenwart bestimmen das Bild einzelner Bereiche. – Am Schiffgraben Bronzeplastik „Großes Rufzeichen" von Fritz Koenig, 1973 aufgestellt.

Schiffgraben 6 — 227 / J 7

Niedersächsischer Sparkassen- u. Giroverband (Sparkassenakademie). Altbau, rechts: 1913/14 von der Bauabt. des Landesdirektoriums (Magunna, Scheele II) für die Landeskreditanstalt. Dreigeschossiger neoklassizistischer Putzbau, plastischer Schmuck von Ludwig Vierthaler. Mittelrisalit mit Säulenstellung, heutiges 4. Geschoß anstelle von urspr. Giebeldreieck und hohem Dach. Hinten Büroflügel, 1955/56 von Konstanty Gutschow. – Neubau, links: 1990–94 von Peter Schweger. Gekrümmte schildartige Fassade in der Straßenkurve. Im Gelenk zum Altbau Haupteingang, dahinter Halle mit farbiger Leitwand durch beide Bauten.

Schiffgraben 10 — 228 / J 6

Ehem. **Provinzial-Ständehaus** (Finanzministerium), 1879–81 von Ferdinand Wallbrecht und Schreiterer; bis 1946 Sitz der Provinzialselbstverwaltung, Plenarsaal 1904 von Karl Börgemann umgebaut (nicht erhalten). Innen verändert. – Ersatz für das alte Ständehaus an der Osterstraße, dessen Grundstück Wallbrecht für den Durchbruch der Karmarschstraße benötigte. Reste des alten Ständehauses als

Schiffgraben, ehem. Ständehaus – links: Haupteingang, rechts: Treppenhaus, vor 1943

Wandschmuck der U-Bahn-Treppe Karmarschstraße/Ständehausstr. – **Beschreibung:** Monumentalbau der Neorenaissance (ital.), dreigeschossig um zwei Innenhöfe. Sandstein mit gelben Ziegelflächen, starke plastische Gliederung. Überhöhter Mittelrisalit mit Kolossalordnung und überdachter Vorfahrt, hier Schwerpunkt des ***Bildprogramms***. Seitliche Reliefs „Germania schützt Kunst und Wissenschaft", „Hannovera schützt Handwerk und Landwirtschaft"; darunter Inschriften NEC ASPERA TERRENT und Baudatum 1880; in den Zwickeln des Halbkreisfensters liegende Frauenfiguren „Poesie" und „Geschichte". Unter dem Giebel Wappen der „Landschaften" (= Ständevertretungen der Landesteile der preußischen Provinz Hannover) Hildesheim, Bremen-Verden, Lüneburg, Calenberg-Göttingen-Grubenhagen, Hoya-Diepholz, Osnabrück, Ostfriesland. Bildhauer: Carl Dopmeyer, Wilhelm Engelhard, Ferdinand Hartzer, Georg Hermann Narten.

Schiffgraben 13–27 229 / J 5

Wohnhäuser, entstanden in rascher Folge bis ca. 1890 auf dem Gelände des ehem. Güterbahnhofs. – Zweieinhalb- bis dreieinhalbgeschossige Reihenvillen in Neorenaissance, in Nachfolge der Villengruppe Nr. 53 ff von Heinrich Köhler. Geschlossene Bebauung urspr. in kleinen Gruppen aufeinander bezogen, erhalten nur Nr. 13, 17, 23 und 27.

Schiffgraben 55–61 (heutige Nummern), Teil der Villengruppe von Heinrich Köhler während der Bauzeit, um 1875

Schiffgraben 53, 55, 57

Schiffgraben 37–43 230 / L 4

Villengruppe, 1863–72 von Otto Goetze. – Vier von urspr. sieben zweieinhalbgeschossigen Einzel- und Doppelhäusern, einheitl. in Material (Ziegel, tlw. Sandstein) und neugotischen Stilelementen, in Einzelformen verschieden.

Schiffgraben 49 231 / L 4

Industrie- und Handelskammer (Hannover-Hildesheim), 1951 erster Bauabschnitt Berliner Allee, 1954 erweitert am Schiffgraben, von Ernst Friedrich Brockmann. – Vier-, am Schiffgraben dreigeschossig, dort mit Säulenreihen und zurückspringendem dritten Geschoß (Anpassung an die angrenzende Villengruppe Nr. 53–57). Über dem Eingang Sitzungssaal, an der Stirnseite aus dem Fassadenmaterial Muschelkalk herausgearbeitetes Relief von Kurt Lehmann.

Schiffgraben 53, 57 232 / M 4

Villengruppe, 1872–75 von Heinrich Köhler. – Auf zusammenhängendem Grundstück entstanden nach einheitlichem Plan, aber für verschiedene Bauherren, großbürgerl. Villen; in einer Verbindung aus Spätklassizismus und ital. Renaissance. – Drei größere freistehende Eckbauten und Mittelbau (erhalten nur rechts Emmichplatz 4), dazwischen zwei Dreiergruppen, von diesen die inneren Endhäuser erhalten, heute verbunden durch den Neubau Nr. 55. – Zwei- bis zweieinhalbgeschossige Putzbauten; Gliederungen, Ornament- und Figurenschmuck (Oswald Rommel) in Sandstein. – Frühe, auch städtebaulich bedeutende Leistung der Neorenaissance in H., bekanntestes Werk des Architekten.
Vor Nr. 55 **Brunnen,** 1980 von Horchler mit Bronzeplastik „Trinkender Hund" (auch „Großer Hund"), 1980 von Ernemann F. Sander, 1984 aufgestellt.

Schloßstraße 233 / E 7

Früher Stadtausgang und Leineübergang nach Westen; im Zuge der Sch. 1340–1798 das Leintor. – **Schloßbrücke,** älteste Nennung 1320 als „pons antiquus", führte zum Wasserhof auf der Leineinsel. 1570 hölzerne Laufbrücke, heutige Einbogenbrücke aus Sandsteinquadern 1713 von Christian Vick. Heutiger Name ca. 1950 irrtüml. (?) übertragen von der weiter östlichen, ins Leineschloß führenden Brücke. – Westl. der Brücke **„Neues Tor",** vier gequaderte Pfeiler (die inneren mit klassischem Helm-

Industrie- und Handelskammer

Schloßstraße, Neues Tor

Altes Rathaus, Marktflügel, Lithographie von Wilhelm Kretschmer, um 1850

und Trophäenschmuck), 1961 aufgestellt. Urspr. Bestandteil der 1782/1833 an der heutigen Waterloostraße gebauten Toranlage. – Einziger Rest (an historisch falscher Stelle) der letzten, um 1800 entstandenen Toranlagen.

Schloßwender Straße 1–4 234 / A 2

Ehem. **Geschäftsbücherfabrik König & Ebhardt,** heute Teil der Universität, 1874–76 (Mitteltrakt) und 1891–93 von Ludwig Frühling. Urspr. Backsteinarchitektur erhalten tlw. im Innenhof und am Südwestflügel (Ecke Königsworther Platz, seit 1937 Fachbereich Architektur), dieser nach Kriegsschäden mit neuem Dachaufbau, 1965/66 von Friedrich Spengelin und Horst Wunderlich. – Vor Nr. 1 **Gutenberg-Denkmal,** Bronzestatue 1890 von Carl Dopmeyer, urspr. auf dem von Heinrich Ebhardt gestifteten Gutenberg-Brunnen (Friedrichswall/Ebhardtstraße), 1949 hier aufgestellt.

Schmiedestraße 1 235 / F 7

Altes Rathaus. Ältester Profanbau der Stadt, Anfänge um 1230 (heutiger Marktflügel), 1409–1504 vergrößert (Marktstraßenflügel, heute an der Schmiedestraße) und zu einem gotischen Backsteinbau vereinheitlicht, bes. im 19. Jh. erweitert durch den „Dogenpalast", 1877–90 durch C. W. Hase restauriert, durch den Flügel an der neu angelegten Karmarschstraße ergänzt zu dem heutigen geschlossenen Block. Bis 1863 Sitz des Magistrats, danach reduzierte, seit 1913 ohne polit. Funktion, heute hier Gaststätten (vor allem „Ratskeller" mit Festsälen), Büros, Läden; im sog. „Dogenpalast" (an der Köbelingerstraße) Trauzimmer des Standesamts. – **Geschichte:** Um 1230 Ursprungsbau des heutigen Marktflügels **A**, aus Lindener Kalkstein, zweigeschossig mit cellarium (Kaufhaus) und theatrum (Saal), Hauptfassade mit zwei Toren an der Schmalseite zur Marktstraße (der heutigen Schmiedestraße). Durch Verschmutzung und Aufschüttungen des Marktplatzes wurde das Erd- zum Kellergeschoß. Zw. 1350 und 1412 got. Neugestaltung: erste Kellereinwölbung, Aufstockung, Backsteinummantelung. 1409–13 Erweiterungsbau **B** an der urspr. Marktstraße, mit ältestem Teil des Tonfrieses. Marktflügel **A** 1453–55 repräsentativ ergänzt (nicht neugebaut) durch die Ratsmaurermeister Cord und Ludeke Haverkoper: Schaugiebel der Schmalseiten, Dacherker, farbige Bemalung. Um 1490 Anbau der Gerichtslaube **C**. 1503 Marktstraßenflügel **B** durch drei Dacherker dem übrigen Bau angeglichen, 1504 Verlängerung **D** (mit zwei weiteren Erkern) durch Barthold von Hemmingen und Corde Ruter. 1566/67 Bau des sog. Apothekenflügels **E** an der Köbelingerstraße, erste hann. Apotheke. Die Rathausbauten mehrmals modernisiert, bes. 1601 durch Einbau rechteckiger Fenster mit plastischem Schmuck von Hans Nottelmann. Seit ca. 1838 Pläne für Abbruch und Neubau des Rathauses von Stadtdirektor Rumann und Stadtbaumeister August Andreae, davon nur ausgeführt: Gefangenenhausflügel **F** im Hof (1839–41) und nach Abbruch des Apothekenflügels ein Seitenflügel **G**, der „Dogenpalast" (ca. 1844–49) für das

Altes Rathaus – links: Porträt C. W. Hase; rechts: Wappen aus dem Terrakottafries

Stadtgericht. Die älteren Teile **A–D** 1877 bis 1882 durch C. W. Hase gotisierend restauriert (Renaissancedekoration teilweise wiederverwendet, → Hinüberstraße 20); Ausmalung von Hermann Schaper. 1890–91 von Hase vierter Flügel **H** an der neu angelegten Karmarschstraße. 1913 mit Einweihung des Neuen Rathauses Verlust der politischen Funktion. 1943 ältere Teile stark zerstört, in **F** und **G** die oberen Geschosse ausgebrannt, **H** fast unversehrt; 1952/53 Wiederherstellung mit weiterem Verlust hist. Bausubstanz; 1964 Westgiebel rekonstruiert. – In **H** an der Karmarschstraße 1975/76 Umbau des Erdgeschosses zu U-Bahn-Eingang und Ladenarkaden von Rolf Ramcke. – **Beschreibung:** Die älteren Teile **A–D** in der durch Hase vereinheitlichten Form. Über hochliegendem Keller zwei durch Terrakottafries getrennte Hauptgeschosse, hohes Satteldach, fünfgeschossige Staffelgiebel, Dacherker mit übereckgestellten Fialen. In den Erkern Terrakottafiguren, an den Giebeln Lilienornamente. Dunkelbraun und grün glasierte Formsteine im Wechsel an den Gliederungselementen. Türöffnungen spitzbogig, Fenster zwei- und dreiteilig mit Segmentbögen. – Neugotischer Flügel **H** in den Formen des Altbaus, durch zusätzliches Geschoß der höheren Bebauung der Karmarschstraße angepaßt. – „Dogenpalast" **G,** Rundbogenstil mit Merkmalen oberital. Palastarchitektur. Zwei Geschosse in Werkstein, das obere als Arkadenreihe, darüber Terrakottafries und zwei Geschosse in flächigem Ziegelmauerwerk. Zum Hof ebenso wie am älteren Gefangenenhausflügel **F** viergeschossige Ziegelfassade, gegliedert durch zweigeschossige Blendarkaden und Terrakottafries. – **Neidkopf,** steinerne Fratze, vor 1600, neben der Gerichtslaube **C**. – Konsolplastik mit **Kopfporträt C. W. Hase**, Ecke Karmarsch-/Schmiedestraße, 1890/91, auf der Konsole urspr. Hannovera-Figur (Kriegsverlust 1943) anläßl. des Besuchs Kaiser Wilhelms II. 1889. – Im Historischen Mu-

Altes Rathaus Erdgeschoß, 1977

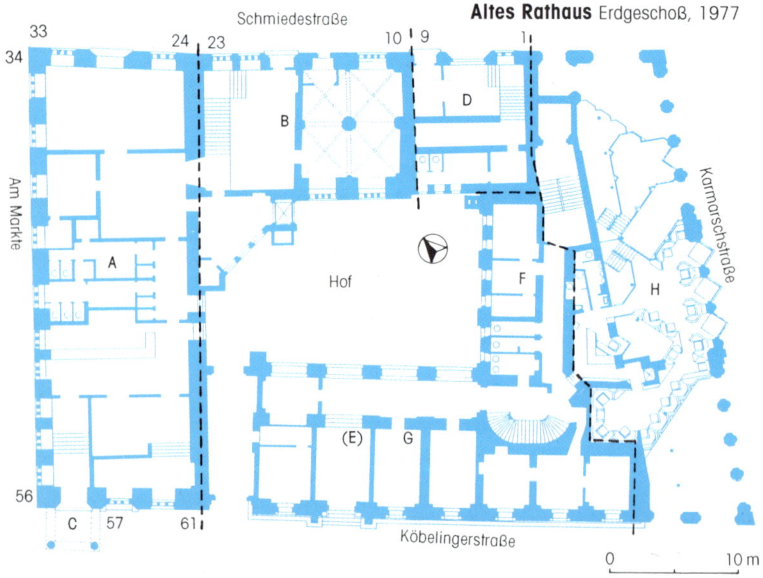

Altes Rathaus mit Apothekenflügel, Ölbild von Domenico Quaglio, 1834

seum: Grabungsfunde, zwei Steinreliefs mit Stadtwappen (1610 von Hans Nottelmann d. Ä., 1658 von Peter Köster), Modell des Rathauses um 1731. – **Terrakottafries:** Zwischen den Hauptgeschossen der älteren Flügel, 61 Figuren- und Wappenbilder aus drei Themenkreisen, gerahmt von Weinblatt- und Distelranken; entstanden um 1410–1504. Reste der farbigen Bemalung erhalten. **1–9:** von 1490, Heilige, Anbetung Christi, Stadtpatrone; 1878 ergänzt: 1, 5–9. – **10–23:** von 1410, Reich, Landesherrschaft, Stadt; 18, höher (nach 1482): Wappen des Herzogs zu Braunschweig-Lüneburg. – **24–61:** von 1453–55, Erweiterung der Landesherrschaft, 3 Untergruppen: 24–33 neue Landesteile; 29 (über dem ehem. Haupteingang) Luderziehen; 34–56 Papst, Kurfürsten; 1878 ergänzt: 36–41, z. T. mit Originalstücken, die von der Gerichtslaube verdeckt waren; 56 mit Datierung 1455; 57–61 neue Landesteile. – Ähnliche oder abgewandelte Friese am Gefangenenhausflügel **F** mit Kleeblättern, am Dogenpalast **G** mit Pflanzenornamenten, an der Karmarschstraße **H** mit Ranken und Innungswappen von Baugewerken, an anderen urspr. städtischen Bauten (Karmarschstr. 44, Herschelstr. 1), am Pfarrhaus der Marktkirche (Hanns-Lilje-Platz 2/3), am Neuen Rathaus (Trammplatz 2) monumentaler Bilderfries. – **Erker- und Giebelfiguren,** aus Terrakottaplatten zusammengesetzt, glasiert. ***Am Marktplatz:*** je ein Ritter und Roland?/ Herold? (1503); ***an der Marktstraße:*** links Ritter mit Stadtwappen (1878); daneben in der Mitte hl. Chrysogonos und hl. Georg, rechts Maria und hl. Katharina (beide Paare 1503; bezogen auf den Überfall Hzg. Heinrichs 1490, → Marienstraße 31, Gartenkirche); ***an der Karmarschstraße*** sechs Paare von Handwerkern, Künstlern und Gelehrten (1890/91). – **Bedeutung:** Der gotische Umbau gleichzeitig mit der Marktkirche, diese und jener die südlichsten Bauten der norddeutschen Backsteingotik. Einzigartig die Erker und Staffelgiebel mit den überreckstehenden Fialen. Heutige Fassade Beispiel für die entwerfende Denkmalpflege des 19. Jh. Der Gefangenenhausflügel frühes Beispiel für die Architektur der Hannoverschen Schule.

Schmiedestraße 13 — 236 / F 5

Parkhaus Schmiedestraße, 1965/66 von Walter Hämer. – Stahlbetonskelettbau; 3 Unter-, 5 Obergeschosse. Vorhangfassade von Hämer in Zusammenarbeit mit dem Plastiker Hans Uhlmann (Berlin), graue und weiße Aluminiumlamellen. – Davor Stahlplastik von Uhlmann, 1965.

Schneller Graben — 237 / T 9

Verbindungskanal von der Leine zur ca. 3 m tiefer liegenden Ihme, südl. des Sportparks am Ferd.-Wilh.-Fricke-Weg, ältestes funktionierendes Wasserbauwerk der Stadt. Die natürlichen Durchbruchsgräben des Leinehochwassers wurden zur Regulierung des Wasserstands von Leine und Ihme im Stadtgebiet ausgebaut; ein Graben wird 1449 „Snellegrave" genannt, ein Wehr dort 1474 erwähnt; südlich davon der heutige S. G. – ***Wehr:*** Erstes Überfallwehr 1732; 1737–39 von Fluten zerstört. Heutiges dreibahniges Wehr 1742–45 auf Anordnung von Bürgermeister Grupen gebaut;

Schneller Graben, kolorierte Lithographie von J. F. Salzenberg, um 1810

Gedenkstein von Johann Friedrich Blasius Ziesenis in der Brüstungsmauer. 1968 zweiter Durchstich mit Wehr, zur Trockenlegung der Leine beim U-Bahn-Bau. – ***Kraftwerk:*** 1921 zur Stromversorgung des Wasserwerks Ricklingen angelegt, Backsteinarchitektur von Paul Wolf.

Schulenburger Landstraße 167–225 — 238 / R 4

Kleinhaussiedlung aus Einfamilien-Reihen- und Doppelhäusern, um 1923 nach Plan von Stadtbaurat Paul Wolf. – Streng symmetrische Anlage aus verschiedenen ein- und zweigeschossigen Haustypen, einheitl. aus roten Ziegeln, von großer räuml. Geschlossenheit. Mittelbauten der Straßen-

Schulenburger Landstraße, Kleinhaussiedlung, Blick in die Mittelachse

zeile zurückgesetzt, dazwischen Weg zu den hinteren um einen Hof gruppierten Bauten. Ergänzung zu einem großen dreieckigen Block unterblieb, statt dessen auf dem hinteren Teil 1928 unter Elkart eine ebenfalls symmetrische Obdachlosensiedlung (ein Barackenbau am Vinnhorster Weg erhalten). – Bedeutendste der nach dem ersten Weltkrieg meist auf billigem Bauland am Stadtrand, mit Ställen und Gärten zur Selbstversorgung entstandenen Kleinhaussiedlungen.

Schwarzer Bär 239 / A 8

Verkehrsknotenpunkt, benannt nach dem alten Gasthaus am ältesten und wichtigsten Flußübergang zwischen Hannover und Linden. Heutige **Ihmebrücke** von 1910 bis 1912 (Vorgängerbauten 1493 und 1603 genannt). Heutige Bebauung meist um 1900, nach der Vergrößerung des Platzes. –

Sextrostraße, Dat Gröne Hus

Nr. 2, an Stelle von Laves' erstem Wohnhaus: **Capitolhaus,** 1930 von Friedrich Hartjenstein, erstes und lange Zeit einziges Hochhaus (10 Geschosse) in Linden. Klinkerfassade mit Vertikalenbetonung durch Lisenen und halbrund vorgezogenem, turmartigem Erker. Der anschließende flache Kinobau heute Konzertlokal.

Schweriner Platz 1 240 / V 7

Hinrich-Wilhelm-Kopf-Schule, 1921 von Paul Wolf. – Dreiflügliger roter Backsteinbau, in der durch Dachreiter betonten Mittelachse vorgezogener Risalit (mit offener Arkade und Stufengiebel), rückseitiger Turnhallenanbau. Pausenhalle mit offen gezeigter Deckenkonstruktion aus Betonrippen und Backsteinfeldern. – Eines der Zentren der unter Wolf und Elkart ca. 1919–33 gebauten Wohnviertel in Kleefeld beiderseits der Berckhusenstraße.

Sextrostraße 1 241 / K 11

„Dat Gröne Hus“, 1899 von Karl Börgemann erbaut für den Kaufmann Simon Gröne, Wohnhaus in gotischen Formen. – Dreigeschossiger roter Backsteinbau mit überreichen, aber streng aus der Konstruktion entwickelten Dekorationen mit Formsteinen und grünglasierten Ziegeln und Kacheln. – Einer der schönsten Bauten der Hannoverschen Schule im Übergang zum Jugendstil.

Sophienstraße 2 242 / J 6

Künstlerhaus, 1853–55 von C. W. Hase als Museum gebaut, seit 1902 städtisch, heute hier Kunstverein, Kommunales Kino, Kulturvereine u. a. – **Geschichte:** Gebaut als „Museum für Kunst und Wissenschaft“ auf Initiative des Hannoverschen Künstlervereins für 6 hann. Vereine (zur Unterbringung ihrer Sammlungen). Ältester, einzig erhaltener Teil 1853–55 von C. W. Hase, nach einem der ersten hann. Architektenwettbewerbe. – Erweiterung um drei hintere Flügel, 1863–65 von Hase begonnen, Abschluß 1876–78. Dahinter durch O. Goetze 1883–86 Anbau der Cumberlandschen Gemäldegalerie, Reste → Prinzenstr. 9. Seit 1890/91 als Provinzialmuseum in öffentlichem Besitz. Nach Umzug der Sammlungen in das neue Provinzialmuseum (→ Am Maschpark 5) Gebäude 1902 von der Stadt übernommen als gemeinsamer Sitz städtischer Kultureinrichtungen; zugleich Schließung der urspr. für Fresken vorgesehenen Arkaden im Erdgeschoß. – **Beschreibung:** Vier Flügel um eine Mitteltreppe zwischen zwei Lichthöfen. Dreigeschossiger Backsteinbau, freistehend in der Straßenflucht, zwischen den

Sophienstraße, Künstlerhaus

Seitenblöcken zurückspringend, mit stärker dekoriertem, übergiebeltem Mittelrisalit. Obergeschosse durch Blendarkaden zusammengefaßt, der geschichtete Fassadenaufbau betont durch Polychromie: rote und gelbe Ziegel, mehrfarbiger Sandstein, Keramikplatten. An der Fassade vier Skulpturen (auf Konsolen, unter Baldachinen), um 1855: an den Flügeln Leibniz und Humboldt (Carl Dopmeyer), am Mittelrisalit Dürer und Vischer (Wilhelm Engelhard). Von Engelhardt auch die Granitlöwen an der Freitreppe (um 1880). – **Hase-Denkmal** am rechten Flügel, 1916 von Karl Gundelach (Relief) und Otto Lüer („Epitaph"). – **Bedeutung:** Ältester hann. Museumsbau; bedeutendes Frühwerk von C. W. Hase und eines der Hauptwerke des hann. Rundbogenstils.

Sophienstraße 7 243 / J 6

Palais Grote (Niedersächsisches Landesamt für Straßenbau). – 1862–64 von Otto Goetze für Graf Adolf Grote (1830–98, 1863–66 hann. Gesandter in Madrid), angeblich als Geschenk seines Schwiegervaters, des Kaufmanns Jenisch in Hamburg. Nach 1868 in wechselndem Privat- und Firmenbesitz, 1943 ausgebrannt; heutige Nutzung seit 1950. – Dreigeschossiger, kubischer Bau mit höheren Mittelrisaliten, gelbe Ziegel mit reicher Sandsteingliederung und -dekoration in englischer Gotik (die Familie stand dem engl.-hann. Königshaus nahe); obere Fenster mit Konsolbögen

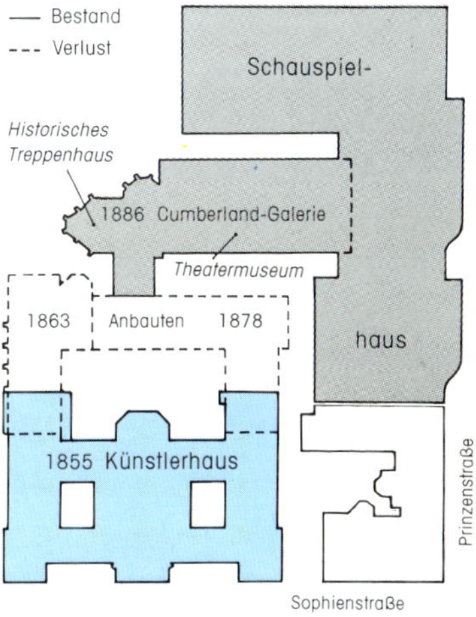

Künstlerhaus, Cumberlandsche Galerie, Schauspielhaus

zu Arkaden zusammengefaßt; gußeiserne Balkon- und Rampengitter; überdachte Vorfahrt an der Sophienstraße. – Bedeutendes Werk der hann. Architekturschule, in auffallender Insellage zw. ehem. Stadtrand und Gartenvorstadt, Endpunkt des schmalen, ehem. parkartigen Grünraums zw. Prinzenstraße und Schiffgraben.

Meilenstein, um 1820, urspr. an der Chaussee nach Celle, 1952 hier aufgestellt.

„Borghesischer Fechter“, Bronzenachbildung des antiken Standbildes auf Steinsockel, hier seit 1955 (ohne Schild und Schwert).

Sportpark 244 / T 9

Zentrale Sportanlage der Stadt auf ehem. Überschwemmungsgebiet (Altstädter Ohe, Teil der Leine-Niederung) zw. Leine, Ihme und Schnellem Graben. Seit 1826 in dieser Gegend bereits Schützenhaus und -platz; 1938/39 Planungen für Stadion, Ausstellungs- und Aufmarschgelände (Teil der Neugestaltung Hannovers als Gauhaupt-

Palais Grote – links: Nordfront Sophienstraße, rechts: Südfront zum Aegidientorplatz

Sportpark – links: Gesamtüberblick von Norden; rechts: Stadionbad

stadt des 3. Reiches). **Heutige Anlage** nach dem Sportflächenkonzept von 1950 (zentraler Sportpark und mehrere Bezirkssportanlagen). – **Niedersachsenstadion** (Arthur-Menge-Ufer 5), von Heinz Goesmann und Richard Konwiarz, eingeweiht am 26. 9. 1954. Tribünen auf unsymmetrischem Hügel, 1951/52 aufgeschüttet aus 2,5 Mio. Kubikmeter Trümmerschutt (ca. ein Drittel der Trümmermenge in H.); Westtribüne höher (Verdeckung der Lindener Industriekulisse, Fernblick über Hannover). Urspr. 86 600 Plätze, nach Umbau 1974 ca. 60 000. – Vor dem Eingang Bronzegruppe ***„Speerwerfer“***, 1964 von Kurt Lehmann, 1965 hier aufgestellt. – Südlich des Stadions Sportplätze; Bauten an äußerer Ringstraße. – **Stadionbad** (Arthur-Menge-Ufer 5a), 1965–1972 (1966 aus Geldmangel für 3 Jahre unterbrochen) von Florian Grünberger. Betonschalenkonstruktion über kreisförmigem Grundriß; größtes Hallenbad Hannovers. Hier ***„Gotland Description“***, Plastik (Holz, Eisen), 1972 von Hans-Jürgen Breuste. – **Jugendherberge** (Ferdinand-Wilhelm-Fricke-Weg 1), 1959 bis 1961 von Latta und Hölscher. – **Stadionsporthalle** (Ferdinand-Wilhelm-Fricke-Weg 8), 1964 von Werner Dierschke und H. Leonhardt, ca. 6000 Plätze, mit Landessportschule. Im Eingangsbereich Bronzegruppe ***„Staffelläufer“***, 1959 von Gerhard Marcks. – **Bundesleistungszentrum Nord** (Ferdinand-Wilhelm-Fricke-Weg 2), Sporthallenanlage, 1975/76 (Wettbewerb 1972) von Wilfried Ziegemeier und Hubertus Pfitzner.

Sportpark, „Gotland Description“, 1972 von Hans-Jürgen Breuste

Stammestraße 53–57 245 / S 10

Michaelis-Kirche (ev.-luth.), 1887/88 von Fritz Knust. Neugot. Backsteinbau mit Rundbogenfenstern. Fünfachsige Saalkirche mit eingezogenem 5/8-Chor. Turm mit hohem Pyramidhelm, nach Osten zur Straße, etwas zurückgesetzt. Benachbart Schule (1887) und Pfarrhaus (1898), neugotisch. – Bedeutendes Ensemble im Stil der Hannoverschen Schule.

Steinmetzstraße 1 246 / T 6

Kirche St. Joseph (kath.), 1911/12 für eine Tochtergemeinde der Marienkirche (Marschnerstraße) errichtet, letzter großer Kirchenbau von Maximilian Jagielski († 1912). – Gewölbebasilika mit starker Betonung des Mittelschiffs. Äußeres in freien gotischen Formen, Wandflächen in Jugendstil-Manier mit rauhen Sandsteinquadern und ornamentalen Klinker- und Putzflächen. Ältere Ausstattung kaum erhalten. – Besondere stadträumliche Wirkung durch den hohen Eckturm und das im Winkel angebaute, in den anschließenden Baublock eingebundene Pfarrhaus (Dachzone vereinfacht wiederaufgebaut). Der Platz heute verändert, urspr. in Einheit mit

Steinmetzstraße, St. Joseph, vor 1943

dem nach Josef Stübbens Prinzipien angelegten Viertel zwischen Lister Kirchweg und Jakobistraße.

Steintorstraße 7 247 / E 4

Haus Zieseniss, 1913/14 von Georg Stern. -- Viergeschoss. Geschäftshaus, Klinkerfassade mit geschweiftem Giebel und barocker Gliederung, in freier Nachahmung althann. Bürgerhäuser („Heimatstil"). Dekor teils „expressionistisch", auf die Fischhandlung des Bauherrn Zieseniss bezogen. Ähnlich die Hinterfassade (Reitwallstr. 5).

Steintorstraße 9 248 / E 4

Eichhornhaus, 1890 von Karl Börgemann als Geschäftshaus der Kaffeerösterei Wilhelm Eichhorn (gegr. 1835) . – Weitgehend in Stützenwerk aufgelöste Fassade (Sandstein, Gußeisen, Ziegel) mit gotischen Details; Hintergebäude (ehem. Rösterei) Reitwallstraße 3, früher Stahlbetonskelettbau mit Ziegelfassade, 1894/95.

Stöckener Straße 66–68 249 / P 5

Stadtfriedhof Stöcken, 1891 als zweiter Kommunalfriedhof (Engesohde 1864) eröffnet, heute 55 Hektar. – Erste Anlage von Paul Rowald und Julius Trip: Quadratnetz mit diagonaler Hauptallee, strenge Hierarchie von Erbbegräbnissen, Wahl- und Reihengräbern. – Erweitert 1901/02 durch Trip: Parkfriedhof um großen Teich mit Urneninsel, mit dem älteren Teil durch

Stadtfriedhof Stöcken – Grabstätte Madsack, 1933, Entwurf von Fritz Höger; unten: Grabstätte Homeyer, 1917, Entwurf von Bernhard Hoetger

Stadtfriedhof Stöcken, Eingangsbau

Ovalanlage verbunden. – 1913–18 durch Hermann Kube Ergänzung der ältesten Anlage, wieder im raumsparenden Raster. – Letzte Vergrößerung 1964/65. Seit 1989 auch muslimische Abteilung. – Ältere Gräber meist nur an den Hauptwegen erhalten, darunter einige Mausoleen. – **Friedhofskapelle** (Eingangsbau), um 1890 von Rowald aus rotem Backstein in einfachen neugotischen Formen. Achteckiger Zentralbau mit Vorhalle zwischen Türmen, seitl. Durchgangsarkaden als Übergang zu Leichenhallen. Am Eingang Bödeker-Engel (→ Alte Döhrener Straße 96, Engesohder Friedhof). **Wichtige Grabanlagen:** Ehrengräber für Kriegsopfer Abt. 54 und A 34, Ministerpräsident Hinrich Wilhelm Kopf A 23, Julius Trip A 25, Opfer des Kapp-Putsches 64 A, Opfer des Massenmörders Haarmann 49 D, Familie Homeyer (1917 von Bernhard Hoetger) A 34.

Sutelstraße 18 250 / W 4

Bothfelder Kirche (St. Nicolai et Antonii, ev.-luth.), auf dem höchsten Punkt am Westrand des ehem. Dorfes Bothfeld, das ringförmig um einen jetzt tlw. bebauten Anger entstand. – Dorf 1274, Kirche 1288 erstmals erwähnt. Westturm des 14. Jh. (1359 ?), mit kleinem Spitzbogenportal und verschiefertem Helm, Baumaterial Rennschlackenstein aus der Eisenerzver-

Sutelstraße, Bothfelder Kirche

Theaterstraße, Haus Lücke, vor 1913

hüttung hier und im Nachbardorf Isernhagen. Seitlich angebaut Kirchenschiff 1910–12 von Eduard Wendebourg, im Grundriß und Äußeren asymmetrisch. Bossiertes Quadermauerwerk, glatte Werksteingliederungen mit nordisch-normannischen Dekorationsformen. – Teils in der Kirche, teils auf dem Kirchhof: zwei gotische Kreuzsteine; Grabsteine des 17. bis 19. Jh. (darunter zwei von Peter Köster). Gefallenendenkmal um 1922 von Fritz Goy, H. Reinecke und W. Huhn.

Theaterstraße 3 — 251 / J 5

Ehem. **Wohn- und Geschäftshaus Lücke,** 1849–50 entstanden als repräsentativer Abschluß der Eisenbahnwaggonfabrik von Adolph Lücke (aufgegangen in der Firma Knoevenagel), Frühwerk von Christian Heinrich Tramm in feiner Rundbogenarchitektur. Fassadenaufbau wahrscheinlich nach einem 1848 publizierten Haus in Hamburg von J. D. Jolasse. 1868–1911 Postdirektion. – **Beschreibung:** Sandstein mit verputzten (urspr. in Sichtmauerwerk geplanten) Obergeschossen, neunachsig mit großem Mitteltor, urspr. nur dreigeschossig und mit kleineren Seitenportalen. Gliederung durch Gesimse und aufgelegtes Stabwerk; urspr. schweres Hauptgesims mit Zinnen über den Seitenachsen. 1913 unter Ltg. von Karl Börgemann Aufstockung um ein Geschoß, bei Wahrung der Trammschen Architektur. Nach 1945 durch ein weiteres Schlichtgeschoß entstellt. – Frühestes Beispiel des Stabwerk-Rundbogenstils in H. (vgl. Welfenschloß).

Theaterstraße 11/12 — 252 / J 5

Commerzbank, ca. 1922–24 von Wilhelm Mackensen und Fritz Torno. Viereinhalbgeschossige Fassade in Muschelkalk, ebenso die vier Arbeiterfiguren von Georg Herting, über den Säulen des Haupteingangs: Seemann, Bauer, Bergmann, Schmied. – Hinter der erhaltenen Fassade 1986–88 Neubau des Bürogebäudes.

Theaterstraße 14 — 253 / H 5

Langesche Stiftung, 1900/01 von Albrecht Haupt als Geldanlage für die mildtätige Stiftung des Hofmaurermeisters Karl Lange (1811–67; Gedenktafel im Treppenhaus); letztes Domizil des Museums-Clubs. – Viergeschossiges monumentales Geschäftshaus in Renaissanceformen, Dachlandschaft nach Kriegsschäden verloren, Jugendstilschmuck teilweise erhalten. Wiederaufbau 1948–52 durch Fa. Gundlach und Fritz Torno. – Vierflügelanlage, 1985–87 durch Reinhold Drantmann Umbau zur Passage (mit Glasdach über den beiden Innenhöfen) als Teil der Galerie Luise (→ Luisenstraße 5). – An einer Hofwand Figurengruppe (Bronze) des Stifters und seiner Schützlinge, von Karl Gundelach.

Theodor-Heuss-Platz 1–3 — 254 / V 8

Stadthalle („Congress-Centrum Hannover"), Veranstaltungs- und Konzerträume, daneben Hotel und Stadtpark; am Rand der Eilenriede. Im Mittelpunkt der Kuppelbau von 1912/13, auf diesen der ovale Platz ausgerichtet. – **Geschichte:** Pläne für eine Konzerthalle Mitte des 19. Jh., Pläne für eine Stadthalle seit Anfang des 20. Jh., Standort auf dem ehem. Militärgelände Kleine Bult durchgesetzt von Stadtdirektor Tramm, gedacht als Mittelpunkt für ein bürgerl. Wohnviertel. Wettbewerb; Erste Preise an F. v. Thiersch, E. v. Seidl, Scholer/Bonatz. Ausführung 1912/13 durch Paul Bonatz und Friedr. Eugen Scholer; Bauplastik von Ulfert Janssen, Ausmalung

Theaterstraße, Commerzbank, ca. 1924

Theodor-Heuss-Platz, Stadthalle

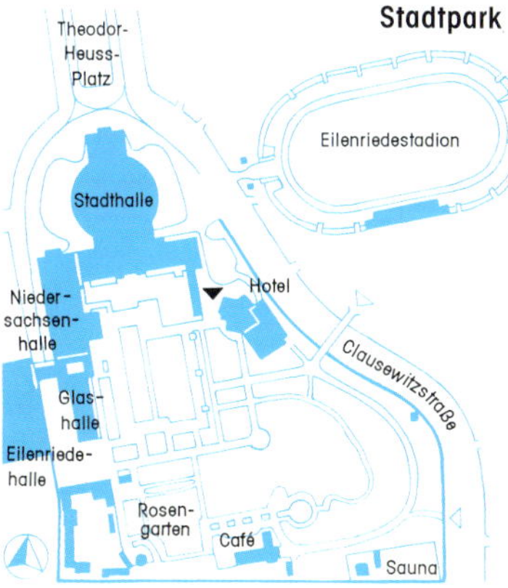

(verloren) von Wilhelm Köppen. 1947–62 tagte im Weißen Saal der Niedersächsische Landtag. – **Beschreibung:** Ruhige neoklassizistische Anlage mit verputzten Fassaden. Kupfergedeckter Kuppelbau (Konzertsaal) in Pantheonform, sparsam gegliedert durch Lisenen und Blendbögen oben, Halbsäulen unten. Niedrigere Vorbauten: zum Park Restaurants, zum Platz Eingangsbau (darin Beethovensaal), in der übergiebelten Säulenfassade Eingangsportikus und großes Relief der Athene (U. Janssen). Nach schweren Kriegsschäden Wiederaufbau durch Bonatz als Purifizierung seines eigenen Jugendwerks (Erhöhung des Tambours, dadurch härteres Profil des Kuppelbaus), 1962 fortgesetzt im Innern von Ernst Zinsser. – Westl. angebaut **Ausstellungshallen:** Niedersachsenhalle, Name seit spätestens 1936. Erster Bau 1913 mit hölzernen Bogenbindern und niedrigeren Seitenschiffen. 1949 als Emporenanlage wiederhergestellt durch Adolf Springer. 1950 Glashalle, 1975 Eilenriedehalle. – Am Parkeingang **„Hotel am Stadtpark"**, Hochhaus, 1971–74 von Kurt Haarstick.

Busstop „Theodor-Heuss-Platz" von Oscar Tusquets Blanca, 1994 aufgestellt.

Stadtpark, ältester Teil der ehem. „Stadthallengarten", 1913/14 von Hermann Kube, urspr. streng symmetrische Anlage um ein Wasserbecken. Zweimal erweitert nach Entwürfen von Wilhelm Hübotter: 1933 anläßl. der „Jadega" (Jahresschau deutscher Gartenkultur); 1951 für die erste Bundesgartenschau umgestaltet zum Stadtpark mit Erweiterung über die Clausewitzstraße (Brücke). 1963/64 durch Erwin Laage umgestaltet. – Auf der Caféterrasse schrieb Gottfried Benn einige seiner bedeutendsten Gedichte.

Stadthalle, Vorhalle, um 1915

Plastiken: Seit den 30er Jahren zahlreiche Plastiken aufgestellt, u. a. von Michael Hischer („Mobile", 1985), Max Sauk („Karyatide", 1965), Herbert Volwahsen („Sinnender", 1983), Fritz Bernuth („Affengruppe" und „Wildschweingruppe", 1951), Ruth Meisner („Fischreiher", 1935/50), Constantin Starck („Golfspielerin", 1935, aufgestellt 1959), Georg Kolbe („Kniende", 1933, aufgestellt 1951), Ludwig Vierthaler („Rosenjunge", 1976 aufgestellt), Friedr. A. Sötebier („Sinnende", 1957), Dusanka Jovic (Frauentorso, 1978), Susanne Knorr („Hockender", 1983).

Theodor-Lessing-Platz 1 — 255 / G 8

Volkshochschule, 1963 von Alfred Müller-Hoeppe / Stadt. Hochbauamt. – Im Innern Stadtturm „Borgentrick" und Stadtmauerrest (durchgehend bis Ebhardtstr. 3a). Frei in den Platz vorspringend Ausstellungsraum **„Kubus"**, außen Stahlrelief von Erich Hauser, 1965. – **Platz** mit Durchgang zum Friedrichswall mit Blick auf die Mitte des Neuen Rathauses, 1965 angelegt als „Knappenort" (früher Name des angrenzenden Endes der Leinstraße) im Zusammenhang der Neugestaltung der südl. Altstadt (ehem. Hotel Intercontinental, Ordnungsamt). 1983 benannt nach Theodor Lessing, Gründer der hann. Volkshochschule. – In der Grünfläche hinter dem Hotel Gedenkstein für Gerrit Engelke.

Tiergarten — 256 / Y 8

Waldpark in Kirchrode (ca. 100 ha), über den Hermann-Löns-Park mit der Eilenriede verbunden. – Urspr. „Sundern" genannt, letzter Rest des großen Waldgebietes „Hainholz". 1678 von Herzog Johann

Friedrich als Jagdrevier angelegt und mit Damwild besetzt. 1866 preußisch, 1903 städtisch; seitdem Ausbau zum Erholungsgebiet. Alter Waldbestand; ca. 300 Tiere, bes. Damwild; im südöstl. Teil Gehege für Wildschweine, Wildpferde, Rehe.

Trammplatz 257 / G 9

Vorplatz des Neuen Rathauses; 1913 als Grünfläche angelegt, geplante Fortsetzung in einer Achse zur Innenstadt nie verwirklicht. 1961 Umbau zum vertieften Architekturplatz, Abgrenzung gegen den verkehrsreichen Friedrichswall. – **Blumenbrunnen,** 1961 von Wilhelm Brodthage; Plastiken: **Bogenschütze,** 1939 von Ernst Moritz Geyger, bis 1961 am Waterlooplatz, hier seit 1967; **„Die große Familie“,** acht Granitskulpturen von Eugène Dodeigne, hier seit 1971. – **„Großer verletzter Kopf“,** 1980/81 von Rainer Kriester, Bronze.

Trammplatz 2 258 / G 9

Rathaus („Neues Rathaus“), späthistoristischer Bau von schloßartigen Formen und Ausmaßen, beherrschend am südlichen Innenstadtrand. – Entwurf 1897, Ausführung ab 1901 durch Hermann Eggert, Inneres tlw. Jugendstil, 1910–13 von Gustav Halmhuber. – **Geschichte:** Rathausneubau anfangs nahe Goseriede gefordert (Rücksicht auf die starke nördl. Stadterweiterung); Standort bezogen auf die seit 1890 geplante südl. Stadterweiterung, durchgesetzt (u. a. auf Betreiben von Stadtdirektor Tramm) am damaligen Stadtrand in einem „Rathauspark“ (→ Maschpark) als Mittel-

Trammplatz, „Großer verletzter Kopf“, 1980/81 von Rainer Kriester

Trammplatz, Rathaus von Nordosten

punkt neuer öffentl. Bauten. Kritik an der Randlage und an der Verbauung der Masch und der von der Friedrichstraße bis zum Deister reichenden Aussicht blieb erfolglos. – 1. Wettbewerb 1895/96, Sieger Hubert Stier; 2. Wettbewerb 1896/97 mit strengen Vorgaben für die Kuppel (Anregung von Otto Wagner), Ratslaube, Lage der Festsäle; Sieger Eggert mit Synthese aus Entwürfen des 1. Wettbewerbs. – ***Ausführung:*** Ehrenhofartige Anlage, links

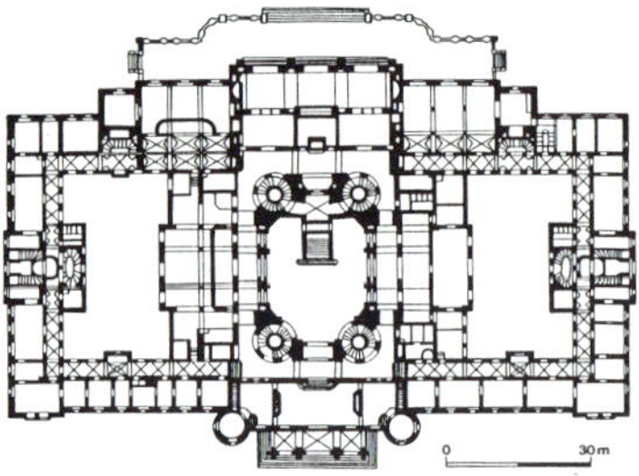

Bauamtsgebäude (1899–1906, Kriegsverlust), rechts das schon vorhandene Kestner-Museum (→ Trammplatz 3; vorgesehene Angleichung nicht verwirklicht), in der Mitte das Rathaus. Gründung auf 6026 Buchenpfählen ungeklärt, vielleicht auch 12500. Rohbau 1901–05, Kuppel und Türme 1906–08, Bezug der Büros seit 1907, seitdem Ausbau der Prunkräume. Kritik an Eggerts Entwürfen, Vertragsauflösung, Versuch, Wallot zu gewinnen, von diesem

Rathaus, Ratssaal

Rathaus, Bilderfries, Bestätigung der Stadtrechte durch Herzog Otto das Kind

G. Halmhuber empfohlen, seine Innenausstattung 1910–13 in gemäßigtem Jugendstil, an Eggerts Architektur anschließend. Einweihung 20. 6. 1913, in Anwesenheit Kaiser Wilhelms II. (Anekdotisch der Ausspruch Tramms: „Alles bar bezahlt, Majestät!") 1945 äußerlich geringe Kriegsschäden, aber Prunksäle zur Hälfte zerstört. Im Hodlersaal am 29. 1. 1946 Sitzung des ersten neuen Stadtrats, am 9. 12. 1946 Eröffnungssitzung des Niedersächsischen Landtags, 1950 Gründung des Deutschen Sportbunds. – Bis heute Sitz von Rat, Bürgermeistern und Verwaltungsspitze. – **Äußeres:** Späthistoristische Gesamtanlage in der Art eines Barockschlosses, arch. Details meist in Neorenaissance. Zwischen zwei Innenhöfen überragender Kuppelbau. Über Keller und hohem Sockel drei Hauptgeschosse, reiche Dachlandschaft (Kuppel, Türme, Schmuckgiebel, Schornsteine). Die zur Stadt gelegene ***Hauptfassade*** bekräftigt in Architektur und Bildprogramm städtische Selbständigkeit. Über die ganze Fassade ***Bilderfries*** mit zwei mal fünf von außen nach innen zu lesenden steinernen Reliefs aus der hann. Geschichte (siehe Übersicht). Geteilt durch den monumentalen mittigen ***Eingangsbau:*** steiler Quergiebel zwischen runden Türmen, davor Freitreppe und Vorhalle, im Obergeschoß mit Ratslaube (Deckenmosaik; im Giebel Stadtwappen von 1910). Ecksäulen mit liegenden Löwen und bekrönenden Figuren von August Waterbeck (Germania, Hannovera mit Modell der Marktkirche), abgeleitet von zwei Symbolen venezianischer Stadtherrschaft. Hinter der Ratslaube urspr. Magistratssaal, in den Turmzimmern Stadtdirektor und -syndikus. – ***Südseite:*** Kräftige Gliederung durch Rücksprünge und

Bilderfries am Rathaus

Von links zur Mitte

1. Mädchen aus H. betet am Grabe Bischof Bernwards (um 1150), von Peter Schumacher

2. Hzg. Otto das Kind bestätigt die Stadtrechte (1241), von Wilhelm Hantelmann

3. Einnahme der Burg Lauenrode (1371), von Hantelmann

4. Residenznahme durch Herzog Georg (1636), von Hantelmann

5. Einzug von König Ernst August (1837), von August Waterbeck

Von rechts zur Mitte

6. Herzog Ernst der Bekenner beim luth. Abendmahl (1525), von Schumacher

7. Grupen mit Plan der Aegidienneustadt (1747), von Schumacher

8. Major Baring bei Waterloo (1815), von Hantelmann

9. Kurfürstin Sophie mit Leibniz (um 1700), von Karl Gundelach

10. leer, vorgesehen: Kaiser Wilhelm II. in H., von Waterbeck

Rathaus, Kuppelhalle

Rathaus, Blick unter die Kuppel

zwei quadratische Türme, urspr. mit Ausgang zu Terrasse und Masch; Porträtreliefs hann. Persönlichkeiten (Duve, Hölty, Ramberg, Laves, Bödeker, Karmarsch) von Peter Schumacher, Vollplastiken von Welfenfürsten (Heinrich der Löwe, Kurfürst Ernst August, König Ernst August, König Georg V.). – ***Kuppelturm*** (97,73 m) auf hohem, quadratischem Schaft zweischalige Vierkantkuppel, darüber zweistufige Laterne mit Besuchergalerien. Schrägaufzug bis unter die Laterne. – **Inneres:** Zentralraum ist die hohe ***Kuppelhalle*** mit Freitreppe zum Hauptgeschoß; Porträts hist. Persönlichkeiten an den Wänden (Standbilder, Reliefs) und auf der Galerie im Hauptgeschoß (Gemälde). Um die Galerie Haupträume (nicht mehr in urspr. Funktion): ***Hodlersaal***, urspr.: Sitzungssaal der städtischen Kollegien, 1980/81 erneuert von Thilo Mucke für öffentliche Sitzungen und Veranstaltungen; Monumentalgemälde „Einmütigkeit" (Bekenntnis der Bürger zur Reformation am 26. 6. 1533) von Ferdinand Hodler. – An der Südseite ehem. ***Festsäle*** (von Halmhuber, heute Sitzungssäle): ***Vorsäle***, u. a. mit Putzmosaik und Goldmosaikbögen von Richard Schlösser (Thema: Geselligkeit); ***Damenzimmer*** mit Lünettengemälde „Huldigung an den Frühling" von August Hengeler; ***Mosaiksaal*** (früher: Grüner Saal / Handwerkersaal) mit Mosaikbildern eines Handwerkertriumphzuges über drei Felder der Marmorverkleidung, von Julius Diez; ***Ratssaal,*** ehem. großer Festsaal; urspr. mit Bilderzyklus „Entwicklung der Stadt", 1910–12 von Fritz Erler, kriegszerstört, 1959/60 von Werner Dierschke mit geringerer Höhe neu gestaltet, mit Besucherempore, Bodenmosaik (Stadtplan Hannovers); ***Gobelinsaal,*** früher Tristan-, Musik- oder Blauer Saal, kriegszerstört, 1959/60 neu gestaltet, mit Gobelin von Georg Meistermann. – **Vier Stadtmodelle** (1689/1939/1945/Gegenwart), angefertigt zur Constructa 1951 in der Kuppelhalle. – Rathausführungen, im Sommerhalbjahr Turmbesteigung (Schrägaufzug, Rundblick über Hannover). – **Bedeutung:** Anspruchsvoller und eigenständiger Rathausbau des Kaiserreichs, im Übergang vom Späthistorismus zum Jugendstil. Kuppelturm als Mischung aus Parlamentskuppel und Rathausturm ohne Vorbild.

Trammplatz, Kestner-Museum, Inneres mit Säulenfront des Altbaus

Trammplatz 3 — 259 / F 8

Kestner-Museum (Ägyptische Kunst, Antike Kunst, Numismatik, Kunstgewerbe vom Mittelalter bis zur Gegenwart), eröffnet 1889 als erstes städtisches Museum. Heutiger Bau 1958–61 als Ummantelung des Altbaus. – **Geschichte:** 1884 schenkte Hermann Kestner der Stadt die Sammlungen seines Onkels August K. und das Kapital für ein eigenes, in ital. Renaissance zu bauendes Museum. 1885 Programmerweiterung (städt. Museum, Stadtarchiv, Stadtbibliothek), erster großen hann. Architekturwettbewerb, 1. Preis H. Stier, ausgeführt

Kestner-Museum, Altarleuchter, 2. Hälfte 12. Jh.

Kestner-Museum – links: Ägyptische Grabmalerei um 1380 v. Chr.; rechts: Bronzebildnis des Kaisers Trajan, um 110 n. Chr.

jedoch nach Programmänderungen 1886 bis 1888 Wilhelm Manchots Entwurf mit einem kolossalen palladianischen Portikus. 1931 Auszug der Stadtbibliothek. Nach Kriegsschäden ohne den Südflügel als reines Museum zunächst wiederhergestellt. – **Heutiger Bau:** 1958–1961 von Werner Dierschke als würfelförmiges, richtungsloses Bindeglied zwischen den architektonischen Räumen des Friedrichwalls. Über dunklem Sockelgeschoß teppichmusterartige Glas-Beton-Rasterfassade mit einer Reihe Vitrinenfenster. Altbau dahinter fast vollständig erhalten, sichtbar nur die Kolossalordnung der Vorderfront als Rückwand eines zweigeschossigen Saales. – 1973–76 Neubau der ägyptischen Abteilung durch Thilo Mucke, seit 1986 Neueinrichtung der übrigen Abteilungen. – **Sammlungen:** ***Münzen und Medaillen*** (im Eingangsgeschoß), insbes. Münzen der röm. Republik, Brakteaten des Mittelalters, Münzen und Medaillen des 16.–20. Jh. (Deutschland, Europa), chines. Geld. – ***1. Obergeschoß: Kunsthandwerk vom Mittelalter bis zur Gegenwart.*** **A** Mittelalter: Bronzen, Goldschmiedearbeiten, Elfenbein, Textilien; **B** Mittelalter und kirchliche Renaissance; **C** Deutsche Renaissance: Zinn, Steinzeug, Schmuck, wissenschaftliche Instrumente, Waffen; **D** Italienische Renaissance: Bronzen, Majoliken; **E** Silber: 16.–19. Jh.; **F** Jugendstil und 20er Jahre: Keramik, Glas, Metall, Holz; **G** Gegenwart: Keramik, Glas; **H** Porzellan: Höchst, Ludwigsburg, Berlin, Thüringen, Wien, Sèvres, England; **J** Meißner Porzellan: 18. Jh.; **K** Glas: Email- und Schnittglas 16.–18. Jh.; **L** Fürstenberger Porzellan: 18.–frühes 19. Jh.; **M** Fayencen: Delft, Hanau, Berlin, Braunschweig, Hannoversch-Münden. – ***2. Obergesch.: Antike Kunst.*** **N** Frühe Kulturen: Luristan, 1200–750 v. Chr.; **O** Antike Münzen und Gemmen; **P** Griechische Kunst: Vasen, Terrakotten, Bronzen und Schmuck 12.–3. Jh. v. Chr.; **Q** Cyprische Kunst: Vasen und Statuetten aus Terrakotta und Kalkstein 2000–100 v. Chr.; **R** Etruskische Kunst: Vasen, Bronzen und Schmuck 7.–1. Jh. v. Chr.; **S** Römische Kunst: Glasgefäße, Bronzestatuetten, Schmuck und Geräte 1.–6. Jh. n. Chr. – ***2. Obergeschoß: Ägyptische Kunst.*** **T** Vor- und Frühgeschichte 4. bis frühes

Kestner-Museum

1. Obergeschoß
Kunsthandwerk Mittelalter bis Gegenwart

2. Obergeschoß
Antike Kunst
Ägyptische Kunst

(Die Abteilung „Münzen und Medaillen" im Eingangsgeschoß)

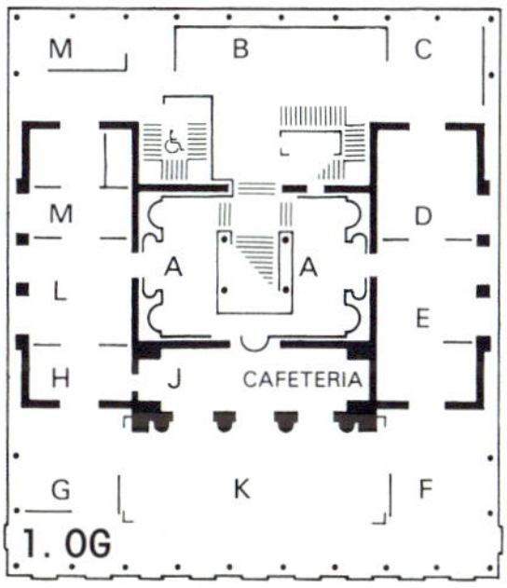

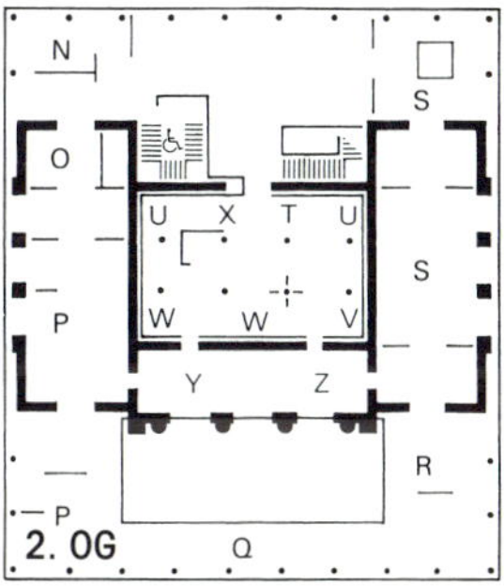

3. Jahrt. v. Chr.: Keramik, Steingefäße; **U** Altes Reich 2650–2190 v. Chr.: Reliefs; **V** Mittleres Reich 1991–1785 v. Chr.: Skulpturen, Reliefs; **W** Neues Reich und Spätzeit 1550–700 v. Chr.: Reliefs, Schmuck, Geräte und Skarabäen; **X** Spätzeit bis Römische Zeit 664 v. Chr. – 4. Jh. n. Chr.: Skulpturen, Reliefs; **Y** Koptische Zeit 4.–8 Jh. n. Chr.; **Z** Kleinkunst, Totenkult. – Zusätzlich Wechsel- und Sonderausstellungen, Führungen (auch für Kinder), Vorträge, Veranstaltungen des Freundes- und Förderkreises „Antike und Gegenwart e. V."

Turmstraße 260 / S 6

Hainhölzer Kirche (Marienkirche; ev.-luth.), am Rande des ehem. Dorfgebiets. Bereits Ende 14. Jh. erwähnt: „Capella Beatae Virginis [= Maria] tom Hainholte"; bis nach der Reformation Wallfahrtskirche. Das als wundertätig geltende Marienbild 1761 in der Hildesheimer Kapuzinerkirche verbrannt. – Einheitlich wirkender Putzbau in einfachen gotischen Formen, aus drei Bauperioden. Der eingezogene Chor (um 1400) mit hohen Spitzbogen und Strebepfeilern einziger Rest der sonst schlichteren alten Kirche. An Stelle des älteren Fachwerkschiffs massiver breiter Saalbau, 1826–28 von Friedrich Hellner. 1895 vereinheitlichende Gotisierung des Äußeren durch Hehl: Spitzbogenfenster, neue Turmspitze (Obergeschoß in Ecktürmchen und übergiebelte Fenster aufgelöst, spitzer Helm). – Auf dem Altar Holzfiguren: Maria und Johannes, um 1460; Gekreuzigter, 1957 von Greve.

Vahrenwalder Straße 7 261 / T 7

Continental Gummi-Werke, Stammwerk des Konzerns, 1871 gegründet und seitdem mehrmals erweitert und erneuert. – Ehem. **Verwaltungsgebäude,** 1912–14 von Peter Behrens, Ausbau nach Kriegsunterbrechung 1919–20. Vor funktional gestalteten Bürogrundrissen zu beiden Seiten eines großen Lichthofs wurde eine neoklassizistisch-frühmoderne Werksteinfassade entwickelt, die von der Spannung horizontaler und vertikaler Elemente lebt. Nach Kriegsschäden als Werksverwaltung wiederhergestellt (Konzernverwaltung seit 1952 Königsworther Platz 1). Seit 1985 „Technologiezentrum" (TCH), hier heute Leibnizbüste aus dem Leibniztempel (→ Georgengarten). – Mit seinen Bauten für Hannover und Düsseldorf (Mannesmannhaus, 1911) steht Behrens am Anfang der modernen Verwaltungsarchitektur. – **Fabrikbauten** an der Philipsbornstraße, 1923–53 nach Plänen von Alfred Weber in mehreren Bauabschnitten. Mit der Straßenlinie schwingende sechsgeschossige rote Klinkerfassade mit zweifach zurückspringenden Obergeschossen. 1990–92 restauriert und umgebaut durch I. Kozjak, seitdem Sitz der Konzernverwaltung.

Continental-Werke, ehem. Verwaltungsbau

Vahrenwalder Straße 267 262 / T 4

Wasserturm, 62 m hoch, errichtet 1911 (mit einem Volumen von 4100 cbm damals der größte des Kontinents) im Zusammenhang mit dem Wasserwerk Elze-Berkhof (Wedemark). Archaisierende Architektur mit Elementen mittelalterlicher Wehranlagen von Hermann Schaedtler. – Südlich davon (Nr. 255–265 a) Wohnhausgruppe „Helenenhof", symmetrische Klinkerarchitektur 1922 von Ludwig Thiele für die „Hackethal Draht- und Kabelwerke" (Werkswohnungen).

Viktoriastraße 263 / R 8

Arbeiterwohnhäuser in der Fortuna-, Pavillon- und Victoriastraße entstanden ab 1853/54, die Anlage der Straßen auf Veranlassung der Grundbesitzer Niemeyer und Haspelmath nach einem städtebaulichen Entwurf von Laves. Verschiedene Wohnungs- und Nutzungstypen erhalten. – 1854 Bauten von L. Debo, erste Siedlung Norddeutschlands nach B. C. Fausts „Sonnenbaulehre"; nach 1960 abgebrochen.

Volgersweg 1 264 / J 3

Justizgebäude (Amtsgericht, Landgericht, Staatsanwaltschaft) Baugruppe aus drei Blöcken, im Mittelpunkt das neobarocke Amtsgericht mit Monumentaleingang Ecke Augustenstraße. – **Geschichte:** Seit den 1850er Jahren Verlegung der Justizbauten aus der Innenstadt hierher geplant; älteste Bauten nicht erhalten: Zellengefängnis, 1865–75 von Eduard Schuster (bis 1963 abgebrochen); Justizpalast, 1879–82 von Wilhelm Albrecht (im 2. Weltkrieg zerstört). – **Heutige Bauten:** ***Amtsgericht,*** 1907–11 von Thoemer, mit Stever, Lehmann, Ebel; Bauplastik von O. Richter (alle Berlin), im damals zum preußischen

Staatsstil avancierten Neobarock. Monumentaler Treppenaufgang als architektonischer Höhepunkt hinter der reichgeschmückten Eingangsfassade. – Zwischen V. und Fernroder Straße ***Landgericht*** von 1952–56 von Otto Hodler, urspr. ausgerichtet zur Hamburger Allee (alter Haupteingang), zum Teil bis 1983–85 ersetzt durch höhere Neubauten (Landgericht und Staatsanwaltschaft) von Storch & Ehlers, deren gekrümmter Hochhausflügel sich auf die Ausfahrtschnecke des gegenüberliegenden Parkhauses bezieht und mit Amtsgericht und Sparkasse einen Platz bildet. – Zwischen Augustenstraße und Eisenbahn ***Erweiterung Amtsgericht***, 1985 von Klaus Baesler und Bernhard Schmidt, an Stelle des Postscheckamtes von 1923; Kunst am Bau von Max Sauk. – Auf dem Platz mehrteilige Stahlplastik ***„Veitstanz“***, 1989 von Schang Hutter.

Walderseestraße 100 — 265 / U 6

Lister Turm (städt. Freizeitheim, seit 1974), 1894–96 von Hermann Schaedtler erbaut als städtische Waldwirtschaft und Ausflugslokal am Rand der Eilenriede, mit Turm als Erinnerung an die frühere Landwehrwarte im Bereich der heutigen Burckhardtstraße. Nach dem 2. Weltkrieg engl. Militärpost, seit 1950 Landesmusikschule (→ Emmichplatz 1). – Putzbau mit roten Sandsteingliederungen in freien Formen deutscher Renaissance, reich gegliedert durch Vorbauten, Erker und Dachlandschaft, dort mit Schmuckfachwerk (tlw. auf das Obergeschoß ausgedehnt). Innenräume um einen zweigeschossigen Saal mit Stuckdecke. – Runder ***Turm*** aus rotem Backstein, Obergeschoß in Fachwerk, spitzer Helm; ähnlich dem Döhrener Turm (→ Hildesheimer Straße 194). – Bedeutendes Beispiel für den Heimatschutzstil. **Gedenktafel** für zwei Mitglieder des Reichsbanners, die hier am 21. 2. 1933 durch einen SA-Überfall getötet wurden.

Warmbüchenstraße 16 — 266 / K 6

Kestner-Gesellschaft (Ausstellungsräume); Kunstverein von internationaler Bedeutung, jährl. mehrere Ausstellungen zur Kunst des 20. Jh. – **Geschichte:** 1916 u. a. von Paul Erich Küppers (dem ersten Leiter), Wilhelm v. Debschitz (Direktor der Kunstgewerbeschule) gegründet, zur Förderung der modernen Kunst als Gegenpol zur konservativen Kunstpolitik von Stadtdirektor Tramm, benannt nach dem Kunstsammler und -förderer August Kestner. Räume für Ausstellungen und Vorträge (ab 1919 auch für die „Kestner-Bühne“) in der Königstr. 8 (im Krieg zerstört). 1933 erste Repressalien durch die Nationalsozialisten,

Walderseestraße, Lister Turm

1936 anläßl. einer Franz-Marc-Ausstellung erzwungene Entlassung des Leiters (seit 1930) Dr. Justus Bier und Verbot des Vereins. 1948 Wiederaufname der Arbeit in der W. – Seit 1992 Umzug geplant (→ Goseriede 11).

Waterlooplatz — 267 / C-D 8-10

Ehem. **Exerzierplatz,** heutige weitläufige Grünanlage zus. mit der Lavesallee 1953 als Mitte des hier seitdem entstandenen Regierungsviertels angelegt. – **Geschichte:** Drei aufeinander folgende Platzgestaltungen auf ehem. Festungs- und Überschwemmungsgebiet. 1767 als Beginn der Entfestigung Anlage der ***Esplanade*** noch innerhalb des Stadtgrabens, als Paradeplatz zwischen Alleen auf dem eingeebneten und verbreiterten Wallabschnitt südlich der Brandstraße, ausgerichtet auf eine Bastion am Westende. Dort 1790 als Blickpunkt ***Leibniztempel*** aufgestellt. (Seit Vergrößerung der Esplanade zum Waterlooplatz an

Kestner Gesellschaft, Plakat der 1. Ausstellung in der Warmbüchenstraße, 1948

Waterlooplatz, links Friederikenschlößchen und Zeughaus, rechts Kasernen und Leibniztempel – Lithographie von Wilhelm Kretschmer, um 1859

dessen Rand gelegen, 1935 umgesetzt in den Georgengarten.) – Erweiterung der Esplanade zum ***Waterlooplatz:*** Plan 1825 von Laves für den Standort der Waterloosäule (s. u.) auf längsovalem Parade- und Exerzierplatz, mit neuer Ausrichtung auf Marktkirchenturm und Mitte des Leineschlosses. 1828–30 Anlage des Platzes, 1829–32 Bau der Säule im südl. Mittelpunkt. Um den Platz erste hann. Kasernenbauten (s. u.). – Umbau ab 1953, dabei Aufgabe der symmetrischen Platzform; neue Funktion als Stadteingang und Regierungsviertel; ***Lavesallee*** als Bestandteil des neuen Hauptverkehrsnetzes, mit schwingender Linienführung um die Waterloo-

Waterlooplatz, Waterloosäule

Säule, dadurch wechselnde Perspektiven beim Durchfahren des Platzes (im Gegensatz zur Stadtplanung des Dritten Reichs); die neue Gustav-Bratke-Allee achsial auf die Säule geführt. – **Bedeutung:** Beispiel für das Konzept der 1950er Jahre, mit der großräumigen Neuanlage von Radialstraßen und Tangenten zugleich eine Stadtlandschaft erlebbar zu machen.

Legionsbrücke, Neubau (bis 1938) als Verbindung nach Linden (und noch in starrer Fortsetzung der Platzachse), Name nach der gegen Napoleon kämpfenden hann. Truppe, der Kgl. Deutschen Legion, 1942–45 Heydrichbrücke, vorher Waterloobrücke. – Plastik ***Avenue K*** (Aluminiumstangen) von Kenneth Snelson (1970 am Leineufer, seit 1971 am Nordostrand des Waterlooplatzes).

Waterloosäule, 1829–32 von Laves, toskanische Säule, bekrönt von Siegesgöttin (Gesamthöhe 46,31 m). Obere Plattform begehbar. (Geöffnet in den Sommermonaten.) – **Geschichte:** 1816 bürgerl. Projekt eines „vaterländischen Monuments" für die bei Waterloo gefallenen Hannoveraner. 11 Entwürfe für verschiedene Standorte auf Plätzen in H. und Anhöhen bei H. bekannt, u. a. von Laves. 1818 an den Kosten gescheitert. 1825 als staatl. Projekt wieder aufgegriffen und verbunden mit Erweiterung der Esplanade (s. o.). Laves' Entwurf von 1825, Baubeginn 1829, Einweihung 18. 6. 1832 (17. Jahrestag der Schlacht). – **Beschreibung:** Sechsstufiger Sockel, würfelförmiger Unterbau, Widmungsinschrift DEN HELDEN VON WATERLOO DAS DANKBARE VATERLAND und Namenstafeln der Gefallenen, eingerahmt von erbeuteten Kanonen. Toskanische Säule (Ø 3,75 m), innen Wendeltreppe, quadratische

Aussichtsplattform, zylindrischer Aufbau. Figur der Victoria, auf Kugel stehend: Entwürfe von Laves, Thorwaldsen, Stackelberg; Modell von August Hengst, Ausführung in getriebenem Kupferblech auf Eisengerüst durch C. und F. Beckmann. – **Bedeutung:** Wandel einer bürgerlichen Gefallenenehrung zur monarchischen Siegessäule in der Art franz., engl. und russ. Säulen (Vendôme-Säule, Säule auf der Place du Chatelet, Nelson-Säule, alle um 1810, Alexander-Säule 1832), in der Nachfolge der röm. Trajan- und Marc-Aurel-Säule. – Urspr. räumlich-inhaltlicher Bezug teils zerstört, teils ersetzt durch die auf die W. bezogenen neuen Straßenanlagen. Ehem. **Kasernen,** entstanden Anfang des 19. Jh. um den → Waterlooplatz. Von urspr. Gebäudekomplex erhalten Nr. 5 und 5a. Nr. 5: Ehem. ***Garde-Grenadier-Kaserne,*** heute Wasser- und Schiffahrtsdirektion. – Planung seit 1830, Fertigstellung 1833 (statt eines urspr. dort vorgesehenen englischen Parks) als Gegenüber der Garde-Jäger-Kaserne (1828–32 von C. F. L. Hagemann, im 2. Weltkrieg zerstört). – Dreiflügliger, dreigeschossiger Bau, wenig gegliederte klassizistische Fassade, Mitte betont durch überhöhten Risalit mit Rundbogenportalen und Dreiecksgiebel. – Nr. 5a: ehem. ***Heeresanwaltschaft,*** heute Finanzgericht, entstanden um 1912, schlichter Neobarockbau.

Waterloostraße 1 268 / E 8

Ehem. **Atelier** und **Wohnhaus Kaulbach,** (1857/58 und 1859/60) von Heinrich Christian Tramm im Auftrage des Königs für den Hofmaler Friedrich Kaulbach. Urspr. Lage auf der Nordspitze des kgl. Holzhofs am Westarm der Leine. – Ein- und zweigeschossiger Putzbau, urspr. Aufbau der Fassade ähnlich → Brühlstr. 27, im EG Rechteckfenster mit Konsolbögen, im OG Rundbogenfenster, darüber Kniestockfries, hier außerdem oben zusammengefaßt durch aufgelegtes Stabwerk, seitlich polygonaler Erker (ähnlich → Königstraße 3). Zwischen den Geschossen lustiger Figurenfries. – ***Atelier*** heute verunstaltet, urspr. Mittelbau aus Eisen und Glas, eingefaßt von zwei verputzten Seitenbauten; hinten hohe Ateliertür. Heute Biergarten „Waterloo". – Die nach Kriegsschäden vereinfachte Baugruppe zeigt auch in den Resten noch die urspr. Qualität. – Nr. 3: **Schulpfarramt,** ehem. Pfarrhaus der Schloßkirchen-Gemeinde, 1914 von Eduard Wendebourg.

Waterloostraße, Wohnhaus Kaulbach, vor 1943

Waterloostraße, Niedersächsische Landesbibliothek mit Stahlplastik „Bella Vista" von H.-J. Breuste

Waterloostraße 5 269 / E 9

Oberfinanzdirektion, Altbau (ehem. Oberzolldirektion; Hardenbergstr. 3–5) 1906–08 von Hermann Heise. Erweiterungsbau 1958/59 von Ernst Kreytenberg, Hochhaus mit vorgelagertem Eingangsbau (Sitzungssaal, darunter Vorfahrt). Auf dem Grundstück die drei „Kronprinzeneichen", am Hochzeitstag des späteren Königs Georg V. (18. 2. 1843) von den Brüdern Teichmann gepflanzt. – **Bronzeplastiken:** „Wächter", 1955 von Kurt Lehmann; „Mensch im Aufbruch", 1982 von Bernd Altenstein.

Waterloostraße 8 270 / D 10

Niedersächsische Landesbibliothek, 1665 als Hofbibliothek gegründet, seit 1720 Kgl. Bibliothek. 1719–1976 im Staatsarchiv (→ Archivstraße 1) untergebracht. Ab 1866 Fideikommiß, seit 1947 Nds. Landesbibliothek. – Pflichtexemplar-Bibliothek seit 1737. Heute wissenschaftliche Regionalbibl. und Universitätsbibl. für die Fachbereiche Geistes- und Sozialwissenschaften, Rechts- und Wirtschaftswissenschaften. Angeschlossen versch. Fachbereichsbibliotheken und Bibliothek der ehem. Pädagogischen Hochschule. – **Bau:** 1973–75 von Gerhard Brütt und Heinrich Matthies (Göttingen). Freistehender Stahlbetonbau, differenziert, z. T. stark plastisch

Ehem. Ratsgymnasium, Innenhof mit Plastik „Die große Stehende", 1954 von Kurt Lehmann

gestaltet, Magazin (sieben teils unterirdische Geschosse) und Büro- und Schultrakt: mit Aluminium-Fassade (am Magazin durch rote Stahlprofile gegliedert); vor den Lesesälen an Stahlprofilen sichtbar aufgehängte Betonfertigteile. – **Bestände:** 1,9 Mill. Bände (ca. 100 000 vor 1815), 4 300 Handschriften, 80 000 Autographen, 30 000 Landkarten, 100 Nachlässe, ferner genealogische Sammlung, Wappen-Archiv, Bildsammlung. ***Leibniz-Archiv,*** Nachlaß des Philosophen, Forschungsstelle (Herausgabe seiner Schriften mit der Berliner Akademie der Wissenschaften). – Im Foyer wechselnde Ausstellungen und ***„Scriptorium"*** (Nachbildung einer mittelalterl. Schreibwerkstatt). – Außen Stahlplastik ***„Bella Vista"***, 1979 von Hans-Jürgen Breuste.

Waterloostraße 9 — 271 / E 10

Ehem. **„Cadettenanstalt"** (Polizei), 1842/1843 von Ernst Ebeling, ab 1868 preußische Kriegsschule. – Urspr. dreigeschossiger, 15achsiger Putzbau im Rundbogenstil mit sparsamer Bildhauerei, nach Kriegsschäden heute eingeschossig. Heutiger

Waterloostraße, Schrader-Denkmal, 1849 von J. K. Hartmann

Hauptbau (rechts) 1893/94 als zwei- und dreigeschossige Erweiterung entstanden.

Waterloostraße 16 — 272 / E 11

Ehem. **Ratsgymnasium,** 1952–54 von Werner Dierschke und A. Bätjer (städtisches Hochbauamt), an Stelle von „Bella Vista" (Villa Schulte, 1824 von Laves, Park von Christian Schaumburg, als städt. Jugendheim im 2. Weltkrieg zerstört), Neubau für die älteste Schule der Stadt. – Drei Klassentrakte, ein Hauptgebäude (Aula, Pausenhalle, Verwaltung), durch niedrige Gänge verbunden. – In der Rotunde des Innenhofs Muschelkalkplastik „Große Stehende", 1954 von Kurt Lehmann. – **Geschichte:** Ratsgymnasium erstmals 1267 erwähnt, urspr. bei Pfarrhaus der Marktkirche (Hanns-Lilje-Platz), seit 1802 im ehem. „Vauxhall" (Gaststätte; beim heutigen Friederikenplatz), seit 1854 am Georgsplatz (bis zur Zerstörung 1943). Seit 1954 hier, 1994 zusammengelegt mit dem Kaiser-Wilhelm-Gymnasium (Seelhorststraße) unter Aufgabe des alten Standorts.

Waterloostraße 20 — 273 / C-E 12-13

Schützenplatz, 11 ha großer Platz, insbesondere für das in H. mit großem Aufwand gefeierte Schützenfest („Größtes Schützenfest der Welt", jährlich Anfang Juli). – Schützenplatz seit Ende 16. Jh. auf dem westl. Randstück des → Klagesmarkts, 1826 verlegt in den Bereich des heutigen Niedersachsenstadions. – Schützenhaus dort 1826 von Laves, 1864 von L. Droste erweitert, im 2. Weltkrieg zerstört. – Heutiger Platz mit Eingangsbauten 1937.

Waterloostr./Schützenpl. — 274 / E 10

Schrader-Denkmal (Ecke Schützenplatz), Sandsteinobelisk mit Kopfrelief, 1849 von J. K. Hartmann. Diederich Heinrich Schrader (1801–47), Bademeister der bis Mitte des 20. Jh. bestehenden Flußbäder an der Ihme, rettete 560 Menschen vor dem Ertrinken.

Weberstraße 20, 21 — 275 / S 9

Ehem. **Weberhäuser,** zweigeschossige Fachwerkhäuser des frühen 18. Jh., Reste einer von den Grafen v. Platen angelegten Handwerkerkolonie, älteste Reihenhausanlage in H., einzige Reste der gräflichen Siedlung Neu-Linden (1856 mit Alt-Linden vereinigt).

Welfengarten — 276 / S 7

Landschaftspark, östl. der Nienburger Straße, 13 ha, Zentralbereich der Universität. Heutige offene Form seit 1956 nach

Welfengarten, Fußgängerbrücke von Laves

Zusammenlegung mit dem Prinzengarten. – 1720 von Ernst August Charbonnier als barocke Gartenanlage mit Graft, Vorbild „Großer Garten" (Herrenhäuser Gärten), für das Gartenpalais „Monbrillant" (→ Welfengarten 1). Ab 1779 von Johann J. Chr. Tatter in einen Landschaftspark englischen Stils umgewandelt, möglicherweise in Anlehnung an den gegenüberliegenden Georgengarten; Graft 1828 mit künstl. Windungen neu angelegt, 1956 beseitigt. 1843–46 zwei ***Brücken*** von Laves mit Fischbauchträgern, davon erhalten die kleinere Fußgängerbrücke, um 1956 und 1988 über neu angelegte Teiche gesetzt. – 1856 ***Prinzengarten,*** schlichter Naturgarten westl. der Kastanienallee als Verbindung

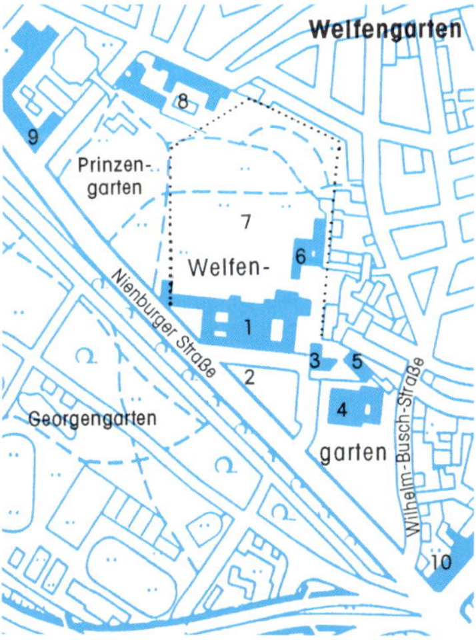

1 Welfenschloß
2 Sachsenroß
3 W.-Grunwald-Haus
4 UB und TIB
5 Marstall
6 Th.-Lessing-Haus
7 Laves-Brücke
8 Chem. Institute (→ Callinstraße)
9 Institute (→ Nienburger Straße)
10 Fachbereich Architektur (→ Schloßwenderstr.)

zum Georgengarten (Prinzenhaus, 1861 umgesetzt von der Goethestraße, zerstört). – An der Wilhelm-Busch-Straße ***Denkmal*** für den General v. Rosenberg (1902).

Universitätsbauten

Wilhelm-Grunwald-Haus (Welfengarten 1A, benannt nach dem Hochschulbibliothekar Wilhelm Grunwald), Ecklage zwischen Schloß und Marstall, 1989/90 von Pax/Hadamczik und Roßbach/Priesemann. – Akademisches Auslandsamt, Teile der Bibliothek (Ostsprachen, Werkstätten).

Universitätsbibliothek und **Technische Informationsbibliothek (UB/TIB)** (Welfengarten 1B), 1960–65 von Ernst Zinsser. In den Park integrierter Solitärbau, parallelverschoben zum Schloß. Über niedrigem Sockel hohe, gläserne Vorhangfassade, Lese- und Freihandbereich um zentralen hohen Katalogsaal, Kellermagazine. – Einziger verwirklichter Teil des Aufbauplans der Hochschule von 1959, der am Ostrand des Parks freistehend gestaffelte Neubauten vorsah.

Theodor-Lessing-Haus (Welfengarten 1A), Bibliothek des Fachbereichs Sozialwissenschaften (Teil der Nieders. Landesbibliothek), 1951–53 von Paul Wolters als Studentenhaus (Gemeinschaftsräume und Hauptmensa), mit hoher Glasfassade zum Park. Nach 1980 als einer der ersten hannoverschen Bauten der 50er Jahre denkmalpflegerisch restauriert.

Welfengarten 1 277 / S 7

Welfenschloß (Hauptgebäude der Universität), letzter hann. Schloßbau (1857–79), im Hannoverschen Stabwerk-Rundbogenstil. – **Vorgängerbau:** Gartenpalais „Monbrillant" des Oberkammerherrn Graf Ernst August von Platen-Hallermund. 1713 Plan von Remy de la Fosse, um 1717–20 ausgeführt von J. C. Böhm als kleine Dreiflügelanlage mit Ehrenhof nach Süden. 1726 vom König gekauft und als Gästehaus ge-

Welfengarten, Welfenschloß, Hauptfront mit Sachsenroß

nutzt, u. a. für die Herzöge v. York und die verbannte dänische Königin Mathilde. 1814–37 zeitweise Residenz des Herzogs Adolph Friedrich v. Cambridge, 1837–40 Sommerresidenz von König Ernst August. Umbauten durch Laves 1816 und 1852, Abbruch 1857. Fachwerk auf der Zeche Georgsmarienhütte bei Osnabrück wieder aufgestellt, wo der Schloßname als „Mummerjan" fortlebte (abgebrochen). – **Heutiger Bau:** 1856 Planung, zunächst als Sommerresidenz, durch Chr. Tramm. Heutiger Mittelbau 1857 begonnen, Vierflügelanlage „Schloß Königssitz". 1859 zur ständigen Residenz bestimmt, Planerweiterung auf die dreifache Breite: um zwei äußere Höfe Wohnräume und Kapelle, Ballsaal und Wintergarten, 1861 „Welfenschloß". – Nach Tramms Tod 1861 nur langsamer Weiterbau unter Tramms Schwager Eduard Heldberg, 1866 (Annexion des Königreiches Hannover durch Preußen) nur der Außenbau fertig. 1871/72 Lazarett. 1875–79 Ausbau zur Polytechnischen Schule (seit 1. 4. 1879 Kgl. Technische Hochschule) durch Hermann Hunaeus: Verlegung des Zugangs mit den Bronzelöwen vom Hof an die Hauptfront, im Mittelhof große Treppenanlage und umlaufende Galerien, Zeichensäle an Stelle des Wintergartens, neue Hörsäle zwischen Kapelle (nun Aula) und Mittelbau und am Nordwestende, dort 1894/95 fortgeführt von Bergmann und Suffert, und 1957 modern ergänzt. 1953 Abbruch der Aula, statt dessen von Gerhard Graubner Block von drei Hörsälen übereinander, mit Auditorium Maximum. 1956 Umbau durch Ernst Zinsser, dabei Höherlegung des mittleren Hofes in einen gedeckten Lichthof (Mehrzwecksaal). – **Beschreibung:** Baumassen in der Höhe gestaffelt und von fünf Türmen bekrönt, auf Schrägsicht angelegt. Viergeschossiger kubischer Mittelbau belebt durch feingegliederte Erker, Flächenstabwerk und Eckstabtürmchen sowie den Kontrast der anschließenden niedrigen Rundbogengalerien und Seitenflügel. Urspr. alle Türme mit Spitzhelmen. Hauptfront und Mittelbau ganz in weißem Deistersandstein, sonst nur als Einfassung gelblichen Ziegelmauerwerks. Rückfront in reicher Materialmischung, mit gußeisernem Balkon. Ergänzungen von Hunaeus in einfacherem Material: rote Ziegel, wenig Sandstein. Im Innern einige Fußböden, Kapitelle und Treppen erhalten, Bauteile der Schloßkapelle im Historischen Museum und im Staatshochbauamt, Petrus-Figur an der Kreuzkirche. – Auf den Balkonbrüstungen ***Steinfiguren welfischer Fürsten***, vorn (von Heinrich Sorge): Heinrich der Löwe, Ernst der Bekenner, Kurfürst Ernst August, König Ernst August; hinten (Bildhauer unbekannt): Kaiser Otto IV., Herzog Otto das Kind, Herzog Georg von Calenberg, König Georg I. – An der Freitreppe ***Bronzelöwen*** von Adolf Rosenthal (Auftrag 1861); ihre Mienen sagen (laut Prof. Keck): *„Wollt Ihr wohl lernen!" – „Die lernen ja doch nicht!"* – ***Sachsenroß:*** Bronzefigur, Entwurf 1861 von Albert Wolff, zunächst auf dem Mittelbalkon, seit 1876 auf Granitsockel vor dem Schloß. – **Bedeutung:** Name, Baustil, Ausstattung und Figurenprogramm des Schlosses dokumentieren das Bemühen des Königs um eine historische Verankerung seiner Dynastie. Der Prachtbau markiert zugleich das Ende des Klassizismus in Hannover.

Welfengarten 1A 278 / S 7

Ehem. **Marstall des Welfenschlosses**, Rest einer größeren Anlage, heute Teil der Universitätsbibliothek (Normen- und Patentschriften). – **Geschichte:** 1863–66 erbaut von Eduard Heldberg, 1866–1912 Stall der Königs-Ulanen, danach Teil der Technischen Hochschule. 1913 Abbruch der drei nördlichen Flügel für den Bau des Maschinen-Ing.-Laboratoriums (heute Heizwerk), 1960 auch des ehem. südöstl. Stalls (1922–53 als Mensa genutzt) für den Bau der Bibliothek. – 1982–86 Restaurierung des Restbaus (Treppenanbau: F. und J. Spengelin), seither Teil der Bibliothek. – **Beschreibung:** In etwas schwereren Formen dem Welfenschloß angepaßt, urspr. Vierflügelanlage aus zwei Längsriegeln (zwei Ställe und Mittelbau), verbunden durch zwei Wagenremisen. Ställe in damals neuartigem Basilika-Querschnitt, mit Entlüftung durch die Obergaden-Fenster (Vorbild: Lord Pembrokes Reitstall in Paris). Gelbe Ziegel mit Sandsteingliederungen, sichtbare Ziegelgewölbe auf gußeisernen Stützen. Im Mittelbau über dem Portal Uhr, Pferdeköpfe und kgl. Wappen. – **Bedeutung:** Eines der wenigen Zeugnisse der vom hann. Hof bevorzugten Synthese zwischen Rundbogenstil und englisch-gotischen Formen. In seiner Unvollständigkeit und unorthodoxen Stellung zu den jüngeren Nachbarbauten Zeichen der wenig systematischen Planung der Universitätsbauten.

Welfenplatz 279 / T 7

Grün- und Erholungsanlage. Um 1860 entstanden als Exerzierplatz zu den am Rand angelegten Kasernen; über die Welfenstraße in (damals) gerader Verbindung zum Welfenschloß. „Entmilitarisierung" 1961 und Umgestaltung zur heutigen Grünanlage mit Schulen, Kindergarten, Spielplätzen. – An der Nordseite ehem. **Infanterie-Kaserne** (Am Welfenplatz 2; Polizeirevier), 1858–60 von Heinrich Jüngst, rechter Flügel einer urspr. symmetrischen Dreiergruppe in flächigem Rundbogenstil der Berliner Schule; kastellartige, nahkampftauglich geplante Bauten. Dreigeschossiger roter Ziegelbau über hohem geböschten Sockel, höherer Eckbau mit (vereinfacht wiederhergestellten) Ecktürmchen. – An der Ostseite, im gleichen Stil,

Welfenplatz, Nordseite, um 1900

Welfengarten, Marstall

mit Annäherungen an die Hannoversche Schule, ehem. **Kaserne für die reitende Artillerie** (Am Welfenplatz 1; Schutzpolizeiinspektion III mit Reiterstaffel), 1867–70 von H. Jüngst, mit ausgedehnten Stallungen. – Gegenüber auf dem Platz **Ehrenmal** des Feldartillerieregiments Nr. 10 und des Artillerieregiments Nr. 19, Kalksteinobelisk, 1937. – An der Nordostecke ehem. **Mannschaftsgebäude** der reitenden Artillerie (Kriegerstraße 1; Wohnhaus), 1894/95, roter Backsteinbau der Hannoverschen Schule. – An der Südseite (Celler Straße) **Hochbunker,** um 1940, schloßartig mit vorgelegtem Rundturm.

Wilhelm-Busch-Straße 280 / A 1-2

Um 1840 Gartenweg, mit der Erweiterung des Welfengartens beim Bau des Schlosses Wandel zur Villenstraße; seit 1865 „Parkstraße", heutiger Name seit 1936. – Ensemble von Villen, Häusern von Studentenverbindungen und Hochschulbauten ca. 1860–1960 entstanden. Verbindungshäuser: Nr. 2 **Corps Slesvico-Holsatia,** um

Welfenplatz, ehem. Kaserne für reitende Artillerie

Wülfeler Straße, St.-Johannis-Kapelle

1912 von Raabe und Wöhlecke, neoklassizistisch, urspr. mit Freitreppe zum Königsworther Platz. – Nr. 16 **Corps Saxonia,** um 1910 von Hermann Schaedtler, Neobarock. – Nr. 24 **Akademischer Verein Gothia,** 1886 von C. W. Hase als Wohnhaus für den Fabrikanten Carl Schwarz. Zweigeschossiger Backsteinbau, zum Welfengarten mit aufwendigem, dem Alten Rathaus entlehnten Fialengiebel.

Wülfeler Straße 5 281 / X 10

St.-Johannis-Kapelle (ev.-luth.) in Bemerode. – Kleiner neugot. Ziegelbau an Stelle einer 1825 abgebrochenen Fachwerkkapelle, 1866/67 von Wilhelm Lüer (Hase-Schüler; Architekt der ersten Zoobauten). Glocke 1697 von Thomas Riedeweg.

Wülferoder Platz 282 / Y 11

Kapelle (ev.-luth.), 1756 von Zimmermeister Johann Georg Blume. – Kleiner Fachwerkbau mit Dachreiter; Altar mit Kanzel und Abendmahlsbild von 1677, Taufstein 1661, Glocke 1644 von Ludolf Siegfried.

Stadtgeschichte in Biographien

Stadtgeschichte in Biographien

Alten, Carl Graf von, * 20. 10. 1764 Calenberger Neustadt, † 20. 4. 1840 Bozen; General, Minister. Entstammt einem der ältesten (schon 1184 erwähnten und noch heute existierenden) Adelsgeschlechter Hannovers. Mit 21 Leutnant im hann. Garderegiment, 1790 Oberadjutant des Feldmarschalls v. Reden, 1802 Oberstleutnant. Ab 1812 General unter Wellington in Spanien, maßgeblichen Anteil am Sieg der Alliierten über Napoleon bei Waterloo. 1817 in den Grafenstand erhoben, hann. Ehrenbürger, seit 1832 auch Generalinspekteur der hann. Armee und Minister. Bau seines Palais, des späteren Friederiken-Schlößchens, 1817 durch Laves; Standbild (von Heinrich Kümmel, 1810 bis 1855) vor dem Niedersächsischen Hauptstaatsarchiv, 1849.

Appel, 1) Heinrich Wilhelm, *27. 9. 1850 Schöningen/Elm, † 29. 7. 1923 Hannover; Unternehmer. Nach kaufmänn. Ausbildung 1879 Gründung einer Kolonialwaren-Großhandlung in H., später Zucker- und Delikatessen-Großhandlung. 1887 Herstellung von Delikatessen (Tafelsenf, Marinaden, Mayonnaise). Appel gilt als Erfinder des „Feinkost"-Begriffs. – Fortführung des Unternehmens durch **2) Heinz,** *29. 1. 1884 Hannover, † 13. 3. 1962 Hannover; Unternehmer, Sohn von 1). Gründet 1929 die „Hannoversche Musikgemeinde" (heute „Kammermusik-Gemeinde Hannover").

Ernst von Bandel,
Lithographie von G. Engelbach

Hermann Bahlsen,
Porträt von Willi Jaeckel, 1917

Bahlsen, Hermann, * 14. 11. 1859 Hannover, † 6. 11. 1919 Hannover; Unternehmer, Kunstmäzen. Kaufmännische Ausbildung 1876–79 in Genf, seit 1882 in London im Zuckerhandel, 1887 kurzzeitig bei den Egestorff-Salzwerken und bei Continental, danach Teilhaber einer Bäckerei in der Friesenstraße. 1889 Gründung der „Hannover schen Cakes-Fabrik H. Bahlsen", der ersten Dauerbackwarenfabrik Deutschlands. 1893 Neubau an der Podbielskistraße, anfangs 100 Mitarbeiter. 1905 erste europäische Fließbandanlage (drei Jahre vor Ford in den USA). 1911 setzt sich die von ihm geschaffene Eindeutschung „Keks" von engl „cakes" („Leibniz-Keks") durch. TET (ägypt. für „dauernd") wird zum Markenzeichen des Unternehmens. B. beauftragt bildende Künstler (Vogeler, Herting, Hölzel, Hoetger, Vierthaler, Gulbransson u. a.) mit der Gestaltung von Werbematerialien, Verpackungen und Verkaufsständen (Beispiele im Bahlsen-Museum), 1911 Bau eines Fabrikationsgebäudes (Lister Straße) und eines Verwaltungsbaus (Podbielskistraße) durch Karl Siebrecht. Idee einer „TET"-Stadt (Integration von Firmengebäuden und Mitarbeiterwohnungen) nicht verwirklicht. Grab auf dem Neuen St.-Nikolai-Friedhof an der Strangriede.

Bandel, Ernst von, *17. 5. 1800 Ansbach, † 25. 9. 1876 Neudegg/Donauwörth; Bildhauer. Jugend geprägt durch franz. Besatzung und Freiheitskriege, 1820 Studium (Bildhauerei), 1823–34 Bildhauer in München, dreijähriger Italienaufenthalt (Rom,

Neapel). 1834 Berlin, Beginn der Arbeit am Hermannsdenkmal abwechselnd in H. und Detmold, 1836 Festlegung des „Teutbergs" als Denkmalstandort, 1838 Grundsteinlegung, 1846 Fertigstellung des Unterbaus, 1875 Einweihung. B. nutzt Einigungsstreben und vaterländische Begeisterung, sein Lebenswerk zu realisieren; materielle und ideelle Unterstützung durch Kaiser Wilhelm I., der ihn in seiner hannoverschen Werkstatt besucht. B. stirbt auf der Rückreise von Italien, Grab auf dem Stadtfriedhof Engesohde.

Beindorff, Fritz, * 29. 4. 1860 Essen, † 2. 6. 1944 Gut Auermühle/Steinhorst; Unternehmer. Seit 1881 Mitarbeiter (Reisevertreter) der Firma Günther Wagner (gegr. 1838), 1887 Prokurist, heiratet 1888 Elli Wagner, die älteste Tochter des Firmeninhabers. Danach kaufmännischer Leiter, 1894 Teilhaber, 1895 alleiniger Inhaber. 1907–19 Senator, 1917–22 Präsident der Industrie- und Handelskammer in H. 1913 Königlich-Preußischer Kommerzienrat (anläßl. des 75jährigen Bestehens der Firma), 1930 Dr.-Ing.-Titel. Unter B.s Leitung wird die Firma Günther Wagner (seit 1878 unter dem Namen „Pelikan") zu einem weltweit führenden Unternehmen für Schreib-, Mal- und Zeichenbedarf (1938 mit 3701 Mitarbeitern, Niederlassungen in 12 Ländern).

Bennigsen, Rudolf von, * 10. 7. 1824 Lüneburg, † 7. 8. 1902 Bennigsen; nationalliberaler Politiker. Jurastudium in Göttingen und Heidelberg, 1852 stellvertr. Staatsanwalt in H., 1854 Richter am Obergericht in Göttingen, 1857 Abgeordneter in der 2. Kammer der Ständeversammlung, Gegner Georgs V. 1859 Gründung des Deutschen Nationalvereins und dessen Präsident (bis 1867) trotz Widerstands seitens der hann. Regierung. 1867 Mitglied des Reichstags des Norddeutschen Bundes, zeitweise Präsident des preuß. Abgeordnetenhauses, 1888 Oberpräsident von H. (bis 1897), 1894 Ehrenbürger. 1907 Denkmal von O. Lüer und K. Gundelach (im 2. Weltkrieg eingeschmolzen) gegenüber dem Niedersächsischen Landesmuseum.

Berliner, 1) Emil, * 20. 5. 1851 Hannover, † 3. 8. 1929 Washington; Elekrotechniker. Kaufmannssohn, aus einer schon im 18. Jh. in H. ansässigen jüd. Familie. Wandert 1870 in die USA aus, verbessert den Bellschen Telefonapparat und das Mikrofon (1877). Dies führt 1881 in H. zur Gründung der „J. Berliner Telephonfabrik". 1887 verhilft er der Schallplatte zum Durchbruch, indem er Edisons Phonographen weiterentwickelt (durch horizontale Aufzeichnung der Schallschwingungen in Wachsplatten).

Rudolf von Bennigsen

Gründet mit 2) und 3) 1898 in H. die „Deutsche Grammophon Gesellschaft" zur Herstellung von Schallplatten und Abspielgeräten (Grammophonen). – **2) Joseph,** * 22. 8. 1858 Hannover, † 23. 5. 1938 Hannover; Unternehmer, Bruder von 1). 1921–38 Vorsitzender der jüd. Gemeinde. – **3) Jacob,** * 31. 3. 1849 Hannover, † 2. 9. 1918 Hannover; Unternehmer, Bruder von 1) und 2). Gründet 1900 in H. die „Hackethaldraht-Gesellschaft". – Gräber von 2) und 3) auf dem Jüdischen Friedhof An der Strangriede. – Das Berlinersche Haus (Brühlstraße) nach 1939 Zuflucht für jüd. Familien.

Blumenberg, Werner, * 21. 12. 1900 Hülsede, † 1. 10. 1965 Amsterdam; Publizist, Schriftsteller. In H. aufgewachsen (Vater seit 1904 Pfarrer an der Aegidienkirche), Besuch des Ratsgymnasium, Theologie- und Philosophiestudium in Marburg und

Emil Berliner, um 1906

Hermann Wilhelm Bödeker

Göttingen, 1922 Arbeiter im Kaliwerk Ronnenberg, später beim Schleusenbau in Anderten, 1925 Redakteur beim Göttinger „Volksblatt“, seit 1928 beim hann. „Volkswille“, Eintritt in die SPD. Seit Herbst 1933 mit anderen hann. SPD-Mitgliedern (Auguste Breitzke, Franz Nause, Walter Spengemann u. a.) Aufbau der Widerstandsgruppe „Sozialistische Front“ (1936 entdeckt und zerschlagen), Herausgabe der „Sozialistischen Blätter“. 1936 Flucht nach Amsterdam, dort nach dem Einmarsch der dt. Truppen (1940) im Untergrund. Seit 1945 Leiter der Deutschland-Abteilung im Amsterdamer „Internationalen Institut für Sozialgeschichte“, Verfasser polit. Schriften und einer Marx-Monographie.

Blumenhagen, Wilhelm, * 15. 2. 1781 Hannover, † 6. 5. 1839, Hannover; Arzt, Schriftsteller. Sohn eines Kammerschreibers. 1800 Medizinstudium in Erlangen und Göttingen, 1803 Promotion; danach als Hospitalarzt in H. Verfasser von Erzählungen, Gedichten und Theaterstücken. Grab auf dem Nikolaifriedhof.

Bödeker, Hermann Wilhelm, * 15. 5. 1799 Osnabrück, † 5. 1. 1875 Hannover; Pastor. Besuch des Ratsgymnasiums in Osnabrück, 1817 Theologiestudium, 1824 Anstellung an der Marktkirche, 1839 erster Pastor, seit 1851 auch Senior des Geistlichen Stadtministeriums. Zeitlebens um Abbau sozialer Mißstände bemüht, Organisation von Geldsammlungen (nach eigenen Angaben über 100 000 Taler) für karitative Einrichtungen (Spitzname „Reichsfechtmeister“). Gründung von 63 wohltätigen Einrichtungen, darunter die „Bödekerkrippe“, die Lehrerwitwenkasse, die Marienstiftung (zur Ausbildung von Dienstmädchen), das „Sabbathaus“, das „Rettungshaus“ in Großburgwedel (für gefährdete Kinder und Jugendliche; Vorläufer der Pestalozzistiftung). Markante Persönlichkeit, „viel bewundert, viel gescholten“. Grab auf dem Stadtfriedhof Engesohde.

Bruch, Walter, * 2. 3. 1908 Neustadt/ Weinstraße, † 5. 5. 1990 Hannover; Elektrotechniker. In den 30er Jahren Arbeit bei Manfred von Ardenne und Denes von Milhaly in Berlin. Seit 1935 Mitarbeiter bei Telefunken, konstruiert die erste Fernsehkamera, die er als Kameramann erstmals bei den olympischen Spielen 1936 in Berlin erprobt. Nach dem 2. Weltkrieg entwickelt er zus. mit sowjetischen Technikern die 625-Zeilen-Fernsehnorm. Seit den 50er Jahren befaßt er sich mit dem Farbfernsehen und entwickelt das PAL-System, das er 1963 in H. vorstellt. 1968 Professor Dr.-Ing. an der TU Hannover.

Buchheister, Carl, * 17. 10. 1890 Hannover, † 2. 2. 1964 Hannover; Maler. Eltern Kaufleute, 1909 Abitur an der Leibnizschule, 1914–18 Soldat, seit 1919 freier Maler (Autodidakt). 1921 Freundschaft mit Schwitters, ab 1923 erste abstrakte Bilder. 1927 Mitbegründer der „abstrakten hannover“, 1928/32 deren Vorsitzender. 1931–37 in Hildesheim ansässig, ab 1933 als „entarteter Künstler“ mit Malverbot belegt, 1939–45 Soldat. 1945 gründet er mit Ludwig Vierthaler den „Bund bildender Künstler“ für Norddeutschland, 1960 Bundesverdienstkreuz 1. Klasse, 1962 beteiligt an der Ausstellung „Die zwanziger Jahre in Hannover“ des hann. Kunstvereins.

Busch, Wilhelm, * 15. 4. 1832 Wiedensahl, † 9. 1. 1908 Mechtshausen; Maler, Zeichner, Dichter. Aufgewachsen ab 1841 beim Onkel, dem Pastor Georg Kleine in Ebergötzen. 1847–51 Studium am hann. Polytechnikum, ohne Abschluß, Besuch der

Carl Buchheister, Anfang der 60er Jahre

Kunstakademien in Düsseldorf, Antwerpen (Vorliebe für niederländische Malerei) und München (1854). Seit 1858 Zeichnungen für „Fliegende Blätter“ und „Münchener Bilderbogen“, lebt in Wiedensahl, ab 1898 in Mechtshausen. Mit „Max und Moritz“ (1865) Beginn der Arbeit an den für ihn charakteristischen, satirischen Bildergeschichten, die 1884 mit „Maler Klecksel“ endet. Er schreibt Geschichten und Gedichte, malt bis ins Alter meist kleinformatige, oft ans Abstrakte grenzende Bilder. In H. verwalten das Wilhelm-Busch-Museum und dessen Trägerverein, die Wilhelm-Busch-Gesellschaft, sein künstler. Erbe.

Culemann, 1) Friedrich Bernhard, * 21. 3. 1770 Königslutter, † 22. 1. 1845 Hannover; Buchhändler, -drucker. Buchhändlerlehre, seit 1803 in H., anfangs bei der Buchhandlung Gebrüder Hahn tätig, 1809 Umzug der Druckerei nach H., 1825/26 Druck des 1. Bandes der „Monumenta Germaniae Historica“ (hrsg. von Georg Heinrich Pertz, 1795–1876) für die Hofbuchhandlung von Heinrich Wilhelm Hahn (1760–1831). 1838 erste Schnellpresse in H. – **2) Friedrich,** * 25. 8. 1811 Hannover, † 6. 12. 1886 Hannover, Sohn von 1); Buchdrucker, Kunstsammler. Übernahme der Firma „Culemann, Druckerei und Verlag“, die zum führenden Druckereibetrieb des Königreichs wird („Welfendruckerei“). In Kunstfragen Berater Georgs V., Druck der ersten hann. Fahrkarten und -pläne und der ersten hann. Briefmarken. 1844 Senator und Schuldezernent (bis 1886), 1857 kauft er den regierungsamtl. „Hannoverschen Anzeiger“, stellt ihn ein und läßt statt dessen die „Neue Hannoversche Zeitung“ erscheinen. 1861 Übergabe des wiedergefundenen Evangeliars Heinrichs des Löwen an Georg V. 1887 übernimmt die Stadt (für 600 000 Mark) C.s Kunstsammlung, die mit den Sammlungen A. Kestners den Grundstock des Kestner-Museums bildet. Grab auf dem Stadtfriedhof Engesohde.

Detmold, Johann Hermann, * 24. 7. 1807 Hannover, † 17. 3. 1856 Hannover; Politiker, Schriftsteller. Aus einer der angesehensten jüdischen Familien H.s. 1815 mit Eltern und Geschwistern in der Neustädter Kirche getauft. Besuch des Ratsgymnasiums, Jurastudium in Heidelberg und Göttingen, Advokat in H. Befreundet mit Heinrich Heine (Briefwechsel); 1832 Mitbegründer und stellv. Sekretär des Kunstvereins; aufsehenerregend seine Satire „Anleitung zur Kunstkennerschaft oder Kunst in drei Stunden ein Kenner zu werden“ (1834). 1835/36 Herausgeber der „Hannoverschen Kunstblätter“ (mit dem Maler Georg Osterwald). Nach Aufkündigung des Staatsgrundgesetzes 1837 durch

Friedrich Culemann

König Ernst August zus. mit Stüve Führer der Opposition, viele kritische (Zeitungs)-Veröffentlichungen, 1841 verurteilt wegen einer Denkschrift zum Verfassungsstreit. 1848 Abgeordneter in der Frankfurter Nationalversammlung, 1849 vom Paulskirchen-Parlament zum Reichsjustizminister berufen, danach Legationsrat und hann. Gesandter im Bundesrat (bis 1851).

Dorner, Alexander, * 19. 1. 1893 Königsberg, † 2. 11. 1957 Sorrent; Museumsleiter, -pädagoge. Mutter Engländerin, Vater Prof. für Theologie und Philosophie. Jugend und Studium (Kunstgeschichte, Archäologie, Geschichte) in Königsberg, in Berlin Schüler von Adolph Goldschmidt. 1914 Kriegsfreiwilliger, 1919 Promotion, anschl. Habilitation, deren offizielle Anerkennung erst 1928 erfolgt. Seit Okt. 1919 am „Provinzialmuseum“ (heute Nieders. Landesmuseum) in H., zunächst als wiss. Assistent, 1923–37 als Leiter der Kunstsammlung. Innovative Präsentation von Kunst im Museum (chronolog. oder systematische Anordnung, „Atmosphäreräume“, erläuternde Texte). Starker Einfluß auf die

Johann Hermann Detmold

Alexander Dorner, Foto der 20er Jahre

Kunstszene im H. der 20er/30er Jahre, zeitweilig Vorsitzender der Kestner-Gesellschaft, initiiert 1925/26 das „Kabinett der Abstrakten" (von Lissitzky) im Provinzialmuseum, befreundet u. a. mit Gropius, Moholy-Nagy, Arp, Lissitzky. 1937 Emigration in die USA, ab 1938 Leitung des „Museum of the Rhode Island of Design" in Providence. Professuren in Providence und Vermont, Verfasser des museumspädagogischen Standardwerks „The Way beyond Art" (1947; dt. „Überwindung der 'Kunst'", 1959).

Duve, Johann, * 8. 3. 1611 Hannover, † 2. 9. 1679 Hannover; Händler, Unternehmer. Kaufmännische Ausbildung in Hamburg, 1633 Gründung einer Seidenhandlung in H.; verläßt 1634 das (städt.) Krameramt, um sich der Kaufmannschaft anzuschließen. Der 30jährige Krieg fördert seinen Aufstieg zum „freien Unternehmer", seine Gelder investiert er in Kriegsmaterial und Gebrauchsartikel für den Hof. 1642 Stiftung eines Armen- und Waisenhauses, dessen Bewohner er für sich arbeiten läßt; ab 1643 Verkauf der im Harz geförderten Nichtedelmetalle, insbes. Blei, in landesherrl. Auftrag. Seit 1646 Ratsmitglied, ab 1651 Wiedererrichtung des Kreuzkirchenturms und Erneuerung des Schnellen Grabens. 1655 Anbau des Familiengrabs („Duvekapelle") an die Kreuzkirche, 1656 repräsentatives Wohnhaus am Markt, mit dem Ausbau der Neustadt beauftragt. In den 60er Jahren, auf dem Höhepunkt seiner wirtschaftl. Macht, mehrere Stiftungen, u. a. Hochaltar in der Marktkirche. Für 30 Taler jährl. pachtet D. die „Hannoversche Münze". Prägung minderwertiger Münzen und geschäftl. Mißerfolge führen in den 70er Jahren zum Niedergang seines Unternehmens, 1678 zum Konkurs.

Egestorff, 1) Johann, * 22. 10. 1772 Lohnde, † 30. 3. 1834 Linden; Unternehmer. Böttcherlehre, 1795 Beschäftigung in der Kalkbrennerei von Stukenbrok am Lindener Berg (daher „Kalkjohann"), 1803 Übernahme des in Konkurs gegangenen Betriebs, Aufstieg zum erfolgreichen Unternehmer, 1823 Gründung einer Zuckerfabrik in Linden und Bau des Berggasthauses am Lindener Berg (1878 abgerissen). – **2) Georg,** * 7. 2. 1802 Linden, † 27. 5. 1868 Linden; Unternehmer, Sohn von 1). Legt 1831 Saline Egestorffshall bei Badenstedt an (später Kali-Chemie, heute Solvay Deutschland GmbH), 1834 Übernahme des väterl. Unternehmens. 1835 Gründung der „Eisengieserey und Maschinenfabrik" (Vorgänger der „Hanomag") zur Herstellung von Ersatzteilen für die Maschinen im eigenen Unternehmen (davor aus England importiert), seit 1836 Bau eigener Dampfmaschinen, 1839 Gründung einer chemischen Fabrik, 1846 Bau der ersten von 323 Lokomotiven („Ernst August"), 1855 Errichtung einer „Speiseanstalt für die arbeitende Volksklasse". 1866 gehören E. 19 Industriebetriebe mit zus. rd. 2100 Mitarbeitern.

Ehrhardt, Kurt, * 22. 2. 1900 Frankfurt a. M.; † 25. 4. 1971 Hannover; Schauspieler, Regisseur. Kommt 1943 vom Hamburger Schauspielhaus als Schauspielleiter nach H., 1946 Oberspielleiter und Schauspieldirektor der Städtischen Bühnen, 1947 Schauspiel-, 1948 Chefintendant, ab 1953 Generalintendant der Nieders. Staatstheater (bis 1965). Als Regisseur im Zusammenwirken mit dem Bühnenbildner Rudolf Schulz bes. durch die Entwicklung des „Ballhof-Stils" („magischer Realismus") für die hann. Theatergeschichte bedeutend; erfolgreich auch als Opernregisseur sowie als Schauspieler auf der Bühne, im Film und Fernsehen.

Elkart, Karl, * 15. 9. 1880 Althausen, † 12. 6. 1959 Hannover; Architekt, Stadtplaner. Studium bis 1903 in Stuttgart bei Theodor Fischer. 1907 Stadtbaumeister in

Georg Egestorff,
Lithographie von Georg Müller

Altona, 1912 in Bochum, 1918 Stadtbaurat in Spandau, 1922 Städtebaudirektor in Berlin, 1925-45 Stadtbaurat in H. Unter E. Neuorganisation der Bauverwaltung, langfristige Entwicklungsplanung. Umfangreicher Wohnungsbau besonders für bürgerl. Schichten, durch städt. Planung und (tlw. auch) Bauherrschaft von auffällig einheitlichem Gepräge (vorherrschend roter Klinker), z. B. Gartenstadt Kleefeld, de-Haën-Platz, Kreuzkamp-Siedlung, Südstadt. Wenige öffentliche Bauten: Stadtbibliothek, Anna-Siemsen-Schule, Volksschule Altenbekener Damm, Feuerwache Jordanstraße. Anlage des Maschsees und des Hermann-Löns-Parks, Wiederherstellung der Herrenhäuser Gärten, Altstadtsanierung.

Engelke, Gerrit, * 21. 10. 1890 Hannover, † 13. 10. 1918 in einem engl. Lazarett bei Cambrai (Flandern); Dichter. Besuch der „Bürgerschule", anschließend Lehre als Maler und Lackierer, 1908 Gehilfenprüfung. 1908-11 Abendkurse an der Kunstgewerbeschule in H., erste Graphiken; erwirbt autodidakt. literarische Bildung, beginnt zu schreiben. Seit 1912 Gedichte und Prosa im „Hannoverschen Courier", 1913 Begegnung mit Richard Dehmel, der ihn mit Paul Zech und mit den „Werkleuten auf Haus Nyland" (Winckler, Kneip, Vershofen) zusammenbringt. 1914 in Dänemark, dann Soldat an der Westfront. 1917 Freundschaft mit Heinrich Lersch. Bedeutend durch seine Lyrik (Arbeitslieder, Großstadtrhythmen) expressionistischer Prägung. – Engelke-Archiv in der hann. Stadtbibliothek.

Ernst August, Herzog zu Braunschweig und Lüneburg, * 30. 11. 1629 Schloß Herzberg/Harz, † 23. 1. 1698 Hannover; hann. Regent 1679-98, jüngster der vier Söhne Georgs von Calenberg. Heiratet 1658 Sophie von der Pfalz, Tochter Friedrichs V., des „Winterkönigs", 1662 Fürstbischof von Osnabrück, 1679 Nachfolger seines Bruders Johann Friedrich in Hannover, 1683 Einführung der Primogenitur, um die Teilungen der welfischen Territorien zu beenden; 1692 Erlangung der (9.) Kurwürde nach finanzieller/militärischer Unterstützung des Kaisers gegen die Türken. Absolutistischer Regierungsstil in barockem Prunk; gemeinsam mit Sophie und Leibniz schafft er die Voraussetzungen für eine kurze kulturelle Blütezeit am hann. Hof („Musenhof von Herrenhausen"). Es entstehen das Schloßopernhaus (1688/89 im Leineschloß), das Galeriegebäude in Herrenhausen (1694-98). Sarkophag im Mausoleum des Berggartens.

Ernst August, König von Hannover, * 5. 6. 1771 London, † 18. 11. 1851 Hannover. 5. Sohn Georgs III., in England erzogen, 1786–90 Studium in Göttingen. 1799 Herzog von Cumberland, heiratet 1815 Friederike von Mecklenburg-Strelitz, danach in Berlin als preuß. General. Seit 1837 (Ende der Personalunion zw. England und H.) König von H.; als erste Amtshandlung Aufhebung des Staatsgrundgesetzes von 1833. In der Revolution von1848 liberale Zugeständnisse (Aufhebung der Zensur, Koalitionsfreiheit, Amnestie für polit. Gefangene) und Berufung des Anführers der Opposition, Stüve, in das Kabinett. 1840 Auftrag an Laves zur Planung der Ernst-August-Stadt, 1843 zum Bau des Hoftheaters (des heutigen Opernhauses); in seiner Regierungszeit Beginn des Eisenbahnbaus in H. (1843 Strecke H.–Lehrte eröffnet). Reiterdenkmal von Albert Wolff vor dem Hauptbahnhof (Enthüllung 1861), Sarkophag im Mausoleum des Berggartens.

Gerrit Engelke, Aufnahme 1914

Ernst August, Herzog zu Braunschweig und Lüneburg, Ölbild von Ferdinand Voet (?), um 1665

Frerking, Johann, 19. 8. 1884 Hannover, † 13. 7. 1971 Hannover; Schriftsteller, Übersetzer, Kunst, Theater- und Literaturkritiker. Sohn des Schulrektors und Theaterkritikers Wilhelm Fr. († 1938), Studium in Göttingen, 1912–14 Journalist bei der Rheinisch-Westfälischen Zeitung in Essen, seit 1918 in H. Starker Einfluß auf das städt. Kultur-, insbes. Theaterleben, tätig für die Kestner- und die Goethe-Gesellschaft; dem Kreis um Paul Steegemann angehörend, in dessen Verlag 1920 seine Groteske „Martin ohne Flügelkleid" erscheint; 1921–23 dort auch seine Übersetzungen von Voltaires „Candide" und Flauberts „Der Büchernarr"; ferner 1955 „Bauerngeschichten".

Georg, Herzog von Lüneburg, * 27. 2. 1583 Celle, † 2. 4. 1641 Hildesheim; hann. Regent 1636-41. Macht H. wegen seiner soliden Befestigungsanlagen 1636 zur Residenz, nachdem ihm im Erbteilungsvertrag mit seinen Brüdern August und Friedrich 1635 das Fürstentum Calenberg einschließl. H. zugefallen war. Damit beginnt 1636 die Hauptstadtfunktion H.s. Der Residenzvertrag von 1636 (Sicherung der bisherigen städt. Privilegien, zugleich volle Entscheidungsfreiheit für den Landesherrn) führt zu Streitigkeiten mit dem Rat, die über ein Jahrhundert andauern. Ab 1637 Umbau des ehem. Franziskanerklosters in der Leinstraße zum herzogl. Regierungssitz (Leineschloß).

Georg V., König von Hannover, * 27. 5. 1819 Berlin, † 12. 6. 1878 Paris. Sohn von König Ernst August und Friederike. Von Jugend an kränkelnd, 1829 Erblindung des rechten, 1832 auch des linken Auges (durch

Georg V., König von Hannover

Yvonne Georgi (mit Harald Kreutzberg), Aufnahme 1929

Unfall). Heiratet 1843 Marie von Sachsen-Altenburg, wird 1851 König von Hannover. Intelligenz, Gedächtnis und Musikalität können die Blindheit nicht ausgleichen, Gottesgnadentum und hohe ethische Maßstäbe engen seine praktische Politik ein. Gegnerschaft zu Bismarck und großdeutsches Streben führen 1866 zur Annexion des Königreiches H. durch Preußen. G. geht ins Exil nach Österreich (Gmunden), zeitweilig nach Frankreich. Er liegt in Schloß Windsor (St. George's Chapel) begraben.

Georgi, Yvonne, * 29. 10. 1903 Leipzig, † 25. 1. 1975 Hannover; Tänzerin, Choreographin. Ausbildung in Hellerau und bei Mary Wigman in Dresden, 1924 Solotänzerin in Münster, 1925 in Gera, seit 1926 in H. Mit Harald Kreutzberg als langjährigem Partner Tourneen und Gründung einer Tanzschule. 1931 in Amsterdam, 1932–36 erneut in H., danach in Amsterdam Aufbau eines eigenen Balletts, mit dem sie 1939 in die USA geht. 1951–54 Ballettchefin in Düsseldorf, anschließend Leitung des Balletts in H. (bis 1970), 1959 Professur und Leiterin der Tanzabteilung der hann. Hochschule für Musik und Theater (bis 1973). Ihre Choreographien zielen auf die Synthese aus klass. Ballett und modernem Ausdruckstanz. Grab auf dem Stadtfriedhof Engesohde.

Gieseking, Walter, * 5. 11. 1895 Lyon, † 26. 2. 1956 London; Pianist, Klavierpädagoge. 1912–17 Ausbildung zum Konzertpianisten bei Karl Leimer in H., 1916–18 Regimentsmusiker. Seit 1920 Konzertauftritte in Deutschland und Europa, seit 1926 auch in den USA. Lebt mit Frau und Kindern in H., später in Wiesbaden. Eingeschränkte Konzerttätigkeit im und nach dem 2. Weltkrieg; ab 1953 wieder internationale Auftritte. Bes. geschätzt als

Mozart- und kongenialer Debussy-Interpret; hervorragender Klavierpädagoge.

Gleichmann, Otto, * 20. 8. 1887 Mainz, † 2. 11. 1963 Hannover; Maler, Zeichner. Aufgewachsen in Straßburg, Erfurt und Bielefeld, 1906–10 Studium in Düsseldorf, Breslau und Weimar, seit 1914 Kunsterzieher in Erfurt. 1915 heiratet er die Malerin Lotte Giese, anschließend Soldat in Rußland und Frankreich, 1916–18 Kriegslazarett und Militärdienst in H. 1916 erste Ausstellung im Kestner-Museum. 1918 führendes Mitglied der „Hannoverschen Sezession", seit 1923 Kunsterzieher in H. 1919 und 1921 drei Lithographien-Mappen (bei Flechtheim und Cassirer). Reisen nach Paris, Italien, Österreich, Holland, Belgien. Im Hause des Künstlerehepaares (Osterstraße) verkehren Arp, Klee, Dexel, Kandinsky, Schwitters, Küppers, von Garvens, Däubler, Tzara. 1932 Ausstellung der Kestner-Gesellschaft, ab ca. 1936 Ausstellungsverbot, vertreten 1937 bei der Münchener „Entartete Kunst"-Ausstellung der Nationalsozialisten.

Grotefend, Georg Friedrich, * 9. 6. 1775 Hann. Münden, † 15. 12. 1853 Hannover; Philologe, Lehrer. Studium der Theologie und Philologie in Göttingen, 1803 Eintritt in den Schuldienst, 1821–49 Leiter des hann. Lyzeums (das spätere Ratsgymnasium). Ausgelöst durch eine Wette, entschlüsselt G. 1802 die altpersische Keilschrift (4. 9. 1802 Bericht vor der Göttinger Gesellschaft der Wissenschaften). Hann. Ehrenbürger, Mitglied der Akademien der Wissenschaften in Göttingen, Berlin, London und Paris. Standbild in der Rathaushalle; Grab auf dem Gartenfriedhof.

Grupen, Christian Ulrich, * Juni 1692 Harburg, † 10. 5. 1767 Hannover; Bürgermeister. Seit 1715 als Rechtsanwalt in H., 1719 als gewählter Stadtsyndikus Eintritt in die Verwaltung. Seit 1725 Bürgermeister (einer von zwei „consules", die jährl. abwechselnd die Verantwortung trugen). Leistungen: grundlegende Organisation der Verwaltung sowie der Rechts- und Finanzverhältnisse der Stadt (Reaktivierung vergessener Privilegien), Schaffung einer Hypothekenregelung, Neueinrichtung des Stadtarchivs, Bau von Krankenhäusern, Erneuerung des „Schnellen Grabens". Gegen den Widerstand der Bürgerschaft betreibt er den Bau der Aegidien-Neustadt. Seine Amtszeit, in die auch der Siebenjährige Krieg fällt, ist insgesamt für H. eine Phase wirtschaftlicher Blüte und polit.ischer Stabilität.

Händel, Georg Friedrich, * 23. 2. 1685 Halle, † 14. 1. 1759 London, Komponist. Musikunterricht bei Fr. W. Zachow, Jurastudent und Organist in Halle. 1703 geht er nach Hamburg, studiert bei J. Mattheson und komponiert (3 Opern, darunter „Almira") Ab 1706 mehrjähriger Italienaufenthalt; in Florenz, später in Rom und Neapel entstehen weitere Opern und geistl. Werke. In Rom Freundschaft mit Agostino Steffani, der ihm die Stelle des Kapellmeisters am kurfürstl. Hof in H. vermittelt. Ab 1710 abwechselnd in H. und in London zur Vorbereitung der Urauff. seiner Oper „Rinaldo" (1711); zw. 1711/12 meistens in H.; hier komponiert er vor allem Kammermusik. Ab 1713 in London, seiner Hauptwirkungsstätte, ansässig.

Hase, Conrad Wilhelm, * 2. 10. 1818 Einbeck, † 28. 3. 1902 Hannover, Baumeister, Architekt. Zehntes Kind eines Steuereinnehmers. 1833–38 Ausbildung an der Hö-

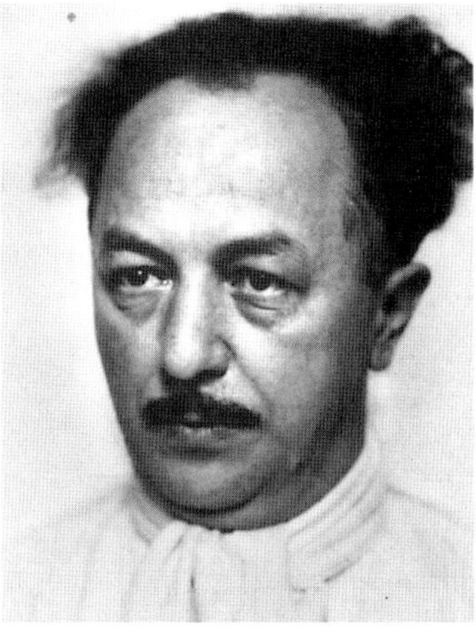

Otto Gleichmann,
Foto von Hugo Erfurth, 1932

Christian Ulrich Grupen

Conrad Wilhelm Hase, Lithographie von Schäfer, 1845

heren Gewerbeschule in H. (Stipendium), Anschluß an Vormärzkreis um Stadtbaumeister Andreae und J. H. Detmold. Maurerlehre, Wanderschaft, Arbeit in mehreren deutschen Städten. Seit 1849 Lehrer am Polytechnikum in H., 1878 Professur, 1882 Geheimer Regierungsrat. H. gilt als Begründer der „Hannoverschen Architekturschule". Bauwerke sollen „wahr", d. h. form- und materialgerecht, sein – eine Forderung auch der von ihm begründeten Bauhütte „Zum weißen Blatt"; sie besteht bis heute. Wichtige Werke (von 219 insgesamt) in H.: Künstlerhaus, Christuskirche, Apostelkirche, Marienburg bei Nordstemmen, vollendet von Edwin Oppler. Denkmal am „Künstlerhaus", Grab auf dem Stadtfriedhof Engesohde.

Caroline Herschel, Kupferstich, 1847

Hausmann, Bernhard, * 1. 5. 1784 Hannover, † 13. 3. 1873 Hannover; Unternehmer, Politiker, Kunstsammler. Übernimmt 19jährig die Gold- und Silbertressenmanufaktur des Vaters. Seit 1821 im Bürgervorsteherkollegium, 1838–44 dessen Wortführer sowie Mitglied der 2., später der 1. Kammer der Ständeversammlung. 1832 Mitgründer des Kunstvereins Hannover; seine eigene Sammlung von über 300 Gemälden (heute im Landesmuseum) erwirbt 1857 das hann. Königshaus. 1837 Mitglied der Eisenbahnkommission, seit 1843 als Mitglied der dreiköpfigen Eisenbahndirektion maßgeblich beteiligt an der Durchsetzung des neuen Verkehrsmittels; 1845 Baurat, 1852 Oberbaurat. „Erster Bürger der Stadt in der ersten Hälfte des Jahrhunderts" (Rischbieter). Memoiren „Erinnerungen aus dem 80jährigen Leben eines hannoverschen Bürgers" (1873). Grab auf dem Stadtfriedhof Engesohde.

Herschel, 1) Sir (seit 1816) **Friedrich Wilhelm,** * 15. 11. 1738 Hannover, † 25. 8. 1822 Slough/Windsor; Musiker, Astronom. Ausbildung zum Cellisten, 1757 Regimentsmusiker in England, später Organist in Halifax und Bath, wo er mit astronomischen Studien beginnt; entwickelt und baut Teleskope und Fernrohre. 1781 Entdeckung des Planeten Uranus. – **2) Caroline,** *16. 3. 1750 Hannover, † 9. 1. 1848 Hannover; Astronomin, Schwester von 1). Zunächst musikal. Ausbildung, 1772 folgt sie ihrem Bruder nach England, entwickelt Interesse für die Astronomie, als Assistentin Friedrich Wilhelms entdeckt sie 8 Kometen (von insges. 62, die im 18. Jh. gefunden werden). 1822 Rückkehr nach H., wo sie den „Zonenkatalog" der von ihrem Bruder gefundenen Gestirne vollendet; Mitglied der Astronomical Society und anderer wissenschaftl. Gesellschaften. Grab auf dem Gartenfriedhof.

Hindenburg, Paul von Beneckendorff und von, * 2. 10. 1847 Posen, † 2. 8. 1934 Neudeck (Westpreußen); Offizier, General. Nach Militärausbildung Teilnahme als Leutnant am Krieg von 1866, anschließend in H. im 3. Garderegiment, im Krieg von 1870/71, ab 1903 kommandierender General, 1911 Wohnsitz in Hannover. Mit Beginn des 1. Weltkriegs reaktiviert, zunächst Oberbefehlshaber der 8. Armee (Sieg bei Tannenberg 1914), dann Generalfeldmarschall, ab 1916 Chef der Obersten Heeresleitung; organisiert nach Kriegsende die Rückführung der deutschen Truppen. 1919 zieht er sich erneut nach Hannover zurück (Villa Bristoler Str. 6; 1909 von Emil Lorenz). Im April 1925 als Kandidat der Rechten zum Reichspräsidenten gewählt, Wiederwahl April 1932. Mit der

Berufung Hitlers 1933 zum Reichskanzler ebnet er dem Nationalsozialismus den Weg an die Macht.

Hirsch, Karl Jakob, * 13. 11. 1892 Hannover, † 8. 7. 1952 München; Maler, Schriftsteller. Vater Arzt, Besuch des Goethe-Gymnasiums und ab 1908 der Kunstgewerbeschule in H. Seit 1909 Studium der Malerei in München, 1912 in Worpswede, 1912–14 Parisaufenthalt, danach Atelier in Worpswede, 1915 Soldat in Berlin. Mitarbeit an expressionist. Zeitschriften, insbes. „Die Aktion", 1918 Mitglied der „Novembergruppe" und des „Rats geistiger Arbeiter" in Berlin, seit 1918 Bühnenbilder für die Volksbühne, nach 1925 Ausstattungsleiter der Jungen Bühne am Berliner Lessingtheater. 1925 Abkehr von der Malerei, Beginn der schriftstellerischen Laufbahn, 1931 Erfolgsroman „Kaiserwetter", dessen Handlung weitgehend in H. spielt, 1933 „Felix und Felicia" (unter Pseud. Karl Böttner). 1934 Emigration über die Schweiz nach New York, wo Hirsch (Pseud. Joe Gassner) mit publizist. und schriftstellerischer Arbeit notdürftig seinen Lebensunterhalt bestreitet. Konvertiert 1944 zum Protestantismus (Autobiogr. „Heimkehr zu Gott", 1946). 1948 Rückkehr nach Deutschland, Wohnsitz München. Seine Bemühungen, als Schriftsteller wieder Fuß zu fassen, scheitern.

Hölty, Ludwig Heinrich Christoph, * 21. 12. 1748 Mariensee (Kreis Neustadt), † 1. 9. 1776 Hannover; Dichter. Pastorensohn, 1765 Gymnasium in Celle, 1769 Studium in Göttingen (Theologie, Neuere Sprachen). 1771 durch G. A. Bürger in den Kreis um Boie und Voß eingeführt. Mitbegründer des „Göttinger Hain" (1772), Mitarbeit am „Göttinger Musenalmanach".

L. H. Chr. Hölty, Stahlstich

Karl Jakob Hirsch, Aufnahme 1911

Nach Abschluß des Studiums Privatgelehrter und Übersetzer in Göttingen. Im August 1775 Besuche bei Claudius, Klopstock und Voß in Hamburg und Wandsbek. Herbst 1775 Umzug nach H., wo J. G. Zimmermann Höltys Tbc-Erkrankung ohne Erfolg behandelt. Hölty stirbt im Haus Leinstr. 8. Bedeutender Lyriker im Übergang zum Sturm und Drang, neben Bürger erster deutscher Balladendichter (bes. Gespensterballaden), Beiname „Frühlingsdichter". Grab auf dem Nikolaifriedhof an der Goseriede verschollen; dort Hölty-Denkmal (1901 von O. Lüer und K. Gundelach).

Iffland, 1) Christian Philipp, * 17. 10. 1750 Hannover, † 19. 11. 1835 Hannover; Bürgermeister, Gerichtsdirektor. Jurastudium in Göttingen, enge Verbindung zu Leisewitz, Hölty, Bürger, Boie und Voß. 1792–1820 Bürgermeister in H., während der französischen Besetzung Hs. 1803–13 geschickter Verfechter der hann. Interessen gegenüber Militärverwaltung bzw. franz. Behörden. 1821–35 hann. Stadtgerichtsdirektor. Grabmal auf dem Gartenfriedhof. – **2) August Wilhelm,** * 19. 4. 1759 Hannover, † 22. 9. 1814 Berlin; Schauspieler, Theaterleiter, Bühnenautor. Bruder von 1), entflieht 1777 dem bürgerl. Milieu und geht zum Theater, zunächst Gotha und Mannheim (erster Franz Moor), später Berlin, wo er 1796 Direktor des Kgl. Preuß. Nationaltheaters, 1811 Generaldirektor der Kgl. Schauspiele wird. Nach Kotzebue meistgespielter Bühnenautor seiner Zeit, Autor von rd. 65 Theaterstücken.

Jatho, Karl, * 3. 2. 1873 Hannover, † 8. 12. 1933 Hannover; Flugpionier. Besuch des Realgymnasiums, Beamtenlaufbahn; Hochrad-Kunstfahrer auf selbstkonstruierten Rädern. Baut 1886 erstmals einen

Joseph Joachim

Gleitflieger, wenig später einen Doppeldecker, konstruiert flachgewölbte Flügelprofile und Propeller. Am 18. 8. 1903 (vier Monate vor den Brüdern Wright) in der Vahrenwalder Heide erster Motorflug (franz. 12-PS-Motor, 18 m weit, Flughöhe ca. 1 m) in einem selbstgesteuerten Flugzeug; ab 1907 Rundflüge im Jatho-Eindecker über H. Gründet Deutschlands erste Flieger-Schule und die „Hannoverschen Flugzeugwerke". Trotz großer Verdienste keine internationale Anerkennung. Gedenkstein (von Georg Herting, 1872–1951) vor dem Flughafen-Verwaltungsgebäude in Langenhagen, Grab auf dem Stadtfriedhof Engesohde.

Joachim, Joseph, * 28. 6. 1831 Kittsee/Preßburg, † 15. 8. 1907 Berlin, Violinvirtuose. Erste Auftritte mit 7 Jahren, 1843 erstmals in einem Leipziger Gewandhaus-Konzert, von Felix Mendelssohn gefördert, 1849 Konzertmeister in Weimar, Begegnung mit Franz Liszt. Seit 1853 in H., wo er seine Frau, die Altistin Amalie Weiß (1839–98), kennenlernt; hier zunächst Konzertmeister, ab 1859 Konzertdirektor. 1866 Direktor der neuen Hochschule für Musik in Berlin, nach Umstrukturierung gehört er dem Direktorium an. Berühmte Instrumentalisten entstammen seiner Schule, das von ihm gegründete Joachim-Quartett erlangt Weltgeltung. Befreundet mit J. Brahms, der wie Bruch und Dvorák für ihn ein Violinkonzert schreibt; viele klassische Stücke (insbes. Violinkonzert und Quartette Beethovens) werden durch ihn populär.

Johann Friedrich, Herzog zu Braunschweig und Lüneburg, * 25. 4. 1625 Herzberg, † 28. 12. 1679 Augsburg, auf einer Reise nach Venedig; hann. Regent 1665–79, 3. Sohn Georgs von Calenberg. Übertritt zum Katholizismus. Nach dem Tode seines Bruders Christian Ludwig fällt ihm das Fürstentum Calenberg zu. Wichtige Entscheidungen: Herrenhausen wird Sommerresidenz (seit 1666), Anfänge des Großen Gartens und des Berggartens, schließlich (1676) Anlegung eines Wildparks (heute Tiergarten) in der Gemarkung Kirchrode. 1676 Leibniz als Hofrat und Bibliothekar nach H. berufen.

Jünger, 1) Ernst, * 29. 3. 1895 Heidelberg; Schriftsteller. Sohn eines Apothekers, in H. und am Steinhuder Meer aufgewachsen, 1913 als Gymnasiast zur Fremdenlegion, 1914 Kriegsfreiwilliger, Leutnant an der Westfront, 1919–23 Mitgl. der Reichswehr, ab 1925 Studium (Naturwiss., Philosophie) in Leipzig, als freier Schriftsteller in Berlin, Goslar, Überlingen, 1937–39 und 1945–47 in Kirchhorst („Auf den Marmorklippen", 1939; mehrere Tagebücher, darunter „Kirchhorster Blätter", 1948), danach in Ravensburg und an der Schwäbischen Alb. Im 2. Weltkrieg Hauptmann in Frankreich (Paris), 1944 wegen „Wehruntüchtigkeit" entlassen. Als Erzähler und Essayist hochgeschätzt, politisch umstritten; sein Werk (insbes. Tagebücher) spiegelt die geistige und politische Entwicklung Deutschlands im 20. Jh. – **2) Friedrich Georg,** 1. 9. 1898 Hannover, † 20. 7. 1977 Überlingen; Schriftsteller. Bruder von 1), Jugend in H. und am Steinhuder Meer, Teilnehmer am 1. Weltkrieg, in Flandern schwer verwundet, nach 1920 Jurastudium in Leipzig und Halle, ab 1926 freier Schriftsteller und Publizist vor allem in Berlin, später in Überlingen/Bodensee. Lyriker, Erzähler, zeit- und kulturkrit. Essayist.

Jürgens, Grethe, * 15. 2. 1899 Holzhausen/Osnabrück, † 8. 5. 1981 Hannover; Malerin. Kindheit/Jugend in Wilhelmshaven, 1918 Architekturstudium in Berlin,

Johann Friedrich, Herzog zu Braunschweig und Lüneburg, von Nanteuil (nach Jean Michelin), 1674

Grethe Jürgens, Selbstbildnis, 1944

1919–22 Studium an der Kunstgewerbeschule H. bei Fritz Burger-Mühlfeld, danach (bis 1927) Zeichnerin beim Hackethal Draht- und Kabelwerk in H. und bei der Wirtschaftszeitung „Der Manufakturist". Seit 1929 freie Malerin, der Neuen Sachlichkeit verpflichtet, und Buchillustratorin, beteiligt an Ausstellungen des hann. Kunstvereins und der Gedok Hannover, Herausgeberin der Zeitschrift „Wachsbogen" (1931/32). 1951 Einzelausstellung im Wilhelm-Busch-Museum, zahlreiche Ausstellungsbeteiligungen.

Karmarsch, Karl, * 17. 10. 1803 Wien, † 24. 3. 1879 Hannover; Technologe. Mit 16 Jahren bereits Assistent am Polytechnischen Institut in Wien. 1831 als Hauptlehrer für Chemie und Direktor an die neu gegründete Höhere Gewerbeschule (später Polytechnische Schule, ab 1879 Technische Hochschule Hannover) berufen (bis 1875). Daneben seit 1840 ordentl. Professor in Tübingen, 1846 hann. Ehrenbürger, 1856 Dr. phil. h. c. in Göttingen, 1875 Pensionierung. Wichtige Veröffentlichungen insbes. über Maschinenbau, bedeutendster deutscher Technologe des 19. Jh. Denkmal (von Oskar Rassau) an der Georgstraße, Grab auf dem Stadtfriedhof Engesohde.

Kaulbach, Friedrich, * 8. 7. 1822 Arolsen, † 5. 9. 1903 Hannover; Maler. Aus Künstlerfamilie stammend, zeichnet mit 9, malt mit 12 Jahren Porträts und trägt zum Unterhalt der Familie bei. 1838–43 Studium der Malerei bei seinem Vetter Wilhelm K. (ab 1849 Direktor der Akademie) in München, 1844 Aufenthalt in Venedig. Danach freier Maler, vornehmlich Historienbilder in naturalistischem Stil und Porträts. 1856 von Georg V. nach H. berufen, hier „Die hannoversche Königsfamilie" (1860) und „Julia Capulets Hochzeitsmorgen" (1862/1902). In seinem Atelierhaus Waterloostr. 1 verkehren Brahms, Clara Schumann, Liszt, von Wildenbruch, Anton Rubinstein, Bodenstedt. Grab auf dem Stadtfriedhof Engesohde.

Kersting, Johann Adam, * 11. 4. 1727 Liebenau/Hofgeismar, † 3. 4. 1784 Hannover; Tierarzt. 1737 Konditorlehrling in Kassel, 1742 Lehre als Hufschmied, Arbeit bei seinem Vater, dem Hufschmied, Wund- und Roßarzt Johann Georg Kersting. Seit 1756 Schmied in Kassel bei Erbprinz (später Landgraf) Friedrich von Hessen. 1760 erscheint als künftiges Standardwerk sein Buch „Sicherer und erfahrener Huf- und Reitschmied". 1777 von Georg III. mit dem Aufbau einer „auf den Umfang einer Vieh-Arzeney-Schule zu erstreckenden Roß-

Karl Karmarsch, Lithographie

Friedrich Kaulbach, Selbstbildnis, 1862

August Kestner, Ölbild von Wilhelm Tischbein, um 1810

Arzeney-Schule" beauftragt. Weil Landgraf Friedrich ihn nicht freigibt, flieht er 1778 nach Hannover, wo er als Oberpferdearzt und Lehrer die Schule (heute Tierärztliche Hochschule) aufbaut.

Kestner, 1) Charlotte, geb. Buff, *11. 1. 1753 Wetzlar, † 16. 1. 1828 Hannover. Zweites von 16 Kindern eines Deutschordens-Amtmannes, 1768 Verlobung mit dem 12 Jahre älteren Johann Christian Kestner, Gesandtschaftssekretär bei Hofrat Falcke aus H. Mai 1772 Begegnung mit Goethe (Praktikant am Reichskammergericht Wetzlar), dessen Neigung zu ihr in seinem Briefroman „Die Leiden des jungen Werthers" (1774) Ausdruck gefunden hat. Als „Werthers Lotte" wird Ch. B. zur literarischen Gestalt. Sie heiratet 1773 und bringt 12 Kinder zur Welt, ihren Mann († 1800, Lüneburg) überlebt sie um fast drei Jahrzehnte. Grab auf dem Gartenfriedhof. – **2) August,** 28. 11. 1777 Hannover, † 5. 3. 1853 Rom, Sohn von 1); Diplomat, Kunstforscher, -sammler. Jugend in H., seit 1817 in Rom als hann. Gesandtschaftssekretär beim Vatikan, später Ministerresident, sammelt Kunst und Kunsthandwerk der Antike, 1829 Gründung des dt. Archäologischen Instituts in Rom, seit 1838 dessen Vorsitzender. Seine umfangreiche Kunstsammlung, der Stadt 1884 von seinem Neffen Hermann Kestner überlassen, wird (zus. mit der 1887 erworbenen Sammlung von Culemann) Grundstock des 1889 eröffneten Kestner-Museums.

Knigge, Adolph Freiherr, * 16. 10. 1752 Schloß Bredenbeck/Hannover, † 6. 5. 1796 Bremen; Schriftsteller. Erziehung durch Privatlehrer, 1769–72 Jurastudium in Göttingen, anschließend Assessor in Kassel (Kriegs- und Domänenkammer), 1777 Kammerherr in Hanau (auf Empfehlung Goethes), 1780 in Frankfurt a. M. Ab 1783 als Schriftsteller in Heidelberg, später in H., seit 1790 Oberhauptmann der braunschweig-lüneburgischen Regierung in Bremen, zugleich Scholarch der Bremer Domschule. Verfasser satirischer, didaktischer, politisch-pädagogischer Schriften, auch (Reise-)Romane und Erzählungen; von nachhaltiger Wirkung „Über den Umgang mit Menschen" (1788 in Hannover erschienen).

Körting, 1) Berthold, * 6. 7. 1839 Hannover, † 6. 4. 1919 Hannover; Unternehmer. Nach der Lehre zunächst u. a. in der Baumwollspinnerei und Weberei in Linden beschäftigt. 1871 Gründung (zus. mit 2) der Firma „Gebrüder Körting" in H., die Strahlapparate, Injektoren und Dampfstrahlpumpen herstellt. – **2) Ernst,** * 12. 2. 1842 Hannover, † 4. 1. 1921 Pegli (Italien); Ingenieur, Erfinder, Unternehmer; Bruder von 1). 1858–64 Maschinenbaustudium am Polytechnikum in H., anschließend als Ingenieur in Pisa und Zürich, verschiedene Erfindungen, darunter Injektor (patentiert 1869). Rückkehr nach H. Dank seiner Erfindungen rasche Expansion der Firma, Niederlassungen in London, Wien, Paris, Zweigstellen in Petersburg, Mailand, Genua, Barcelona. 1890 Fertigstellung der heutigen Fabrikanlage an der Badenstedter Straße, Bau der Arbeitersiedlung „Körtingsdorf", einschl. einer Schule.

Krasselt, Rudolf, * 1. 1. 1879 Baden-Baden, † 12. 4. 1954 Andernach; Cellist, Kapellmeister, Intendant. Zunächst Ausbildung zum Cellisten, Engagements bei

Rudolf Krasselt, Fotografie von Albert Meyer, 1929

den Wiener Philharmonikern, in Boston, Berlin und bei den Bayreuther Festspielen. 1911 Wechsel in die Dirigentenlaufbahn, zunächst in Kiel, dann 12 Jahre erster Kapellmeister am „Deutschen Opernhaus" in Berlin-Charlottenburg. 1924 (bis zur Zwangspensionierung durch die Nazis 1943) Generalmusikdirektor der Städtischen Oper Hannover. Intensives Bemühen um zeitgenössische Musik (10 Urauff., zahlreiche deutsche Erstauff.), Vorliebe für die Musik von Strauss, Puccini und insbes. Ermanno Wolf-Ferrari, aber auch ein autoritärer Führungsstil kennzeichnen seine Intendanz. Die „Ära Krasselt" gilt als eine Glanzzeit in der rd. 300jährigen Geschichte des hann. Opernhauses.

Laves, Georg Ludwig Friedrich, *17. 12. 1788 Uslar (Solling), † 30. 4. 1864 Hannover; Baumeister und Architekt, Stadtplaner. 1804–07 Studium an der Kunstakademie in Kassel, dann der Mathematik in Göttingen, 1809 Eintritt in die Bauverwaltung Kassel, seit 1812 Hofbauverwalter in H. Studienreisen, finanziert vom kgl. Hof, nach Frankreich und Italien, 1816 Hofbaumeister, 1852 Oberhofbaudirektor. Heiratet 1822 Wilhelmine Kestner, die Enkelin Charlotte Kestners. Arbeiten in H. (als Umbaumaßnahmen) Leineschloß, Schloß Herrenhausen, Aegidienkirche; (als Neubauten) Waterloosäule, Wangenheimpalais, Bibliothekspavillon, Laveshaus (Wohnhaus), Mausoleum Herrenhausen, Hoftheater (Opernhaus), Palmenhaus; Planung insbes. des Bahnhofsplatzes und der Ernst-August-Stadt. Klassizist. Architekt und ideenreicher Stadtplaner, dessen Wirken bis heute vielerorts im Stadtbild sichtbar ist. Grab auf dem Stadtfriedhof Engesohde.

Georg Ludwig Friedrich Laves, Zeichn. v. Conrad Wilhelm Ahrbeck, 1823

Gottfried Wilhelm Leibniz, Ölbild, Kopie nach Andreas Scheits

Leibniz, Gottfried Wilhelm, * 1. 7. 1646 Leipzig, † 14. 11. 1716 Hannover; Philosoph, Mathematiker, Physiker, Jurist, Sprach- und Geschichtsforscher. Studium (Jura, Philosophie) in Leipzig und Jena, 1667 Dr. jur in Altdorf, danach am Hof des Kurfürsten Johann Philipp von Mainz, Reisen nach Paris und London, wo er den bedeutendsten Gelehrten seiner Zeit begegnet. 1776 als Rat und Leiter der Bibliothek (heute Nds. Landesbibliothek) von Herzog Johann Friedrich an den hann. Hof berufen, dem er 40 Jahre bis zu seinem Tod dient. Befreundet mit Kurfürstin Sophie und deren Tochter Sophie Charlotte, der späteren preuß. Königin. Seit 1691 leitet er auch die Bibliothek in Wolfenbüttel, 1696 wird ihm der Titel des Geheimen Justizrats verliehen, im Auftrag Kurfürsts Ernst August schreibt er die Geschichte des Welfenhauses („Annales imperii occidentis Brunsvicenses"). Gründet 1700 die „Sozietät der Wissenschaften" (später „Preuß. Akademie der Wissenschaften") in Berlin. Zu seinen Leistungen zählen ferner die Entwicklung der Differential- und Intregralrechnung, der Entwurf des binären Zahlensystems, die Konstruktion einer Rechenmaschine. In der Philosophie entwickelt er eine rationalistische Erkenntnistheorie, wobei er Technik und Wissenschaft mit dem christl. Glauben zu verbinden sucht; zukunftweisend auch seine Bemühungen um eine Universalsprache, um die Versöhnung der beiden christl. Konfessionen sowie um eine kritische Geschichtsschreibung und die Modernisierung des Bibliothekswesens. Leibniztempel im Georgengarten (Originalbüste im Technologie-Centrum Hannover in der Vahrenwalder Straße), Grabstätte in der Neustädter St.-Johannis-Kirche.

Lessing, Theodor, * 8. 2. 1872 Hannover, † 30. 8. 1933 Marienbad; Philosoph, Schriftsteller. Sohn des Arztes Sigmund L. Nach Schulbesuch in H. und Abitur in Hameln seit 1892 Studium der Medizin in Freiburg i. Br. und Bonn. 1899 Promotion (Dr. phil.) in Erlangen. Zwischen 1896 und 1906 lebt und arbeitet L. in München, Gießen, Dresden und Hannover, 1907 Habilitation, 1908 Privatdozent an der TH Hannover. Heiratet in 2. Ehe 1912 Adele (Ada) Grote-Abbenthern. Im 1. Weltkrieg Lehrer und Lazarettarzt, seit 1918 Lehrtätigkeit in H., wo er 1920 die „Freie Volkshochschule" in Hannover-Linden gründet, Ada L. wird deren erste Geschäftsführerin (bis 1933). 1922 außerordentl. Professur, daneben freier Mitarbeiter beim „Prager Tagblatt", 1923 Lehrauftrag für Philosophie der Naturwissenschaften in H., hier seit 1925 antisemitische Angriffe wegen seiner offenen Berichterstattung über den Haarmann-Prozeß und seiner Kritik an Hindenburg. 1926 zur Aufgabe seiner Lehrtätigkeit gezwungen, 1933 Exil in Marienbad, wo er von sudetendeutschen Nationalsozialisten ermordet wird. Grabstätte auf dem jüd. Friedhof in Marienbad.

Lilje, Hanns, * 20. 8. 1899 Hannover, † 6. 1. 1977 Hannover, hann. Landesbischof. Sohn eines Diakons, Besuch der Leibnizschule, 1917/18 Soldat an der Westfront, 1918–22 Studium in Göttingen und Leipzig (Theologie, Kunstgeschichte), anschließend Predigerseminar in Loccum, 1924 Ordination. Zweijährige Tätigkeit als Studentenpfarrer, dann Generalsekretär der Deutschen Christlichen Studentenvereinigung, 1932 Promotion in Zürich. 1935–47

Hanns Lilje

El Lissitzky, Aufnahme der 20er Jahre

Generalsekretär des Lutherischen Weltkonvents, Mitbegründer der Bekennenden Kirche, beteiligt am Widerstand gegen Hitler, 1944/45 Gestapohaft in Berlin und Nürnberg. 1947–71 Bischof der hann. Landeskirche, von 1950 an auch Abt des Klosters Loccum. Lilje macht H. zur „heimlichen Hauptstadt" des Protestantismus. Begraben in der Stiftskirche Loccum.

Lissitzky, El (für Lazar), * 23. 11. 1890 Potschinok/Bezirk Smolensk, † 30. 12. 1941 Moskau; Maler, Architekt. Realgym nasium in Smolensk, 1909 Architekturstudium in Darmstadt, 1912–14 Aufenthalte in Paris und in Italien, nach dem Ausbruch des 1. Weltkriegs Rückkehr nach Moskau, Assistent in Architekturbüros, 1918 Architekturdiplom, 1919 Leiter der Werkstatt für Graphik, Druck und Architektur an der Witebsker Hochschule, Begegnung mit Chagall, Hinwendung zum Suprematismus. 1921 Leiter der Architekturfakultät der Höheren Künstlerisch-Technischen Werkstätten in Moskau. Seit 1922 überwiegend in Deutschland, vor allem in Berlin, ab 1923 sporadische Aufenthalte auch in H. (Atelier in den Räumen der Kestner-Gesellschaft), heiratet 1927 Sophie Küppers. Enge Kontakte zur hann. Kunst-Avantgarde, insbes. zu Schwitters. Es entstehen u. a. das MERZ-Heft 8/9 (1924), die „1. Kestnermappe", die Figurinenmappe „Sieg über die Sonne", das „Kabinett der Abstrakten" (1926/27) für das Provinzialmuseum, außerdem Möbelentwürfe, Architekturprojekte, typographische Arbeiten. Bis 1930 ist seine raumgestalterische Arbeit bei (Kunst-)Ausstellungen und Messen in den Metropolen Europas gefragt. Danach Rückzug in die Sowjetunion, von der stalinistischen Propaganda vereinnahmt.

Löns, Hermann, * 29. 8. 1866 Kulm (Westpreußen), † 26. 9. 1914 gefallen bei Reims; Journalist, Schriftsteller. Zunächst Medizinstudium (abgebrochen), dann Journalist, heiratet 1893 Elisabeth Erbek in H., Anstellung als Reporter beim gerade gegründeten „Hannoverschen Anzeiger", dort und in anderen hann. Blättern Glossen und humorvolle Gedichte unter Pseudonymen (Fritz von der Leine, Ulenspeigel, Aadje Ziesenis); bis 1909 bei mehreren anderen Zeitungen. Danach verstärkt schriftstellerische Aktivität, produktive Anfangsphase mit 6 fast gleichzeitig erscheinenden Tiergeschichten und Naturschilderungen, darunter „Mein blaues Buch", „Mümmelmann", „Aus Wald und Heide", „Dahinten in der Heide" (alle 1909). Seine Geschichten, Romane, Gedichte, Lieder sichern dem „Heidedichter" bis heute Popularität. Grab seit 1934 in der Lüneburger Heide bei Fallingbostel. – Löns-Archiv in der hann. Stadtbibliothek.

Madsack, 1) August, * 12. 12. 1856 Hirschfeld (oder Zallerfelde) im Kreis Preußisch-Holland/Ostpreußen, † 8. 2. 1933 Hannover; Zeitungsverleger. Besuch einer Dorfschule, anschließend Buchdruckerlehre und Gesellenprüfung, Arbeit in verschiedenen Druckereien ostpreußischer Kleinstädte, dann Militärzeit. Danach Mitarbeiter der deutschsprachigen Tageszeitung „St. Petersburg Herold", schließlich Verlagsleiter in Riga. 1891 Rückkehr mit seiner Familie nach Deutschland, Ende 1891 Gründung einer eigenen Verlagsgesellschaft in H., die vom 1. März 1893 an den „Hannoverschen Anzeiger" herausbringt, nach kurzer Zeit die größte Tageszeitung Norddeutschlands. 1928 Fertigstellung des Anzeiger-Hochhauses (Fritz Höger), des zu jener Zeit modernsten Verlagsgebäudes Deutschlands. Grab auf dem Stöckener Friedhof. – **2) Erich,** * 1889 Hannover, † 8. 1. 1969 Hannover; Sohn von 1), Zeitungsverleger. Studium, Promotion. 1918 Feuilletonchef, 1920 Chefredakteur des „Hannoverschen Anzeigers". 1933 Übernahme der Verlagsleitung.

Marahrens, D. August, * 11. 10. 1875 Hannover, † 3. 5 1950 Loccum; hann. Landesbischof. Theologiestudium in Göttingen und Erlangen, 1903 Ordination, 1904 Prediger und Konsistorialassessor an der Schloßkirche in H.. Im 1. Weltkrieg Lazarettpfarrer, in belg. Kriegsgefangenschaft. Ab 1920 Superintendent in Einbeck, ab 1922 Generalsuperintendent in Stade. 1925 wird er erster Bischof der hann. Landeskirche, 1935 Präsident des Lutherischen Weltkongresses. Heftig kritisiert wegen seiner „unpolitischen" Haltung während des Hitler-Regimes. 1947 Rücktritt, bis zum Lebensende Abt im Kloster Loccum.

Marschner, Heinrich August, * 16. 8. 1795 Zittau, † 14. 12. 1861 Hannover; Komponist, hann. Hofkapellmeister. Studium in Leipzig und Wien, zunächst Jura, dann Musik. Begegnung mit Beethoven, geht als Musiklehrer nach Preßburg, wo er zu komponieren beginnt. 1820 Auff. seiner frühen Oper „Heinrich IV. und D'Aubigné" in Dresden (unter C. M. von Weber), 1822–26 Kapellmeister in Dresden, danach in Leipzig; zwei romantische Opern – „Der Vampyr" (1828), „Der Templer und die Jüdin" (1829) – machen ihn populär. Seit 1831 bis zu seiner Pensionierung 1859 Hofkapellmeister in H. Hier entsteht seine

Hermann Löns

Heinrich Marschner

bedeutendste Oper „Hans Heiling“ (Urauff. 1833, Berlin). Querelen mit der hann. Obrigkeit aufgrund seiner liberalen polit. Einstellung; zum ersten hann. Generalmusikdirektor ernannt, wird er in den Ruhestand versetzt. Denkmal an der Georgstraße, Grabstätte auf dem Neustädter Friedhof.

Menge, Arthur, * 2. 4. 1884 Hannover, † 16. 5. 1965 bei Bellinzona (Schweiz) im Zug auf der Rückreise von Ascona nach Hannover; hann. Oberbürgermeister. Nach Besuch des Real- und des Ratsgymnasiums Jurastudium, anschließend als Assessor in der hann. Stadtverwaltung, ab 1914 Senator beim Magistrat, wo er die Dezernate für Industrie, Wirtschaft und Ernährung leitet. Revolution von 1918 zwingt ihn (wie H. Tramm) zum Ausscheiden aus dem Verwaltungsamt. M. wird Direktor der Hannoverschen Straßenbahn; 1919 im Bürgervorsteherkollegium, 1924 dessen „Worthalter“ (Vorsitzender), 1925–37 hann. Oberbürgermeister; er behauptet sich als „Konservativer“ trotz absoluter Mehrheit der SPD ab 1929 und auch nach 1933 angesichts der aufkommenden NS-Herrschaft. In seiner Amtszeit Bau des Maschsees (1934–36 als Arbeitsbeschaffungsprogramm), Anlage des Hermann-Löns-Parks und Erwerb der Herrenhäuser Gärten. Beteiligt am Widerstand gegen Hitler, nach dem 20. Juli 1944 verhaftet, nach der Verurteilung im Febr. 1945 bis zum Kriegsende im Brandenburger Zuchthaus. Familiengrab auf dem Stadtfriedhof Engesohde.

Arthur Menge, um 1925

Karl Philipp Moritz

Morawietz, Kurt, * 11. 5. 1930 Hannover, † 16. 7. 1994 Hannover; Schriftsteller. Jugend und Verwaltungslehre 1944–46 in H., seit 1962 als Mitarbeiter im Kulturamt engagierter Förderer der hann. Literaturszene. 1955 Gründung der Literaturzeitschrift „die horen“, deren Herausgeber bzw. Mitherausgeber er bis zu seinem Tode blieb. 1969 Mitbegründer der Karl-May-Gesellschaft, 1978 Initiator des Lyrik-Telefons in H., seit 1982 Mitglied des internationalen P.E.N, 1980 und 1988 Alfred-Kerr-Preis für die „horen“-Redaktion; 1991 Niedersachsen-Staatspreis für Literatur. Zahlr. eigene Publikationen, darunter Lyrik, Kurzprosa, Romane sowie literatur- und kulturgeschichtl. Werke (Biographie Gerrit Engelke, Essays über Leibniz, Abhandl. über Herrenhausen). Grab auf dem Stadtfriedhof Stöcken.

Moritz, Karl Philipp, * 15. 9. 1756 Hameln, † 26. 6. 1793 Berlin; Dichter. Sohn eines Musikers, pietistisch, in ärml. Verhältnissen in Hameln und H. aufgewachsen. Hutmacherlehre in Braunschweig, dann am Gymnasium in H. (Mitschüler A. W. Ifflands), schließlich als Schauspieler bei Wandertruppen und am Theater in Gotha. Studium der Theologie in Erfurt und Wittenberg, Hilfslehrer in Dessau, ab 1778 Lehrer in Potsdam und Berlin (Gymnasium zum Grauen Kloster), erfolglose Bewerbung um die Direktorenstelle am Städt. Gymnasium in H. Seit 1784 Prof. am Köllnischen Gymnasium, Berlin, und Schriftleiter der „Vossischen Zeitung“, 1789 Prof. für Altertumskunde an der Berliner Kunstakademie. Reisen nach England (1786) und Italien (1788), zeitweilig enger Kontakt zu Goethe. Außer epischen Werken Schriften zur Psychologie und Ästhetik. In seinem

Hauptwerk „Anton Reiser", dem ersten großen Entwicklungsroman in dt. Sprache, schildert M. u. a. seine Jugend in H.

Oesterley, Carl Wilhelm, * 22. 6. 1805 Göttingen, † 28. 3. 1891 Hannover; Porträtmaler. 1824 Studium in Göttingen (Dr. phil.), anschließend Kunstakademie Dresden und zweijähriger Romaufenthalt, 1831 Prof. für Kunstgeschichte in Göttingen. Seit 1845 Hofmaler Ernst Augusts in Hannover. Erwirbt beim Abbruch 1851 die Renaissancefassade des „Hauses der Väter" (Reste in der Leinstraße) und verwendet sie 1852 beim Bau seines Wohnhauses.

Oppler, Edwin, * 18. 6. 1831 Oels/Breslau, † 6. 9. 1880 Hannover; Architekt. 1849–53 Studium der Mathematik und Baukunst an der Polytechnischen Schule in Hannover. Zunächst Schüler, dann Mitarbeiter von Conrad Wilhelm Hase. 1856 Bildungsreise nach Brüssel und Paris (zu Viollet-le-Duc). 1861 freier Architekt in Hannover, erhält 1863 das Bürgerrecht. O. zählt zu den führenden Vertretern der „Hannoverschen Schule", erhält Aufträge aus ganz Deutschland. 1864–70 Bau der Neuen Synagoge, die beim Pogrom des 9./10. 11. 1938 zerstört wird (Modell im Hist. Museum). Von seinen Bauten in H. nur die Predigthalle auf dem Friedhof An der Strangriede erhalten; die Marienburg bei Nordstemmen zeigt seine Innenarchitektur. Grab auf dem Jüdischen Friedhof An der Strangriede.

Ramberg, Johann Heinrich, * 22. 7. 1763 Hannover, † 6. 7. 1840 Hannover; Maler, Zeichner. Sohn Johann Daniel R.s, von dem der Entwurf des Leibniztempels stammt. Ab 1781 Ausbildung an der Londoner Kunstakademie, von König Georg III.

Edwin Oppler

Johann Heinrich Ramberg, Lithographie von Julius Giere, 1838

gefördert, 1790 Reisestipendium für Italien. 1789 Vorhang des Hoftheaters (beim Opernhausbrand 1943 vernichtet). Seit 1793 „Hof- und Cabinettsmaler". Karikatur und Genrebild, beliebter Illustrator in Al-manachen und Taschenbüchern. Grab auf dem Gartenfriedhof (neben dem des Vaters).

Rasche, Friedrich, * 7. 5. 1900 Radeberg/Dresden, † 27. 3. 1965 Hannover; Schriftsteller. Sohn eines Malers, studiert in Leipzig Theologie, Philosophie, Germanistik, Kunstgeschichte, Theaterwissenschaft, 1924 Promotion („Pessimismus Schopenhauers und das Wertproblem"). Danach journalist. tätig, ab 1926 in Hannover beim „Hann. Anzeiger" als Kunst- und Theaterkritiker. Nach 1935 mehrf. Schreibverbot, schließl. Berufsverbot. Nach 1945 Leiter des Feuilletons der „Hann. Presse", zuletzt dort stellvertrender Chefredakteur. Mitglied des P.E.N., des nds. Schriftstellerverbandes und Vertreter Niedersachsens im Hauptausschuß der Filmbewertungsstelle der Länder in Wiesbaden. Von ihm zwei Lyrikbände (1936, 1949) sowie „Die Gehenkten" (5 Novellen, 1948), Herausgeber zahlr. Publikationen.

Rumann, Rudolph Wilhelm Philipp, *18. 7. 1784 Celle, † 18. 10. 1857 Hannover; hann. Stadtdirektor. Zunächst Hof- und Kanzleirat bei der hann. Justizkanzlei, erstreitet 1813 in Paris 1 Mio. Taler Kriegsentschädigung für das Königreich Hannover. 1824–43 Stadtdirektor, in seiner Amtszeit Vereinigung der Calenberger Neustadt mit der Altstadt, mehrere öffentl. Bauten: Rathaus-Neubau, Bau eines neuen Schützenhauses (Laves), Bau eines Städt. Kran-

Rudolph Wilhelm Philipp Rumann, Lithographie von Julius Giere, 1839

kenhauses (heute Hautklinik Linden), Bau der „Höheren Bürgerschule"; als erste Stadt auf dem Kontinent erhält Hannover eine Gasbeleuchtung. 1839 Suspendierung vom Amt wegen Widerstand gegen die Aufhebung des Staatsgrundgesetzes durch König Ernst August. Grab auf dem Gartenfriedhof.

Schlegel, 1) Johann Adolf, * 18. 9. 1721 Meißen, † 16. 9. 1793 Hannover; Theologe, Pädagoge, Dichter; Vater von 2) und 3). Studierte Theologie in Leipzig, 1751 Diakonus und Lehrer in Schulpforta, 1754 Oberpfarrer und Professor in Zerbst. 1759 wird er in H. Pfarrer an der Marktkirche, später Generalsuperintendent. – **2) August Wilhelm** (seit 1815) **von,** * 5. 9. 1767 Hannover, † 12. 5. 1845 Bonn, Literaturwissenschaftler, Dichter. Schüler des hann. Lyzeums, 1786 Studium der Theologie, später der Philologie in Göttingen, Kontakt zu Bürger und Heyne. 1791–95 Hauslehrer in Amsterdam und Jena, dort Mitarbeit an Schillers „Horen", dem „Musen-Almanach" und der Jenaer „Allgemeinen Literatur-Zeitung". 1796 Habilitation, 1798 Professur in Jena, 1798–1800 zus. mit 3) Herausgabe der Romantik-Zeitschrift „Athenaeum", 1801 Privatgelehrter in Berlin. Seit 1804 Reisebegleiter und lit. Berater von Madame de Staël, 1812 flieht er mit ihr vor Napoleon, 1815 bis zu ihrem Tod 1817 in Paris. Seit 1818 in Bonn, Prof. für Kunst- und Literaturgeschichte, Lehrer u. a. von H. Heine. Bahnbrechend seine Shakespeare-Übersetzungen. – **3) Friedrich** (seit 1815) **von,** * 10. 3. 1772 Hannover, † 12. 1. 1829 Dresden; Bruder von 2), Dichter, Literaturwissenschaftler. Schulzeit in H., Kaufmannslehre in Leipzig, 1790 Studium (Jura) in Göttingen, 1791–94 der Philosophie, Altphilologie und Kunstgeschichte in Leipzig, anschließend in Berlin, Freundschaft mit Schleiermacher und Dorothea Veit, Tochter Moses Mendelssohns, die er 1804 heiratet. Ab 1796 in Jena, Kontakte zu Novalis und Tieck, Bruch mit Schiller, Mitarbeit an Wielands „Teutschem Merkur" und an der „Berliner Monatsschrift", mit 2) Herausgabe der Zeitschrift „Athenaeum". 1801 Habilitation und Privatdozent in Jena, 1802–04 mit Dorothea Schlegel in Paris, studiert Sanskrit und oriental. Sprachen, gibt dort, später in Köln die Zeitschrift „Europa" (1803–05) heraus. Nach Reisen durch europ. Länder konvertiert er 1808 zum Katholizismus und wird Sekretär der Wiener Hof- und Staatskanzlei, daneben Vorlesungen über Geschichte und Literatur, 1815–18 Legationsrat in Frankfurt a. M., Herausgeber verschiedener Zeitschriften (u. a. „Deutsches Museum"), beteiligt an den Beratungen des Wiener Kongresses. Gilt zus. mit seinem Bruder als entscheidender Programmatiker der deutschen Frühromantik.

Schumacher, Kurt, * 13. 10. 1895 Kulm/Westpreußen, † 20. 8. 1952 Bonn; sozialdemokratischer Politiker. Kriegsfreiwilliger 1914, Dezember 1914 schwer verwundet, Studium Jura und Sozialökonomie (Dr. rer. pol.), ab Dez. 1920 polit. Redakteur bei der sozialdemokr. „Schwäbischen Tagwacht" in Stuttgart, 1924 Mitbegründer des Reichsbanners Schwarz-Rot-Gold, MdR 1930–33. Verhaftet am 6. 7. 1933, nach KZ-Haft (u. a. Dachau und Flossenbürg) im März 1943 schwer erkrankt zu Verwandten nach H. entlassen, nach dem 20. Juli 1944 erneut verhaftet. Nach Kriegs-

Friedrich Schlegel, 1772–1829

Kurt Schwitters,
Aufnahme von Hugo Erfurth, ca. 1928

ende von H. aus („Büro Schumacher") Wiederaufbau der SPD „von unten nach oben" in den Westzonen, ab Mai 1949 erster Parteivorsitzender, Mitgl. des Parlamentarischen Rates, MdB und Fraktionsvorsitzender. Februar 1950 Übersiedlung nach Bonn unter Beibehaltung des ersten Wohnsitzes in H. Grab auf dem Stadtfriedhof Ricklingen.

Schwitters, Kurt, * 20. 6. 1887 Hannover, † 8. 1. 1948 Kendall/London; Dichter und Maler. Eltern Eduard und Henriette Geschäftsleute, wohnhaft ab 1889 in der Waldhausenstr. 5, 1908 Abitur, bis 1914 Studium in H. (Kunstgewerbeschule) und Dresden (Kgl. Sächs. Akademie der Künste). 1911 Ausstellung naturalist. Bilder im Kunstverein, 1917 zwei Monate Militärdienst, danach techn. Zeichner im Eisenwerk Wülfel (bis 1918); erste Gedichte, erste Bilder expressionist.-kubist. Stilrichtung. 1918 Ausstellung abstrakter Bilder (Galerie „Der Sturm", Berlin). 1918/19 Architekturstudium an der TH in H., 1919 erstes MERZbild, Gedichtband „Anna Blume" erscheint im hann. Verlag Paul Steegemann. Bis 1923/24 Kontakte zur DADA-Szene, insbes. zu Hannah Höch, Raoul Hausmann, Theo und Nelly van Doesburg, 1923 Beginn des MERZbaus (1943 zerstört), 1927 Gründung der „abstrakten hannover" zus. mit Buchheister, Vordemberge-Gildewart u. a. sowie des „ring neuer werbegestalter" u. a. mit Baumeister, Dexel, Tschichold; ab 1929 typograph. Gestaltung der städt. Drucksachen. Reisen, nach 1933 längere Aufenthalte in Norwegen, 1937 Emigration nach Norwegen (2. MERZbau), 1940 nach England, wo er 17 Monate interniert wird. 1947 Arbeit am 3. MERZbau in Elterwater. Grab in Ambleside, seit 1970 auch Grabmal (Schwitters-Plastik „Die Herbstzeitlose" mit Inschrift „Man kann ja nie wissen") auf dem Stadtfriedhof Engesohde. – Literarisches Werk im Schwitters-Archiv der Stadtbibliothek; umfangreiche Sammlung bildnerischer Arbeiten im Sprengel Museum.

Seligmann, Siegmund, * 19. 8. 1853 Verden/Aller, † 12. 10. 1925 Hannover; Unternehmer. Besuch des Domgymnasiums in Verden, Kaufmannslehre in Harburg, Kassierer im hann. Bankhaus Moritz Magnus. Seit 1879 Kaufmännischer Direktor der „Continental Caoutchuc und Gutta-Percha-Comp." (Conti); unter seiner Leitung wird die Conti zum führenden Unternehmen der Branche. 1914 Geheimer Kommerzienrat, 1921 Dr.-Ing. e. h. der TH Hannover, 1923 Ehrenbürger von Hannover. Seine Villa (erbaut 1903–06, Hohenzollernstr. 39; heute Jugendmusikschule) schenkte die Familie 1931 der Stadt. Grab auf dem Stadtfriedhof Engesohde.

Sohns, Kurt, * 9. 1. 1907 Barsinghausen/Deister, † 4. 1. 1990 Hannover; Maler. Nach Schlosserlehre 1926–30 Werkkunstschule in H., dort ab 1932 Dozent für Farbenlehre (Nachfolger seines Lehrers Karl Wiederhold). Mehrmals in Norwegen, seit 1935 mit einer Norwegerin verheiratet. 1937 wegen polit. Haltung aus dem Amt entlassen, 1940 Soldat (Dolmetscher) in Norwegen, später in Albanien, Gefangenschaft. Nach dem Krieg freischaffend in Einbeck und H. 1948 Dozent, 1950 Honorar-, 1967 ordentl. Prof. an der TH Hannover. Gründet 1949 die „Niedersächsische Sezession", 1952–57 Ehrenmeister der hann. Bauhütte „Zum weißen Blatt". Malerei und Graphik neusachlicher und konstruktivistischer Stilrichtung, Entwürfe zu Kirchenfenstern, als Lehrer geschätzt und einflußreich. Grab auf dem Stadtfriedhof Engesohde.

Sophie, Kurfürstin von Hannover, * 14. 10. 1630 Den Haag, † 8. 6. 1714 Hannover. 12. Kind Friedrichs V. v. d. Pfalz (des „Winterkönigs") und Elisabeth Stuarts. 1654 mit Herzog Georg Wilhelm zu Braunschweig und Lüneburg verlobt, heiratet sie 1658 dessen jüngsten Bruder Ernst August. Der Ehe entstammen 6 Söhne und eine Tochter (Sophie Charlotte heiratet 1684 Friedrich III. von Brandenburg, den späteren König in Preußen). An der Seite ihres Mannes ist S. 1662–79 „Bischöfin" (Osnabrück), ab 1680 Herzogin, ab 1692 Kurfürstin von H. Beeinflußt den Ausbau des Großen Gartens, macht Herrenhausen zu einem geistigen Zentrum („Musenhof" mit Leibniz, Mauro, Quirini, Steffani u. a.). Geist, Witz,

Sophie, Kurfürstin von Hannover

diplomatisches Geschick, Reisen, Begegnungen mit den Großen ihrer Zeit, Literatur, Philosophie und Theologie gehören zu ihrer faszinierenden Persönlichkeit, dokumentiert in ihrer Korrespondenz (bes. Briefwechsel mit der Nichte Liselotte v. d. Pfalz) und ihren „Memoiren". Sie ist „Mutter der Könige" (von England und Preußen); 70jährig fällt ihr als Enkelin Jakobs I. 1701 („act of settlement") der Anspruch auf die engl. Thronfolge zu; ihr Sohn tritt sie an. Sarkophag im Mausoleum des Berggartens.

Sprengel, Bernhard, * 17. 4. 1899 Hannover, † 22. 1. 1985 Hannover; Unternehmer, Kunstförderer. Jurastudium in Göttingen, Kiel und München (Dr. jur.), kaufmännische Ausbildung im Rohkakao-Handel in Hamburg. 1923 Eintritt in die Schokoladenfabrik „B. Sprengel & Co." (gegr. 1851). Seit 1940 Alleininhaber (bis zu deren Verkauf an das amerik. Unternehmen Nabisco 1973). Zeitlebens Musik- und Kunstenthusiast. 1937 Schlüsselerlebnis durch Ausstellung „Entartete Kunst" in München, seither gemeinsam mit seiner Frau Margrit, geb. Backhausen, Aufbau einer Sammlung von Werken der Klassischen Moderne. Befreundet mit E. Nolde, den er während der Nazi-Verfolgung unterstützt, später mit Chagall, Moore, Calder. Von 1940–84 Vorsitzender der Kammermusikgemeinde Hannover, 1956–73 Vorsitzender der Kestner-Gesellschaft, 1959 Stiftung des Bernhard-Sprengel-Preises für Kammermusik für den Kulturkreis im Bundesverband der deutschen Industrie, 1969 Schenkung seiner Kunstsammlung an die Stadt H. und Förderung des Baus des „Kunstmuseum Hannover mit Sammlung Sprengel" (heute „Sprengel Museum"); 1979 Ausschreibung je eines Preises für Moderne Kunst und Musik für junge, mit Niedersachsen verbundene Künstler („Sprengel-Preis"); 1983 Einrichtung der Bernhard-Sprengel-Stiftung (Fortsetzung der Sammlung, ebenfalls im Sprengel Museum). Viele Ehrungen, z. B. 1959 Großes Bundesverdienstkreuz, 1962 Niedersächsische Landesmedaille, 1977 Ehrenbürger. Grab auf dem Neuen St.-Nikolai-Friedhof.

Steegemann, Paul, * 3. 10. 1894 Groß-Lafferde, † 21. 1. 1956 Berlin; Verleger. 1901-1909 Schulzeit in H., Buchhändler, u. a. bei Schmorl und v. Seefeld in H. Seit 1918 literarisch und politisch aktiv durch redakt. Mitarbeit an „Agathon" und beim Zweemann-Verlag, April 1919 Gründung des Paul Steegemann Verlags, 1919-22 Reihe „Die Silbergäule" (153 Nrn.) mit Publikationen der literar. Avantgarde, insbes. des Spätexpressionismus und Dadaismus; 1920 Herausgabe der Monatschrift

Bernhard Sprengel, Foto Paul Swiridoff

Paul Steegemann, Aufnahme 1920

„Der Marstall" (nur 2 Hefte), 1924 der literarischen Wochenschrift "Störtebeker" (nur 5 Hefte). 1927 Umzug des Verlags nach Berlin. 1933 Veröffentlichung linientreuen Nazischrifttums, insbes. in der neuen Buchreihe „Die Erhebung"; dennoch März 1935 Verbot und Liquidation des Verlags. Danach freier Mitarbeiter bei Berliner Verlagen, 1943 Wohnsitz im böhm. Rochlitz, 1946/47 im Internierungslager Lesany/Prag, 1947 Rückkehr nach Berlin. 1949 Neubeginn als Verleger (ohne Erfolg), 1952 Vertriebsleiter beim arani-Verlag in Berlin.

Steffani, Agostino, * 25. 7. 1654 Castelfranco (Venetien), † 12. 2. 1728 Frankfurt a. M.; Musiker, Priester, Diplomat. Musikal. Ausbildung in Padua und München, dort ab 1675 Organist am Hof des Kurfürsten von Bayern. 1680 zum Priester geweiht. Seit 1688 herzogl. Kapellmeister in H., 1689 Urauff. seiner Oper „Enrico Leone" zur Eröffnung des neuen (Schloß-) Opernhauses, für H. komponiert er weitere sieben Opern. 1703 tritt er in die Dienste des Kurfürsten Johann Wilhelm v. d. Pfalz, 1706 ernennt ihn der Papst zum Bischof, 1709 zum apostolischen Vikar von Norddeutschland mit Residenz in H. 1718 Einweihung der Clemenskirche, zu deren Entstehung er maßgeblich beiträgt. Nach Aufgabe des kostenaufwendigen Amts 1722–25 Aufenthalt in Italien, 1724 zum Ehrenpräsidenten der Londoner Academy of Ancient Music gewählt.

Stichweh, 1) Friedrich August, * 7. 4. 1818 Hameln, † 20. 4. 1886 Hannover; Unternehmer. Als Färbergeselle 17 Jahre auf Wanderschaft in Deutschland. 1853 Gründung einer Färberei und Waschanstalt in H. – **2) Wilhelm,** Enkel von 1) * 11. 5. 1899 Hannover, † 12. 8. 1979 Hannover; Unternehmer, Kunstförderer. 1923 Übernahme des Betriebs des Großvaters, seit 1946 im Vorstand der Kestner-Gesellschaft und einer ihrer Förderer.

Stier, Hubert, * 27. 3. 1838 Berlin, † 25. 6. 1907 Hannover, Architekt. Sohn des Berliner Arch. Wilhelm Stier. Studium in Berlin bei Strack, Studienreisen nach Italien und Frankreich, Arbeit bei Waesemann. Seit 1876 beim Bahnhofsbau in H.; dort seit 1879 Lehrer des Gewerbevereins, seit 1880 an der Techn. Hochschule. Werke in H.: Umbau des Hauptbahnhofs (1875–80), Bauten an der Karmarschstraße (1881), Reformierte Kirche (1896/97), Flußwasserkunst (1896-98), Provinzialmuseum (1897 bis 1903). Weitere W.: Restaurierung des Limburger Doms (1872–77), Bahnhöfe, bes. Bremen (1886–89), Postämter; Verwaltungspalast in Buenos Aires.

Agostino Steffani

Tellkampf, Adolf, * 23. 5. 1796 Hannover, † 9. 3. 1869 Hannover; Mathematiker, Pädagoge. 1813 zunächst Offizierslaufbahn, Teilnahme am Feldzug 1815. 1819–22 Studium der Astronomie und Mathematik in Göttingen (Dr. phil.). 1824 als Mathematiklehrer in Hamm. Verfaßt „Vorschule der Mathematik", in vielen deutschen Staaten als Lehrbuch verwendet. Seit 1835 Direktor der neuerrichteten „Höheren Bürgerschule" (heute Tellkampfschule). Angesehener Pädagoge im H. des 19. Jh. – Grab auf dem Stadtfriedhof Engesohde.

Thoms, Ernst, * 13. 11. 1896 Nienburg, † 11. 5. 1983 Wietzen/Nienburg, Maler. Handwerkslehre, 1914 Kriegsfreiwilliger, in engl. Gefangenschaft. Ab 1920 Kunstgewerbeschule in H., Schüler von Fritz

Ernst Thoms, Bildnis von Gertha Overbeck, 1926

Burger-Mühlfeld. Handwerker, Reklamemaler, Bühnenmaler am hann. Opernhaus. 1926 erste, 1932 zweite Ausstellung in der Kestner-Gesellschaft, bis 1934 weitere Ausstellungen in Berlin (1928), Hamburg, Düsseldorf, Mannheim, 1929 beteiligt an der Deutschen Kunstausstellung in Amsterdam und Stockholm. 1939/40 Soldat. Seine Wohnung und sein Atelier mit allen dort gelagerten Arbeiten bei Bombenangriffen 1943 vernichtet. 1957 Ausstellung im hann. Kunstverein.

Tramm, 1) Heinrich Christian, * 8. 8. 1819 Harburg, † 3. 9. 1861 Hannover; Baumeister, Architekt. 1835–38 Besuch der Höheren Gewerbeschule in H., 1838–40 Architekturstudium in München u. a. bei Gärtner, seit 1841 Hofbaukondukteur an der hann. Hof-Kammer und Mitarbeiter von Laves, 1855 Ernennung zum Hofbaumeister, seit 1857 Bau des Welfenschlosses (heutige Universität). Grab auf dem Gartenfriedhof. – **2) Heinrich,** * 13. 3. 1854 Hannover, † 13. 3. 1932 Hannover, Sohn von 1); Jurist, hann. Stadtdirektor. Besuch des Ratsgymnasiums, seit 1874 Studium der Rechts- und Staatswissenschaften in Heidelberg, Leipzig und Berlin, 1877 Referendariat, 1882 Assessor, 1883 Senator im hann. Magistrat, 1885 nationalliberaler Abgeordneter des Wahlkreises H. im preußischen Landtag. 1891 zum Stadtdirektor in H. gewählt (bis 1918). Ab 1919 führende Rolle im Bürgervorsteherkollegium. In seiner Amtszeit als Stadtdirektor („Ära Tramm") Gebietserweiterung H.s durch Eingemeindungen, Anstieg der Einwohnerzahl auf 320 000. T. nutzt die industrielle Expansion zur Realisierung vieler

Heinrich Tramm, Aufnahme nach 1901

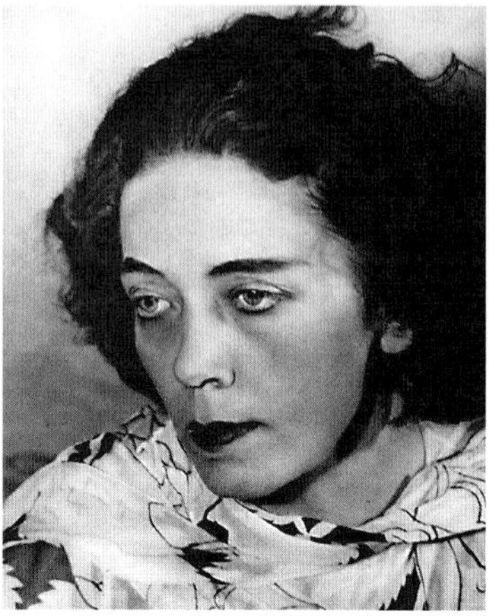

Mary Wigman, Aufnahme ca. 1932/33

Baumaßnahmen (Schulen, Krankenhäusern, Sportanlagen, sozialen Einrichtungen), insbesondere Bau des Neuen Rathauses (1913) sowie der Stadthalle (Einweihung 1914). Grab auf dem Stadtfriedhof Engesohde.

Wallbrecht, Ferdinand, * 7. 4. 1840 Elze/Hildesheim, † 1. 4. 1905 Hannover; Architekt, Bauunternehmer, Politiker. Nach Volksschule und Privatunterricht Maurerlehre, rascher Aufstieg zum Architekten und Bauunternehmer, gründet 1872 die „Hannoversche Baugesellschaft", beteiligt an Bau- und Immobiliengesellschaften, an der Zementindustrie in Misburg. Seit 1883 Kgl. Baurat, 1885 im Bürgervorsteherkollegium, 1890 dessen Worthalter (Vorsitzender), 1891 im Magistrat Senator für Baufragen und Abgeordneter im Provinziallandtag, 1893 im Landtag, 1903 im Reichstag. Unter seiner Leitung Durchbruch der Karmarschstraße und Bau des Ständehauses (Provinziallandtag), Planung des Straßensystems im Bereich Bödekerstraße und Lister Platz, Ausbau von Laves- und Nordmannstraße; initiiert und betreibt jahrelang den Bau des Mittellandkanals (Baubeginn erst nach seinem Tod). „Unternehmer-Politiker" von immensem Einfluß; unter ihm Beginn des spekulativen Wohnungsbaus in H. Grab auf dem Stadtfriedhof Engesohde.

Wegner, Erich, * 12. 7. 1899 Gnoien/Mecklenburg, † 11. 12. 1980 Hannover; Maler. Aufgewachsen ab 1904 in Rostock; 1919–21 Schüler von Fritz Burger-Mühlfeld an der Kunstgewerbeschule Hannover. Anfang der 20er Jahre als Anstreicher, Werbegrafiker und Theatermaler in Frankfurt, Dresden, Hamburg. 1923 erstes Atelier in H., 1925 Heirat. 1927 Austellungsbeteiligung in Hannover im Kunstverein, 1929 in Amsterdam bei der Ausstellung „Neue Sachlichkeit". 1933–45 aus polit. Gründen in seiner künstlerischen Arbeit behindert. Nach dem Kriege auch Dozent an der hann. Volkshochschule. Anfänge von expressionistischem Schwung und sozialem Engagement geprägt, später einer der Hauptvertreter der Neuen Sachlichkeit in Hannover. Ausstellungsbeteiligungen und Einzelausstellung u. a. in H., Wuppertal, Hamburg, München, Rom, Mailand. Ausgezeichnet u. a. mit der „Plakette für Verdienste um die Hauptstadt Hannover".

Wigman, Mary (eigtl. Marie Wiegmann), * 13. 11. 1886 Hannover, † 18. 9. 1973 Berlin; Tänzerin, Tanzpädagogin, Choreographin. Ausbildung in Genf und Zürich bei R. v. Laban, dessen Assistentin bis 1918. 1920 Gründung einer eigenen Schule für Ausdruckstanz in Dresden, Schüler u. a. Georgi, Palucca, Wallmann, Kreutzberg. Tourneen in Europa und den USA. Auf Druck der Nazis Schließung der Schule, Lehrtätigkeit an der Musikhochschule in Leipzig. Nach 1945 dort Neubeginn, seit 1949 in West-Berlin. Verfechterin des Ausdruckstanzes, mit ihren Choreographien wegweisend für die Ballettentwickung der letzten Jahrzehnte, Verfasserin mehrerer Tanz-Lehrwerke.

Windthorst, Ludwig, * 17. 1. 1812 Ostercappeln/Osnabrück, † 14. 3. 1891 Berlin; Jurist, Zentrumspolitiker. 1820–30 Gymnasium Carolinum in Osnabrück, 1830–1835 Jurastudium in Göttingen und Heidelberg. Seit 1836 Rechtsanwalt in Osnabrück, 1848 Abgeordneter der zweiten Kammer der hann. Ständeversammlung, 1851-1853 und 1862–65 Justizminister im Königreich H., 1866 Kronoberanwalt in Celle, Rechtsberater des entthronten Köngs Georg V. Seit 1867 im Reichstag sowie hann. Abgeordneter im preußischen Parlament, seit 1871 Führer der Zentrumspartei, 1881–87 an der Spitze der Opposition im Reichstag. Erbitterter Gegner Bismarcks im Kulturkampf der 70er Jahre, „genialster Parlamentarier, den Deutschland je besaß" (Golo Mann). Grab in der Marienkirche (Marschnerstraße), deren Bau er wesentl. unterstützte.

Ziesenis, Kunsthandwerker- und Künstlerfamilie des 17. und 18. Jh.; für H. von Bedeutung: **1) Johann Friedrich Blasius,** getauft 10. 8. 1715 Hannover, † 16. 9. 1787 Hannover; Bildhauer, Vetter von 2). Sohn des hann. Bildhauers Johann Heinrich Ludwig Z., Ausbildung bei ihm, später in Hildesheim und Mannheim bei P. Egell. 1743 Georgsaltar im Hildesheimer Dom, ab 1746 in H. als Hofbildhauer ansässig, 1747 vom hann. Hof zum Studium bei Bouchardon

Ludwig Windthorst, Foto von Julius Braatz, Berlin 1889

nach Paris geschickt. 1758 Kanzel der Kreuzkirche (mit J. P. Heumann), 1759 Altar der Neustädter Kirche in H., viele Arbeiten (bes. Altäre und Kanzeln) für Kirchen und Geistliche in H., Hameln, Hildesheim. – **2) Johann Georg,** * 1716 Kopenhagen, † 4. 3. 1776 Hannover; Porträtmaler, Sohn des gleichnamigen, aus H. stammenden Hofmalers in Kopenhagen. Vom Vater dort ausgebildet. Um 1740 nach Frankfurt a. M., später nach Mannheim, 1757 Hofmaler in Zweibrücken (Pfalz), 1760 Ernennung zum Hofmaler in H. zur Zeit Georgs II. und Georgs III., ab 1761 in der hann. Neustadt ansässig. Als gefragter Porträtmaler ab 1764 vielfach längere Aufenthalte an Fürstenhöfen u. a. in Braun-

Die Kunsthandwerker- und Künstlerfamilie Ziesenis*

Hans Ziesenis
† vor 8. 12. 1668

Dietrich
um 1648–1698
Zeugmacher, Schreibschulmeister in H.

Johann Conrad 1671–1727 Bildhauer in H.	Johann Georg 1680–1748 Hofmaler in Kopenhagen	Johann Heinrich Ludwig 1686–1765 Bildhauer in H.
Ludwig † 1761 (?) Maler(?) in H.	Johann Georg 1716–1776 Hofmaler in H.	Johann Friedrich Blasius 1715–1787 Hofbildhauer in H.
	Maria Elisabeth 1744–1796 Porträtmalerin in H.	

* sofern für Hannover von Bedeutung (nach H. Zimmermann, 1959)

Johann Georg Zimmermann, Kupferstich, Zürich 1768

schweig, Den Haag, Dresden, Kopenhagen. – **3)** Maria **Elisabeth,** verh. Lampe, getauft 20. 7. 1744 Frankfurt a. M., † 24. 8. 1796, Hannover; Porträt- und Miniaturmalerin, Tochter von 2). Schülerin und Gehilfin des Vaters bis zu dessen Tod.

Zimmermann, Johann Georg (später Ritter von), * 8. 12. 1728 Brugg/Kanton Aargau, † 7. 10. 1795 Hannover; Arzt, Schriftsteller. Ab 1747 Medizinstudium in Göttingen bei Albrecht v. Haller, 1751 Promotion („Die Reizbarkeit der Nerven“). 1752 Arzt in Bern, 1754 Stadtphysikus in Brugg. Auch schriftstellerisch tätig, berühmt und weitverbreitet seine Schriften „Über die Einsamkeit“ (1756) und „Vom Nationalstolz“ (1758); viel beachtet auch sein medizinisches Hauptwerk „Von der Erfahrung in der Arzneykunst“ (1764). Seit 1768 als „Königlich Großbritannischer Hofrat und Leibarzt“ in H., behandelt u. a. Friedrich II. („Über Friedrich d. Gr. und meine Unterredungen mit ihm“, 1788–90) und die Zarin Katharina II. Als Mediziner europaweit gefragt („Modearzt“). Literarische Fehde mit Knigge, 1775 Begegnung mit Goethe. Grab auf dem Neustädter Friedhof.

Literatur
Bildquellen
Register

Literatur in Auswahl

Baudenkmale in Niedersachsen. Bd. 10 Stadt Hannover. Teil 1 und 2. Braunschweig / Wiesbaden 1983 und 1985

Hermann Boockhoff, Jürgen Knotz (Bearb.): Architektur in Hannover seit 1900. München 1981

Walter Buschmann: Linden. Geschichte einer Industriestadt im 19. Jahrhundert (= Quellen u. Darstellungen z. Geschichte Nds. 92). Hildesheim 1981

Hanns Werner Dannowski, Waldemar R. Röhrbein: Geschichten um Hannovers Kirchen. Hannover 1983

Sabine Hammer (Hrsg.): Das Opernhaus in Hannover. Architektur und Theatergeschichte. Hannover 1986

Sabine Hammer (Hrsg.): Oper in Hannover. Hannover 1990

Harold Hammer-Schenk: Bibliographie zur Baugeschichte der Stadt Hannover. Hannover 1978 (Hrsg. Institut für Bau- und Kunstgeschichte)

Harold Hammer-Schenk, Günter Kokkelink: Laves und Hannover. Niedersächsische Architektur im 19. Jahrhundert. Hannover 1989

Hannover-Archiv, hrsg. von Franz Rudolf Zankl, Archiv-Verlag Braunschweig 1986 ff.

Hinrich Hesse (Bearb.): Hannoversche Wahrzeichen. Ein Nachschlagwerk und heimatkundlicher Führer. Hannover 1929 und 1953

Georg Hoeltje: Georg Ludwig Friedrich Laves. Hannover 1964

Klaus Mlynek, Waldemar R. Röhrbein (Hrsg.): Geschichte der Stadt Hannover. 2 Bde. Hannover 1991 und 1994

Klaus Mlynek, Waldemar R. Röhrbein (Hrsg.): Hannover Chronik. Von den Anfängen bis zur Gegenwart. Zahlen, Daten, Fakten. Hannover 1991

Siegfried Müller: Leben im alten Hannover. Kulturbilder einer deutschen Stadt. Hannover 1986

Siegfried Müller: Leben in der Residenzstadt Hannover. Adel und Bürgertum im Zeitalter der Aufklärung. Hannover 1988

Arnold Nöldeke (Bearb.): Die Kunstdenkmäler der Provinz Hannover. I. Regierungsbezirk Hannover. Stadt Hannover (= Heft 19 des Gesamtwerks). Hannover 1932

Henning Rischbieter: Die zwanziger Jahre in Hannover (Katalog zur Ausstellung). Hannover 1962

Henning Rischbieter: Hannoversches Lesebuch oder Was in Hannover und über Hannover geschrieben, gedacht und gelesen wurde. 2 Bde. 2. Aufl. Hannover 1992

Adelheid v. Saldern (Hrsg.): Stadt und Moderne. Hannover in der Weimarer Republik. Hamburg 1989

Carl Schuchhardt: Die hannoverschen Bildhauer der Renaissance. Hannover 1909

Heinrich Sievers: Hannoversche Musikgeschichte. Dokumente, Kritiken und Meinungen. Bd. 1. Von den Anfängen bis zu den Befreiungskriegen. Tutzing 1979. Bd. 2. Vom Ende des 18. Jahrhunderts bis zur Auflösung des Königreichs Hannover. Tutzing 1984

Sport in Hannover von der Stadtgründung bis heute (hrsg. vom Niedersächsischen Institut für Sportgeschichte, Hoya e. V.). Göttingen 1991

Wolfgang Steinweg: Das Rathaus in Hannover. Von der Kaiserzeit bis in die Gegenwart. Hannover 1980

Carl Wolff: Die Kunstdenkmäler der Provinz Hannover. Hannover I, 1. Landkreis Hannover und Linden. Hannover 1899, Nachdr. 1976

Ludwig Zerull: Kunst ohne Dach. Skulpturen und Objekte im Stadtbild Hannovers. Hannover 1992

Helmut Zimmermann: Die Straßennamen der Landeshauptstadt Hannover. Hannover 1992

Helmut Zimmermann: Hannover in der Tasche, Bauten und Denkmäler von A–Z. Hannover 1983. 2. Aufl. 1988

Bildquellen

Wir danken allen, die uns bei der Suche und Beschaffung der Bildvorlagen unterstützt haben.

Institutionen

Bahlsen-Museum: S. 162 (4), 163 o. (3), 196 o.

Deutsche Messe AG: S. 152 u.

Flughafen Hannover-Langenhagen: S. 96 u.

Historisches Museum am Hohen Ufer: S. 10, 21, 25, 52, 57, 61 u., 64 u. l., 69 o. r., 70 o., 71 o., 75 u., 77 o. r., 79 o., 81 o. r., 84 o., 84 u., 86 u., 87 u., 88 u., 89 u. l., 90 o. l., 92 o., 95 u., 97 (2), 98 o., 105 o. r., 105 Mitte l., 105 u., 106 (2), 108 o. l., 108 u., 111 (2), 112 o., 113 o., 113 u., 123, 127 o. l., 128 o. l., 131 u., 133 o., 136 o. l., 139 (3), 141 o., 142 o., 143 o., 143 u., 144 u., 148 o., 152 o. l., 154 o., 155 u., 156 u. l., 160 o., 160 u. Zeichn., 161 o. und Mitte, 168, 169 o. r., 171 o. r., 171 u., 172 u. l., 173 o., 175 o., 175 u., 177 o., 178 u. r., 179 o. r., 180 o., 181 u., 184 u. l., 188 (2), 192 o., 193 u. l., 196 u., 197 (2), 198 (2), 199 (2), 200 (2), 201 u., 202 (2), 203 u., 204 (2), 205 u., 206 (2), 207 (3), 208, 209 (3), 210 u., 211 (2), 212 (2), 213 (2), 214 (2), 216 o., 217 (3), 218 (2), 219, 220

Institut für Bau- u. Kunstgeschichte: S. 79 u., 89 u. r., 140 o., 176 (2)
Institut für Denkmalpflege: S. 68 u., 72 u., 77 o. l., 85 u. l., 90 o. r., 90 u., 100 u., 101 o., 110 u. r., 111 u., 113 Mitte, 114 o., 115 (3), 116 o. (2), 117 (2), 129 o., 135 o., 141 u., 144 o., 153 o., 155 o., 157 (2), 163 u., 166 o., 166 u., 169 o. l., 171 o. l., 172 o., 172 u. r., 174 o. (2), 177 u. (2), 179 u. (3), 181 o., 186 u., 187 o., 190 u., 193 o., 193 u. r., 194
Kestner-Museum: S. 184 u. r. (Foto Gauditz), 185 o. l. (Foto Lindner), 185 o. r. (Foto grau-el+uphoff)
Niedersächsische Landesbibliothek: S. 55
Niedersächsische Staatstheater GmbH: S. 158 o., 164 u., 165 o. (Foto Giesel)
Niedersächsisches Landesmuseum: S. 48, 73 (3; für Corinth © VG Bild + Kunst, Bonn 1994), 74 (2)
Landesmedienstelle: S. 64 o., 66 o. r., 69 u., 76 o., 78 o., 93 o. r.
Presseamt: S. 77 u. (Foto Dierssen), 140 u. (Foto Rios), 178 o. (2)
Sprengel Museum Hannover: S. 33 (© VG Bild + Kunst, Bonn 1994), 145 u. (Foto Gauditz), 146 o. l. (© VG Bild + Kunst, Bonn 1994), 146 u (3), 210 o., 215
Stadtbibliothek, Gerrit-Engelke-Archiv: S. 201 o.
Stadtarchiv: S. 68 o., 71 u., 133 u., 149 u. l., 180 u.
Stadtsparkasse Hannover: S. 167 o.
Städt. Vermessungsamt: S. 63 (2), 92, 102 o., 118 u., 151 o., 191 u.
Theatermuseum: S. 41 (Foto Giesel), 45, 165 u.
Verkehrsamt: S. 61 o., 69 o.l., 91 Mitte, 95 o., 103 o., 109 o., 109 u., 119 o. r., 121 o. r., 126 o. l., 126 u. r., 127 o. r., 127 u. r. 128 o. r., 129 u., 135 u., 147 u., 151 u., 152 o. r., 161 u., 182 o.

Private Leihgeber
Dirk Böttcher: S. 12, 62 u. (3), 66 o. l. (2), 66 u. r., 67 o., 70 u., 78 u., 83 o., 85 o., 85 u. r., 87 o., 89 o., 91 o., 91 u. 93 o. l., 99 o., 104 u. r., 116 u., 122 o., 145 o., 147 o., 149 o., 149 u. r., 150 (2), 154 u., 159 (2), 169 u., 182 u. l., 184 o., 190 o.
W. Eickhoff: S. 126 u. l., 128 u. (3), 130 Mitte, 156 o., 182 u. r.
G.-A. Gleichmann-Kingeling: S. 203 o.
Juliane Herrmann: S. 101 u.
Helmut Knocke: S. 86 o.
Gesa Mader-Mucke: S. 185 u. Zeichn.
Hans Georg Preissel: S. 81 u. (3), 82 (2), 121 o. l., 122 u., 124 (2), 126 o. r., 126 u. Mitte, 127 u. l., 130 o.
Fam. Sprengel: S. 216 u.

Fotografen
Karin Blüher: S. 75 o.
Franz Fender: S. 119 o. l.
Klaus Hoffmann: S. 110 o., 189 o.
Stephan Neuenhausen: S. 83 u. (3)
Hildegard Wegner: S. 160 u. r.

Reproduktionen
(bei abgekürzten Titeln vgl. die Angaben unter „Literaturauswahl")
Alt-Hannover. Die Geschichte einer Stadt [...] Hannover 1951: S. 67 u. r., 105 o. l., 110 u. l.
U. v. Alvensleben, H. Reuther. Herrenhausen. Hannover 1966: S. 120 o.
Architektur in Hannover seit 1900. München 1981: S. 93 u.
Baudenkmale in Niedersachsen: S. 66 u. l., 76 u., 84 Grundr. l., 153 Grundr. r., 158 Grundr. u. l., 166 Grundr. l.
Dehio. Handb. der dt. Kunstdenkmäler: Bremen, Niedersachsen. München 1992: S. 76 Grundr. l., 109 Grundr. l.
H. A. Greven. Leben und Werke des Hofbaumeisters Christian Heinrich Tramm (1819–1861). Diss. TU Hannover 1969: S. 108 o. r., 189 u.
H. U. Großmann. Hannover und das südliche Niedersachsen. 2. Aufl. Köln 1988: S. 182 Grundr. r.
B. Häussermann (Hrsg.). Hannover. Porträt einer Landeshauptstadt. Hannover 1988: S.104 o.
H. Hammer-Schenk, G. Kokkelink (Hrsg.). Laves und Hannover. Hannover 1989: S. 94 u., 100 o., 102 u. (2), 119 u., 137, 156 u. r.
H. Hammer-Schenk, D. Lange. Alte Stadt – Moderne Zeiten. o. O. 1985: S. 142 u.
Hannoversche Geschichtsblätter. NF 9. 1956: S. 132 (2), 134 o. l.
G. Hoeltje. Georg Ludwig Friedrich Laves. Hannover 1964: S. 96 o., 98 o., 99 u., 103 u. (2), 120 u. r., 134 u. l., 134 o.r. Zeichn., 191 o.
C. Meckseper. Das Leibnizhaus in Hannover. Hannover 1983: S. 136 o. r., 136 u.
J. Meyer. Paul Steegemann Verlag 1919–1935/1949–1955. Sammlung Marzona. Hannover 1994: S.49 (© VG Bild + Kunst, Bonn 1994)
Neues Bauen in Hannover. 1948–1954. Stuttgart 1955: S. 64 u. r., 134 u. r.
Niedersächsisches Landesmuseum. Braunschweig 1984 (Reihe museum): S. 74 Zeichn.
Nöldeke: S. 62 o., 120 u. l., 143 Mitte
H. Plath. Hannover im Bild der Jahrhunderte. 3. erw. Aufl. Hannover 1966: S. 133 Mitte
P. Raabe. Gottfried Benn in Hannover, 1935–1937. Velber/Hannover 1986: S. 67 u. l.
W. Schmied. Wegbereiter zur modernen Kunst. Hannover 1966: S. 187 u.
Sprengel Museum Hannover. Braunschweig 1992 (Reihe museum): S. 146 o. r. Zeichn.
H. Zimmermann. Karl Hapke, der Maler Alt-Hannovers. Hannover 1990: S. 88 o.
L. Zerull. Kunst ohne Dach. Hannover 1992: S. 104 u. l. (Foto Johaentges), 138 (Foto Blüher), 178 u. l. (Foto Hoffmann)

Abkürzungen: l. = links, o. = oben, r. = rechts, u. = unten; Zahlen in Klammern = Anzahl der Aufnahmen

Personen- und Sachregister

Fette Seitenzahlen verweisen auf ausführliche Objektbeschreibungen bzw. Biographien. Objektgruppen, wie z. B. Brunnen, Kirchen, Zeitungen/Zeitschriften, sind unter ihrem Oberbegriff eingeordnet.

E

H

L

M

N

T